Public Finance

高级财政学

——现代公共财政前沿理论分析

朱 军／编著

理论模型 实证研究 政策分析

宏观理论 微观机制 经验验证

上海财经大学出版社

图书在版编目(CIP)数据

高级财政学:现代公共财政前沿理论分析/朱军编著．一上海:上海财经大学出版社,2010.12
ISBN 978-7-5642-0899-8/F·0899

Ⅰ.①高…　Ⅱ.①朱…　Ⅲ.①公共财政学-研究　Ⅳ.①F810

中国版本图书馆 CIP 数据核字(2010)第 207281 号

□ 责任编辑　徐　超
□ 封面设计　张克瑶

GAOJI CAIZHENGXUE
高级财政学
——现代公共财政前沿理论分析
朱　军　编著

上海财经大学出版社出版发行
(上海市武东路 321 号乙　邮编 200434)
网　　址:http://www.sufep.com
电子邮箱:webmaster @ sufep.com
全国新华书店经销
启东市人民印刷有限公司印刷装订
2010 年 12 月第 1 版　2010 年 12 月第 1 次印刷

787mm×960mm　1/16　18 印张　362 千字
印数:0 001—2 000　定价:36.00 元

前言

我能不能编写出一本优秀的财政学教材？我能不能为财政学专业的莘莘学子们提供一本高质量、高层次、高水平的学习、科研参考书？

似乎，编写高质量的教材应该由理论功底扎实、拥有较多科研成果的知名学者担当。对于一个初出茅庐的博士讲师而言，将前沿的财政学教材由他来编著似乎不太合适。但是在经济学研究方法转型的过渡时期，这一工作由本土的青年学者来完成似乎更为合理。毕竟北美模式的经济学研究范式在2003年才较有影响力地展开，系统学习过高级宏观、微观、计量和高级财政课程的中青年本土学者较少。在此毫不讳言，这本书90%以上的理论原型是由西方学者完成的，作者的工作也主要是条理化、清晰化、逻辑化、体系化。虽然作者在局部理论创新、理论表述方面作出了一定的贡献，做了适当的衍生，但本书只能算是编著，有原创观点的理论创新较少。当然，即使由其他学者来写一本财政学，我想也只能是编著，毕竟大陆本土学者对"现代"经济科学的原创理论贡献较少。而就公共财政一流教材的编写和科研人员的培养而言，目前作为文化中心的北京地区较强。这也可以从当前出版的优秀教材看出来。作者认为北京大学三位老师各自编写的教材较好：刘怡老师的《财政学》、刘宇飞老师的《当代西方财政学》、龚六堂老师的《公共财政理论》。这三本教材分别适用于本科生、硕士生和博士生。其中刘宇飞老师的教材集中于中级微观财政理论，龚六堂老师的教材侧重于高级宏观财政理论。这些教材内容有一定的难度。而基于让一般院校的师生能够看懂、学懂，考虑到教师教学的可复塑性、重复性，并且出于将近年来前沿财政理论传授给各界人士的想法，我萌生了编撰一本较前沿的、能够综合微观与宏观财政理论的教科书，以期为我国的公共财政理论建设作出自己力所能及的贡献。

总体上，本书有以下几个方面的特点：

一是专题内容新。基本上每一个专题涵盖了这个领域的经典文献和经典理论。这改变了传统国内教科书"收支平管"的套路。并且在每个专题上，本书都进行了进一步研究的引导，对于研究生而言具有重要的参考意义和科研意义。

二是研究方法新。本书将公共财政研究中所涉及的微观财政理论、宏观财政理论和实证财政方法进行了总体概括，并将这些方法在财政理论研究中的应用进行了介绍。

三是逻辑性强。为了便于各层次人士的学习和理解，本书在形成具体理论的过程中进行了详细的逻辑推演。学习者完全可以独立掌握、理解基本理论的形成过程，避免了其他高级教材解释过程简略、独立理解困难、重塑性差的问题。

四是信息资料全。本书将国际一流大学公共经济学的学习素材提供在附录之中。对于研究人员或研究生学习而言，能够提供较好的索引功能。

可以说，这四个特点的形成离不开笔者对高级经济学课程和高级财政专题课程的把握。在此，作者非常感谢麻省理工学院经济系戈洛索夫(Mikhail Golosov)教授、杜克大学经济系方汉明教授、北京大学光华管理学院龚六堂教授、中央财经大学中国经济与管理研究院(CEMA)宋震助理教授等学者。感谢他们在公共财政专题课程中的讲授及其对本书的启发意义。本书少数、部分章节的内容就是节选自他们课程的某些讲授专题。在此，这一本书的形成基础与刘宇飞老师《当代西方财政学》的形成基础具有异曲同工之处。

当然本书的编写还存在好多问题或不足。譬如：(1)受篇幅所限和难度的掌握，本书未能够将随机最优财政政策的研究路径进行更为详细的介绍；(2)本书缺乏对更多高级微观财政专题的深入分析，也缺少对公共财政机制设计的研究；(3)缺乏对部分高深专题的操作性分析，譬如数值模拟的详细过程；(4)由于学习背景的问题，对部分文献的意义及其进一步研究的拓展分析不够深入；(5)由于专业能力的限制，本书未能够对实验经济学在公共财政中的应用进行分析，譬如实验经济学中的公共产品自愿供给问题。上述问题，期待后来者超越本书的内容和深度予以解决。如果未来的学者能够超出本书研究的内容和深度，本书众多理论观点能够由中国本土学者来创造，那么我想那时的中国财政学教育才是成功的！（当然，这一过程可能还很漫长，估计还要50年，100年，甚至更长的时间！）

此外，本书的编写和深入阅读需要一定的理论基础和专业视野。对此，我在中央财经大学中国经济与管理研究院学习的若干课程可以说非常重要。在此感谢该院教师的讲授，衷心祝福他们在科研路上越走越好！

在本书形成之际，我还要特别感谢我的博士生导师王国华教授。在三年的博士研究生学习期间，他特别鼓励我学习现代高级经济学课程、经济数学课程和高级财政专题课程。这使我对经济理论和财政理论有了全面的学习和深入的理解。从学三年，王国华教授宽广的胸怀、高瞻远瞩的视野，使我从心底里对导师非常感激和崇敬，在此深表谢意。

本书的写作始于笔者任职于南京财经大学之后，但是构思于笔者攻读博士学位期间。由于读书期间长期专注于高级理论的学习，使笔者对科研的重视程度不够。但尽管如此，南京财经大学财政与税务学院首任院长杨抚生教授积极地将我纳入到一个和谐的工作、科研环境中来。入职以来，我的科研和教学工作得到了财政与税务学院院长石奇教授、院党委周晓飞书记、李林木副院长的关怀和支持，并继续得到了杨抚生教授的积极鼓励，在此衷心地感谢他们！

这本书的写作可以说历时4年，积累了3年，写作了1年。在此我特别感谢关心我的亲人，在求学、工作中，我常常泡在图书馆、独自待在学校宿区，让他们和我一起承担了从事学术科研的孤独和寂寞。也正是这种孤独的生活使我能够专心读文献、编写这本书，并能够专心从事科研和教学工作。总之，真心地祝福所有关心我成长的家人、亲友、师长和同事们，愿他们在未来的日子里生活幸福。

另：本书中的理论推演过程较为详细，涉及的方法也比较多。作为本土研究人员，作者对经典文献的理解可能并不完全准确；本书涉及的文献非常多，作者已尽最大努力标出直接引用素材的出处（对极少数在高级课程学习中获得的素材，难以形成一一对应的原始出处），但是，本书中如有错漏、观点不适之处，期待读者与作者联系以便再版时进行更正。

作者联系方式：minixiangzhu@gmail. com。

南京财经大学　财政与税务学院　朱 军

2010年10月于仙林西苑宿区

目　录

第一章　现代公共财政学习导论

本章学习的阅读文献

1. Thomson W. *A Guide for the Young Economist*. MIT Press, 2001.

2. Hamermesh D S. The Young Economist's Guide to Professional Etiquette[J]. *Journal of Economic Perspectives*, 1992, 6(1):169－179.

3. Stern N. Towards a Dynamic Public Economics[J]. *Journal of Public Economics*, 2002, 86(2):335－339.

4. Stiglitz J E. New Perspectives on Public Finance: Recent Achievements and Future Challenges [J]. *Journal of Public Economics*, 2002, 86(2):341－360.

5. Diamond P. Public Finance Theory—Then and Now[J]. *Journal of Public Economics*, 2002, 86(2): 311－317.

6. 田国强.现代经济学的基本分析框架与研究方法[J].经济研究,2005,(2):113－120.

7. 方汉明.美国经济学教育体系和对中国的启示,2005.

文献导读： 学习现代财政学，一方面需要了解经济学学习、研究的必备素质，另一方面需要了解经济学和财政学的研究方法。在此，本书开篇列出了这些方面的素材。并且就现代财政学的发展，基于2002年《公共经济学杂志》关于“现代财政学研究”的专题讨论，本章提供了国际知名学者撰写的、关于公共财政学科发展的方法论文章。最后，基于北美现代经济学对我国经济学教育改革的借鉴意义，本章提供了两位杰出华人学者的方法论文章。这对于本土学者学习现代财政学、从事现代财政学研究、构建现代财政学高级人才的培养体系而言，具有重要的借鉴意义。

第一节　现代公共财政理论框架

对于什么是“公共财政”或“公共经济学”，各个学者基于不同的“国家观”和政府存在的理论观点，对其的理解和阐述不尽一致。但是，从方法论上来讲，公共财政理论及其涵盖的税收理论问题，都是高级宏观经济学（Advanced Macroeconomics)、高级微观经济学(Advanced Microeconomics)在公共财政方面的应用。

对于一篇标准的公共财政理论论文而言,其逻辑推演的过程是:在进行文献综述、提出问题后,通过宏观经济理论模型或微观经济理论模型得出相应的观点,然后通过计量经济学工具进行验证,或是通过数值模拟的方法进行验证。前者便是公共财政理论研究中所必需的高级宏观经济学、高级微观经济学、高级计量经济学(Advanced Econometrics)知识基础,后者则是通过 Matlab 软件、Mathematics 软件或是 AMPL 软件对经济数据进行数值模拟的计算经济学或数值经济学(Computational Economics, or Numerical Economics)。

而基于经济学的分析范式,本书认为公共财政分为宏观财政理论和微观财政理论,具体框架如图 1—1 所示。

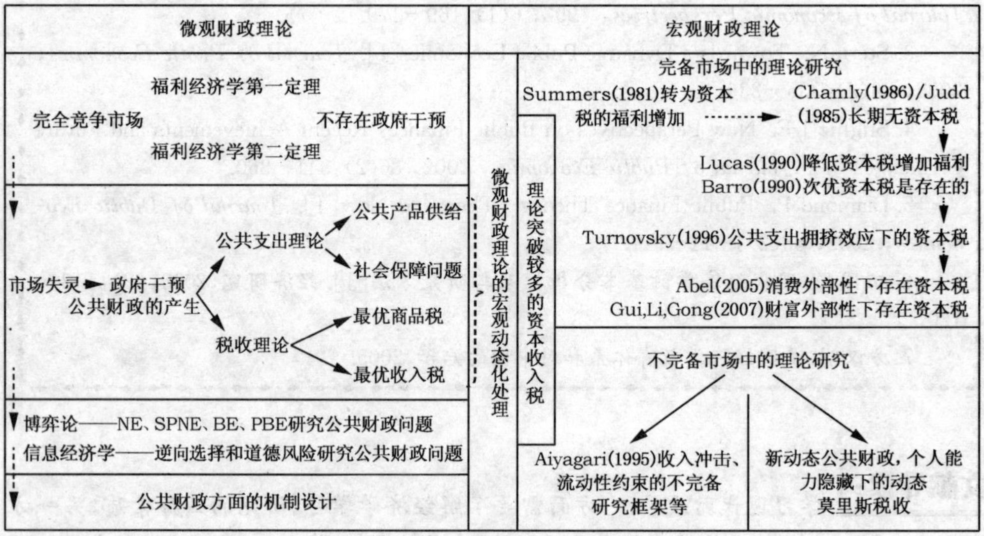

图 1—1 现代公共财政理论的基本框架

就图 1—1 中的微观公共财政而言,其发展较早,理论也最为成熟。在早期微观经济研究的基础上,基于边际分析和均衡分析的价格理论形成了微观公共财政理论。这一理论成果集中表现在马斯格雷夫(Musgrave)夫妇出版的《公共财政理论与实践》(Public Finance in Theory and Practice)一书。在早期微观理论中,基于市场失灵的分析,萨缪尔森(Samuelson)形成了成熟的公共产品理论和基础的社会保障理论;与此同时,微观领域中 Ramsey(1927)商品税、Mirrlees(1971)收入税的提出,逐步形成了一个完整的政府支出、政府收入两大主要研究范畴。而随着微观经济理论的不断突破,形成假设条件不断放松的边际分析和均衡分析——应用博弈论(Game Theory)和信息经济学(Information Economics)研究公共财政问题成为这一领域的重要分析范式。这些日益成熟的专题为微观公共财政研究和政策设计提供了重要的借鉴意义，对公共财政的研究更为深入。萨缪尔森曾有一句幽默的话：你可以将一只鹦鹉训练成经济学家，因为它所需要学习的只有两个词——供给与需求。而博弈论专家坎多利(Kandori)引申说：要成为现代经济学家，这只鹦鹉必须再多学一个词，这个词就是"纳什均衡"。这对于财政学理论研究的进步而言也是同样的，公共财政政策的制定离不开对微观博弈和政策环境中信息状态的思考。进一步地，在博弈论和信息经济学的基础上，将机制设计领域中的众多成果应用于公共财政领域成为财政政策设计的重要主题。

而将公共财政的基本内容——政府支出 G、政府税收 T 纳入宏观经济分析的框架就形成了宏观财政理论。而这样的宏观财政理论或者是验证了微观公共财政边际分析或均衡分析的基本观点，或者是形成了新的成果。在宏观财政理论的发展过程中，动态经济分析方法得到了普遍的应用，成为现代财政理论研究的一个重要特点。就研究内容而言，公共支出的宏观研究框架基本形成，税收中商品收入税、劳动收入税的宏观动态分析也基本形成，但是这两者没有形成较大的理论突破和与众不同的理论观点。而在资本收入税领域，近年来取得了一些突破。这样的突破可以从图 1—1 中看出来：在完备市场中以时间为序本书列出了最优资本税的问题；在不完备市场框架下则有两个方面的路径：一是艾亚戈里(Aiyagari)的研究范式，另一个则是宏观财政理论中最大的理论突破——"新动态公共财政理论(New Dynamic Public Finance)"。本书第七章将对这一前沿的理论进行详细的介绍。

而对于宏观财政理论和微观财政理论，基于实际经济发展的经验分析是验证理论观点的重要方法。从而计量经济学乃至最新的数值经济学与宏观经济学和微观经济学一样大大推动了公共财政学科的发展，一起成为公共财政理论研究的基础，本章第二节将介绍这一基础。

总之，随着上述基础经济学研究的迅速发展，现代前沿财政、税收理论研究日益专业化、宏观化。这也使得在 20 世纪最后 30 年内政府支出与税收问题成为公共财政教育、研究日益关注的内容(Feldstein，2002)。以下本书将在各章具体分析现代公共财政的基础理论和中高级的前沿理论，介绍公共财政的最新发展。具体而言，本书以支出、收入、体制框架结合微观、宏观、实证的框架进行谋篇布局，结构大致如下：

第一章引言部分进行理论框架、方法论介绍、学习引导方面的综合分析。

第二章以微观理论为基础分析市场失灵，从而提出政府公共财政存在的必要性。

第三章以微观理论为基础分析公共产品的基础理论以及较为前沿的公共产品供给的静态问题和动态问题。

第四章以动态宏观理论为主、微观理论为辅分析政府公共支出的效率及最优公共支出规模的衡量问题。

第五章以动态宏观理论为主、微观理论为辅分析社会保障问题，特别是其中有关养老保障的中高级理论。

在第六章的最优税收理论中，在商品税和劳动收入税部分本书通过微观、宏观模型进行了理论分析；在资本收入税部分本书以动态宏观理论为主体分析了这一专题的最新成果。

第七章的新动态公共财政部分，本书分析了这一前沿专题研究内容和研究方法的演进过程。在此，为了突出这一理论的重要性，本书单独列出一章进行了理论形成的详细介绍。

在分析完支出和收入之后，本书第八章以宏观理论为基础分析了国债的基本问题和前沿问题——最优国债规模的测量。

第九章以动态宏观理论为主、微观理论为辅分析了多级财政方面的问题。

第十章、十一章属于高级宏观财政专题——随机最优财政政策和数值经济学在公共财政中的应用。本书分析了高级宏观经济分析方法——不确定性下的优化问题在公共财政领域中的应用，并介绍了数值经济学在公共财政中的应用。

在第十二章的中高级微观财政专题篇——公共财政政策的福利分析，本书分别介绍了公共产品内在分配效应、标签(Tagging)、定向(Targeting)等微观财政政策在现实中的应用问题。

为了验证上述的宏观财政理论或微观财政理论，本书第十三章对实证公共财政问题进行了分析，介绍了经典的计量财政模型，为研究人员将计量经济学的内容应用于公共财政领域提供了引导。

最后，本书第十四章将公共财政的问题置于综合的政治、社会、经济环境中进行考虑，探究了公共财政的政治经济学问题。

第二节　现代公共财政的研究基础

一、研究基础

通过前面的分析可知：在学习中高级公共财政理论的过程中，必须要学习好高级宏观经济学、高级微观经济学、高级计量经济学和计算经济学。而要学好这些课程，一般要先学习好经济数学(Mathematical Economics)，这是为学习高级经济学课程奠定基础。当然，随着经济学研究的深入，尤其是数理方法在经济学中的广泛应用和高度深入，学习好高级经济学课程(尤其是高级宏观经济学课程)，不仅仅需要一般的经济数学课程，还需要数学分析、常微分方程、随机过程等课程。只有这样，研究人员才能解决高级宏观经济学中的动态经济问题，分析不确定性状态下的最优经济问题。当前，北美许多知名的宏观经济学者、公共财政学者，譬如小罗伯特·卢卡斯(Jr. Robert Lucas)(熟谙动态规划方法,具有随机过程、实变函数、泛函分析的数理基础)、托马斯·萨金特(Thomas Sargent)(熟谙动态规划方法和时间序列分析)、斯蒂芬·J. 托洛维斯基(Stephen J. Turnovsky)(哈佛大学应用数学博士),或是熟谙数理方法的专家,或是本科、硕士或博士具有数学学位的学者。在此值得一提的是,对于公共财政的研究,许多国家一般是在公共经济学学科范畴内,没有单独的税收学或是财政学专业,这与中国专业设置模式有所不同。

总之,学习中高级现代公共财政理论,从事现代公共财政的理论研究一般需通过如图1—2的高级经济学训练。

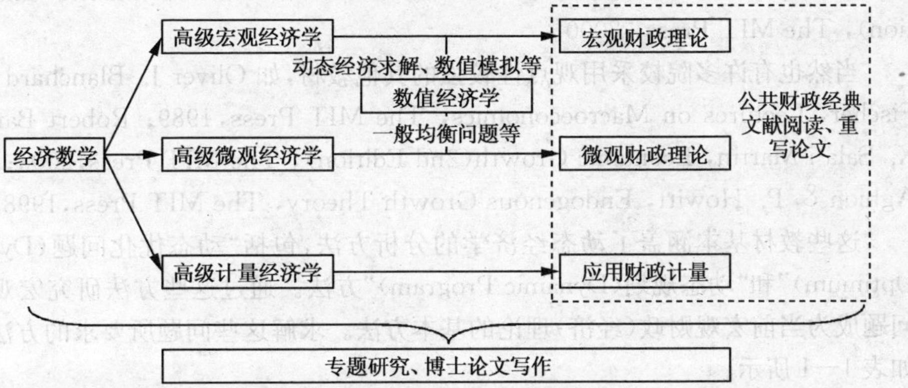

图1—2 公共财政研究基础的形成

(一)经济数学基础

对于经济数学,可以参考使用的初级教材有:

1.(美)蒋中一,数理经济学的基本方法(中英文版本),中文版本由刘学、顾佳峰等翻译,北京大学出版社2006年版。

2.王苏生,经济数学(Math in Economics),中国人民大学出版社2008年版。

中高级教材有:

3. Akaria Takayama, Mathematical Economics (2nd Editions), Cambridge University Press, 1985。

4. Michael Carter, Foundations of Mathematical Economics, The MIT Press, 2001。

对于专攻经济数学、高级宏观经济学、高级微观经济学和高级计量经济学的研究人员而言,还有更多难度更高的专业教材、经典文献和前沿文献。由于本书主要谈公共财政理论的高级经济学基础,因而不介绍更多的文献。

(二)宏观经济学基础

对于宏观经济学,其在公共财政理论中的应用涉及到了"最优财政政策问题、最优税收问题、财政分权与经济增长问题”等等专题。较多采用的、侧重方法论的中高级宏观经济学教材有：

1. David Romer, *Advanced Macroeconomics* (3rd Edition), McGraw-Hill, 2006;

2. Nancy Stokey, Jr. Robert E. Lucas & Edward C. Prescott, *Recursive Methods in Economic Dynamics*, Harvard University Press, 1989;

3. Lars Ljungqvist & Thomas Sargent, *Recursive Macroeconomic Theory* (2nd Edition), The MIT Press, 2000;

4. Stephen J. Turnovsky, *Methods of Macroeconomic Dynamics* (2nd Edition), The MIT Press, 2000。

当然也有许多院校采用观点性较强的其他教材，如 Oliver J. Blanchard & S. Fischer, Lectures on Macroeconomics, The MIT Press, 1989; Robert Barro & X. Sala-i-Martin, Economic Growth (2nd Edition), The MIT Press, 2003; Peter Aghion & P. Howitt, Endogenous Growth Theory, The MIT Press, 1998。

这些教材基本涵盖了动态经济学的分析方法，包括“动态优化问题(Dynamic Optimum)”和“动态规划(Dynamic Program)”方法。通过这些方法研究宏观财政问题成为当前宏观财政(经济)理论的基本方法。求解这些问题所要求的方法概括如表 1－1 所示。

表 1－1　　动态(财政)经济问题涉及的求解方法

经济目标	问题类型	求解方法
连续时间经济问题 $\max\int_0^\infty U(C_t)\cdot e^{-\phi\cdot t}\,\mathrm{d}t$	确定性问题	汉密尔顿方法 (Hamilton 方法)
	不确定性问题(有随机过程)	汉密尔顿－雅各布－贝尔曼方法 (Hamilton-Jaccob-Bellman 方法)
离散时间经济问题 $\max\sum_{t=0}^{\infty}\beta^t U(C_t)$	确定性问题	贝尔曼方法或拉格朗日方法 (Bellman 方法或 Lagrange 方法)
	不确定性问题(有随机过程)	贝尔曼方法 (Bellman 方法)

注：在离散时间的经济优化问题中，确定性问题中贝尔曼方法或拉格朗日方法都可以求解，但是拉格朗日方法不严密。

(三)微观经济学基础

对于微观经济学，其在公共财政理论中主要是“博弈论”和“信息经济学”的应用，譬如不同政府层级之间的“委托—代理问题”、预算约束中的博弈行为。对于这些理论问题，进一步的研究延伸到“福利经济理论”、“拍卖理论”和“机制设计”问题在公共财政领域中的应用。较多采用的中高级微观经济学教材有：

1. Hal R. Varian, *Microeconomic Analysis*(3rd Edition), W. W. Norton & Company, 1992。

2. Geoffrey A. Jehle & Philip Reny, *Advanced Microeconomic Theory*(2nd Edition), Reading Mass: Addison-Wesley, 2000。

3. David M. Kreps, *A Course in Microeconomic Theory*, Princeton University Press, 1990。

4. Andrew Mas-Colell, Michael D. Whinston & Jerry R. Green, *Microeconomic Theory*, Oxford University Press, 1995。

(四)计量经济学基础

对于高级计量经济学,其在公共财政理论中的应用是通过实证数据验证微观财政理论观点或是宏观财政理论观点,或是通过数据发掘财政问题或是解释财政问题。对此,较多采用的是多元回归方法或是面板数据方法。对于计量经济学,较多采用的教材有:

1. Damodar N. Gujarati, *Basic Econometrics*(4th Edition), McGraw-Hill, 2002。

2. Jeffrey Wooldridge, *Introductory Econometrics: A Modern Approach*(4th Edition), South Western, 2009。

较高级的参考教材有:

3. Fumio Hayashi, *Econometrics*, Princeton University Press, 2000。

4. Jeffrey M. Wooldridge, *Econometric Analysis of Cross Section and Panel Data*, The MIT Press, 2002。

5. William H. Greene, *Econometric Analysis*(5th Edition), Pearson Education, 2003。

(五)数值分析方法基础

对于数值分析,在动态经济学中的应用较为常见。当连续时间的动态优化问题和动态规划问题没有显示解时,采用计算经济学或数值经济学可以得出经济政策变化的动态路径。此外,在微观经济的一般均衡理论中,数值分析方法同样非常重要。随着数理经济研究的不断细化和专业化,这样的分析方法日渐重要,也越来越独立化。北美斯坦福大学胡佛研究院研究员肯尼思·L. 贾德(Kenneth L. Judd)等负责的计算经济学研究院(Institute of Computational Economics, ICE)就是一个专业的数值分析研究机构,而这在中国还是空白。这一方面的经典教材有:

1. Kenneth L. Judd, *Numerical Methods in Economics*, The MIT Press, 1998。

2. Mario J. Miranda & Paul L. Fackler, *Applied Computational Economics and Finance*, The MIT Press, 2002。

3. Jerome Adda & Russell W. Cooper, *Dynamic Economics: Quantitative Methods and Applications*, The MIT Press, 2003。

此外,结合高级宏观经济理论和数值分析方法,专题的高级经济理论不断出现。其中,RBC模型分析是重要的经济理论专题,其在公共财政领域同样适用。譬如,通过给予财政政策、税收政策一个冲击或变动,同样可以分析其对经济增长、经济波动的政策效应。这一专题的经典专著便是由哈佛大学乔治·麦坎德利斯(George McCandless)教授出版的 The ABCs of RBCs: An Introduction to Dynamic Macroeconomic Models (2008)。此外,CentER (University of Tilburg and CEPR)研究人员哈拉尔德·乌利希(Harald Uhlig)的 A Toolkit for Analyzing Nonlinear Dynamic Stochastic Models Easily、汉森(Hansen)的 Indivisible Labor and the Business Cycle(Journal of Monetary Economics,1985)也是重要的、操作性较强的专题文献。并且,The ABCs of RBCs: An Introduction to Dynamic Macroeconomic Models 一书和哈拉尔德·乌利希的个人主页中包括了许多基本模型的数值分析程序。

二、公共财政理论研究的经典文献

(一)公共财政研究的经典文献

就发达地区北美而言,其公共经济学研究的一个重要特征便是其高级理论人才培养的体系化。除了高级经济学必选课程的体系化之外,课程学习之后文献阅读的体系化是另一个重要的特征。对此,欧美知名高校在公共财政、税收理论专题方面都有一整套体系化的理论论文。譬如杜克大学方汉明教授提供的公共财政专题经典文献中就有 Economics of Taxation、Public Goods、Public Policies 几大主题,每一主题又有许多子专题。对于这些专题文献,列于本书附录,供财税研究人员参阅。

此外,在较为前沿的动态税收理论方面(New Theory of Taxation),麻省理工学院经济系戈洛索夫提供的经典文献、前沿文献同样列在了本书附录中。这方面的文献阅读基本处于公共经济学博士研究生学习阶段。

这些专题经典文献也解释了为什么在专题经济研究阶段欧美知名高校较少采用固定教材。毕竟前沿的理论是不断更新的,而教材的编撰往往滞后于前沿研究好几年。前沿的经济学者估计也不愿意编撰无创新意义的教材,而偏好于理论创新。毕竟,教材的编撰不是创新的过程,只是一个整理的过程,是出于体现知识系统性、便于学生学习的需要。

(二)公共财政研究的经典教材

在本科阶段的学习过程中,比较经典的本科教材主要有:

1. Richard A. Musgrave & Peggy B. Musgrave, *Public Finance in Theory*

and Practice(5th Edition), McGraw-Hill, 1989。

2. Harvey S. Rosen, *Public Finance*(7th Edition), McGraw-Hill, 2005。

3. John Leach, *A Course to Public Economics*(1st Edition), Cambridge University Press, 2004。

4. Jonathan Gruber, *Public Finance and Public Policy*(1st Edition), Worth Publishers, 2005。

随着理论的不断更新,由近期出版的教材替代前期出版的教材是学术进步的重要表现。从而后两本初级教材逐渐得到广泛应用,前两本教材特别是第一本教材逐渐被淡化使用。而高年级本科生和研究生使用的参考教材主要有:

5. Jeal Hindriks & Gareth D. Myles, *Intermediate Public Economics*, The MIT Press, 2006(中级)。

6. A. Atkinson & J. Stiglitz, *Lectures in Public Economics*, McGraw-Hill, 1980(高级)。

7. Gareth D. Myles, *Public Economics*, Cambridge University Press, 1995(高级)。

当然,随着财政经济理论的日益更新和快速发展,最新的反映公共财政基础理论和前沿理论的教材还比较缺乏。这也体现了理论研究中经典文献、前沿文献存在的必要性。

(三)实证公共财政经典文献

对于实证公共财政,其出现是伴随着现代计算机与计量理论、经济理论的快速发展而逐步独立出来的。对于实证公共财政,最新的具有综合规范性、代表性的文献汇编便是阿蒂亚特·F. 奥特(Attiat F. Ott)和理查德·J. 塞布拉(Richard J. Cebula)主编的 The Elgar Companion Public Economics: Empirical Public Economics(2006)。对于这一方面的专题分析,本书将在实证公共财政一章进行详细介绍。

此外,对于现代公共财政高级研究人才的培养,北美范式的经典文献导读中经常会有阅读报告(Presentation)和专题讨论(Seminar)。这样的讨论为这一专题的进一步研究指明了方向。在做阅读报告和专题讨论的同时,博士候选人常常会"重写"别人的论文——重新实现模型的推演过程,向作者索取数据重新作数值模拟和计量分析。这样的做法大大提高了论文写作的操作性,为个人研究奠定了较好的基础。

最后,对于从事公共财政的经济理论研究而言,从事经济模型的理论推演并通过数值分析和计量分析验证模型观点的学者,往往被认为是第一层次的学者;而只是通过模型改进,或是仅作计量分析解释公共经济问题的,往往被认为是处于第二层次的学者;进行政策或问题的描述、分析,或者从事调查研究、分析的,往往不如前面的学者知名或是得到更广泛的认同，除非像科斯（Coase）、诺思（North）那样形成其开拓性的观点。当然这只是同行对经济学研究人员排名结果的感性认识，而不是什么定论。

第三节　现代公共财政的本土化

一、现代财政理论的渗入

从学术观点和思想上来看，现代经济学在我国的广泛传播和深入发展是发生在近10年之内。由于历史的原因，我国学者特别是本土研究人员对现代经济理论的贡献较少，特别是在现代公共财政理论、税收理论方面。值得一提的是，由于财政体制自身的特殊性以及其他各方面的原因，财政税收教育的国际化程度远不如经济学科、金融学科、会计学科。这既可能与中国财政运行机制不透明、数据不准确、数据缺乏有关，也可能与传统财经院校财政学专业的人才选拔、聘用制度、管理层学科发展的战略眼光、发展思路有关，又可能与“北美高校只有经济系无财政系”从而无法对口学习、对口模仿有关（有财经院校会计专业对口模仿香港、北美高校会计系高级人才培养模式，取得了较好的教育效果，走在了全国前列）。此外，现代财政经济理论在中国难以适用，中国财政运行的非组织文化使得标准化研究困难等，也是财政学教育国际化步伐缓慢的重要原因。当前，由于历史的原因，中国财政还处于解决财政透明度、约束政府支出行为等基本财政问题上（思源，2008）。高层次的理论研究，特别是纯理论研究似乎也不是决策层和公众关心的话题。但是尽管如此，学习、认识和应用好现代财政理论意义深远。这将有利于加快中外学术对话，把许多中国的财政问题介绍到世界，激发世界各国人民了解中国财政问题、研究中国财政问题。这也有利于更好地促进交流和理解，加快中国公共财政理论研究、教学事业的发展。

二、现代财政研究基础的构建

对于公共财政理论研究所需的高级经济学基础及其研究人才的培养基础，当前较为彻底的教育培养体系应是中国经济与管理研究院（CEMA）的培养模式。当然，这一模式侧重于综合的经济学高级研究基础的构建。以下列出该院的课程设置：数学分析、线性代数、投资学、中级微观经济学、中级宏观经济学、概率论和数理统计、动态最优化、常微分方程、动态规划、随机过程、实变函数、政治经济学、拓扑学、泛函分析、生产和消费理论、中级计量经济学、中级金融理论、市场和均衡理论、国际贸易、抽象代数、动力系统、数学模型、复变函数、微分几何、微分拓扑、偏微分方程、组合数学、对策论、高级金融理论、国际金融、高级微观经济学、期货、期权和衍生证券、投资科学、时间序列分析。此外，该学院在本科生二年级、硕士生入学前的暑期课程中还增加了凸分析、经济数学、宏微观基础、一般与均衡、动态经济学方法等课程(为了节省篇幅，此处省去了教育部规定的公共基础课)。

此外，根据清华大学《2008年经济管理专业本科培养方案》，其本科生课程涵盖了数学分析、计量经济学、博弈论、随机过程、经济控制论(亦即动态经济学方法)、经济增长、实分析等经济学、数学课程(根据清华大学经济管理学院《2008本科生培养方案》整理形成，其他与一般院校相同的经济学、经济数学课程未列出)，本科生的数理经济学基础在全国也应位于前列。

以上是高级财税理论研究的课程基础。从本科教育来看，有的院校采取了全英文教学、北美模式结合中国本土情况的培养方式。其财政学(实验班)本科的专业基础课包括：公共财政学、社会保障、政府预算与财政管理、税收学、城市经济学、地方财政学、计量经济学、中国财政制度、国际发展与政策，另有各类专业选修课若干。当然，这样的课程主要是培养具有国际视野的本科生，使其掌握现代财政学的基础知识，并不要求学生在本科阶段具备理论研究的数理基础。

总之，随着极少数综合院校和财经院校的教育改革，中国经济学专业的国际化步伐越来越快，财税专业的国际化步伐也应逐步加快。在此，向更多的研究人员介绍现代财政的研究范式、研究方法和研究成果，使其掌握现代公共财政的中高级理论知识非常重要。这也是缩小国内外理论研究差距、加快财税专业国际化步伐的重要方面。

三、高级专业人才的培养

一般而言，对于掌握现代财政理论的本科人才培养，通过课程设置的优化、教材选用的优化、教学内容的优化等就可以实现。而培养现代公共财政的高级理论研究人才，则是一个“宽进严出”的过程。在此，作者认为高层次现代公共财政研究人员的培养应考虑以下几个方面：(1)考虑采取硕博连读制度，并采取严格的“宽进严出”制度，以实现高级人才培养的“社会达尔文主义”。这样的“严出”体现在高级经济学基础课程、文献阅读、专题讨论中的严格考核制度上。这样的考核一般在研究生教育的第三年或是第四年，将不具备培养前途的学生通过严格、规范、合理的考核淘汰出去，转为普通的硕士。合格的学生进入博士研究生学习阶段，继续进行第五、六乃至更长年份的研究。(2)授课方式的重视。对于授课方式，将高级经济学基础课、高级财税专题课程、必修(或选修)数学课程通过课堂板书形式讲授，这是最佳的授课方式。这样的授课方式能使学生同步记录的时候增强理解，提高学习的效果。(3)激励相容的机制设计。从财政、税收教育来看，教育组织机构应通过较高的经济激励、业绩激励鼓励采用有一定难度的国际、国内教材。此外，对通过课堂板书方式讲授高级经济学课程、高级财税专题课程、必修或选修数学课程的教师，应采取高于多媒体授课教师的经济激励。最后，从整个社会来看，拉开学历层次的平均收入差距，提高那些“少而精”的高层次研究人员的待遇和社会认同感也非常重要。(4)文化氛围的形成。高等教育，尤其是高层次的研究人才的培养，更多地应该侧重他们的天赋与兴趣，形成他们的自由选择。因此，在课程设置、培养模式等形式上学习西方先进的培养方式只是一个制度模式、器具方法的学习，更高层次的学习应该是在这一模式下形成一个不断实现知识更新的学术文化氛围、文化传统。通过这一文化氛围、文化传统，努力发现人才、识别人才，让更多的有天赋、有兴趣的学生进入高层次理论人才的培养行列。而对于本科层次的学生而言，针对现代公共财政理论的研究基础，在本科阶段选修相关课程可以为今后的学习或专业课程的学习奠定良好的基础。

第二章 市场失灵与公共财政

本章学习的阅读文献

1. Akerlof G. The Market for "Lemons": Quality Uncertainty and the Market Mechanism[J]. *Quarterly Journal of Economics*, 1970, 84(3):488—501.

2. Coase R H. The Problem of Social Cost[J]. *Journal of Law and Economics*, 1960, (3):1—44.

3. Myles G D. *Public Economics*[M]. London: Cambridge University Press, 1995:383—414.

4. Hindriks J & G D Myles. *Intermediate Public Economics*[M]. New York: The MIT Press, 2006:175—180, 403—427.

5. Leach J. *A Course to Public Economics*[M]. Cambridge University Press, 2004: 293—300.

文献导读： 关于市场失灵，早期微观经济学中的厂商理论分析了不完全竞争的低效率问题；萨缪尔森关于公共产品的分析、科斯等关于交易成本的考察形成了外部性与公共产品的理论框架；基于柠檬市场和保险市场的观察，阿克洛夫(Akerlof)等较早提出了信息不对称下的市场失灵问题。本章基于经典文献并结合国外标准教科书的分析范式进行了这一方面的专题介绍。

第一节 完备市场与经济效率

福利经济学中，完全竞争市场是有效率的。福利经济学的第一定理和第二定理说明了这一问题。

福利经济学第一定理是指：完全竞争市场是"帕累托"最优的；

福利经济学第二定理是指："帕累托"有效的市场是完全竞争市场。

"帕累托"最优是指：如果对于某种既定的资源配置状态，所有的"帕累托改进"均不存在，即在该状态上，任何改变都不可能使至少一个人的状况变好而又不使任何人的状况变坏，则称这种资源配置状态为"帕累托"最优状态。

对于福利经济学第一定理和福利经济学第二定理，证明如下。

一、福利经济学第一定理

假定在完全竞争市场中，代表性消费者的收入为 M，消费商品 X 和 Y 的效用为 $U(Q_X, Q_Y)$，对商品 X 和 Y 的需求量分别为 Q_X、Q_Y，价格分别为 P_X、P_Y。代表性消费者的收入预算方程为：

$$P_X Q_X + P_Y Q_Y \leqslant M \tag{2—1}$$

在既定的收入预算之下实现消费者均衡。定义拉格朗日方程：

$$L_1 = U(Q_X, Q_Y) + \lambda(M - P_X Q_X - P_Y Q_Y) \tag{2—2}$$

其中 λ 为拉格朗日乘子。分别对需求量 Q_X、Q_Y 求一阶条件。

$$\frac{\partial L_1}{\partial Q_X} = U'_1(Q_X, Q_Y) - \lambda P_X = 0 \tag{2—3}$$

$$\frac{\partial L_1}{\partial Q_Y} = U'_2(Q_X, Q_Y) - \lambda P_Y = 0 \tag{2—4}$$

结合式(2—3)和式(2—4)可得消费者均衡的条件，定义 MRS_{XY} 为消费者消费选择的边际替代率。

$$MRS_{XY} = \frac{U'_1(Q_X, Q_Y)}{U'_2(Q_X, Q_Y)} = \frac{P_X}{P_Y} \tag{2—5}$$

对于 n 个不同的消费者而言，由于式(2—5)的右边都是相等的，从而：

$$MRS^1_{XY} = MRS^2_{XY} = \cdots = MRS^n_{XY} \tag{2—6}$$

对于厂商而言，对两种商品 X 和 Y 供给量分别为 Q_X、Q_Y，并且这一供给量为消费者的需求量，以实现市场出清。厂商的产出函数为 $Q(K, L)$，投入的要素为资本 K 与劳动 L，各类要素的价格分别为 P_K、P_L。厂商的成本约束方程为(定义厂商的成本额为 C)：

$$P_K K + P_L L \leqslant C \tag{2—7}$$

在既定的成本预算约束之下，实现厂商均衡。定义拉格朗日方程：

$$L_2 = Q(K, L) + \eta(C - P_K K - P_L L) \tag{2—8}$$

其中 η 为拉格朗日乘子。分别对要素供给量 K、L 求一阶条件。

$$\frac{\partial L_2}{\partial K} = Q'_K(K, L) - \eta P_K = 0 \tag{2—9}$$

$$\frac{\partial L_2}{\partial L} = Q'_L(K, L) - \eta P_L = 0 \tag{2—10}$$

结合式(2—9)和式(2—10)可得厂商的均衡条件，定义 MRT_{KL} 为要素 K、L 的边际转换率。

$$MRT_{KL} = \frac{Q'_K(K, L)}{Q'_L(K, L)} = \frac{P_K}{P_L} \tag{2—11}$$

对于 m 个不同的厂商而言，由于式(2－11)的右边都是相等的，从而：

$$MRT_{KL}^{1}=MRT_{KL}^{2}=\cdots=MRT_{KL}^{m} \qquad (2-12)$$

厂商的边际转换率 MRT_{KL} 为 X、Y 两种商品的边际成本之比，亦即 $MRT_{KL}=\frac{MC_X}{MC_Y}$。

在生产可能曲线下 $Q(Q_X,Q_Y)=0$，$MRT_{KL}=\frac{\partial C(Q_X,Q_Y)/\partial Q_X}{\partial C(Q_X,Q_Y)/\partial Q_Y}=-\frac{\mathrm{d}Q_Y}{\mathrm{d}Q_X}$。由式(2－1)对商品数量求微分可得：$-\frac{\mathrm{d}Q_Y}{\mathrm{d}Q_X}=\frac{P_X}{P_Y}$，代入后可得：$MRT_{KL}=\frac{P_X}{P_Y}$。而在完全竞争市场中，每个产品的价格等于该产品生产的边际成本，亦即 $MC_X=P_X$、$MC_Y=P_Y$。从而厂商的边际转换率 $MRT_{KL}^{j}=MRS_{XY}^{i}=\frac{P_X}{P_Y}$，$j=1,\cdots,m$。而消费者均衡时：$MRS_{XY}^{1}=MRS_{XY}^{2}=\cdots=MRS_{XY}^{n}=\frac{P_X}{P_Y}$，从而 $MRT_{KL}^{1}=MRT_{KL}^{2}=\cdots=MRT_{KL}^{m}=MRS_{XY}^{1}=MRS_{XY}^{2}=\cdots=MRS_{XY}^{n}$。

这意味着：在完全竞争市场中，可以在分别实现消费者均衡和生产者均衡的同时，达到整个市场的均衡。在整个均衡之下，任何改变生产和交换的“帕累托改进”均不存在。这就是说，任何改变都不可能使至少一个消费者的状况变好而又不使其他任何消费者的状况变坏。从而完全竞争市场是“帕累托”有效的。

二、福利经济学第二定理

在“帕累托”有效的市场下，同时实现生产者均衡和消费者均衡的条件是市场经济中 $MRS_{XY}^{i}=\cdots=MRT_{KL}^{j}$，亦即在消费者对产品消费的替代率等于产品生产的边际转换率时即为有效。而这一条件在完全竞争市场中可以实现，并且有多个点相对应。因为在生产可能性曲线边界点的切线斜率等于消费者均衡条件时，即为“帕累托”最优的。

此外，通过“帕累托改进”达到“帕累托”最优的措施可以通过税收和转移支付实现，也同样可以通过市场竞争机制实现资源配置。对此的分析如下。假定一个经济系统同时满足消费均衡和生产均衡的条件，并且满足如下相关假设。

假设一：消费者方面条件的满足。

$\max_{X_i\in R_+^n} U^i(X_i)$，消费者的预算约束条件为：

$$M_i(\overline{P})=\overline{P}E_i+\sum_{j\in J}\theta_{ij}\,\overline{P}y_j \qquad (2-13)$$

其中：$i\in I$ 代表消费者的数量，$j\in J$ 代表厂商的数量，M_i 代表消费者的收入，$\overline{P}$ 代表消费者消费 X_i 产品的价格向量，θ_{ij} 代表每个消费者从厂商经营中分回的利润额，E_i 代表消费者初始的资源禀赋，y_i 代表市场均衡时的产品数量。

假设二：厂商方面条件的满足。

厂商生产可能集上，产量为正的向量 $Y_j>0$，$Y_j\cap R_+^n=\{0\}$，Y_j 为闭的紧集（保证均衡时生产可能性边界上有解），Y_j 是严格凸的。亦即当 $y_1\neq y_2\in Y_j$、$\lambda\in(0,1)$ 时，存在 $\bar{y}\in Y_j$ 使得：

$$\bar{y}>\lambda y_1+(1-\lambda)y_2 \qquad (2-14)$$

假设三：资源禀赋为正的。$\sum_{i\in I}E_i+y>0$。y 代表某一类产品的总供给量。

假设四：(X^*,y^*) 假定为帕累托有效分配的。

在上述假设下，在完全竞争市场中存在政府收入调节的一揽子计划，亦即存在转移支付 $T_1,\cdots,T_I$，$\sum_{i\in I}T_i=0$ 和价格向量 $\overline{P}$ 满足以下条件：

1. 在 $\overline{P}X_i\leqslant M_i(\overline{P})+T_i(i\in I)$ 情况下，X^* 最大化 $U^i(X_i)$。

2. 在 $y_j\in Y_j(j\in J)$ 情况下，y^* 最大化 $\overline{P}y_j$。

定义 $\overline{Y_j}\equiv Y_j-\{y^*\}$ 为非生产者均衡下的产量集，$\overline{y_j}\in\overline{Y_j}$。一个可行解为 $\omega=(U^i,X^*,\theta_{ij}\overline{Y_j})$，假定 ω 为满足帕累托最优的可行解，则在假设一、假设三之下存在一个市场均衡的价格向量 $\overline{P}$ 实现瓦尔拉斯均衡时的资源配置（WEA），即：

$$U^i(\overline{X_i})\geqslant U^i(X_i^*) \qquad (2-15)$$

定义总产出量 $y_j^t\in Y_j$，消费者的非帕累托有效解 $\overline{X_j}\in X_j$ 与总产出量组合 $(\overline{X_j},y_j^t)$ 在经济中是可行的。由于 $(\overline{X_j},\overline{y_j})$ 是瓦尔拉斯均衡时的一个资源配置（WEA），其在经济中是可行的。产品的供需量关系如下：

$$\sum_{i=0}^{I}\overline{X_i}=\sum_{i=0}^{I}X_i^*+\sum_{i=0}^{J}\overline{y_j}$$

$$\sum_{i=0}^{I}\overline{X_i}=\sum_{i=0}^{I}X_i^*+\sum_{i=0}^{J}(y_i^t-y_i^*)$$

$$\sum_{i=0}^{I}\overline{X_i}=\sum_{i=0}^{I}X_i^*-\sum_{i=0}^{J}y_i^*+\sum_{i=0}^{J}y_j^t \qquad (2-16)$$

而"帕累托"最优解 (X^*,y^*) 条件下，由市场中资源供求的关系 $\sum_{i=0}^{I}X_i^*=\sum_{i=0}^{J}y_i^*+\sum_{i=0}^{I}E_i$，式（2－16）即为：

$$\sum_{i=0}^{I}\overline{X_i}=\sum_{i=0}^{I}E_i+\sum_{i=0}^{J}y_j^t \qquad (2-17)$$

从而生产组合 $(\overline{X_j},y_j^t)$ 也是经济中的可行解。在此式（2－15）的不等式转换为等式条件，即 $U^i(\overline{X_i})=U^i(X_i^*)$。否则 (X^*,y^*) 不是"帕累托"最优的资源配置，存在比其更优的解 $\overline{X_j}$。由效用函数 $U^i(\cdot)$ 的严格单调、拟凹性可知：$\overline{X_i}=X_i^*$。既定价格向量 $\overline{P}$ 之下，消费者对 $\overline{X_i}(i\in I)$ 中任意两个解的平均组合都是严格偏好的。因为无差异曲线是凸向原点，$\overline{X_i}$中任意两个解的平均组合所对应的无差异曲线高于组合前的无差异曲线。但这与($\overline{X_j}$，$\overline{y_j}$)是瓦尔拉斯均衡下的资源配置(WEA)不相吻合。亦即 $X^* = \overline{X_j}$为消费者均衡时的唯一解。对于厂商而言，同理可得 y^* 为厂商均衡时的最优解(Jehle & Reny，2000)。这就意味着"帕累托"最优的资源配置可以在完全竞争市场中实现。从而通过上述的分析可知：收入分配和竞争市场可以在相互独立的情况下进行。

第二节　市场失灵

一、不完全竞争

完全竞争的市场经济中，厂商的边际收益等于边际成本。此时市场经济是最有效率的。但是完全竞争的市场经济在现实中是不存在的。现实中，交易的市场是垄断竞争的，也可能是寡头垄断的，甚至可能是完全垄断的。现实中的这些市场，常常被概括为不完备市场。而对于这些不完备市场，相对于完全竞争经济而言是低效的。下面通过比较垄断市场和完全竞争市场的效率分析不完全竞争中的市场低效问题。以图 2—1 为例，在完全竞争经济下社会的平均收益 AR 等于边际收益，边际成本曲线 MC 与平均收益 AR 的交点 A 为市场均衡点，完全竞争经济下的产品供给量为 Q_C，产品的供给价格为 P_C。

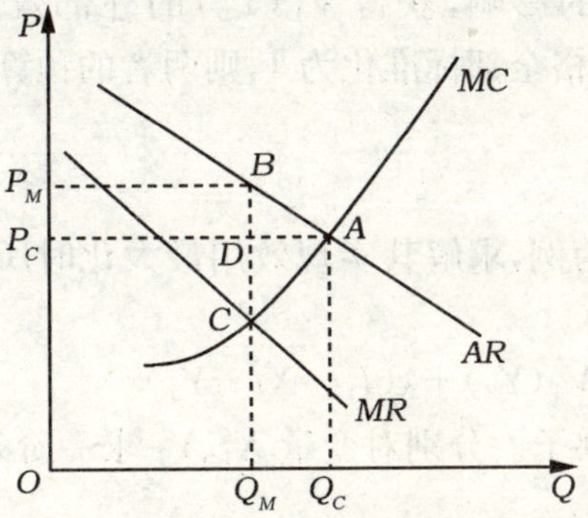

图 2—1　垄断的低效率

而垄断市场中的厂商是产品价格的制定者，其平均收益曲线 AR 不再是水平的常量线(完全竞争经济下价格由市场决定)，而是与完全竞争经济中行业的需求曲线一样——价格上升，需求相对下降。因此垄断厂商的边际收益曲线与平均收益曲线不再是重合的，而是分离的。表现在图 2—1 中则是边际收益曲线 MR 位于平均收益曲线 AR 的下方。从而垄断厂商利润最大化的产品供给量为 Q_M，产品的

供给价格为 P_M。明显的，$P_M > P_C$，$Q_M < Q_C$。垄断厂商的供给价格高于完全竞争经济下的产品供给价格，垄断厂商的供给量低于完全竞争经济下的产品供给量。而垄断价格 $P_M > P_C = MC$，破坏了完全竞争经济下的帕累托效率条件，从而经济不再是有效的。此外，在由完全竞争经济变为垄断经济的过程中，消费者剩余减小了$\triangle ABD$。这对于整个社会而言是无谓的福利损失。

二、外部性与公共产品

市场经济中，产品的供应和消费并不仅仅是供应者和需求者双方获得效用。在产品或服务的供应过程中，常常有第三方受到积极或消极的影响，这就是外部效应(Externalities)。给第三方带来的积极影响，可以称之为正外部效应；给第三方带来的消极影响，可以称之为负外部效应。

对于正外部效应，是由于私人生产的边际收益低于社会边际收益，从而导致供应不足；对于负外部效应，是由于私人边际收益高于社会边际收益，从而导致供应过量。对此可以通过下述的理论进行分析。假定市场中有两个代表性消费者：消费者 1 和消费者 2，每个代表性消费者的初始禀赋为 I_1、I_2，两者的效用函数为：

$$U_1 = X_1 + U_1(Y_1) + V_1(Y_2) \tag{2-18}$$

$$U_2 = X_2 + U_2(Y_2) + V_2(Y_1) \tag{2-19}$$

其中以第 1 个消费者为例，在消费 X_1 商品的同时生产商品 Y_1。在生产过程中，第 1 个消费者获得的效用分别为 X_1、$U_1(Y_1)$。并且第 1 个消费者还受到第 2 个消费者生产 Y_2 商品的影响，获得 $V_1(Y_2)$ 的外部效应(Hinriks and Myles, 2006)。假定将商品的价格全部标准化为 1，则两者的预算约束为：

$$X_1 + Y_1 = I_1 \tag{2-20}$$

$$X_2 + Y_2 = I_2 \tag{2-21}$$

则以第 1 个消费者为例，求解其实现效用最大化时所需满足的条件。首先定义拉格朗日方程：

$$L_1 = X_1 + U_1(Y_1) + V_1(Y_2) + \lambda(I_1 - X_1 - Y_1) \tag{2-22}$$

其中 λ 为拉格朗日乘子。分别对变量 X_1、Y_1 求一阶条件可得：

$$\frac{\partial L_1}{\partial X_1} = 1 - \lambda = 0 \tag{2-23}$$

$$\frac{\partial L_1}{\partial Y_1} = U'_1(Y_1) - \lambda = 0 \tag{2-24}$$

结合式(2-23)和式(2-24)可知，第 1 个消费者满足自身效用最大化的条件为：

$$U'_1(Y_1) = 1, X_1 + Y_1 = I_1 \tag{2-25}$$

同理第 2 个消费者满足自身效用最大化的条件为：

$$U'_2(Y_2) = 1, X_2 + Y_2 = I_2 \tag{2-26}$$

而对于整个社会而言，需要实现社会福利的最大化，即

$$\max[U_1+U_2]=X_1+U_1(Y_1)+V_1(Y_2)+X_2+U_2(Y_2)+V_2(Y_1) \tag{2-27}$$

社会资源的总约束条件为：

$$X_1+Y_1+X_2+Y_2\leqslant I_1+I_2 \tag{2-28}$$

求解整个社会福利最大化所需满足的条件。首先定义拉格朗日方程：

$$L_2=X_1+U_1(Y_1)+V_1(Y_2)+X_2+U_2(Y_2)+V_2(Y_1)+\mu(I_1+I_2-X_1-Y_1-X_2-Y_2) \tag{2-29}$$

上式中 μ 为拉格朗日乘子。分别对变量 X_1、Y_1、X_2、Y_2 求一阶条件如下：

$$\frac{\partial L_2}{\partial X_1}=1-\mu=0 \tag{2-30}$$

$$\frac{\partial L_2}{\partial Y_1}=U'_1(Y_1)+V'_2(Y_1)-\mu=0 \tag{2-31}$$

$$\frac{\partial L_2}{\partial X_2}=1-\mu=0 \tag{2-32}$$

$$\frac{\partial L_2}{\partial Y_2}=V'_1(Y_2)+U'_2(Y_2)-\mu=0 \tag{2-33}$$

结合式(2－30)和式(2－31)可知，整个社会福利最大化时要求第 1 个消费者：

$$U'_1(Y_1)+V'_2(Y_1)=1 \tag{2-34}$$

结合式(2－32)和式(2－33)可知，整个社会福利最大化时要求第 2 个消费者：

$$U'_2(Y_2)+V'_1(Y_2)=1 \tag{2-35}$$

比较个人与整个社会效应最大化的条件如表 2－1 所示。

表 2－1　　私人边际收益与社会边际收益的比较

	第 1 个消费者	第 2 个消费者
个人	$U'_1(Y_1)=1$	$U'_2(Y_2)=1$
社会	$U'_1(Y_1)+V'_2(Y_1)=1$	$U'_2(Y_2)+V'_1(Y_2)=1$
正外部效应	$V'_2(Y_1)>0$	$V'_1(Y_2)>0$
	$U'_1(Y_1)+V'_2(Y_1)>U'_1(Y_1)=1$ 社会边际收益大于私人边际收益	$U'_2(Y_2)+V'_1(Y_2)>U'_2(Y_2)=1$ 社会边际收益大于私人边际收益
负外部效应	$V'_2(Y_1)<0$	$V'_1(Y_2)<0$
	$U'_1(Y_1)+V'_2(Y_1)<U'_1(Y_1)=1$ 社会边际收益小于私人边际收益	$U'_2(Y_2)+V'_1(Y_2)<U'_2(Y_2)=1$ 社会边际收益小于私人边际收益

对于上述结果，可以通过图 2－2 进行分析，其中 *PMB* 代表私人边际收益，*SMB* 代表社会边际收益，*MC* 代表边际成本。

当有正外部效应时，$V'_2(Y_1)>0$ 或者 $V'_1(Y_2)>0$，整个社会对 Y_1、Y_2 所需的产品供给量为 Q''_P，而私人的供给量仅仅为 Q_P。明显的，$Q''_P>Q_P$，从而该类正外部

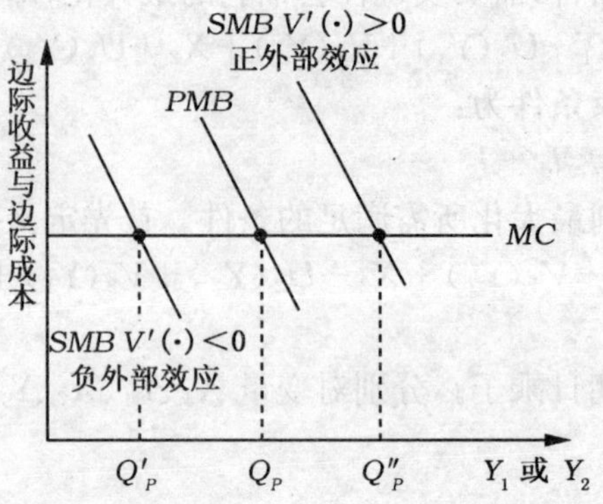

图 2—2　外部效应下私人与社会的供给差异

效应的产品由私人来供给出现供给不足；当有负外部效应时，$V'_2(Y_1)<0$ 或者$V'_1(Y_2)<0$，整个社会对 Y_1、Y_2 所需的产品供给量为 Q'_P，而私人的供给量为 Q_P。明显的，$Q'_P<Q_P$，从而该类负外部效应的产品由私人来供给出现供给过量。

如何解决供给不足或者供给过量问题呢？由政府提供公共产品弥补私人供给不足的部分，或者完全提供私人不愿意提供的具有正外部效应的产品是一个较好的选择；而对于私人供给过量的、具有负外部效应的产品，政府通过相关政策法律措施进行抑制是弥补市场失灵的重要方式。

三、信息不对称

在完全竞争市场中，规则的运作要求契约签订双方无论是签订前还是签订后都是信息一致的。但现实经济却不总是如此。其中，信息不对称（Asymetric Information）是出现问题的重要原因。在信息不对称之下，会出现的两个重要问题便是逆向选择（Adverse Selection）和道德风险（Moral Hazard）。

（一）逆向选择问题

对于逆向选择问题，Akerlof（1970）最早进行了不对称信息下“劣币驱良币”的分析。假定市场经济中产品的价格为 P，产品的质量为 μ，产品的需求量为 $Q_d(P,\mu)$，产品供给量为 $S(P)$。假定产品需求量 $Q_d(P,\mu)$与价格 P 呈负相关关系，产品价格 P 与产品质量 μ 同样呈正相关关系，产品需求量 $Q_d(P,\mu)$与产品质量 μ 同样呈正相关关系，如图 2—3 所示。

在没有不对称信息的情况下，每一质量为 μ 的产品都能够达成市场的交易。整个市场能够实现市场的均衡，即 $Q_d(P^*,\mu)=S(P^*)$。但是在存在不对称信息的情况下，由于卖方拥有的信息比买方要多，对于某一质量 μ 的产品给予一个高于其实际价值的报价 P，则买方会逐渐减少对该产品的需求。而由图 2—3 右可知，需求的减少会带来质量的下降，质量的下降又会带来价格的下降。从而，产品的需

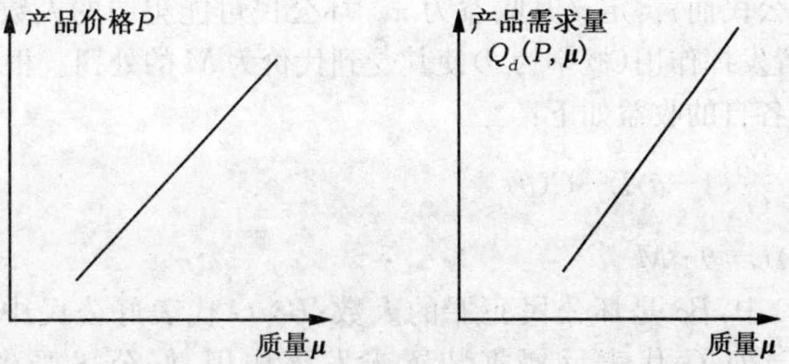

图 2—3　产品价格、需求量与质量的关系

求量 $Q_d(P,\mu)$ 与价格 P 呈正相关关系，价格越低需求反而越低，最终不能够达成市场交易或市场均衡。

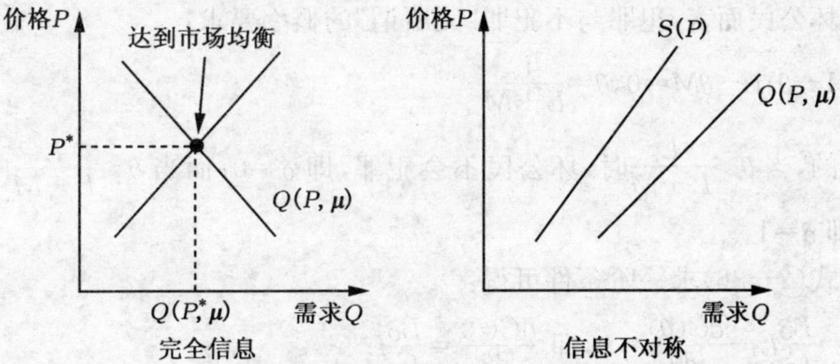

图 2—4　完全信息与不对称信息市场的均衡比较

从图 2—4 左可知，在完全信息的情况下，市场能够达到均衡；但在图 2—4 右的不对称信息下，产品的需求量 $Q_d(P,\mu)$ 与价格 P 呈正相关关系，产品价格越低——提供产品的质量越低，产品的需求量不会增加反而会减少，使得供给与需求不能够达到均衡，最终会导致市场的崩溃。这样，在不对称信息下，劣质品的存在使得市场交易出现了"逆向选择"，劣质品的交易量排挤优质品。而典型的关于保险市场的逆向选择问题及其给市场经济运作带来的影响，本书将在社会保障这一章进行详细分析。

（二）道德风险问题

逆向选择是契约签订前的一种结果。相对应的，契约签订后签约方不一定会完全按照契约规定执行，这就是道德风险问题。对于道德风险造成的低效率问题，本节以下例进行简要的分析，探讨这一问题出现后的低效率。假定某地区有好公民（人数为 G）和坏公民（人数为 B）两类消费者。定义好公民的效用为 U_G，个人收入为 Y_G。好公民设置反侵害装置保护自身的利益，提前监控到侵害行为的概率为 θ，从而受到侵害的概率为 $1-\theta$，受到侵害时好公民的损失为 L（Leach，2004）。

而对于坏公民而言，定义其收益为 π。坏公民可能犯罪的人数比例为 δ，犯罪时，反侵害装置发挥作用(概率为 θ)使其受到代价为 M 的处罚。根据上述定义，好公民与坏公民各自的收益如下：

$$U_G=Y_G-\frac{B\delta}{G}(1-\theta)L-C(\theta) \tag{2-36}$$

$$\pi=(1-\theta)L-\theta\cdot M \tag{2-37}$$

式(2－36)中，$B\delta$ 是坏公民犯罪的人数；$B\delta/G$ 代表好公民中可能受到侵害的比例，$B\delta(1-\theta)/G$ 代表反侵害装置未发挥作用、好公民受到侵害的比例，$B\delta(1-\theta)L/G$ 代表好公民受到侵害时的损失；$C(\theta)$ 为设置反侵害装置的成本，满足以下假设条件：

$$\frac{\mathrm{d}C(\theta)}{\mathrm{d}\theta}>0,\frac{\mathrm{d}^2C(\theta)}{\mathrm{d}\theta^2}>0 \tag{2-38}$$

对于坏公民而言，犯罪与不犯罪“无所谓”的概率要求：

$$\pi=(1-\theta)L-\theta M=0,\theta=\frac{L}{L+M} \tag{2-39}$$

明显的，当 $\theta>\frac{L}{L+M}$ 时，坏公民不会犯罪，即 $\delta=0$；而当 $\theta<\frac{L}{L+M}$ 时，坏公民会犯罪，即 $\delta=1$。

而对式(2－36)求一阶条件可得：

$$\frac{\partial U_G}{\partial\theta}=\frac{B\delta}{G}L-\frac{\mathrm{d}C(\theta)}{\mathrm{d}\theta}=0,\text{即 }\frac{\mathrm{d}C(\theta)}{\mathrm{d}\theta}=\frac{B\delta}{G}L \tag{2-40}$$

对于式(2－40)右边的简化式，左边对 θ 求导得到 $\frac{\mathrm{d}^2C(\theta)}{\mathrm{d}\theta^2}>0$。右边对坏公民犯罪的比率 δ 求一阶条件等于 $\frac{B}{G}L>0$。从而 θ 与 δ 之间是正相关关系。即坏公民犯罪的比率 δ 增加时，好公民将增加反侵害装置的投入。对此，在这一博弈的过程中，市场均衡点为图 2－5 中的交点。

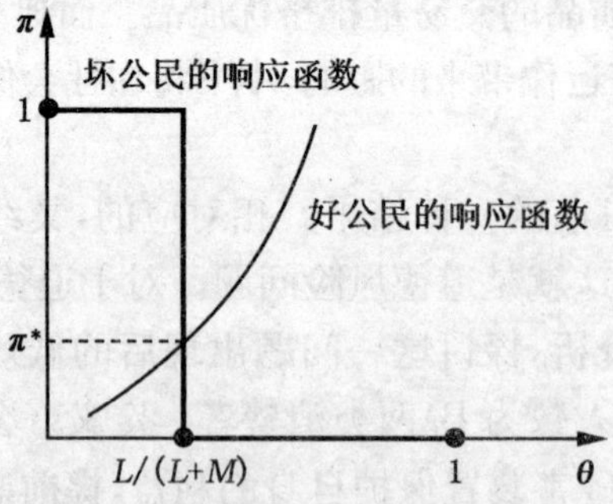

图 2－5　不对称信息下的纳什均衡

图 2—5 中当 $\theta=\frac{L}{L+M}$，$\delta=\delta^*$ 时，坏公民与好公民达成市场均衡。达成市场均衡时并不是所有的坏公民都犯罪，即使犯罪获得的收益为 0。而对于好公民而言，让坏公民隐藏自己的行动（不侵害）是不可能的。因为不对称信息下，杜绝犯罪需要付出高昂的代价——安装更多的反侵害装置以让犯罪绝迹。无法准确、及时识别谁犯罪，这就是一个不对称的信息。从而这一隐藏的行动带来坏公民的道德风险。

在此，(0,0)可以看作是完全信息下的一个契约，而 $\left(\theta=\frac{L}{L+M},\delta=\delta^*\right)$ 可以看作是不完全信息下的一个契约。整个市场从(0,0)转化为 $\left(\theta=\frac{L}{L+M},\delta=\delta^*\right)$ 就是因为：不完全信息下一方拥有不对称信息。因为不完全信息之下，坏公民有犯罪动机或激励，这就是一个“道德风险”。

在完全信息之下，对于坏公民而言，其收益好于不完全信息时的状况（不完全信息下达成市场均衡时，坏公民的收益为零）；对于好公民而言，犯罪的坏公民会被迅速发现并受到惩罚，从而犯罪会减少，其收益不会受到侵害。因此在完全信息下，整个社会的福利要高于不对称信息下的社会福利。可以说，不对称信息的存在损害了经济的效率。

四、不遵从行为

市场经济运行的一个重要假设是承诺一致的(full commitment)，要求交易双方对经济运行规则和经济政策的一贯遵从。但在许多情况下却并不总是这样。以公共财政中的税收征纳为例，纳税人逃税是一个重要的不遵从行为，对此的政府干预应是必需的。

（一）税收不遵从基础

假定纳税人有一份外生的收入 E 不为征税方获知。纳税人的报税收入仅为 A（明显的，$A<E$），税率为 t。如果纳税人逃税，则有 θ 的概率被征税方查到，查到时不但要补征税款而且要求加征比例为 $P(P>1)$ 的罚款。具体的征纳关系如表 2—2所示。

表 2—2　纳税人逃税的利益关系

	状　态	状　态
概　率	θ，被发现	$1-\theta$，未被发现
收　入	$E-tA-Pt(E-A)$	$E-tA$
效　用	$U[E-tA-Pt(E-A)]$	$U(E-tA)$
期望效用 EU	$\theta\cdot U[E-tA-Pt(E-A)]+(1-\theta)\cdot U(E-tA)$	

从表 2—2 中的信息可知，代表性消费者的问题就是选择最优的报税收入 A 以使其期望效用最大化(Myles，1995)。

$$\max_{\{X\}} EU=\{\theta \cdot U[E-tA-Pt(E-A)]+(1-\theta)\cdot U(E-tA)\} \tag{2—41}$$

定义 $M=E-tA-Pt(E-A)$，$N=E-tA$。对式(2—41)中的 A 求一阶条件如下：

$$\frac{dEU}{dA}=\theta \cdot U'(M)(-t+Pt)+(1-\theta)\cdot U'(N)(-t)=0 \tag{2—42}$$

等式两边消去税率 t 后可得(定义等式为 Q)：

$$Q=\theta \cdot U'(M)(P-1)-(1-\theta)\cdot U'(N)=0 \tag{2—43}$$

对式(2—41)中的 A 二阶求导，即对式(2—43)左边再进行一次求导可得(定义结果为 Π)：

$$\Pi=\theta \cdot U''(M)(P-1)(-t+Pt)-(1-\theta)\cdot U''(N)(-t) \tag{2—44}$$

$$=t[\theta \cdot U''(M)(P-1)^2+(1-\theta)\cdot U''(N)]<0 \tag{2—45}$$

由于效用函数为拟凹的 $U'(\cdot)>0$，$U''(\cdot)<0$，因而式(2—44)中定义的二阶结果 Π 为负的。根据式(2—42)，当 $A=E$ 纳税人完全公开自身收入时则有：

$$\left.\frac{dEU}{dA}\right|_{A=E}=\theta \cdot U'[E-tE-Pt(E-E)](-t+Pt)+(1-\theta)\cdot U'(E-tE)(-t)$$

$$=\theta \cdot U'(E-tE)(-t+Pt)+(1-\theta)\cdot U'(E-tE)(-t)$$

$$=t(P\theta-1)U'(E-tE) \tag{2—46}$$

当 $P\theta-1<0$(即 $P\theta<1$ 时)，$\left.\frac{dEU}{dA}\right|_{A=E}<0$。这意味着，纳税人完全公开收入时($A=E$)并不能够达到自身的最优，从而具有偷漏税的动机。这就是说$\left.\frac{dEU}{dA}\right|_{A=E}=0$要求纳税人的报税收入 A 必须小于其真实的收入 E，即 $A<E$。

(二)影响因素分析

除此之外，纳税人的报税收入 A 受到以下参数的影响。根据等式(2—43)的定义 $Q=\theta \cdot U'(M)(P-1)-(1-\theta)\cdot U'(N)$，将其分别对参数 A、θ、P、t、E 求导如下：

$$\frac{\partial Q}{\partial A}=\theta U''(M)(P-1)^2 t+(1-\theta)\cdot U''(N)t=\Pi \tag{2—47}$$

$$\frac{\partial Q}{\partial \theta}=U'(M)(P-1)+U'(N) \tag{2—48}$$

$$\frac{\partial Q}{\partial P}=-\theta \cdot U''(M)t(E-A)(P-1)+\theta \cdot U'(M) \tag{2—49}$$

$$\frac{\partial Q}{\partial t}=\theta U''(M)[-A-P(E-A)](P-1)+(1-\theta)U''(N)A \tag{2—50}$$

$$\frac{\partial Q}{\partial E}=\theta \cdot U''(M)(1-Pt)(P-1)-(1-\theta)\cdot U''(N) \tag{2—51}$$

基于上述的结果，可以得到如下的结论：

结论 1：$\frac{dA}{d\theta}>0$。将式(2－48)与式(2－47)相除可得：

$$\frac{dA}{d\theta}=-\frac{\partial Q}{\partial\theta}\Big/\frac{\partial Q}{\partial A}=-\frac{U'(M)(P-1)+U'(N)}{\theta U''(M)(P-1)^2t+(1-\theta)U''(N)t}$$

$$=-\frac{U'(M)(P-1)+U'(N)}{\Pi}>0 \qquad (2-52)$$

根据假定的 $P>1$，并由二阶结果 $\Pi<0$ 可知：报税收入 A 为被发现概率 θ 的增函数。这在直观上是明显的，即如果容易被发现逃税，则申报的收入 A 会增加，逃税的数额$(E-A)$将会越少。

结论 2：$\frac{dA}{dP}>0$。将式(2－49)与式(2－47)相除可得：

$$\frac{dA}{dP}=-\frac{\partial Q}{\partial P}\Big/\frac{\partial Q}{\partial A}=-\frac{-\theta\cdot U''(M)t(E-A)(P-1)+\theta\cdot U'(M)}{\theta\cdot U''(M)(P-1)^2\cdot t+(1-\theta)\cdot U''(N)\cdot t}$$

$$=-\frac{-\theta\cdot U''(M)t(E-A)(P-1)+\theta\cdot U'(M)}{\Pi}>0 \qquad (2-53)$$

由于 $U''(\cdot)<0$，所以分子为正。结合二阶结果 $\Pi<0$ 可知：报税收入 A 为处罚金额 P 的增函数。这在直观上也是明显的，即：处罚越重，报税收入 A 会增加，逃税的数额$(E-A)$将会减少。

结论 3：$\frac{dA}{dt}>0$。将式(2－50)与式(2－47)相除可得：

$$\frac{dA}{dt}=-\frac{\partial Q}{\partial t}\Big/\frac{\partial Q}{\partial A}=-\frac{\theta U''(M)[-A-P(E-A)](P-1)+(1-\theta)U''(N)A}{\theta\cdot U''(M)(P-1)^2\cdot t+(1-\theta)\cdot U''(N)\cdot t} \qquad (2-54)$$

在分子中提取$(1-\theta)U'(N)$并在分母中代入二阶条件可得：

$$\frac{dA}{dt}=\frac{(1-\theta)U'(N)\left\{\frac{\theta\cdot U''(M)}{(1-\theta)U'(N)}[-A-P(E-A)](P-1)+\frac{U''(N)}{U'(N)}A\right\}}{-\Pi} \qquad (2-55)$$

根据等式(2－43)的简化结果 $\theta U'(M)(P-1)-(1-\theta)U'(N)=0$ 可知：
$(1-\theta)U'(N)=\theta U'(M)(P-1)$

将这一等式与效用函数绝对风险厌恶系数 $R(\cdot)=-\frac{U''(\cdot)}{U'(\cdot)}$ 一起代入到式(2－55)中。等式(2－55)即为：

$$\frac{dA}{dt}=\frac{(1-\theta)U'(N)\left\{\frac{R(M)}{P-1}[A+P(E-A)](P-1)-R(N)A\right\}}{-\Pi}$$

$$=\frac{(1-\theta)U'(N)\{R(M)[A+P(E-A)]-R(N)A\}}{-\Pi}$$

$$=\frac{(1-\theta)U'(N)\{[R(M)-R(N)]A+R(M)P(E-A)\}}{-\Pi} \qquad (2-56)$$

由于$R(\cdot)>0$,如果$R(M)-R(N)>0$,则分式中分子为正,从而$\frac{dA}{dt}>0$。这就意味着:特定的情况下,税率越高消费者逃税的动机越大。

结论 4:$\frac{dA}{dE}<1$。将式(2-51)与式(2-47)相除可得:

$$\frac{dA}{dE}=-\frac{\partial Q}{\partial E}\Big/\frac{\partial Q}{\partial A}=-\frac{\theta\cdot U''(M)(1-Pt)(P-1)-(1-\theta)\cdot U''(N)}{\theta\cdot U''(M)(P-1)^2\cdot t+(1-\theta)\cdot U''(N)\cdot t} \qquad (2-57)$$

将等式(2-57)的分子分母同时提取$(1-\theta)U'(N)$,代入绝对风险厌恶系数$R(\cdot)$的简化形式,代入等式$(1-\theta)U'(N)=\theta U'(M)(P-1)$可得:

$$\frac{dA}{dE}=-\frac{(1-\theta)U'(N)\left\{\frac{\theta\cdot U''(M)}{(1-\theta)U'(N)}(1-Pt)(P-1)-\frac{U''(N)}{U'(N)}\right\}}{(1-\theta)U'(N)\left\{\frac{\theta\cdot U''(M)}{(1-\theta)U'(N)}(P-1)^2t+\frac{U''(N)}{U'(N)}t\right\}}$$

$$=-\frac{-R(M)(1-Pt)+R(N)}{-R(M)(P-1)t-R(N)t}=\frac{R(M)Pt-[R(M)-R(N)]}{R(M)Pt-t[R(M)-R(N)]} \qquad (2-58)$$

根据式(2-58),当$t<1$时,通过简单的计算可知$\frac{dA}{dE}<1$。这意味着:报税收入的增加额(ΔA)慢于实际收入的增加额(ΔE)。也就是说,当实际收入E增加时,报税收入增加的不多,即逃税数额($E-A$)增加较多。

对于市场经济中的这类不遵从行为,本例中政府部门的审查和处罚是内在假设的。而在实际经济运行中,不遵循经济运行规则和经济政策的行为需要政府部门的积极干预,以防止市场的失灵和秩序混乱。

五、收入分配不公

市场经济运行的结果,不可避免地会带来收入分配的不公。对于这一分配的不公,可以通过下面的情形进行理解。

假定每个代表性消费者是外生一致的,两个代表性消费者的消费量为X_1、X_2;P_1、P_2描述了两种消费品的价格;μ_1、μ_2描述了两个代表性消费者各自的特性,譬如生理特征下的必要消费、家庭负担状况等等。假定两个代表性消费者的效用函数$U(\cdot)$为凹函数,则每个代表性消费者的期望效用为:

$$U(C)=U(X_1,X_2,\mu_i),i=1,2 \qquad (2-59)$$

此处每个人的消费受到其他人消费的影响,以在比较中发现差距(catch up with Jones),体现社会分配的公平。每个代表性消费者都必须达到的最低效用水平为U^*,这相当于世界银行或各国政府定义的贫困线。而整个社会需要一定的成本达到最低的效用水平。此处这一经济系统的问题为:

$$\min\{P_1\cdot X_1+P_2\cdot X_2\} \qquad (2-60)$$

需要满足的约束条件为:

$$U(X_1, X_2, \mu_i) \geqslant \overline{U} \quad (2-61)$$

求解这一系统，首先定义拉格朗日方程：

$$L_1 = P_1 \cdot X_1 + P_2 \cdot X_2 + \lambda[U(X_1, X_2, \mu_i) - \overline{U}] \quad (2-62)$$

上式中 λ 为拉格朗日乘子。分别对变量 X_1、X_2 和 λ 求一阶条件可得：

$$\frac{\partial L_1}{\partial X_1} = P_1 + \lambda \cdot U'_1(X_1, X_2, \mu_i) = 0 \quad (2-63)$$

$$\frac{\partial L_1}{\partial X_2} = P_2 + \lambda \cdot U'_2(X_1, X_2, \mu_i) = 0 \quad (2-64)$$

$$U(X_1, X_2, \mu_i) - \overline{U} = 0 \quad (2-65)$$

将式(2－63)、式(2－64)等式左边的第二项移至右边，并将两式相除可得：

$$\frac{P_1}{P_2} = \frac{U'_1(X_1, X_2, \mu_i)}{U'_2(X_1, X_2, \mu_i)} \quad (2-66)$$

在此，针对具体的效用函数形式和价格量，将式(2－65)、式(2－66)进行联合求解可以得到每个消费者成本最小化的产品消费量。以第 1 个消费者为例：

$$X_1 = X_1(\overline{U}, \mu_1), X_2 = X_2(\overline{U}, \mu_1) \quad (2-67)$$

从而对第 1 个消费者而言，满足最低效用水平的成本(对消费者而言就是其收入，定义为 $\underline{W}_1$)为：

$$\underline{W}_1(\overline{U}, \mu_1) = P_1 \cdot X_1(\overline{U}, \mu_1) + P_2 \cdot X_2(\overline{U}, \mu_1) \quad (2-68)$$

同理，对第 2 个消费者而言，满足最低效用水平所要求的收入水平 $\underline{W}_2$ 为：

$$\underline{W}_2(\overline{U}, \mu_2) = P_1 \cdot X_1(\overline{U}, \mu_2) + P_2 \cdot X_2(\overline{U}, \mu_2) \quad (2-69)$$

而在既定的贫困水平 $\overline{U}$ 下，每个人满足最低效用水平所需的收入是否公平，这就需要考量 $\frac{\underline{W}_1(\overline{U}, \mu_1)}{\underline{W}_2(\overline{U}, \mu_2)}$ 的大小。如果 $\frac{\underline{W}_1(\overline{U}, \mu_1)}{\underline{W}_2(\overline{U}, \mu_2)}$ 等于 1，则社会的分配是公平的。如果最低贫困水平 U^* 设置不同，则 $\frac{\underline{W}_1(\overline{U}, \mu_1)}{\underline{W}_2(\overline{U}, \mu_2)}$ 的结果就会不同(Hindriks & Myles, 2006)。并且，在现实生活中，每个代表性消费者个人、家庭的 μ_1 和 μ_2 是各不相同的，从而 $\frac{\underline{W}_1(\overline{U}, \mu_1)}{\underline{W}_2(\overline{U}, \mu_2)}$ 必然不等于 1。因此，市场经济运行的结果必然带来收入分配的差距。

可以说，竞争市场是遵循效率原则行事的，它并不顾及或不确定社会对何种收入分配格局更为偏好。而对于出现的分配不公，如何进行纠正呢？对此，可以将“调节收入分配公平”看作是一种特殊类型的公共产品。这是因为：人们都有实现社会分配公平的需求。社会一旦实现了收入分配的公平，那么人人都可以平等地分享经济发展和社会稳定的收益，并且没有任何人被排除在外。对此，收入分配可以看做是一种纯公共产品(Lester, 1971)。实现收入分配公平是具有强烈外部效用的有益品(刘宇飞,2000),但这种产品在市场中却不能够由社会或私人来提供。

第三节　公共财政职能

为促进市场经济的有序、健康运行,政府积极干预、弥补市场缺陷非常重要。在美国20世纪30年代经济大萧条的后期,凯恩斯在1936年出版的《就业、利息和货币通论》代表了宏观经济学的诞生,也是对政府积极利用财政政策调节宏观经济运行的重要理论解释。随后,马斯格雷夫在1956年提了公共财政的三大职能:资源配置职能、收入分配职能和经济稳定职能。可以说,这三大职能在目前仍是对现代财政职能的准确定位。

对于资源配置职能,政府形成公共收入、安排公共支出都是直接、间接参与市场资源配置的过程。政府征税是对经济中新增价值的分享,是一个直接的资源配置过程;政府决定公共支出投向的过程也是一个资源配置的过程。在支出方向上,政府支出于市场低效率的部分,努力弥补市场失灵。从而政府的资源配置职能是一个双向的过程。在弥补市场失灵的过程中,就垄断而言,政府可以与私人一样提供社会产品,或对私人提供进行数量要求、价格管制,或代替私人直接提供产品或服务,以增加自然垄断或社会垄断情形下的产品供给。就外部性产品的供给而言,对于负外部性产品,政府可以通过征税使私人生产的私人成本等于社会成本;对于正外部性产品,政府可以通过财政补贴、税收优惠或政府直接生产以增加这类产品的供给。就信息不对称而言,政府可以通过征收社会保障税解决社会保障中的"搭便车"问题。

对于收入分配职能,同样体现在政府的公共收入和公共支出两大方面。早期英国古典政治经济学家威廉·配第第一次提出了"公平、确定、便利、节省"的税收原则。这一原则即是指政府税收具有收入分配的职能。就弥补市场失灵而言,对于市场竞争下的收入分配不公,政府可以通过累进的税收调节高收入者的收入,通过转移支付、负所得税、付劳收益(Workfare)等措施提高低收入者的收入。对于信息不对称下保险市场失灵的问题,政府可以通过一揽子的保障计划提高所有人的福利水平。尽管在增加低收入者福利的同时也增加了高收入者的福利,政府的支出负担较高,但是这一政策的信息识别成本是最低的。

对于经济稳定职能,"自动稳定"与"相机抉择"的财政政策是这一方面职能的集中表现。累进税收与社会保障计划自动调节经济的发展。在经济繁荣时期,累进税收下税负增加、社会保障支出减少自动减少了消费者的可支配收入,从而抑制需求过旺;在经济萧条时期,累进税收下税负减少、社会保障支出增加,相应增加消费者的可支配收入,从而刺激需求、促进经济复苏。"相机抉择"政策则是政府主动选择包括税收优惠、财政补贴、政府投资等政策措施来稳定经济发展。政府扩张性、紧缩性和中性财政政策是"相机抉择"政策应用时的分类。就市场失灵而言,公共财政的经济稳定职能是指在不完全竞争、不对称信息、收入分配不公等问题下调节总需求与总供给,努力达到两者的大致平衡,促进经济的平稳发展。

总体上,现代宏观财政理论较多地探讨了公共财政的经济稳定职能,微观财政理论则较多地探讨了公共财政的资源配置职能和收入分配职能。此处使用"较多"一词,则是考虑了现代宏观经济理论与微观经济理论的相互融合。这一融合在公共财政理论研究中也越来越多,譬如在研究宏观财政问题时融合微观对策论中的承诺一致问题。在融合的同时,随着经济学研究方法的更新,公共财政学习的理论基础越来越高、越来越宽。从而拥有这一基础不仅可以研究公共财政问题,还可以从事金融学、经济学的研究。譬如"新动态公共财政"代表人物之一的科切拉科塔(Kocherlakota)除了研究动态最优税收之外,还研究了经济增长与经济周期、金融资产定价、最优证券组合、微观动态契约等问题;2009 年美国"克拉克奖(John Bates Clark Medal)"获得者伊曼纽尔·赛兹(Emmanuel Saez)也同样在涵盖公共经济学的多个领域进行研究,研究范畴包括最优税收、税收行为反应、最优转移支付计划、考虑社会文化政治背景的收入分配问题、退休计划等等。

第三章　公共产品供给理论分析

本章学习的阅读文献

1. Samuelson P A. The Pure Theory of Public Expenditure[J]. *Review of Economics and Statistics*, 1954, 36(4): 387—389.

2. Samuelson P A. Diagrammatic Exposition of a Theory of Public Expenditures[J]. *Review of Economics and Statistics*, 1955, 37(4): 350—356.

3. Bergstrom T L Blume & H Varian. On the Private Provision of Public Goods[J]. *Journal of Public Economics*, 1986, 29(1):25—49.

4. Varian H R. Sequential Provision of Public Goods[J]. *Journal of Public Economics*, 1994, 53(6):165—186.

文献导读： 关于公共产品，最早源于Masgrave提出的“有益品(merit goods)”概念。在这一概念的基础上，Samuelson进行了系统的分析。此后，随着微观经济理论的发展，后续的研究逐步将公共产品的供给研究纳入到静态问题(静态博弈)和动态问题(动态博弈)的分析框架中。

第一节　公共产品概述

一、公共产品及其基本特征

经济系统中，人们的消费可以分为对私人产品(Private Goods)的需求和对公共产品(Public Goods)的需求。对于公共产品，它是指私人不愿意提供或无力提供而由政府提供的产品和服务。而就特征而言，公共产品是指具有非竞争性(non-rival)和非排他性(non-excludable)的产品。

也就是说，公共产品之所以与私人产品不同，主要是因其具有“非排他性”与“非竞争性”两大特性。

非竞争性是指经济中代表性消费者增加后，不会对公共产品的供给成本增加影响，亦即公共产品消费的边际成本为零；或者说某个消费者享用公共产品获得的收益并不减少其他人享用该产品所获得的收益，也就是说根本不会带来“拥挤成本”。非排他性是指只要某一社会存在公共产品，就不能排斥该社会任何人消费该种产品，从而任一消费者都可以消费公共产品。一般而言，具有“非排他性”和“非竞争性”的纯公共产品应完全由政府来提供。

二、混合产品

在公共产品特征分析的基础上，同时具有非竞争性和非排他性的产品为公共产品，同时不具有非竞争性和非排他性的产品为私人产品，而不同时具有非竞争性和非排他性的产品为混合产品。对此的划分可以通过表 3—1 进行理解。

表 3—1　　社会产品的分类

	竞争性	非竞争性
排他性	私人产品(个人日用品)	俱乐部产品(网络服务)
非排他性	产权共有的产品(拥挤的人行道)	纯公共产品(国防)

三、公共产品供给的特征

(一)私人产品的供给

对于公共产品的供给，其重要的特点是代表性消费者“边际收益的总和等于公共产品提供的边际成本”；这与每个代表性消费者消费私人产品时“边际收益等于边际成本”不同。对此，可以通过图 3—1 进行深入的理解。

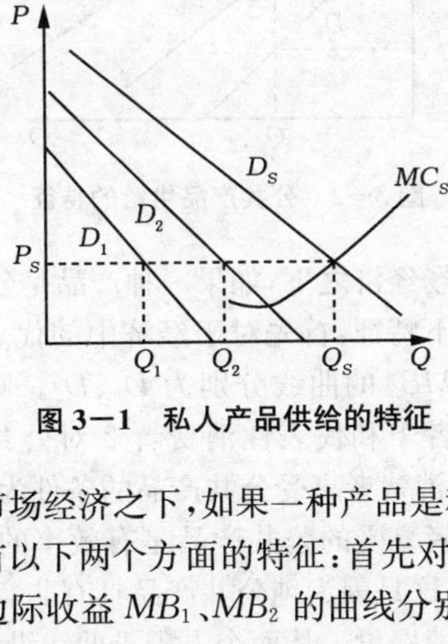

图 3—1　私人产品供给的特征

假定在完全竞争的市场经济之下，如果一种产品是私人供给的，则对该产品的个人消费和社会消费具有以下两个方面的特征：首先对于经济中的代表性消费者 1 和代表性消费者 2，其边际收益 MB_1、MB_2 的曲线分别为 D_1、D_2。在 P_S 价格之下，代表性消费者 1 和代表性消费者 2 对私人产品的需求总量为 Q_1、Q_2。此时，私人产品有效供给的条件为：$MB_1=MB_2=P_S(=MC_1=MC_2)$。

而在每个代表性消费者享受的私人产品是有效供给的情况下，整个社会对私人产品的总需求为 $Q_1+Q_2=Q_S$。这是因为纯私人产品具有竞争性和排他性，每个人的供给加总后为全社会的供给。从而，个人需求曲线横向累加后即为社会的总需求曲线。在价格 P_S 之下，社会提供私人产品的边际成本为 MC_S，这样对于整个社会而言：

$$P_S=MC_S=MB_S$$

在此，对于纯私人产品而言，在完全竞争经济下其有效供给的特征为：

$$MB_1=MB_2=MB_S=MC_S=P_S$$

这就是说，对于私人产品而言，每个代表性消费者消费私人产品的边际收益等于边际成本；而对于整个社会而言，社会总体的边际收益还是等于这类产品供给的边际成本。以此类推，存在多个代表性消费者的经济系统中，私人产品供给和需求的特征为：

$$MB_1=MB_2=\cdots=MB_n=MB_S=MC_S=P_S$$

（二）公共产品的供给

对于公共产品而言，其个人消费与社会消费的关系如图 3—2 所示。

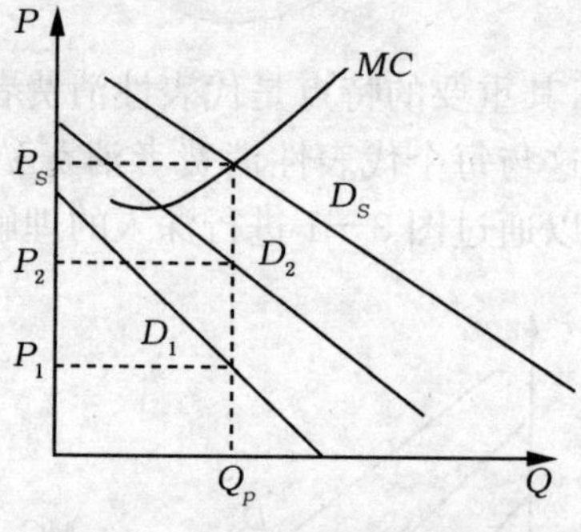

图 3—2　公共产品供给的特征

假定在完全竞争的市场经济之下，如果一种产品是公共产品，则对其的个人消费和社会消费同样具有以下特征：首先对于经济中的代表性消费者 1 和代表性消费者 2，其边际收益 MB_1、MB_2 的曲线分别为 D_1、D_2。则在纯公共产品的供给为 Q_p 的情况下，代表性消费者 1 和代表性消费者 2 对公共产品的需求价格分别为 P_1、P_2。此时，每个代表性消费者享受公共产品的条件为：$MB_1=P_1$，$MB_2=P_2$。

而在每个代表性消费者享受的公共产品是有效率的情况下，整个社会对公共产品的总需求仍然为 Q_p。这是因为纯公共产品具有非竞争性和非排他性，每个人的最大消费量等于社会的消费量。从而个人需求曲线纵向累加后即为社会的总需求曲线($MB_1+MB_2=MB_S$)。而在消费量 Q_p 之下,社会提供公共产品的边际成本为 MC_S。从而对于整个社会而言,

$$P_S=MC_S=MB_S$$

这样对于纯公共产品而言,在完全竞争经济下其有效供给的特征为:

$$MB_1+MB_2=MB_S=MC_S=P_S$$

这就是说,对于公共产品的消费,消费者获得的边际收益之和等于边际成本;而对于整个社会而言,社会总体的边际收益等于这类产品供给的边际成本。以此类推,多个代表性消费者的经济系统中,公共产品供给和需求的特征为:

$$\sum_{i=1}^{n}MB_i=MB_S=MC_S=P_S$$

四、"公共产品"概念的引申——公共劣品

对于公共产品(Public Goods),实质上是指同时具有非竞争性和非排他性特征并且提供正经济(福利)效应的产品或服务。自然地,如果一种产品同时具有非竞争性和非排他性特征,但却是提供负效应的产品或服务,那么这种产品就是与公共产品相对应的"公共劣品(Public Bads)"。这可以说是一个与公共产品对立的概念,在现实中的例子可以为:流动性的环境污染(environment pollution)、公众共同选择或集体选择的不负责任的政治领导集团(a bad leader)等等。对于这类问题,应该讨论如何减少其提供,或是进行矫正使其作用从"负效应"转向"正效应"。

第二节　公共产品供给的萨缪尔森条件

一、公共产品供给的萨缪尔森条件

与私人产品边际成本等于边际收益的有效供给不同的是,公共产品的供给和消费要求其边际技术替代率 MRT_{XG} 等于边际收益替代率的总和 $\sum_{i=1}^{n}MRS_{XG}^{i}$。这一结论的具体分析过程如下:

假设经济中有 n 个消费者,每个消费者对私人产品的消费为 X_i,整个经济中消费的私人产品总量为 $X=\sum_{i=1}^{n}X_i$。每个消费者享受的公共产品 G_i 为纯公共产品 G。无拥挤效应时每个消费者对公共产品的消费 $G_i=G$。从而代表性消费者的效用函数为:$U^i=(X_i,G)$。

二、萨缪尔森条件形成一

假定在生产有效率的情况下,私人产品和公共产品的生产和交换"最优"同时

实现。亦即在生产函数 $F(X,G)=0$ 的生产可能集之下实现社会最优的资源配置需要满足以下条件：

$$-\frac{dX}{dG}=\frac{F'_G(X,G)}{F'_X(X,G)}=MRT_{XG} \qquad (3-1)$$

位于生产可能性边界上的生产情况如图 3－3 所示。

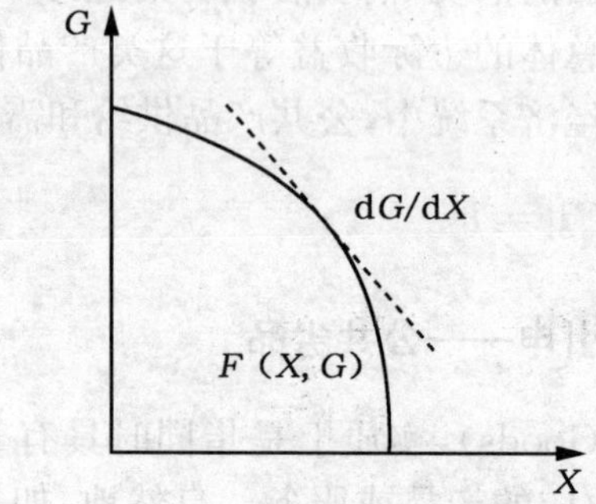

图 3－3　生产与消费同时满足最优的条件

在此基础上实现社会最优的公共产品供给的问题是使代表性消费者的收益最大化。假定经济中考虑再分配的效用函数为：

$$\max\sum_{i=1}^{n}\delta_i U^i(X_i,G) \qquad (3-2)$$

每一个代表性消费者需要满足以下两个条件。一是私人产品和公共产品的生产处于生产可行集的边界上：

$$F(X,G)=0 \qquad (3-3)$$

第二个条件是在市场出清的情况下所有私人产品得以提供：

$$X=\sum_{i=1}^{n}X_i \qquad (3-4)$$

而约束条件式(3－3)和式(3－4)合并后私人产品和公共产品的生产处于生产可行集的边界上，并且所有的私人产品得以提供。亦即：

$$F(\sum_{i=1}^{n}X_i,G)=0 \qquad (3-5)$$

用拉格朗日方法求解这一经济系统中的优化问题。首先定义拉格朗日方程：

$$L_1=\sum_{i=1}^{n}\delta_i U^i(X_i,G)+\lambda F(\sum_{i=1}^{n}X_i,G) \qquad (3-6)$$

对变量 X_i 求一阶条件可得：

$$\frac{\partial L_1}{\partial X_i}=\delta_i U_X^{i'}(X_i,G)+\lambda F'_X(\sum_{i=1}^{n}X_i,G)=0 \qquad (3-7)$$

对变量 G 求一阶条件可得：

$$\frac{\partial L_1}{\partial G}=\sum_{i=1}^{n}\delta_i U_G^{i'}(X_i,G)+\lambda F'_G(\sum_{i=1}^{n}X_i,G)=0 \tag{3-8}$$

将式(3－8)的第一项展开并将第二项移到右边可得：

$$\delta_1 U_G^{1'}(X_1,G)+\delta_2 U_G^{2'}(X_2,G)+\cdots+\delta_n U_G^{n'}(X_n,G)=-\lambda F'_G(\sum_{i=1}^{n}X_i,G) \tag{3-9}$$

将式(3－7)的第二项移到右边并去除式(3－9)可得：

$$\frac{\delta_1 U_G^{1'}(X_1,G)+\delta_2 U_G^{2'}(X_2,G)+\cdots+\delta_n U_G^{n'}(X_n,G)}{\delta_i U_X^{i'}(X_i,G)}=\frac{-\lambda F'_G(\sum_{i=1}^{n}X_i,G)}{-\lambda F'_X(\sum_{i=1}^{n}X_i,G)} \tag{3-10}$$

由于 $\delta_i U_X^{i'}(X_i,G)$ 中代指的所有项都是相等的，从而式(3－10)即为：

$$\frac{\delta_1 U_G^{1'}(X_1,G)}{\delta_1 U_X^{1'}(X_1,G)}+\frac{\delta_2 U_G^{2'}(X_2,G)}{\delta_2 U_X^{2'}(X_2,G)}+\cdots+\frac{\delta_n U_G^{n'}(X_n,G)}{\delta_n U_X^{n'}(X_n,G)}=\frac{F'_G(X,G)}{F'_X(X,G)}$$

而消费最优的条件中代表性消费者对两种商品 X_i、G 消费的边际收益替代率为 $MRS_{XG}^{i}=\frac{U_G^{i'}(X_i,G)}{U_X^{i'}(X_i,G)}$。从而结合式(3－1)可知上式即为：

$$\sum_{i=1}^{n}MRS_{XG}^{i}=\frac{F'_G(X,G)}{F'_X(X,G)}=MRT_{XG}$$

从而得到了公共产品供给与消费均衡时所需要满足的条件，亦即萨缪尔森条件：$\sum_{i=1}^{n}MRS_{XG}^{i}=MRT_{XG}$。这隐含着"所有代表性消费者对公共产品消费的边际收益的总和等于公共产品的供给成本"。

三、萨缪尔森条件形成二

对于 $\sum_{i=1}^{n}MRS_{XG}^{i}=MRT_{XG}$ 这一形成条件，还可以通过代表性消费者形成帕累托改进(Pareto Improvement)来实现。具体而言，定义第一个代表性消费者的问题为：

$$\max U^1(X_1,G) \tag{3-11}$$

满足以下三个约束条件：一是其他代表性消费者的效用不能够降低，即

$$U^2(X_2,G)\geqslant\overline{U_2},U^3(X_3,G)\geqslant\overline{U_3},\cdots,U^n(X_n,G)\geqslant\overline{U_n} \tag{3-12}$$

其中 $\overline{U_2},\overline{U_3},\cdots,\overline{U_n}$ 为后面各代表性消费者效用的最低常量。第二个条件是在市场出清的情况下所有私人产品得以提供：

$$X = \sum_{i=1}^{n} X_i \tag{3—13}$$

第三个条件为约束条件 $F(X,G)=0$ 和市场出清假设：私人产品和公共产品的生产处于产能最大化的边界集上，并且所有的私人产品得以提供，从而：

$$F(\sum_{i=1}^{n} X_i, G) = 0 \tag{3—14}$$

用拉格朗日方法求解这一经济系统中的优化问题。首先定义拉格朗日方程：

$$L_2 = U^1(X_1,G) + \sum_{i=2}^{n} \lambda_i [U^i(X_i,G) - \overline{U_i}] + \mu \cdot F(\sum_{i=1}^{n} X_i, G) \tag{3—15}$$

其中 λ_i、μ 为拉格朗日乘子。分别对变量 X_1、$X_i(i=2,3,\cdots,n)$ 和 G 求一阶条件可得：

$$\frac{\partial L_2}{\partial X_1} = U_X^{1'}(X_1,G) + \mu \cdot F'_X(\sum_{i=1}^{n} X_i, G) = 0 \tag{3—16}$$

$$\frac{\partial L_2}{\partial X_i} = \lambda_i U_X^{i'}(X_i,G) + \mu F'_X(\sum_{i=1}^{n} X_i, G) = 0 \tag{3—17}$$

$$\frac{\partial L_2}{\partial G} = U_G^{1'}(X_1,G) + \sum_{i=2}^{n} \lambda_i U_G^{i'}(X_i,G) + \mu F'_G(\sum_{i=1}^{n} X_i, G) = 0 \tag{3—18}$$

将式(3—16)和式(3—18)的最后一项移到右边并将两式相除可得：

$$\frac{U_G^{1'}(X_1,G)}{U_X^{1'}(X_1,G)} + \frac{\sum_{i=2}^{n} \lambda_i \cdot U_G^{i'}(X_i,G)}{U_X^{1'}(X_1,G)} = \frac{F'_G(\sum_{i=1}^{n} X_i, G)}{F'_X(\sum_{i=1}^{n} X_i, G)} \tag{3—19}$$

同样地，将式(3—16)和式(3—17)的最后一项移到右边并将两式相除可得：

$$\frac{\lambda_i U_X^{i'}(X_i,G)}{U_X^{1'}(X_1,G)} = \frac{-\mu F'_X(\sum_{i=1}^{n} X_i, G)}{-\mu F'_X(\sum_{i=1}^{n} X_i, G)} = 1 \tag{3—20}$$

将式(3—20)的结论 $U_X^{1'}(X_1,G) = \lambda_i U_X^{i'}(X_i,G)$ 代入到式(3—19)可得：

$$\frac{U_G^{1'}(X_1,G)}{U_X^{1'}(X_1,G)} + \frac{\sum_{i=2}^{n} \lambda_i \cdot U_G^{i'}(X_i,G)}{\lambda_i U_X^{i'}(X_i,G)} = \frac{F'_G(\sum_{i=1}^{n} X_i, G)}{F'_X(\sum_{i=1}^{n} X_i, G)} \tag{3—21}$$

亦即：

$$\frac{U_G^{1'}(X_1,G)}{U_X^{1'}(X_1,G)} + \frac{U_G^{2'}(X_2,G)}{U_X^{2'}(X_2,G)} + \cdots + \frac{U_G^{n'}(X_n,G)}{U_X^{n'}(X_n,G)} = \frac{F'_G(\sum_{i=1}^{n} X_i, G)}{F'_X(\sum_{i=1}^{n} X_i, G)} \tag{3—22}$$

而消费最优的条件中代表性消费者对两种商品 X_i 与 G 消费的边际收益替代率为 $MRS_{XG}^{i}=\frac{U_G^{i'}(X_i,G)}{U_X^{i'}(X_i,G)}$。从而上式即为：

$$\sum_{i=1}^{n} MRS_{XG}^{i}=\frac{F'_G(X,G)}{F'_X(X,G)}=MRT_{XG}$$

第三节　公共产品供给的静态问题

一、对策论中的公共产品供给

对于公共产品的供给，重要的一个问题便是“搭便车(Free-rider)”问题。对于这一问题首先可以假设：公共产品负担是可分离的决策，并且决策可以分为“合作”和“不合作”。在此基础上，公共产品可以通过代表性消费者A和B分别提供(分离可加的)，即两者提供的总量为公共产品的总供给量。

(一)情形1

具体假定经济中代表性消费者都是同质的，公共产品的供给成本为 m 单元/人。

每个贡献者的收益为 n 单元/人，并且与供给者的数量相互独立(也就是说是一个纯公共产品，多个人供给后享受的收益相同，可以出现“搭便车”的情况)。并且，$n<m<2n$。

定义N为两个代表性消费者的占优策略(即为不合作策略)，C为两个代表性消费者的合作策略。

表3—2　　公共产品收益无条件累加的情形

		B	
		N	C
A	N	(0, 0)	$(n, n-m)$
	C	$(n-m, n)$	$(n+n-m, n+n-m)$

1. 均衡的结果

从表3—2中的情形可以看出，如果两个代表性消费者均不合作{N,N}，则提供的公共产品收益均为0。

如果两个代表性消费者都合作{C,C}，则每个代表性消费者获得的收益为：

A或者B：$n\times2-m=n+n-m$(单元)。这是因为每个人都贡献了，则总的公共产品收益为两者收益的相加 $n\times2$(单元)。这是根据“公共产品收益与供给者的数量相互独立"的假设,并依据享受的公共产品为纯公共产品。

如果两个代表性消费者一个合作一个不合作,则出现如下的均衡结果:{N,C},{C,N}。

对于{N,C}=($n,n-m$)而言,意指代表性消费者A不合作,代表性消费者B合作。在此整个公共产品的收益为n单元,而A不贡献则成本为0单元,B合作供给成本为m单元,从而A的收益为$n-0=n$(单元),A在公共产品供给和享受上"搭便车"了;B的收益为$n-m$(单元)。

同理,对于{C,N}=($n-m,n$)而言,意指代表性消费者A合作,代表性消费者B不合作。在此整个公共的收益为n单元,而A合作供给成本为m单元,B不贡献则成本为0单元,从而A的收益为$n-m$(单元),B的收益为$n-0=n$(单元),B在公共产品供给和享受上"搭便车"了。

2. 代表性消费者的策略选择

在此,给定B的策略选择N,则代表性消费者A的最优策略选择为N。因为{N,N}=(0,0),{C,N}=($n-m,n$)之下,A选择策略N的收益为0,而选择策略C的收益为$n-m$。

给定B的策略选择C,则代表性消费者A的最优策略选择还是N。因为{N,C}=($n,n-m$),{C,C}=($n+n-m,n+n-m$)之下,A选择策略N的收益为n,而选择策略C的收益为$n+n-m$。

从而,无论B选择策略N还是选择策略C,A的最优策略选择是N。

同样地,给定A的策略选择N,则代表性消费者B的最优策略选择为N,因为{N,N}=(0,0),{N,C}=($n,n-m$)之下,B选择策略N的收益为0,而选择策略C的收益为$n-m$。

给定A的策略选择C,则代表性消费者B的最优策略选择还是N,因为{C,N}=($n-m,n$),{C,C}=($n+n-m,n+n-m$)之下,B选择策略N的收益为n,而选择策略C的收益仅为$n+n-m$。

从而,无论A选择策略N还是选择策略C,B的最优策略选择是N。

结果:{N,N}便是这一公共产品供给过程中的纳什均衡(Nash Equilibrium),而这一均衡不是帕累托最优的(Pareto Efficient)[①]。因为明显的,{C,C}是{N,N}均衡结果的帕累托改进。

(二)情形2

假定公共产品的供给成本为m单元/人。

每个贡献者均可以获得收益,但如果仅有一个人提供公共产品,则每个人都可以获得n_1个单元的收益,如果同时有第二个人提供公共产品,则每个人都可以多

① 联想囚徒困境(Prinsoner Dilema)的情形。

获得 n_2 个单元的收益($n_2<m<n_1$)。

同样地，定义 N 为两个代表性消费者的占优策略(即为不合作策略)，C 为两个代表性消费者的合作策略。代表性消费者 A 和 B 的支付矩阵如表 3—3 所示。

表 3—3　　公共产品收益有供给时序差异的情形

		B	
		N	C
A	N	(0,0)	(n_1, n_1-m)
	C	(n_1-m, n_1)	(n_1+n_2-m, n_1+n_2-m)

1. 均衡的结果

从表 3—3 中的情形可以看出，如果两个代表性消费者不合作{N,N}，则提供的公共产品收益均为 0。

如果代表性消费者都合作{C,C}，则每个代表性消费者获得的收益为：

A 或者 B：n_1+n_2-m(单元)。这是因为每个人都贡献了，则总的公共产品收益为两者收益的相加 n_1+n_2(单元)。这是根据"公共产品收益与供给者的数量相互独立"的假设，并依据享受的公共产品为纯公共产品。

如果两个代表性消费者一个合作一个不合作，则出现如下的均衡结果：{N,C}，{C,N}。

对于{N,C}$=(n_1, n_1-m)$而言，意指代表性消费者 A 不合作，代表性消费者 B 合作。在此整个公共产品的收益为 n_1 单元，而 A 不贡献则成本为 0 单元，B 合作供给成本为 m 单元，从而 A 的收益为 $n_1-0=n_1$(单元)，A 在公共产品供给和享受上"搭便车"了；B 的收益为 n_1-m(单元)。

同理，对于{C,N}$=(n_1-m, n_1)$而言，意指代表性消费者 A 合作，代表性消费者 B 不合作。在此整个公共产品的收益为 n_1 单元，而 A 合作时的供给成本为 m 单元，B 不贡献则成本为 0 单元。从而 A 的收益为 n_1-m(单元)；B 的收益为 $n_1-0=n_1$(单元)，B 在公共产品供给和享受上"搭便车"了。

2. 代表性消费者的策略选择

在此，给定 B 的策略选择 N，则代表性消费者 A 的最优策略选择为 C。因为{N,N}$=(0,0)$，{C,N}$=(n_1-m, n_1)$之下，A 选择策略 N 的收益为 0，而选择策略 C 的收益为 n_1-m。

给定 B 的策略选择 C，则代表性消费者 A 的最优策略选择是 N。因为{N,C}$=(n_1, n_1-m)$，{C,C}$=(n_1+n_2-m, n_1+n_2-m)$之下，A 选择策略 N 的收益为 n_1，而选择策略 C 的收益为 n_1+n_2-m。

从而，B 选择策略 N 时 A 选择策略 C，B 选择策略 C 时 A 选择策略 N。

同样地，给定 A 的策略选择 N，则代表性消费者 B 的最优策略选择为 C。因为{N,N}=(0,0)，{N,C}=(n_1,n_1-m)之下，B 选择策略 N 的收益为 0，而选择策略 C 的收益为 $n_1-m>0$。

给定 A 的策略选择 C，则代表性消费者 B 的最优策略选择是 N。因为{C,N}=(n_1-m,n_1)，{C,C}=n_1+n_2-m 之下，B 选择策略 N 的收益为 n_1，而选择策略 C 的收益为 n_1+n_2-m。

从而，A 选择策略 N 时 B 选择策略 C，A 选择策略 C 时 B 选择策略 N。

3. 均衡的结果

结果：{N,C}，{C,N}便是这一公共产品供给过程中的两个纳什均衡，并且这一情形中不存在占优策略均衡。因为在 $n_2<m<n_1$ 时，代表性消费者递增收益 n_2 低于贡献额 m，代表性消费者策略选择的结果为{N,C}，{C,N}，这就是消费者之间的"对着干"。明显的，当代表性消费者供给受益不断递增时，代表性消费者自愿供给的受益额明显是增加的。这是因为：在看得清成本、收益的"信号消费"下，消费者看到自身自愿供给的"投入一产出"是有效率的。尽管被别人"搭便车"了，但是由于自身总效用增加了从而自愿供给的意愿会增加。

(三)情形 3

在"信号消费"之下，假定公共产品支出福利的形成有人数限制，亦即，只有当两个代表性消费者同时供给时才能够享受到公共产品的收益。假定每个代表性消费者贡献额为 m 单元，两个代表性消费者同时自愿供给后的收益额为 n 单元($m<n$)。

每个贡献者虽然可以获得收益，但如果只有一个代表性消费者提供公共产品，则每个人可以获得的收益为 0，如果同时有第二个人提供公共产品，则每个人都可以获得 n 个单元的收益。亦即获得的公共产品收益为：

$$\begin{cases} 0 & \text{仅有一个人提供公共产品每个人获得的收益} \\ n & \text{有第二个人提供公共产品每个人获得的收益} \end{cases}$$

同样地，定义 N 为两个代表性消费者的占优策略，C 为两个代表性消费者的合作策略，代表性消费者 A 和 B 的支付矩阵如表 3-4 所示。

表 3-4　　公共产品收益有供给人数约束的情形

		B	
		N	C
A	N	(0,0)	(0,$-m$)
	C	($-m$,0)	($n-m$,$n-m$)

1. 均衡的结果

从表 3—4 中的情形可以看出，如果两个代表性消费者不合作{N,N}，则提供的公共产品收益均为 0。

如果两个代表性消费者都合作{C,C}，则每个代表性消费者获得的收益为：

A 或者 B：$n-m=n-m$(单元)。这是因为每个人都贡献了，则总的公共产品收益为递进收益的相加 $0+n=n$(单元)。

如果两个代表性消费者一个合作一个不合作，则出现如下的均衡结果：{N,C}，{C,N}。

对于$\{N,C\}=(0,-m)$而言，意指代表性消费者 A 不合作，代表性消费者 B 合作。在此整个公共产品的收益为 0 单元，因为根据假设条件"只有一个人供给不会形成收益"。而 A 不贡献则成本为 0 单元，B 合作供给成本为 m 单元，从而 A 的收益为 $0-0=0$(单元)，A 在公共产品供给和享受上"搭便车"了(尽管在公共产品的供给过程中没有形成最终收益)；B 的收益为 $0-m=-m$(单元)。

同理，对于$\{C,N\}=(-m,0)$而言，意指代表性消费者 A 合作，代表性消费者 B 不合作。在此整个公共产品供给的收益同样为 0 单元。A 合作时的供给成本为 m 单元，B 不贡献则成本为 0 单元。从而 A 的收益为 $0-m=-m$(单元)；B 的收益为 $0-0=0$(单元)，B 在公共产品供给和享受上"搭便车"了(尽管在公共产品的供给过程中没有形成最终收益)。

2. 代表性消费者的策略选择

在此，给定 B 的策略选择 N，则代表性消费者 A 的最优策略选择为 N，因为$\{N,N\}=(0,0)$，$\{C,N\}=(-m,0)$之下，A 选择策略 N 的收益为 0，而选择策略 C 的收益为$-m$。

给定 B 的策略选择 C，则代表性消费者 A 的最优策略选择是 C，因为$\{N,C\}=(0,-m)$，$\{C,C\}=(n-m,n-m)$之下，A 选择策略 N 的收益为 0，而选择策略 C 的收益为 $n-m$。

从而，B 选择策略 N 时 A 选择策略 N，B 选择策略 C 时 A 选择策略 C。

同样地，给定 A 的策略选择 N，则代表性消费者 B 的最优策略选择为 N。因为$\{N,N\}=(0,0)$，$\{N,C\}=(0,-m)$之下，B 选择策略 N 的收益为 0，而选择策略 C 的收益为$-m$。

给定 A 的策略选择 C，则代表性消费者 B 的最优策略选择是 C。因为$\{C,N\}=(-m,0)$，$\{C,C\}=(n-m,n-m)$之下，B 选择策略 N 的收益为 0，而选择策略 C 的收益为 $n-m$。

从而，A 选择策略 N 时 B 选择策略 N，A 选择策略 C 时 B 选择策略 C。

3. 均衡的结果

结果：{N,N}，{C,C}便是这一公共产品供给过程中的两个纳什均衡，而这一情形中也不存在占优策略均衡。

明显地，当 $m<n$ 时，{N，N}，{C，C}是消费者在公共产品自愿供给过程中的两个纳什均衡。在这一自愿供给模式下，不存在占优策略均衡。这意味着：对于需要同质消费者合作才能形成的公共产品而言，由于每个人享受的公共产品是同质的，"信号消费"下消费者要么"合作"要么"不合作"。如果在两者之间只有一种选择，则在决策"时间"上进行细分就可以得出。

（四）情形 4

假定公共产品支出福利的形成只需要首个消费者的提供即可，第二个消费者自愿供给后公共产品的效用不会增加。假定每个代表性消费者的贡献额为 m 单元，首个代表性消费者自愿供给后的受益额为 n 单元（$m<n$）。代表性消费者 A 和 B 的支付矩阵如表 3－5 所示。

表 3－5　　自愿供给边际受益额为零的情形

		B	
		N	C
A	N	(0,0)	$(n,n-m)$
	C	$(n-m,n)$	$(n-m,n-m)$

同理进行分析可知，明显的，当 $m<n$ 时，{C，N}，{N，C}是消费者在公共产品自愿供给过程中的两个纳什均衡。这一自愿供给模式意味着代表性消费者会出现强力的"搭便车"意愿。因为对于不需要同质消费者合作才能形成的公共产品而言，由于第二个人自愿供给公共产品是不得益的，在"信号消费"下看到别人供给后必定会"搭便车"。并且，当消费公共产品的受益额 n 不断减少时，策略选择结果{N，N}是两个代表性消费者共同选择的结果。

（五）情形 5

以上分析假定了代表性消费者是"同质"的。然而，经济中经常的情形是消费者对公共产品的需求不一样，对公共产品自愿供给的数量和受益额也不一样。假定经济中消费者 A 的贡献额为 m_1，受益额为 n_1（$m_1<n_1$）；消费者 B 的贡献额为 m_2，受益额为 n_2（$n_2<m_2$）。假定在单独自愿供给公共产品时会"搭便车"，共同提供时则不会。代表性消费者 A 和 B 的支付矩阵如表 3－6 所示。

表 3－6　　异质消费者的独立"搭便车"情形

		B	
		N	C
A	N	(0,0)	(n_2,n_2-m_2)
	C	(n_1-m_1,n_1)	(n_1-m_1,n_2-m_2)

假定消费者A对公共产品的需求较为强烈，受益额 n_1 也较多（$n_1 > n_2$）；消费者A自愿供给公共产品的相对成本较低（$m_1 < m_2$）。这一情形类似于高收入者捐赠的情形，捐赠金额为公共产品。高收入者寻求捐赠这一公共产品带来"社会认同"的较高效用，较大量捐赠额对其而言是微不足道的（$m_1 < m_2$）；对于低收入者而言，捐赠的成本相对较高，自愿提供公共产品——形成大量捐赠额的效用相对较低（$n_2 < n_1$）。由于 $n_2 < m_2$、$m_1 < n_1$，从而{C，N}是这一经济中的策略选择结果。这就意味着在异质消费者下，对公共产品有较高需求的一方有强烈的自愿供给意愿。

（六）情形6

在异质代表性消费者下，假定同时供给时消费者B能够享受消费者A的支出福利，则两者的支付矩阵如表3－7所示。

表3－7　　异质消费者同时供给的搭便车

		B	
		N	C
A	N	(0,0)	(n_2, n_2-m_2)
	C	(n_1-m_1, n_1)	(n_1-m_1, n_1-m_2)

同样地，{C，N}是这一经济中的策略选择结果。这就意味着"信号消费"下即使消费者B"搭便车"很多，消费者A也是愿意自愿供给的，消费者B却仍不是满足的（仍不愿意自愿供给）。而要使两者实现合作达到{C，C}，则要求 $m_2 < 0 < n_2$、$m_1 < n_1 - n_2 < n_1$。这就对消费者B提出了较高的要求：要求消费者B改变自愿供给中的"成本－收益"关系，以逼近消费者A。与此同时，要求消费者A搭便车的受益额 n_2 低于自己自愿供给的净受益额（$n_1 - m_1$）。当然，这在捐赠情形中是自愿成立的，因为低收入者B的社会福利形成规模（n_2）是微不足道的，高收入者A贡献额巨大使其能够获得"社会认同"的较高效用。

（七）小结

综上所述，可以考虑在以下几个方面进行完善，努力实现公共产品的自愿、有效供给。

实现公共产品的"信号消费"——让自愿供给者看到或感受到自己贡献后的收益——有利于公共产品的自愿供给。从上述分析可知，在实现"信号消费"的前提下可以达到公共产品的有效自愿供给，或者说至少保证对公共产品有强烈需求方的自愿供给。譬如在公共服务设施供给的过程中，通过道路命名、图书楼宇命名等"信号消费"形式可以有效提高公共产品的自愿供给。

在"信号消费"下，避免公共产品消费的拥挤效应有利于公共产品的自愿供给。在"信号消费"下，避免公共产品消费的拥挤效应，使消费者能够自主感受到公共支出的福利有利于提高其提供公共产品的积极性。譬如对部分收费公共产品采取分流措施、分时供给价格措施，有利于公共产品的自愿供给。

对于需要集体合作提供的公共产品，可以通过引导、奖励首位贡献者的形式提高自愿供给的积极性。在“信号消费”下，如果公共产品需要集体供给，则消费者要么合作，要么不合作。如果政府奖励首位贡献者，则时间上的不同将带来{C,C}的结果，从而可以提高公共产品的有效供给。譬如在设立定额资金的公共基金过程中，给予首位贡献者社会名誉有利于较多的自愿供给和合作均衡。

对于异质性消费者而言，将其识别出来进行较高的社会名誉回报、间接经济回报有利于提高公共产品的自愿供给。譬如对于设立奖学金的人士予以命名权、社会名誉或荣誉称号有利于这一公共产品的自愿供给；与此同时，提高其他阶层的受益额，努力缩小他们在公共产品自愿供给过程中与高收入者的差异，也能够提高公共产品的有效自愿供给。

对于异质性消费者而言，提供公共产品的“收支对应性”有利于其对公共产品的自愿供给。在消费者自愿供给公共产品的过程中，努力使消费者提供和享受公共产品的过程类似于对私人产品的购买和消费，将大大有利于公共产品的自愿供给。这一方面较贴近的例子则是高速公路的收费和通行。在此，定量分析公共产品的支出福利，细分个人、群体、阶层、组织享受公共产品的具体收益较为重要。

二、多个体的自愿供给

假设经济中有 n 个代表性消费者，每个代表性消费者的收入为 y_i，其享受的私人产品为 X_i，自愿提供的公共产品为 g_i，总公共产品供给量为 G。公共产品的供给来自每个代表性消费者的自愿供给，$\sum_{i=1}^{n} g_i = G$。每个代表性消费者都会对公共产品的供给水平产生影响，但是不能够占用全部的公共产品。假设在自己不贡献而其他人贡献时，自身对公共产品的享受水平为 $G_{-i} = \sum_{j \neq i}^{n} g_j$ 。代表性消费者的效用函数为：$U^i(X_i, G)$。对于每个代表性消费者而言，其目标问题为：

$$\max U^i(X_i, G) \tag{3-23}$$

满足的约束条件为收入的约束，提供和享受公共产品的约束（假定其他代表性消费者对公共产品的供给 G_{-i} 是给定的）。

$$X_i + g_i = y_i \tag{3-24}$$

$$G = \sum_{i=1}^{n} g_i = g_i + \sum_{j \neq i}^{n} g_j = g_i + G_{-i} \tag{3-25}$$

用拉格朗日方法求解这一经济系统中的优化问题。首先定义拉格朗日方程：

$$L_1 = U^i(X_i, g_i + \sum_{j \neq i}^{n} g_j) + \sum_{i=2}^{n} \lambda_i \cdot (y_i - X_i - g_i) \tag{3-26}$$

在此上式已将约束条件式(3－25)以等式代入。其中 λ_i 为拉格朗日乘子。分别对变量 X_i 和 g_i 求一阶条件可得：

$$\frac{\partial L_1}{\partial X_i}=U_X^{i'}(X_i,g_i+\sum_{j\neq i}^{n}g_j)-\lambda_i=0 \tag{3-27}$$

$$\frac{\partial L_1}{\partial g_i}=U_G^{i'}(X_i,g_i+\sum_{j\neq i}^{n}g_j)-\lambda_i=0 \tag{3-28}$$

将式(3－28)和式(3－27)的第二项移到右边并将两式相除可得：

$$\frac{U_G^{i'}(X_i,g_i+\sum_{j\neq i}^{n}g_j)}{U_X^{i'}(X_i,g_i+\sum_{j\neq i}^{n}g_j)}=MRS_{XG}^{i}=1 \tag{3-29}$$

从而对于多个代表性消费者而言：

$$\sum_{i=1}^{n}MRS_{XG}^{i}=n \tag{3-30}$$

由个人收入的约束条件式(3－24) $X_i+g_i=y_i$ 可知：$X+G=Y$，从而由生产的可行条件可知：

$$MRT_{XG}=-\frac{\mathrm{d}G}{\mathrm{d}X}=1 \tag{3-31}$$

在此，$\sum_{i=1}^{n}MRS_{XG}^{i}=n>MRT_{XG}=1$，不满足公共产品有效供给的萨缪尔森条件。这就是说：假定其他代表性消费者对公共产品的供给 G_{-i} 是给定的，则代表性消费者在自愿提供公共产品供给量的过程中会出现效率的损失，亦即私人贡献的不足。

三、公共产品供给的"搭便车"问题

对于上述的效率损失，可以通过一个效用函数的具体例子了解公共产品供给的效率问题。假定代表性消费者的效用函数为 $U^i(X_i,G)=X_i^{\alpha}G^{\beta}$。则根据上述一阶条件的求解结果式(3－29)可知：

$$\frac{U_G^{i'}(X_i,g_i+\sum_{j\neq i}^{n}g_j)}{U_X^{i'}(X_i,g_i+\sum_{j\neq i}^{n}g_j)}=\frac{\beta X_i^{\alpha}G^{\beta-1}}{\alpha X_i^{\alpha-1}G^{\beta}}=\frac{\beta X_i}{\alpha G}=MRS_{XG}^{i}=1 \tag{3-32}$$

从而以其他变量代指公共产品 G 并以式(3－24)的等价形式 $X_i=y_i-g_i$ 代入可得：

$$G=\frac{\beta X_i}{\alpha}=\frac{\beta}{\alpha}(y_i-g_i) \tag{3-33}$$

而将定义的式(3－25) $G=g_i+G_{-i}$ 代入到上式可得：

$$g_i+G_{-i}=\frac{\beta X_i}{\alpha}=\frac{\beta}{\alpha}(y_i-g_i) \tag{3-34}$$

亦即：

$$g_i=\frac{\beta}{\alpha+\beta}\cdot y_i-\frac{\alpha}{\alpha+\beta}\cdot G_{-i} \tag{3-35}$$

对此可见：$\frac{\partial g_i}{\partial y_i}=\frac{\beta}{\alpha+\beta}>0$，$\frac{\partial g_i}{\partial G_{-i}}=-\frac{\alpha}{\alpha+\beta}<0$，从而某个代表性消费者对公共产品的自愿供给与其收入成正相关关系，与经济中其他代表性消费者的自愿供给量成负相关关系。

进一步地，如果每一个代表性消费者的收入都是相同的，即 $y_i=y$，那么通过式(3－35)可知：$g_i=\frac{\beta}{\alpha+\beta}\cdot y-\frac{\alpha}{\alpha+\beta}\cdot G_{-i}=g$。即假定每个消费者的收入相同的情况下自愿供给的数量均为 g(此处 g 是定义的)。从而结合式(3－33)可知：

$$G=\sum_{i=1}^{n}g_i=ng=\frac{\beta}{\alpha}(y_i-g_i)=\frac{\beta}{\alpha}(y-g) \tag{3-36}$$

从而可以计算出定义的 g 为：

$$g=\frac{\beta y}{n\alpha+\beta} \tag{3-37}$$

在此，$\frac{\partial g}{\partial n}=-\frac{\alpha\beta y}{(n\alpha+\beta)^2}<0$。这就是说，在每个人收入相同的情况下，每个代表性消费者自愿供给的公共产品数量与经济系统中代表性消费者的数目成反比。也就是说，经济系统中人数越多，每个人越不愿意自愿提供公共产品，“搭便车”的愿望就越强。这也可以通过每个代表性消费者享受的公共产品数量看出来。在收入相同的情况下每个人享受的公共产品数量为$\frac{1}{n}$，人数增加时每个人享受的收益比例会减少。

当然在此时，公共产品 G 的供给数量为：$G=ng=\frac{n\beta y}{n\alpha+\beta}=G^N$。

$\frac{\partial G}{\partial n}=\frac{\beta^2 y}{(n\alpha+\beta)^2}>0$。可见，在假定每个人都要作出贡献的情况下，随着人数的增加公共产品的供给数量会增加。

对于每个代表性消费者收入相同情况下的公共产品供给量 $G=G^N$(这一供给量是其他代表性消费者供给量给定情况下的供给量，可以将其定义为纳什均衡下的供给量 G^N)，还可以通过将其与萨缪尔森条件满足情况下的有效供给量 G^S 进行比较。

在萨缪尔森条件满足的情况下，结合式(3－31)要求：$\sum_{i=1}^{n}MRS_{XG}^{i}=MRT_{XG}=1$。

而由式(3－32)$MRS_{XG}^{i}=\frac{\beta X_i^{\alpha}G^{\beta-1}}{\alpha X_i^{\alpha-1}G^{\beta}}=\frac{\beta X_i}{\alpha G}$可知：$n\cdot\frac{\beta X_i}{\alpha G}=1$，从而在$G=ng$的情况下：

$$X_i=\frac{\alpha}{n\beta}\cdot G=\frac{\alpha}{n\beta}\cdot ng=\frac{\alpha\cdot g}{\beta} \tag{3-38}$$

从而在每个人收入相同的收入预算约束 $y=X_i+g$ 假设下可知：$y=\frac{\alpha\cdot g}{\beta}+g$。

由此求得每个人贡献的数量为：$g^S=\frac{\beta y}{\alpha+\beta}$。从而整个社会的公共产品供给量为：

$G^S=n\cdot g^S=\frac{n\beta y}{\alpha+\beta}$①。

通过表 3－8 比较上述的结果。

表 3－8　　不同假设条件下的供给情况

收入假设	其他人的贡献	萨缪尔森条件	每个人的贡献	总公共产品数量
每个人相同	G_{-i}给定	不考虑	$g^N=\frac{\beta y}{n\alpha+\beta}$	$G^N=\frac{n\beta y}{n\alpha+\beta}$
每个人相同	G_{-i}给定	满足	$g^S=\frac{\beta y}{\alpha+\beta}$	$G^S=\frac{n\beta y}{\alpha+\beta}$

对比表 3－8 中的结论可以发现：满足萨缪尔森条件的情况下，每个人对公共产品的贡献 g^S 高于不满足萨缪尔森条件的情况 g^N；同样地，满足萨缪尔森条件的公共产品供给总量 G^S 是较大的。（这是因为萨缪尔森条件下的公共产品供给是有效的供给，也反映了不满足萨缪尔森条件的情况下会出现“搭便车”问题，出现公共产品自愿供给的不足）这也可以通过比较表 3－8 中的结论获知。

$$\frac{g^S}{g^N}=\frac{G^S}{G^N}=\frac{n\alpha+\beta}{\alpha+\beta}>1$$

并且可以发现：随着人数的增加，公共产品供给的差异会很大。也就是说，人数越多，纳什均衡下的供给量 G^N 与满足萨缪尔森条件下的供给量 G^S 的差距会越大。这是因为：$\frac{\partial(G^S/G^N)}{\partial n}=\frac{\alpha}{\alpha+\beta}>0$，$n$ 越大，比值越大，差距也越大。

四、公共产品自愿供给中的均衡

对于公共产品的自愿供给问题，代表性消费者通过交易可以达到满足萨缪尔森条件的均衡——亦即维克塞尔·林达尔均衡，或者称为林达尔均衡。由于这一

① 此处的分析思路基于 CEMA 宋震所讲授公共经济学课程中的“公共产品供给”专题。

均衡的理论是瑞典经济学家林达尔(*Lindahl*)于 1919 年提出的,并且这一均衡模型实际上是在维克塞尔(*Knut Wicksell*)的工作基础上建立的,从而这一均衡的名称可以有所不同,但是内涵是相同的。这一均衡理论的具体内涵是:公共产品的价格并非取决于某些政治选择机制和强制性税收,恰恰相反,每个人都可以根据自己愿意提供的价格,并均可按照这种价格购买公共产品的总量。并且,均衡状态时的价格应使每个代表性消费者所需公共产品的总量相同。对于这一均衡的形成结果可以通过图 3—4 进行理解。

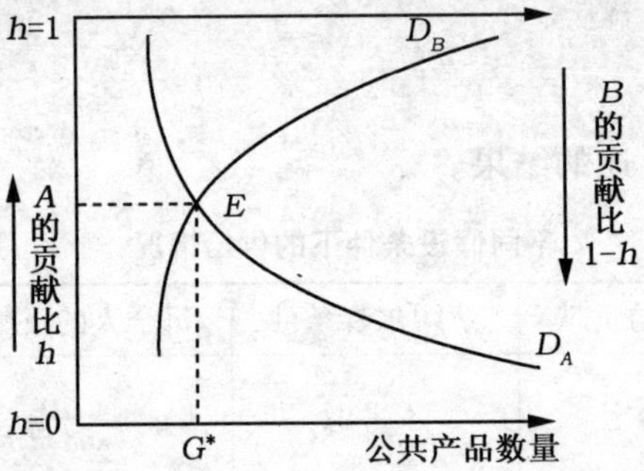

图 3—4　维克塞尔·林达尔均衡的结果

图 3—4 中两个代表性消费者 A、B 对公共产品贡献的份额分别为 h、$1-h$,两个代表性消费者 A、B 享受的公共产品的最优数量为 G^*。图中 D_A、D_B 为公共产品的需求曲线。总体上,林达尔均衡指个人对公共产品的供给水平以及它们之间的成本分配进行讨价还价、实现讨价还价均衡的静态公共产品供给理论。对于这一均衡存在的依据——满足萨缪尔森条件的情形,证明如下。

假定代表性消费者 A、B 受到的收入约束分别为 I_A、I_B,两者消费的私人物品分别为 X_A、X_B,享受的(纯)公共产品数量为 G,两者自愿贡献的份额为 hG、$(1-h)G$。代表性消费者 A、B 的效用函数分别为:$U_A=U^A(X_A,G)$、$U_B=U^B(X_B,G)$。在此,代表性消费者 A、B 享受私人产品和提供公共产品的收入约束分别为:

$$X_A+h\cdot G=I_A \tag{3—39}$$

$$X_B+(1-h)\cdot G=I_B \tag{3—40}$$

现实中经济产品消费的生产性约束条件为:

$$X_A+h\cdot G+X_B+(1-h)\cdot G=Y \tag{3—41}$$

亦即:

$$X+G=Y \tag{3—42}$$

其中 $X=X_A+X_B$ 代表社会中私人产品的总产出,Y 为社会的总产出。总产出 Y 为确定性总量,对式(3—42)求微分可得:

$$\mathrm{d}X+\mathrm{d}G=0,\text{即}-\frac{\mathrm{d}G}{\mathrm{d}X}=1 \qquad (3-43)$$

这样在完全竞争经济中生产最优的条件下，私人产品和公共产品的边际技术替代率为：

$$MRT_{XG}=-\frac{\mathrm{d}G}{\mathrm{d}X}=1 \qquad (3-44)$$

而对于消费最优条件下的边际收益替代率，可以通过对每个代表性消费者目标函数的优化求解形成。对于代表性消费者A而言，用拉格朗日方法求解目标问题如下。首先定义拉格朗日方程：

$$L_1=U^A(X_A,G)+\mu\cdot(I_A-X_A-h\cdot G) \qquad (3-45)$$

其中μ为拉格朗日乘子。分别对变量X_A、G求一阶条件可得：

$$\frac{\partial L_1}{\partial X_A}=\frac{\partial U^A(X_A,G)}{\partial X_A}-\mu=0 \qquad (3-46)$$

$$\frac{\partial L_1}{\partial G}=\frac{\partial U^A(X_A,G)}{\partial G}-\mu\cdot h=0 \qquad (3-47)$$

将式(3－46)和(3－47)两等式的第二项移到右边并将两式相除可得：

$$MRS_{X_AG}=\frac{\partial U^A(X_A,G)/\partial G}{\partial U^A(X_A,G)/\partial X_A}=h \qquad (3-48)$$

同理可得代表性消费者B的边际收益替代率为：

$$MRS_{X_BG}=\frac{\partial U^B(X_B,G)/\partial G}{\partial U^B(X_B,G)/\partial X_B}=1-h \qquad (3-49)$$

在此：$MRS_{X_AG}+MRS_{X_BG}=h+1-h=1=MRT_{XG}$，可见这一均衡满足“萨缪尔森条件”。

第四节　公共产品的动态自愿供给

对于公共产品的需求，每个人的偏好程度是不一样的，这就使得自愿供给公共产品的过程中出现相互博弈的状况。对此，托马斯·谢林(Thomas Schelling，1971)认为：如果每一人都愿意提供部分公共产品，则在其他人先供应的情况下存在“搭便车”的动机，从而达不成一致的结果；如果将对公共产品的贡献额分为连续的小份，则每个人会以较小的代价获得别人的信任。对于这一公共产品的动态自愿供给问题，阿德马蒂、佩里(Admati，Perry，1991)和范里安(Varian，1994)证明了这一结论的部分局限性，马尔克斯、马修斯(Marx，Matthews，2000) 部分证明了Schelling(1971)的结论。对此，本节简要介绍这一前沿问题。此处的“动态”，不是宏观财政经济中的动态经济理论，而是对策论中的行动先后的“动态”。以下以最早研究这一问题的Varian(1994)范式介绍公共产品的动态自愿供给问题。

假定经济中有两个代表性消费者，各自的收入禀赋为 $W_i, i=1,2$。消费者的收入分别用于私人产品和公共产品的自愿供给。其中私人产品的消费额为 X_1、X_2，各自自愿提供 g_1、g_2 的贡献额形成公共产品 $G=g_1+g_2$，各自的效用函数来自于对公共产品的消费和私人产品的消费。对此两者的效用函数如下：

$$U_1(X_1,G)=X_1+G=W_1-g_1+V_1(g_1+g_2) \tag{3-50}$$

$$U_2(X_2,G)=X_2+G=W_2-g_2+V_2(g_1+g_2) \tag{3-51}$$

其中，$U_i(X_i,G)$ 是每个代表性消费者的总效用，$V_i(G)=V_i(g_1+g_2)$ 是每个代表性消费者对公共产品消费的效用。对于公共产品的消费，假定消费者 1 比消费者 2 有更为强烈的需求，自愿提供的数额 $g_1>g_2$。从而存在如下动态情形：

①消费者 1 首先供给 g_1 时，消费者 2 有搭便车的动机，极端情况就是自愿供给量为零。

②而在消费者 2 首先供给 g_1 时，消费者 1 也有搭便车的动机，极端情况就是自愿供给量为零。

③消费者 1 首先不供给时，消费者 2 有供给的动机。

④消费者 2 首先不供给时，消费者 1 有供给的动机。由于消费者 1 对公共产品的需求高于消费者 2，从而其供给的动机高于情形③中消费者 2 的供给动机。

在此公共产品的供给是一个动态的过程。

假定消费者 2 首先不供给 $g_2=0$，则由式(3－50)可知消费者 1 的效用为：

$$U_1(X_1,G)=X_1+G=W_1-g_1+V_1(g_1) \tag{3-52}$$

寻找消费者 2 不供给、消费者 1 供给时的最优自愿供给水平 g_1^*。将式(3－52)对 g_1 求一阶条件如下：

$$\frac{\partial U_1(X_1,G)}{\partial g_1}=-1+V_1'(g_1)=0,\text{即 } V_1'(g_1^*)=1 \tag{3-53}$$

假定消费者 2 供给 $g_2>0$，则由②可知消费者 1 也是愿意供给的。而消费者 1 的供给依赖于消费者 2，其供给的响应函数为 $G_1(g_2)$［定义 $g_1=G_1(g_2)$，从而可以对其求一阶条件］。从式(3－50)可知消费者 1 的效用为：

$$U_1(X_1,G)=X_1+G=W_1-g_1+V_1[G_1(g_2)+g_2] \tag{3-54}$$

寻找消费者 2 供给、消费者 1 也供给时的最优自愿供给水平。将式(3－54)对 g_1 求一阶条件如下：

$$\frac{\partial U_1(X_1,G)}{\partial g_1}=-1+V_1'[G_1(g_2)+g_2]=0,\text{亦即：}$$

$$V_1'[G_1(g_2)+g_2]=1 \tag{3-55}$$

由式(3－53)与式(3－54)可知：

$$V_1'[G_1(g_2)+g_2]=V_1'(g_1^*)=1 \tag{3-56}$$

则由(3－56)可得：

$$G_1(g_2)+g_2=g_1^* \text{ 即 } G_1(g_2)=g_1^*-g_2 \tag{3-57}$$

从而对于消费者 1 而言,其自愿供给的数量为:

$$g_1=G_1(g_2)=\max\{g_1^*-g_2,0\} \tag{3-58}$$

同理对于消费者 2 而言,其自愿供给的数量为:

$$g_2=G_2(g_1)=\max\{g_2^*-g_1,0\} \tag{3-59}$$

从而两个消费者供给的情况如图 3—5 所示。

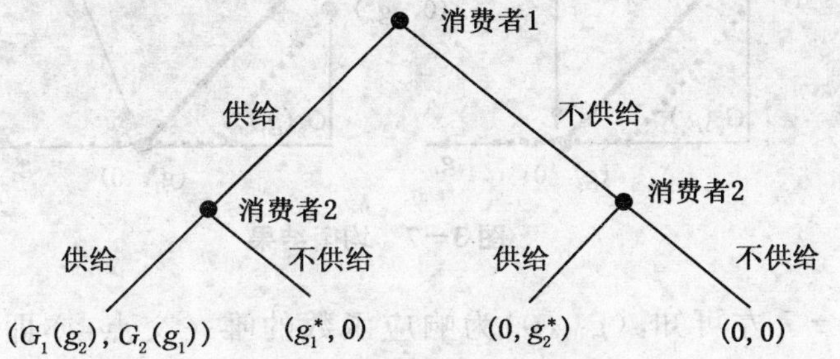

图 3—5 消费者 1 与消费者 2 的选择结果

假设 $g_1^*>g_2^*$,当 $g_1^*>g_2$ 时,消费者 1 与消费者 2 同时自愿供应时:$g_1=G_1(g_2)=g_1^*-g_2$,从而$\frac{dg_1}{dg_2}=\frac{dG_1(g_2)}{dg_2}=-1$,两者成负相关关系。并且就极端的情况来看,存在以下两种结果:$(g_1^*,0)$,$(0,g_2)$。对于后一种情况,在 g_2 不断增加的情况下,消费者 1 的自愿供给始终为零。

同理,对于消费者 2 而言,其与消费者 1 同时自愿供给时:$g_2=G_2(g_1)=g_2^*-g_1$,从而$\frac{dg_2}{dg_1}=\frac{dG_2(g_1)}{dg_1}=-1$,两者成负相关关系。并且就极端的情况来看,存在以下两种结果:$(0,g_2^*)$,$(g_1,0)$。对于后一种情况,在 g_1 不断增加的情况下,消费者 2 的自愿供应始终为零。如图 3—6 所示。

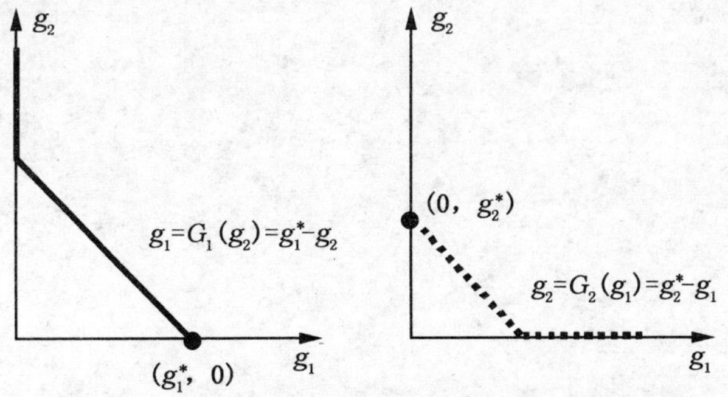

图 3—6 消费者 1 与消费者 2 对对方选择的响应

从而由两者的相交之处可知——唯一的交点(g_1^*,0)为 $g_1^*>g_2^*$ 情形下的纳什均衡。

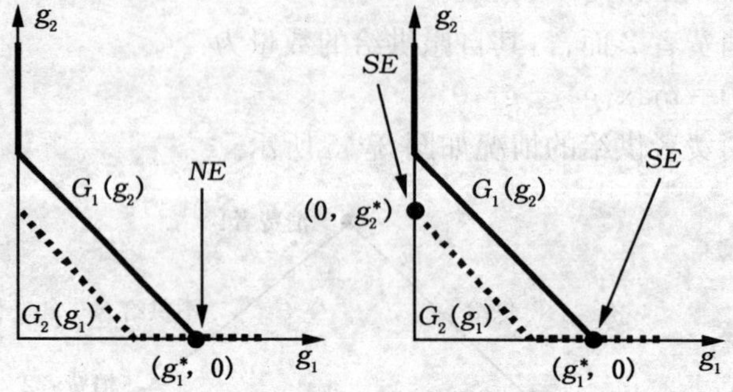

图 3—7　均衡结果

从图 3—7 左可知,(g_1^*,0)为响应函数的唯一交点,亦即纳什均衡(Nash Equilibrium,NE)——考虑对方供给的情况下,各自最大化自身收益后达成的公共产品供给均衡。

而从图 3—7 右可知,(g_1^*,0),(0,g_2^*)为两个可能的领先策略均衡(Stackleberg Equilibrium,SE)。假定由消费者 1 先动,则消费者 1 供给,消费者 2 选择不供给是最优的。因为供给时消费者 2 的付出必定大于零。在此,图 3—7 右中 $G_1(g_2)$对应的 g_2 越少越好,在 $G_1(g_2)$的底点减少到 0,出现了"搭便车",从而(g_1^*,0)是一个领先策略均衡。

假定由消费者 2 先动,则消费者 2 供给,消费者 1 选择不供给是最优的。因为供给时消费者 1 的付出必定大于零。在此,图 3—7 右中 $G_2(g_1)$对应的 g_1 越少越好,在 $G_2(g_1)$的顶点减少到 0,出现了"搭便车",从而(0,g_2^*)是一个领先策略均衡。

第四章　最优公共支出理论分析

本章学习的阅读文献

1. Armey D R Corporation & R. K. Armey. The Freedom Revolution[M]. Regnery Publishing，1995：1164－1782.

2. Barro R J. Government Spending in a Simple Model of Endogenous Growth[J]. *Journal of Political Economy*，1990，98(5)：103－125.

3. Karras G. Employment and Output Effects of Government Spending：Is Government Size Important? [J]. *Economic Inquiry*，1993，31(1)：354－369.

文献导读： 关于公共支出的最优规模，Armey基于直观的经验提出了一个“倒U形”曲线理论，这是一个简单的静态概念。而巴罗(Barro)关于最优税收的分析间接提供了一个关于最优支出的衡量标准——“巴罗法则”，其分析也是动态宏观财政的经典分析。随后卡拉斯(Karras)利用巴罗法则，基于静态的分析框架提供了衡量公共支出效率和最优结果的分析框架。其后关于最优公共支出的研究大多是基于这一范式。

第一节　最优公共支出规模的衡量

一、衡量最优公共支出规模的巴罗法则

对于公共支出的最优规模，“巴罗法则”是对于这一问题的较好分析(Robert Barro，1990)。Barro(1990)将政府支出作为变量引入经济增长模型，并探讨了政府支出对平衡增长路径的影响。在这一框架下，巴罗得到了最优的公共支出规模$\tau=\frac{g}{y}=a$。其中τ衡量了政府支出规模的大小，g代表政府全部公共支出，y代表社会产出，a为柯布—道格拉斯(Cobb-Douglas)生产函数下政府支出相对于总产出的产出弹性。这一结论的形成根源于保罗·罗默(Paul Romer，1986，1990)最早进行的内生增长理论。在随后的内生增长研究中，Lucas(1988)，Barro(1990)，

里贝罗(Rebelo,1991)都指出:政策变量作用的机制不仅影响产出水平,而且还会影响均衡状态下的经济增长率。对于政策变量的作用机制,阿罗和库兹(Arrow和Kurz,1970)最早将政府公共支出引入生产函数。阿肖尔(Aschauer,1988)通过实证研究认为:政府公共支出在私人生产过程中特别重要。

随后Barro(1990)根据这一思想又将这一形式的生产函数与经济增长相结合,与社会福利最大化相结合分析了最优的政府支出规模。在这一产出规模下,最优水平(增长最大化下的政府支出占GDP的比重)上的产出效率要求:MPG$\left(\frac{\partial y}{\partial g}\right)=1$。这也就是巴罗法则的通俗表达形式。因为在Barro(1990)原文中是以$\phi'(\cdot)=1$表达的,而$\phi(\cdot)=\frac{y}{k}$,亦即产出函数$y=k\phi\left(\frac{g}{k}\right)$的变形。对于这一最优水平上的效率:

如果MPG$\left(\frac{\partial y}{\partial g}\right)>1$,则政府公共支出为供给不足(under-provided);

如果MPG$\left(\frac{\partial y}{\partial g}\right)<1$,则政府公共支出为过度供给(over-provided)。

在Barro(1990)的研究中,他通过数值模拟进行了一项实证分析,认为均衡路径上增长最大化的最优政府支出水平为22%。其后,Barro(1991)将公共支出分为消费性支出与投资性支出,并指出经济增长率与消费性支出负相关,与投资性支出相关但统计不显著。从而巴罗与其他经济学家,如Gemmel (1983), Landau (1983, 1986),Kormendi and Meguire(1985), Saunders (1985), Falvey & Gemmel (1988), Romer (1989), Grier and Tullock(1989), Alexander (1990), Easterly & Rebelo (1993), Guseh (1997), Tanninen (1999), Fölster and Henrekson (2001), Dar & Khalkhali (2002)一样,认为:政府公共支出不利于经济增长。

然而Rubinson (1977), Ram (1986),Grossman (1990), Holmes and Hutton (1990), Levine and Renelt (1992), Karras (1993, 1996, 1997),以及Ghali (1998)通过理论和实证研究认为:政府公共支出可以促进经济增长。

二、衡量最优公共支出规模的Armey曲线

除了上述Barro(1990)的最早研究之外,其他关于政府支出与经济增长关系的研究则是阿米(Armey)等基于经验和直观感受的假设——阿米曲线的形成。可以说,政府支出与经济增长关系的另一个重要表述便是阿米曲线(1995)。这一曲线最简单的表达如图4-1所示。

从图4-1中的关系可以看出,在经济增长与政府之间存在一个最优水平的表达式g^*。在$g<g^*$时,政府支出的增加有利于经济增长;在$g>g^*$时,政府支出的增加不利于经济增长。这一假设可以通过线性函数的形式表达出来,从而可以

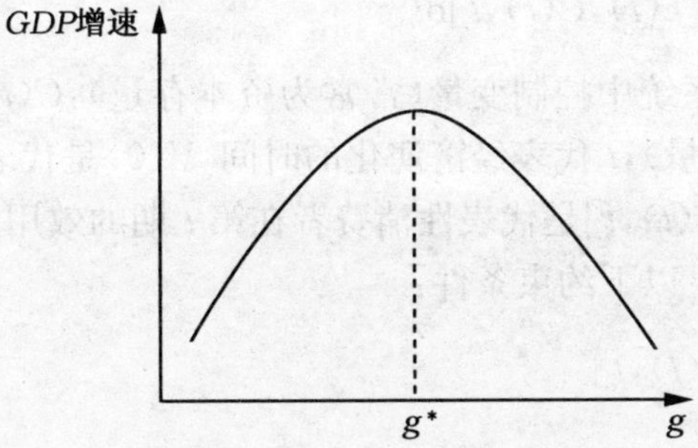

图 4—1　政府支出水平与经济增长之间的关系

进行实证研究。根据阿米曲线，如要基于某一个国家的时间序列数据进行实证研究，则最为基础的模型为：

$$Y=\alpha+\beta_1 g+\beta_2 g^2+\varepsilon \tag{4—1}$$

其中：Y 代表 GDP 增速，g 代表政府支出水平，α 代表常数项，ε 代表误差项，其他代表回归参数。

在实证研究方程(4—1)的基础上，可以进一步完善模型。譬如为了考虑时间对经济增长的影响，在方程(4—1)上增加时间项 t。对此新的模型为：

$$Y=\alpha+\beta_1 g+\beta_2 g^2+\beta_3 t+\varepsilon \tag{4—2}$$

进一步的，考虑失业率 U 对经济增长的影响，形成新的实证分析模型如下：

$$Y=\alpha+\beta_1 g+\beta_2 g^2+\beta_3 t+\beta_4 U+\varepsilon \tag{4—3}$$

总之，通过不同模型可以进行实证研究，形成最优的公共支出水平。

第二节　基本理论框架

第一节是关于最优公共支出规模衡量方法的结论介绍。明显的，巴罗的方法要比阿米的方法更具有前沿性和深邃性。对此，本章具体分析巴罗法则的形成及卡拉斯应用这一法则形成经典实证模型的研究范式。对于巴罗法则的形成，其涉及到动态财政经济方法问题。对此，本小节首先简要介绍这一方法，为后续的分析奠定一定的基础。

一、连续时间问题的优化方法

(一)方法一

由于本章及以后章节涉及到连续时间的优化问题，在此首先介绍确定性状况下"连续时间问题"的优化方法。

一个经济的目标问题是：

$$\max V(0)=\int_0^T V[k(t),C(t),t]\mathrm{d}t \tag{4-4}$$

其中 $k(t)$ 是经济系统中控制变量（常常为资本存量），$C(t)$ 是代表性消费者的状态变量（常常为消费量），t 代表经济演化的时间，$V(0)$ 是代表性消费者贴现加总后的总效用，$V[k(t),C(t),t]$ 是代表性消费者在第 t 期的效用。

这一经济系统满足以下约束条件：

$$\frac{\mathrm{d}k(t)}{\mathrm{d}t}=g[k(t),C(t),t] \tag{4-5}$$

$$k(0)=k_0 \tag{4-6}$$

$$k(T)\cdot e^{-r(T)\cdot T}\geqslant 0 \tag{4-7}$$

约束条件式（4－5）表示了控制变量的动态积累过程，也代指了资本存量 $k(t)$ 与消费 $C(t)$ 之间须满足的条件。约束条件式（4－6）表示初始资本存量是给定的。约束条件式（4－7）表示期末无剩余的资本。

在这一定义和假设条件下求解该经济系统，定义拉格朗日方程如下：

$$L=\int_0^T V[k(t),C(t),t]\mathrm{d}t+\int_0^T \lambda(t)\cdot\left\{g[k(t),C(t),t]-\frac{\mathrm{d}k(t)}{\mathrm{d}t}\right\}\mathrm{d}t+\mu(t)\cdot k(T)\cdot e^{-r(T)T} \tag{4-8}$$

由微分的性质 $\frac{\mathrm{d}[\lambda(t)\cdot k(t)]}{\mathrm{d}t}=\frac{\mathrm{d}\lambda(t)}{\mathrm{d}t}k(t)+\lambda(t)\frac{\mathrm{d}k(t)}{\mathrm{d}t}$ 可知：

$\int_0^T \frac{\mathrm{d}[\lambda(t)\cdot k(t)]}{\mathrm{d}t}\mathrm{d}t=\int_0^T\frac{\mathrm{d}\lambda(t)}{\mathrm{d}t}k(t)\mathrm{d}t+\int_0^T\lambda(t)\cdot\frac{\mathrm{d}k(t)}{\mathrm{d}t}\mathrm{d}t$，从而：

$$\int_0^T\lambda(t)\cdot\frac{\mathrm{d}k(t)}{\mathrm{d}t}\mathrm{d}t=\int_0^T\frac{\mathrm{d}[\lambda(t)\cdot k(t)]}{\mathrm{d}t}\mathrm{d}t-\int_0^T\frac{\mathrm{d}\lambda(t)}{\mathrm{d}t}k(t)\mathrm{d}t \tag{4-9}$$

而 $\int_0^T \frac{\mathrm{d}[\lambda(t)\cdot k(t)]}{\mathrm{d}t}\mathrm{d}t=\lambda(t)\cdot k(t)\Big|_0^T=\lambda(T)\cdot k(T)-\lambda(0)\cdot k(0)$，代入上式后可得：

$$\int_0^T\lambda(t)\cdot\frac{\mathrm{d}k(t)}{\mathrm{d}t}\mathrm{d}t=\lambda(T)\cdot k(T)-\lambda(0)\cdot k(0)-\int_0^T\frac{\mathrm{d}\lambda(t)}{\mathrm{d}t}k(t)\mathrm{d}t \tag{4-10}$$

将式（4－10）代入到式（4－8）方程可得：

$$L=\int_0^T\{V[k(t),C(t),t]+\lambda(t)\cdot g[k(t),C(t),t]\}\mathrm{d}t-\lambda(T)\cdot k(T)+\lambda(0)\cdot k(0)+\int_0^T\frac{\mathrm{d}\lambda(t)}{\mathrm{d}t}k(t)\mathrm{d}t+\mu(t)\cdot k(T)\cdot e^{-r(T)T} \tag{4-11}$$

定义汉密尔顿方程为：

$$H=V[k(t),C(t),t]+\lambda(t)\cdot g[k(t),C(t),t] \tag{4-12}$$

并且定义 $\overline{C(t)}$、$\overline{k(t)}$ 分别为平衡经济增长路径上的消费和资本存量，则其他非平衡经济增长路径上的消费 $C(t)$ 与资本存量 $k(t)$ 可以表示为：

$$C(t)=\overline{C(t)}+\varepsilon\cdot P_1(t)=C(\cdot,\varepsilon) \tag{4-13}$$

$$k(t)=\overline{k(t)}+\varepsilon\cdot P_2(t)=k(\cdot,\varepsilon) \tag{4-14}$$

$$k(T)=\overline{k(T)}+\varepsilon\cdot \mathrm{d}k(T)=k(T,\varepsilon) \tag{4-15}$$

其中 ε 为消费或资本偏离最优水平的随机波动项，$P_1(t)$和 $P_2(t)$为波动程度与时间的函数关系。则将上述三式以及式(4－12)代入到方程(4－11)可得：

$$L(\varepsilon)=\int_0^T H[k(\cdot,\varepsilon),C(\cdot,\varepsilon)]\mathrm{d}t-\lambda(T)\cdot[\overline{k(T)}+\varepsilon\cdot \mathrm{d}k(T)]+\lambda(0)\cdot k(0)$$
$$+\int_0^T \frac{\mathrm{d}\lambda(t)}{\mathrm{d}t}k(\cdot,\varepsilon)\mathrm{d}t+\mu(t)\cdot k(T,\varepsilon)\cdot e^{-r(T)T} \tag{4-16}$$

进一步整理积分项后即为：

$$L(\varepsilon)=\int_0^T \{H[k(\cdot,\varepsilon),C(\cdot,\varepsilon)]+\frac{\mathrm{d}\lambda(t)}{\mathrm{d}t}k(\cdot,\varepsilon)\}\mathrm{d}t-\lambda(T)\cdot[\overline{k(T)}$$
$$+\varepsilon\cdot \mathrm{d}k(T)]+\mu(t)\cdot k(T,\varepsilon)\cdot e^{-r(T)T}+\lambda(0)\cdot k(0) \tag{4-17}$$

将式(4－17)对随机波动项 ε 求导可得：

$$\frac{\partial L(\varepsilon)}{\partial\varepsilon}=\int_0^T\left\{\frac{\partial H[k(\cdot,\varepsilon),C(\cdot,\varepsilon)]}{\partial\varepsilon}+\frac{\mathrm{d}\lambda(t)}{\mathrm{d}t}P_2(t)\right\}\mathrm{d}t$$
$$-\lambda(T)\mathrm{d}k(T)+\mu(t)\cdot\frac{\partial k(T,\varepsilon)}{\partial\varepsilon}\cdot e^{-r(T)T}=0 \tag{4-18}$$

由定义的式(4－15)可知：

$$\frac{\mathrm{d}k(T,\varepsilon)}{\mathrm{d}\varepsilon}=\mathrm{d}k(T)$$

从而式(4－18)即为：

$$\frac{\partial L(\varepsilon)}{\partial\varepsilon}=\int_0^T\left\{\frac{\partial H[k(\cdot,\varepsilon),C(\cdot,\varepsilon)]}{\partial\varepsilon}+\frac{\mathrm{d}\lambda(t)}{\mathrm{d}t}P_2(t)\right\}\mathrm{d}t$$
$$+[\mu(t)e^{-r(T)T}-\lambda(T)]\mathrm{d}k(T)=0 \tag{4-19}$$

在此必须要求：

$$\int_0^T\left\{\frac{\partial H[k(\cdot,\varepsilon),C(\cdot,\varepsilon)]}{\partial\varepsilon}+\frac{\mathrm{d}\lambda(t)}{\mathrm{d}t}P_2(t)\right\}\mathrm{d}t=0 \tag{4-20}$$

亦即要求$\frac{\partial H[k(\cdot,\varepsilon),C(\cdot,\varepsilon)]}{\partial\varepsilon}+\frac{\mathrm{d}\lambda(t)}{\mathrm{d}t}P_2(t)=0$ (4－21)

并且$\mu(t)e^{-r(T)T}-\lambda(T)=0$。

而
$$\frac{\partial H[k(\cdot,\varepsilon),C(\cdot,\varepsilon)]}{\partial\varepsilon}=\frac{\partial H(\cdot,\cdot)}{\partial C}\frac{\partial C}{\partial\varepsilon}+\frac{\partial H(\cdot,\cdot)}{\partial k}\frac{\partial k}{\partial\varepsilon}$$
$$=\frac{\partial H(\cdot,\cdot)}{\partial C}P_1(t)+\frac{\partial H(\cdot,\cdot)}{\partial k}P_2(t) \tag{4-22}$$

将其代入到式(4－21)可得：

$$\frac{\partial H(\cdot,\cdot)}{\partial C}P_1(t)+\frac{\partial H(\cdot,\cdot)}{\partial k}P_2(t)+\frac{\mathrm{d}\lambda(t)}{\mathrm{d}t}P_2(t)$$

$$=\frac{\partial H(\cdot,\cdot)}{\partial C}P_1(t)+\left(\frac{\partial H(\cdot,\cdot)}{\partial k}+\frac{\mathrm{d}\lambda(t)}{\mathrm{d}t}\right)P_2(t)=0 \tag{4-23}$$

由于要在平衡增长路径上所有的路径都能够满足这一优化条件，从而式(4－23)必须要求：

$$\frac{\partial H(\cdot,\cdot)}{\partial C}=0 \tag{4-24}$$

$$\frac{\partial H(\cdot,\cdot)}{\partial k}+\frac{\mathrm{d}\lambda(t)}{\mathrm{d}t}=0 \tag{4-25}$$

从而可以求得连续时间优化问题的求解方法。其中式(4－25)为欧拉方程的满足条件，也可以表达为：

$$\frac{\mathrm{d}\lambda(t)}{\mathrm{d}t}=-\frac{\partial H(\cdot,\cdot)}{\partial k} \tag{4-26}$$

此处的函数方程$\partial H(\cdot,\cdot)$为 $H=V[k(t),C(t),t]+\lambda(t)\cdot g[k(t),C(t),t]$

其中 $V[k(t),C(t),t]$是目标函数方程，$g[k(t),C(t),t]$为控制变量方程需要满足的条件。

(二)方法二

一个经济的目标问题为：

$$\max\int_{t_0}^{t_T} f(t,x,u)\mathrm{d}t \tag{4-27}$$

其中 $f(t,x,u)$是经济系统的目标函数，$x(t)$是经济系统中的控制变量，$u(t)$是经济系统中的状态变量。

这一经济系统满足以下约束条件：

$$\frac{\mathrm{d}x(t)}{\mathrm{d}t}=g(t,x,u) \tag{4-28}$$

$$x(t_0)=x_0 \tag{4-29}$$

$$x(t_T)=x_T \tag{4-30}$$

约束条件式(4－28)表示了控制变量的动态方程，也代指了控制存量 $x(t)$与状态变量 $u(t)$之间须满足的条件。约束条件式(4－29)表示初始控制变量是给定的。约束条件式(4－30)表示期末控制变量也是给定的。

在这一定义下控制变量的约束方程为：

$$k=\left\{(x,u)\,\middle|\,\frac{\mathrm{d}x(t)}{\mathrm{d}t}=g(t,x,u),x(t_0)=x_0,x(t_T)=x_T\right\} \tag{4-31}$$

定义汉密尔顿方程为：

$$H_1=f(t,x,u)+\lambda(t)\cdot g(t,x,u) \tag{4-32}$$

其中 $\lambda(t)$为汉密尔顿乘子。如果(x^*,u^*)(t 属于$[t_0,t_1]$)为这一经济系统的解，则存在 $\lambda^*(t)$使得：

$$\frac{\partial H_1}{\partial u}=\frac{\partial f(t,x^*,u^*)}{\partial u}+\lambda^*(t)\cdot\frac{\partial g(t,x^*,u^*)}{\partial u}=0 \quad (4-33)$$

$$\frac{\partial H_1}{\partial x}=\frac{\partial f(t,x^*,u^*)}{\partial x}+\lambda^*(t)\cdot\frac{\partial g(t,x^*,u^*)}{\partial x}=-\frac{\mathrm{d}\lambda^*(t)}{\mathrm{d}t} \quad (4-34)$$

$$\frac{\mathrm{d}x(t)}{\mathrm{d}t}=g(t,x^*,u^*) \quad (4-35)$$

其中式(4－33)为状态方程需要满足的条件，式(4－34)表示欧拉方程。

在上述结论的基础上可以分析现值汉密尔顿方程和原值汉密尔顿方程中动态乘子的关系，获得求解连续时间问题的简单方法。

一个经济的目标问题是：

$$\max\int_{t_0}^{t_T} f(t,x,u)\cdot e^{-r\cdot t}\mathrm{d}t \quad (4-36)$$

定义现值汉密尔顿方程如下：

$$H_2=f(t,x,u)\cdot e^{-r\cdot t}+\mu(t)\cdot g(t,x,u)$$

而现值汉密尔顿方程 H_2 与原值汉密尔顿方程 H_1 的直接关系为：

$$\begin{aligned}H_1&=f(t,x,u)+\lambda(t)\cdot g(t,x,u)\\&=[f(t,x,u)\cdot e^{-r\cdot t}+\mu(t)\cdot g(t,x,u)]\cdot e^{r\cdot t}=H_2\cdot e^{r\cdot t}\end{aligned} \quad (4-37)$$

汉密尔顿乘子之间的关系为：

$$\lambda^*(t)=\mu^*(t)\cdot e^{r\cdot t}\text{，亦即 }\mu^*(t)=\lambda^*(t)\cdot e^{-r\cdot t} \quad (4-38)$$

由优化问题的求解过程式(4－33)和式(4－34)可知：

$$\frac{\partial H_2}{\partial u}=\frac{\partial f(t,x^*,u^*)}{\partial u}\cdot e^{-r\cdot t}+\mu^*(t)\cdot\frac{\partial g(t,x^*,u^*)}{\partial u}=0 \quad (4-39)$$

$$\frac{\partial H_2}{\partial x}=\frac{\partial f(t,x^*,u^*)}{\partial x}\cdot e^{-r\cdot t}+\mu^*(t)\cdot\frac{\partial g(t,x^*,u^*)}{\partial x}=-\frac{\mathrm{d}\mu^*(t)}{\mathrm{d}t} \quad (4-40)$$

将式(4－38)后一项两边分别对时间 t 求导可得：

$$\frac{\mathrm{d}\mu^*(t)}{\mathrm{d}t}=\frac{\mathrm{d}\lambda^*(t)}{\mathrm{d}t}\cdot e^{-r\cdot t}-\lambda^*(t)\cdot r\cdot e^{-r\cdot t} \quad (4-41)$$

将式(4－41)代入到式(4－40)可得：

$$\begin{aligned}\frac{\partial H_2}{\partial x}&=\frac{\partial f(t,x^*,u^*)}{\partial x}\cdot e^{-r\cdot t}+\mu^*(t)\cdot\frac{\partial g(t,x^*,u^*)}{\partial x}\\&=-\frac{\mathrm{d}\lambda^*(t)}{\mathrm{d}t}\cdot e^{-r\cdot t}+\lambda^*(t)\cdot r\cdot e^{-r\cdot t}\end{aligned} \quad (4-42)$$

将式(4－42)两边乘以 $e^{r\cdot t}$ 整理后即得：

$$\begin{aligned}\frac{\partial H_2}{\partial x}\cdot e^{r\cdot t}&=\frac{\partial f(t,x^*,u^*)}{\partial x}+\mu^*(t)\cdot e^{r\cdot t}\cdot\frac{\partial g(t,x^*,u^*)}{\partial x}\\&=-\frac{\mathrm{d}\lambda^*(t)}{\mathrm{d}t}+\lambda^*(t)r\end{aligned} \quad (4-43)$$

而根据现值汉密尔顿方程 H_2 与原值汉密尔顿方程 H_1 的直接关系式

(4－37)可知：

$H_1=H_2\cdot e^{rt}$、$\lambda^*(t)=\mu^*(t)\cdot e^{r\cdot t}$($\mu^*(t)=\lambda^*(t)\cdot e^{-r\cdot t}$的等价形式)代入到式(4－43)即得：

$$\frac{\partial H_1}{\partial x}=\frac{\partial f(t,x^*,u^*)}{\partial x}+\lambda^*(t)\cdot\frac{\partial g(t,x^*,u^*)}{\partial x}$$

$$=-\frac{\mathrm{d}\lambda^*(t)}{\mathrm{d}t}+\lambda^*(t)r \tag{4－44}$$

从而对于连续时间问题，可以形成求解目标函数的更为简单的方法。亦即定义：

$$H_1=f(t,x,u)+\lambda(t)\cdot g(t,x,u) \tag{4－45}$$

其中$\lambda(t)$为汉密尔顿乘子。如果(x^*,u^*)(t属于$[t_0,t_1]$)为这一经济系统的解，则存在$\lambda^*(t)$使得：

$$\frac{\partial H_1}{\partial u}=\frac{\partial f(t,x^*,u^*)}{\partial u}+\lambda^*(t)\cdot\frac{\partial g(t,x^*,u^*)}{\partial u}=0 \tag{4－46}$$

$$\frac{\partial H_1}{\partial x}=\frac{\partial f(t,x^*,u^*)}{\partial x}+\lambda^*(t)\cdot\frac{\partial g(t,x^*,u^*)}{\partial x}=-\frac{\mathrm{d}\lambda^*(t)}{\mathrm{d}t}+\lambda^*(t)\cdot r \tag{4－47}$$

亦即：$\dfrac{\mathrm{d}\lambda^*(t)}{\mathrm{d}t}=\lambda^*(t)\cdot r-\dfrac{\partial H_1}{\partial x}$ (4－48)

$$\frac{\mathrm{d}x(t)}{\mathrm{d}t}=g(t,x^*,u^*) \tag{4－49}$$

后文涉及到连续时间的问题，如果无特殊说明，均用换算出来的原值汉密尔顿方程进行动态经济问题的求解。

二、巴罗法则

(一)假设条件

基于内生经济增长理论，一般认为，在经济发展的特定阶段和一定支出幅度、范围内，财政支出对于经济增长存在影响是不容置疑的。对此，巴罗在1990年将政府支出作为变量引入经济增长模型，并探讨了政府支出对平衡增长路径的影响。当然，在这一分析框架中，巴罗不仅将政府支出作为变量引入生产函数分析了内生经济增长问题，并且还在次优框架下分析了最优资本税收问题。

基于这一研究框架(Barro，1990)，本节分析均衡增长路径上的最优公共支出问题。首先，定义经济中代表性消费者的效用函数如下：

$$U(C_t)=\frac{C_t^{1-\delta}}{1-\delta} \tag{4－50}$$

其中C_t是消费者的消费，δ是代表性消费者的风险厌恶系数。根据巴罗将公共支出纳入生产函数的思想，定义柯布－道格拉斯生产函数为：

$$y=f(k,g)=Ak^{a}g^{1-a}\text{，其中 }0<a<1 \tag{4-51}$$

k 代表经济中的资本投入，g 代表政府整个公共支出，A 为技术进步率。公共支出与人均产出之间的关系是通过平滑收入税 τ 建立的。

$$g=\tau y=\tau Ak^{a}g^{1-a} \tag{4-52}$$

建立在人均消费水平 C_t 上的代表性消费者的优化问题为：

$$\max\int_0^{\infty}U(C_t)e^{-\phi\cdot t}\mathrm{d}t \tag{4-53}$$

其中，ϕ 是正的时间贴现率。

对此，在初始资本水平 k_0 给定的情况下，代表性消费者的问题就是在式(4－51)、式(4－52)约束下实现消费水平的最大化。

（二）巴罗法则的求解

首先采用社会最优框架(First Best)求解这一问题。在分散经济下消费者的资产积累方程为：

$$\frac{\mathrm{d}\alpha}{\mathrm{d}t}=(1-\tau)(r\alpha+w)-n\alpha-C_t \tag{4-54}$$

其中 α 表示消费者拥有的资产，τ 表示对消费者征收的资本收入税和劳动收入税，假定两者一致。r 为资本的边际价值，w 为劳动的边际价值(此处为人均化处理劳动的供给)，n 代表经济中的人口增长率。求解分散经济下消费者的优化问题，定义汉密尔顿方程如下：

$$H_1=U(C_t)+\mu[(1-\tau)(r\alpha+w)-n\alpha-C_t] \tag{4-55}$$

其中 α 为控制变量，C_t 为状态变量，μ 为汉密尔顿乘子。最优化的一阶条件如下：

$$\text{由}\frac{\partial H_1}{\partial C_t}=0\text{，可得 }U_c=C_t^{-\delta}=\mu \tag{4-56}$$

由欧拉方程可得：

$$\frac{\mathrm{d}\mu}{\mathrm{d}t}=\phi\mu-\frac{\partial H_1}{\partial\alpha}=\phi\mu-\mu[(1-\tau)r-n]=\mu\{\phi-[(1-\tau)r-n]\} \tag{4-57}$$

将式(4－56)的两边对 t 求导，并将求导后的结果代入到式(4－57)可得：

$$-\delta C_t^{-\delta-1}\frac{\mathrm{d}C_t}{\mathrm{d}t}=C_t^{-\delta}\{\phi-[(1-\tau)r-n]\} \tag{4-58}$$

$$\text{亦即：}\frac{\frac{\mathrm{d}C_t}{\mathrm{d}t}}{C_t}=\frac{1}{\delta}[(1-\tau)r-n-\phi] \tag{4-59}$$

在厂商均衡的条件下，可得资本和劳动的边际价值：

$$r=f_k(k,g)=aAk^{a-1}g^{1-a} \tag{4-60}$$

$$w=f(k,g)-k\cdot f_k(k,g)=Ak^{a}g^{1-a}-k\cdot aAk^{a-1}g^{1-a}=(1-a)Ak^{a}g^{1-a} \tag{4-61}$$

将式(4－60)与式(4－61)一起代入到式(4－59)可得：

$$\frac{\frac{\mathrm{d}C_t}{\mathrm{d}t}}{C_t}=\frac{1}{\delta}[(1-\tau)aAk^{a-1}g^{1-a}-n-\phi] \qquad (4-62)$$

将式(4—60)与式(4—61)一起代入到式(4—54)并考虑到整个市场均衡时 $\alpha=k$ 可得：

$$\frac{\mathrm{d}k}{\mathrm{d}t}=(1-\tau)Ak^ag^{1-a}-nk-C_t=Ak^ag^{1-a}-nk-C_t-g \qquad (4-63)$$

由式(4—52)$g=\tau y=\tau Ak^ag^{1-a}$可得：$\frac{g}{k}=(\tau A)^{\frac{1}{a}}$。从而式(4—62)为：

$$\frac{\frac{\mathrm{d}C_t}{\mathrm{d}t}}{C_t}=\frac{\Delta c}{c}=\frac{1}{\delta}[(1-\tau)aA(\tau A)^{\frac{1-a}{a}}-n-\phi] \qquad (4-64)$$

从而在分散经济下的平衡增长路径上，经济的增长率为：

$$\frac{\Delta c}{c}=\frac{\Delta k}{k}=\frac{\Delta y}{y}=\frac{1}{\delta}[a(1-\tau)\tau^{\frac{1-a}{a}}A^{\frac{1}{a}}-n-\phi] \qquad (4-65)$$

对于中央计划者而言，其优化问题为：

$$\max\int_0^{\infty}U(C_t)e^{-\phi\cdot t}\mathrm{d}t \qquad (4-66)$$

中央计划者的约束条件是资源使用的约束。资本积累的动态方程如下：

$$\frac{\mathrm{d}y}{\mathrm{d}t}=y-nk-C_t-g=Ak^ag^{1-a}-nk-C_t-g \qquad (4-67)$$

其中没有考虑资本的折旧。求解中央计划者经济下的优化问题，定义汉密尔顿方程如下：

$$H_2=U(C_t)+\eta[Ak^ag^{1-a}-nk-C_t-g] \qquad (4-68)$$

其中 k 为控制变量，C_t 为状态变量，η 为汉密尔顿乘子。最优化的一阶条件如下：

$$由\frac{\partial H_2}{\partial C_t}=0，可得\ U_c=C_t^{-\delta}=\eta \qquad (4-69)$$

由欧拉方程可得：

$$\frac{\mathrm{d}\eta}{\mathrm{d}t}=\phi\eta-\frac{\partial H_2}{\partial k}=\phi\eta-\eta(aAk^{a-1}g^{1-a}-n)=\eta[\phi-(aAk^{a-1}g^{1-a}-n)] \qquad (4-70)$$

将式(4—69)的两边对 t 求导，并将求导后的结果代入到式(4—70)可得：

$$-\delta C_t^{-\delta-1}\frac{\mathrm{d}C_t}{\mathrm{d}t}=C_t^{-\delta}[\phi-(aAk^{a-1}g^{1-a}-n)] \qquad (4-71)$$

$$亦即：\frac{\frac{\mathrm{d}C_t}{\mathrm{d}t}}{C_t}=\frac{1}{\delta}[aAk^{a-1}g^{1-a}-n-\phi] \qquad (4-72)$$

同样将式(4—52)$g=\tau y=\tau Ak^ag^{1-a}$求得的$\frac{g}{k}=(\tau A)^{\frac{1}{a}}$代入式(4—72)后可得：

$$\frac{\frac{\mathrm{d}C_t}{\mathrm{d}t}}{C_t}=\frac{\Delta c}{c}=\frac{1}{\delta}\left[aA(\tau A)^{\frac{1-a}{a}}-n-\phi\right] \tag{4-73}$$

从而在中央计划者经济中的平衡增长路径上，经济的增长率为：

$$\frac{\Delta c}{c}=\frac{\Delta k}{k}=\frac{\Delta y}{y}=\frac{1}{\delta}\left[a\tau^{\frac{1-a}{a}}A^{\frac{1}{a}}-n-\phi\right] \tag{4-74}$$

在社会最优的框架下由分散经济复制中央计划者经济可知：最优的资本税不存在。这可以从式(4－65)和式(4－74)的比较中直接得到(两式相等，从右边可得$\tau=0$)。但是，如果在次优(Second Best)的框架下，政府通过选择最优的税收政策使得经济增长率最大，则最优的资本税是存在的。在此，将式(4－65)对τ求一阶条件并令其为零可得：

$$\frac{\mathrm{d}(\Delta c/c)}{\mathrm{d}\tau}=\frac{aA^{\frac{1}{a}}}{\delta}\cdot\tau^{\frac{1}{a}-1}\cdot\left[\left(\frac{1}{a}-1\right)\tau^{-1}-\frac{1}{a}\right]=0 \tag{4-75}$$

则$\tau^{*}=1-a\neq0$。

公共支出的边际产出：$MPG=\frac{\mathrm{d}y}{\mathrm{d}g}=(1-a)Ak^{a}g^{-a}$

在最优的资本税之下，由$\frac{g}{k}=(\tau A)^{\frac{1}{a}}$，$\tau^{*}=1-a\neq0$可知：

$$MPG=(1-a)A\left(\frac{g}{k}\right)^{-a}=(1-a)A\left[(\tau A)^{\frac{1}{a}}\right]^{-a}=\frac{1-a}{\tau}=\frac{1-a}{1-a}=1$$

从而得到了“巴罗法则”。

三、多支出模型

在巴罗将政府支出作为变量引入生产函数分析了内生经济增长问题之后，Devarajan, Swaroop & Heng-fu Zou(1996)通过将政府公共支出拆分为两种类型的支出(生产性支出和非生产性支出)探析了不同类型公共支出对经济增长的影响。本节此处借鉴这一研究框架，通过将单一类型的政府支出划分为三种类型的支出类型来分析均衡增长路径下的最优公共支出问题。

同样地，定义经济中代表性消费者的效用函数如下：

$$U(C_t)=\frac{C_t^{1-\delta}}{1-\delta} \tag{4-76}$$

其中C_t是消费者的消费，δ是代表性消费者的风险厌恶系数。参照巴罗将公共支出纳入生产函数的思想，同样地定义含有单一类型公共支出的柯布－道格拉斯生产函数如下：

$$y=f(k,g)=Ak^{a}g^{1-a}，其中\ 0<a<1 \tag{4-77}$$

k代表经济中的人均资本投入，g代表政府人均总的公共支出，A为技术进步率。考虑到不同的支出类型对产出的影响各不相同，此处采取与巴罗单一类型公共支出不同的支出形式。具体而言，以下将公共支出划分为三类：行政性支出 g_1、经济建设类支出 g_2 与社会服务性支出 g_3。

其中：$g=g_1+g_2+g_3$ (4－78)

定义 $\psi_1=\frac{g_1}{g},\psi_2=\frac{g_2}{g},\psi_3=\frac{g_3}{g}$，显然 $\psi_1+\psi_2+\psi_3=1$ (4－79)

g 代表这三类公共支出的总和，并且三类支出占总支出的比重分别为 ψ_1、ψ_2、ψ_3。则将公共支出进行拆分后的新的生产函数为：

$$y=f(k,g_1,g_2,g_3)=Ak^a g_1^{\beta_1} g_2^{\beta_2} g_3^{\beta_3}=Ak^a g^{1-a} \quad (4-80)$$

其中 $a+\beta_1+\beta_2+\beta_3=1$。

公共支出与人均产出之间的关系是通过平滑收入税 τ 建立的。

$$g=\tau y=\tau Ak^a g_1^{\beta_1} g_2^{\beta_2} g_3^{\beta_3}=\tau Ak^a g^{1-a} \quad (4-81)$$

将 g_1、g_2、g_3 分别用 g 的表达式代入，可得公共支出 g 与 k 之间的关系为：

$$\frac{g}{k}=(\tau A\psi_1^{\beta_1}\psi_2^{\beta_2}\psi_3^{\beta_3})^{\frac{1}{a}} \quad (4-82)$$

建立在人均消费水平 C_t 上的代表性消费者的优化问题为：

$$\max\int_0^{\infty} U(C_t)e^{-\phi\cdot t}\mathrm{d}t$$

其中，ϕ 是正的时间贴现率。 (4－83)

对此，在初始资本水平 k_0 确定的情况下，代表性消费者的问题是在式(4－78)、式(4－80)、式(4－81)约束条件下实现消费水平的最大化。同样地，首先采用社会最优框架求解这一问题。在分散经济下消费者的资产积累方程为：

$$\frac{\mathrm{d}\alpha}{\mathrm{d}t}=(1-\tau)(r\alpha+w)-n\alpha-C_t \quad (4-84)$$

其中 α 表示消费者拥有的资产，τ 表示对消费者征收的资本收入税和劳动收入税，假定两者一致。r 为资本的边际价值，w 为劳动的边际价值，n 代表经济中的人口增长率。求解分散经济下消费者的优化问题，定义汉密尔顿方程如下：

$$H_3=U(C_t)+\mu[(1-\tau)(r\alpha+w)-n\alpha-C_t] \quad (4-85)$$

其中 α 为控制变量，C_t 为状态变量，μ 为汉密尔顿乘子。最优化的一阶条件如下：

由 $\frac{\partial H_3}{\partial C_t}=0$，可得 $U_c=C_t^{-\delta}=\mu$ (4－86)

由欧拉方程可得：

$$\frac{\mathrm{d}\mu}{\mathrm{d}t}=\phi\mu-\frac{\partial H_3}{\partial\alpha}=\phi\mu-\mu[(1-\tau)r-n]=\mu\{\phi-[(1-\tau)r-n]\} \quad (4-87)$$

将式(4－86)的两边对 t 求导并将求导后的结果代入到式(4－87)可得：

$$-\delta C_t^{-\delta-1}\frac{\mathrm{d}C_t}{\mathrm{d}t}=C_t^{-\delta}\{\phi-[(1-\tau)r-n]\} \quad (4-88)$$

亦即：$\dfrac{\frac{dC_t}{dt}}{C_t}=\dfrac{1}{\delta}[(1-\tau)r-n-\phi]$ (4—89)

在厂商均衡的条件下可得资本和劳动的边际价值：

$$r=f_k(k,g)=aAk^{a-1}g^{1-a} \quad (4-90)$$

$$w=f(k,g)-k\cdot f_k(k,g)=Ak^a g^{1-a}-k\cdot aAk^{a-1}g^{1-a}=(1-a)Ak^a g^{1-a} \quad (4-91)$$

将式(4—90)代入到式(4—89)可得：

$$\frac{\frac{dC_t}{dt}}{C_t}=\frac{1}{\delta}[(1-\tau)aAk^{a-1}g^{1-a}-n-\phi] \quad (4-92)$$

将式(4—90)、式(4—91)一起代入到式(4—84)并考虑到整个市场均衡时 $\alpha=k$ 可得：

$$\frac{dk}{dt}=(1-\tau)Ak^a g^{1-a}-nk-C_t=Ak^a g^{1-a}-nk-C_t-g \quad (4-93)$$

将式(4—81)推导出的式(4—82) $\frac{g}{k}=(\tau A\psi_1^{\beta_1}\psi_2^{\beta_2}\psi_3^{\beta_3})^{\frac{1}{a}}$ 代入到式(4—92)可得：

$$\frac{\frac{dC_t}{dt}}{C_t}=\frac{\Delta c}{c}=\frac{1}{\delta}[(1-\tau)aA(\tau A\psi_1^{\beta_1}\psi_2^{\beta_2}\psi_3^{\beta_3})^{\frac{1-a}{a}}-n-\phi] \quad (4-94)$$

从而在分散经济下的平衡增长路径上，经济的增长率为：

$$\frac{\Delta c}{c}=\frac{\Delta k}{k}=\frac{\Delta y}{y}=\frac{1}{\delta}[(1-\tau)aA(\tau A\psi_1^{\beta_1}\psi_2^{\beta_2}\psi_3^{\beta_3})^{\frac{1-a}{a}}-n-\phi] \quad (4-95)$$

对于中央计划者而言，其优化问题为：

$$\max\int_0^\infty U(C_t)e^{-\phi\cdot t}dt \quad (4-96)$$

中央计划者的约束条件是资源使用的约束。资本积累的动态方程如下：

$$\frac{dy}{dt}=y-nk-C_t-g=Ak^a g^{1-a}-nk-C_t-g \quad (4-97)$$

其中没有考虑资本的折旧。求解中央计划者经济下的最优化问题，定义汉密尔顿方程如下：

$$H_4=U(C_t)+\eta[Ak^a g^{1-a}-nk-C_t-g] \quad (4-98)$$

其中 k 为控制变量，C_t 为状态变量，η 为汉密尔顿乘子。最优化的一阶条件如下：

由 $\frac{\partial H_4}{\partial C_t}=0$，可得 $U_c=C_t^{-\delta}=\eta$ (4—99)

由欧拉方程可得：

$$\frac{d\eta}{dt}=\phi\eta-\frac{\partial H_4}{\partial k}=\phi\eta-\eta(aAk^{a-1}g^{1-a}-n)$$

$$=\eta[\phi-(aAk^{a-1}g^{1-a}-n)] \tag{4-100}$$

将式(4－99)的两边对 t 求导并将求导后的结果代入到式(4－100)可得：

$$-\delta C_t^{-\delta-1}\frac{\mathrm{d}C_t}{\mathrm{d}t}=C_t^{-\delta}[\phi-(aAk^{a-1}g^{1-a}-n)] \tag{4-101}$$

亦即：$$\frac{\frac{\mathrm{d}C_t}{\mathrm{d}t}}{C_t}=\frac{1}{\delta}[aAk^{a-1}g^{1-a}-n-\phi] \tag{4-102}$$

同样将式(4－82)$\frac{g}{k}=(\tau A\psi_1^{\beta_1}\psi_2^{\beta_2}\psi_3^{\beta_3})^{\frac{1}{a}}$代入式(4－102)后可得：

$$\frac{\frac{\mathrm{d}C_t}{\mathrm{d}t}}{C_t}=\frac{\Delta c}{c}=\frac{1}{\delta}[aA(\tau A\psi_1^{\beta_1}\psi_2^{\beta_2}\psi_3^{\beta_3})^{\frac{1-a}{a}}-n-\phi] \tag{4-103}$$

从而在中央计划者经济中的平衡增长路径上，经济的增长率为：

$$\frac{\Delta c}{c}=\frac{\Delta k}{k}=\frac{\Delta y}{y}=\frac{1}{\delta}[aA(\tau A\psi_1^{\beta_1}\psi_2^{\beta_2}\psi_3^{\beta_3})^{\frac{1-a}{a}}-n-\phi] \tag{4-104}$$

据此可得如下命题。

命题一：社会最优的资本税是不存在的，但是次优的资本税 τ^* 是存在的，并且 $\tau^*=1-a\neq0$。

在社会最优的框架下，由分散经济复制中央计划者经济可知：最优的资本税不存在。这可以从式(4－95)和式(4－104)的比较中直接得到(两式相等，从右边可得 $\tau=0$)；但是，如果是在次优的框架下，政府通过选择最优的税收政策使得经济增长率最优，则最优的资本税得以存在。在此，将式(4－95)对 τ 求一阶条件并令其为零可得：

$$\frac{\mathrm{d}(\Delta c/c)}{\mathrm{d}\tau}=\frac{\mathrm{d}(\Delta k/k)}{\mathrm{d}\tau}=\frac{\mathrm{d}(\Delta y/y)}{\mathrm{d}\tau}$$

$$=\frac{aA^{\frac{1}{a}}}{\delta}\cdot(\psi_1^{\beta_1}\psi_2^{\beta_2}\psi_3^{\beta_3})^{\frac{1-a}{a}}\cdot\tau^{\frac{1}{a}-1}\cdot\left[\left(\frac{1}{a}-1\right)\tau^{-1}-\frac{1}{a}\right]=0 \tag{4-105}$$

则 $\tau^*=1-a\neq0$。

命题二：在次优的最优税收之下，政府人均总支出的边际产出等于1，亦即同样满足“巴罗法则”的条件，$\mathrm{MPG}=\frac{\partial y}{\partial g}=1$。

在次优的最优税收之下：

$$MPG=\frac{\partial y}{\partial g}=(1-a)\cdot Ak^a g^{-a}=(1-a)\cdot A\left(\frac{g}{k}\right)^{-a} \tag{4-106}$$

而由式(4－81)可知：$\left(\frac{g}{k}\right)^{-a}=\frac{1}{\tau A}$，将其代入到式(4－106)并代入次优框架下的最优税收 $\tau^*=1-a\neq0$ 可知：

$$MPG=\frac{\partial y}{\partial g}=(1-a)\cdot Ak^{a}g^{-a}=(1-a)\cdot A\left(\frac{g}{k}\right)^{-a}$$

$$=(1-a)\cdot A\frac{1}{\tau A}=(1-a)\cdot A\frac{1}{(1-a)A}=1 \qquad (4-107)$$

命题三：在次优的最优资本税之下，在内部支出结构最优的充分条件下，亦即在 $\psi_1=\frac{\beta_1}{\beta_1+\beta_2+\beta_3}$，$\psi_2=\frac{\beta_2}{\beta_1+\beta_2+\beta_3}$，$\psi_3=\frac{\beta_3}{\beta_1+\beta_2+\beta_3}$ 的充分条件下，三种不同类型政府支出的边际产出同样可以等于1。也就是说，在总量最优的情况下，可以实现结构优化下的独立支出水平最优，$MPG_i=\frac{\partial y}{\partial g_i}=1, i=1,\cdots,3$。

譬如对于行政性支出 g_1 而言，边际产出效率为：

$$MPG_1=\frac{\partial y}{\partial g_1}=\beta_1 Ak^{a}g_1^{\beta_1-1}g_2^{\beta_2}g_3^{\beta_3}$$

$$=\beta_1 Ak^{a}\left(\frac{g_1}{g}\right)^{\beta_1-1}\left(\frac{g_2}{g}\right)^{\beta_2}\left(\frac{g_3}{g}\right)^{\beta_3}g^{\beta_1+\beta_2+\beta_3-1}=\beta_1 Ak^{a}\psi_1^{\beta_1-1}\psi_2^{\beta_2}\psi_3^{\beta_3}g^{-a}$$

$$=\beta_1 Ak^{a}\frac{1}{\psi_1}g^{-a}=\frac{\beta_1}{\psi_1}\cdot A\cdot\left(\frac{g}{k}\right)^{-a}$$

$$=\frac{\beta_1}{\psi_1}\cdot A\cdot\frac{1}{\tau A}=\frac{\beta_1}{\psi_1}\cdot\frac{1}{1-a}$$

$$=\frac{\beta_1}{\psi_1}\cdot\frac{1}{\beta_1+\beta_2+\beta_3}=\frac{\beta_1}{\frac{\beta_1}{\beta_1+\beta_2+\beta_3}}\cdot\frac{1}{\beta_1+\beta_2+\beta_3}=1$$

此处由式(4－81)支出总量和支出结构的恒等关系可知：$\psi_1^{\beta_1}\psi_2^{\beta_2}\psi_3^{\beta_3}=1$，从而 $\psi_1^{\beta_1-1}\psi_2^{\beta_2}\psi_3^{\beta_3}=\frac{1}{\psi_1}$，将其与次优的最优税收 $\tau^*=1-a$ 一起代入到上式形成以上结论。

同理可知：对于经济建设类支出 g_2 和社会服务性支出 g_3，同样可以得到衡量其最优性的 MPG_i。达到最优时它们的边际产出效率同样等于1。

亦即在 $\psi_1=\frac{\beta_1}{\beta_1+\beta_2+\beta_3}$，$\psi_2=\frac{\beta_2}{\beta_1+\beta_2+\beta_3}$，$\psi_3=\frac{\beta_3}{\beta_1+\beta_2+\beta_3}$ 的充分条件下"巴罗法则"同样是适用的。

推论：在次优的最优税收之下，在内部支出结构最优的充分条件下，亦即在 n 种公共支出类型满足 $\psi_i=\frac{\beta_i}{\beta_1+\beta_2+\beta_3+\cdots+\beta_n}$ 的充分条件下，每一类型政府支出的边际产出同样可以等于1。也就是说，在总量最优的情况下，可以实现多个支出类型下的分类最优，形成分支出类型的巴罗法则：$MPG_i=\frac{\partial y}{\partial g_i}=1$。

四、"巴罗法则"的应用

最优公共支出规模的衡量是分析、研究政府支出效率、控制政府规模扩张的重要依据和参照，也是比较各个地区政府支出能力或公共服务水平的重要依据。完全可以通过分析各个地区政府支出能力或公共服务水平的差异了解到衡量政府公共支出规模的重要性。因为有比较就有差异，有差异就存在改进的余地，就需要政府公共政策不断优化。在此，以中国改革开放以来各个地区公共支出水平的变异系数介绍这一政策应用的重要性。

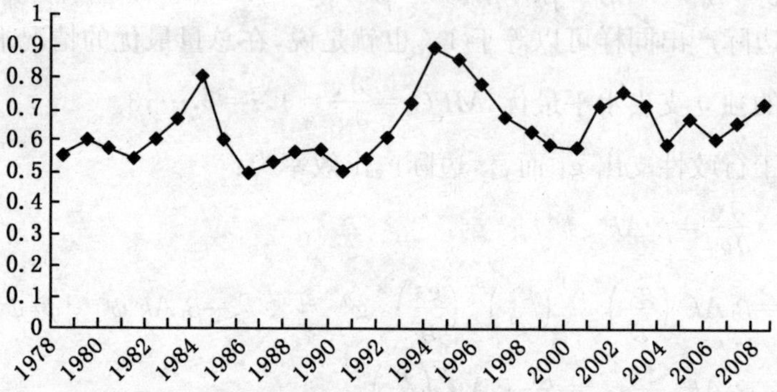

注释：以上数据根据《新中国五十五年统计资料汇编 1949～2004》(特别是 2004 年以前的数据)、历年《中国统计年鉴》和历年各省份统计年鉴整理形成。由于重庆在 1997 年从四川省中分离出去，而分类型支出的数据形成过程中难以将其分立或合并。从而为保持数据的统一性，1997 年以前(不含 1997 年)的分析未包含这两个地区。

图 4－2　1978～2008 年中国省级政府公共支出水平变异系数

从图 4－2 可以看出：中国省级政府的公共支出水平在 1994～1996 年间的差异较大，而在 2004 年以后差距较为稳定，2006 年后又开始变大。实际上，对于各个地方政府而言，如何感知自身的公共支出是有效率的呢？又该如何寻找最优的公共支出规模呢？回答这一问题则是关于巴罗法则的应用。基于巴罗法则的理论分析，在应用方面最重要的则是 Karras（1993，1996，1997）静态模型的形成。卡拉斯在三篇文章中将静态分析结合"巴罗法则"进行了实证研究，成为定量研究最优公共支出水平的经典范式。

(一)关于产出效率的卡拉斯模型

1. 单一支出类型

假定生产函数为 $Y=F(K, L, G/L)$，其中 Y 为国内生产总值，K 为资本存量，L 为经济中的劳动投入量，G 为政府公共支出。对生产函数 Y 求微分如下：

$$dY=F_K(K, L, G/L)dK+F_L(K, L, G/L)dL+F_G(K, L, G/L)dG \tag{4-108}$$

两边同除以 Y 可得：$\frac{dY}{Y}=\frac{F_k dK}{Y}+\frac{F_L dL}{Y}+\frac{F_G dG}{Y}$，亦即

$$\frac{\mathrm{d}Y}{Y}=F_k\frac{\mathrm{d}K}{Y}+\frac{F_L}{\frac{Y}{L}}\frac{\mathrm{d}L}{L}+F_G\frac{\mathrm{d}\frac{G}{L}}{g}\frac{L\cdot g}{Y} \tag{4-109}$$

定义 $g=\frac{G}{L}$，定义 $\alpha=\frac{F_L}{Y/L}$ 为劳动的产出弹性，将其代入到式（4－109）并以增量形式表示，上式即为

$$\frac{\Delta Y}{Y}=MPK\left(\frac{\Delta K}{Y}\right)+\alpha\left(\frac{\Delta L}{L}\right)+MPG\left[\left(\frac{\Delta g}{g}\right)\left(\frac{G}{Y}\right)\right] \tag{4-110}$$

这样可以得到衡量产出效率的卡拉斯模型，具体计量假设在后文实证公共财政部分进行详细的介绍。

2. 多支出类型

对于多支出类型而言，假定公共支出分为三类。采取 Karras（1993，1996，1997）的分析方法，定义包含三种类型公共支出的生产函数如下：

$$Y=F(K,\ L,\ G_1/L,G_2/L,G_3/L) \tag{4-111}$$

其中 G_1 为经济建设性支出，G_2 为行政性支出，G_3 为社会服务性支出。$g_i=G_i/L$ 为各种类型的人均公共支出。则衡量不同类型公共支出效率的实证研究方程如下：

$$\left(\frac{\Delta Y}{Y}\right)=MPK\left(\frac{\Delta K}{Y}\right)+\alpha\left(\frac{\Delta L}{L}\right)+MPG_1\left[\left(\frac{\Delta g_1}{g_1}\right)\left(\frac{G_1}{Y}\right)\right]+MPG_2\left[\left(\frac{\Delta g_2}{g_2}\right)\left(\frac{G_2}{Y}\right)\right]+MPG_3\left[\left(\frac{\Delta g_3}{g_3}\right)\left(\frac{G_3}{Y}\right)\right] \tag{4-112}$$

其中 MPG_i 代表不同类型公共支出的产出效率。

（二）关于最优性的卡拉斯模型

以上是关于公共支出是否有效率的定量分析模型，并没有用到巴罗法则。在寻找最优公共支出水平时，卡拉斯应用了巴罗法则形成了如下框架。

1. 单一支出类型

定义 $\gamma=\frac{\frac{\mathrm{d}F}{F}}{\frac{\mathrm{d}G}{G}}$，$s=\frac{G}{F}=\frac{G}{Y}$，则

$$MPG=\frac{\mathrm{d}F}{\mathrm{d}G}=\frac{\frac{\mathrm{d}F}{F}}{\frac{\mathrm{d}G}{G}}\cdot\frac{F}{G}=\frac{\frac{\frac{\mathrm{d}F}{F}}{\frac{\mathrm{d}G}{G}}}{\frac{G}{F}}=\frac{\gamma}{s} \tag{4-113}$$

利用巴罗法则 MPG＝1 可知 $\gamma=s$。从而由式（4－113）、$\gamma=s$ 可知等式

(4－110) $\frac{\Delta Y}{Y}=MPK\left(\frac{\Delta K}{Y}\right)+\alpha\left(\frac{\Delta L}{L}\right)+MPG\left[\left(\frac{\Delta g}{g}\right)\left(\frac{G}{Y}\right)\right]$转变为：$\frac{\Delta Y}{Y}=MPK\left(\frac{\Delta K}{Y}\right)+\alpha\left(\frac{\Delta L}{L}\right)+\frac{\gamma}{s}\cdot\left(\frac{\Delta g}{g}\right)\cdot s$。

亦即 $$\frac{\Delta Y}{Y}=MPK\left(\frac{\Delta K}{Y}\right)+\alpha\left(\frac{\Delta L}{L}\right)+\gamma\left(\frac{\Delta g}{g}\right) \qquad (4-114)$$

这样可以得到衡量最优公共支出水平的卡拉斯模型，γ 的计量结果就是最优的公共支出水平。具体计量假设在实证公共财政部分进行详细的介绍。

2. 多支出类型

同样定义 $\gamma_i=\frac{\frac{dF}{F}}{\frac{dG_i}{G_i}}$，$s_i=\frac{G_i}{F}=\frac{G_i}{Y}$，通过“巴罗法则”推广结论 $MPG_i=1$ 的应用（亦即 $MPG_i=\frac{dF}{dG_i}=\frac{\gamma_i}{s_i}=1$），上述方程（4－112）成为衡量最优公共支出水平的实证研究方程。

$$\frac{\Delta Y}{Y}=MPK\left(\frac{\Delta K}{Y}\right)+\alpha\left(\frac{\Delta L}{L}\right)+\gamma_1\left(\frac{\Delta g_1}{g_1}\right)+\gamma_2\left(\frac{\Delta g_2}{g_2}\right)+\gamma_3\left(\frac{\Delta g_3}{g_3}\right) \qquad (4-115)$$

则回归结果 γ_1，γ_2，γ_3 就是三种类型公共支出的最优水平。也可以在总水平最优的求解之后，通过内部支出结构最优的充分条件获得不同类型政府支出的最优水平。

第三节　最优支出水平的实证结果

基于上述的动态理论模型和静态分析，以阿米曲线的经验分析、应用巴罗法则的卡拉斯经典方法为范本，许多学者对各国或区域的最优公共支出规模进行了分析，简要介绍如下：Vedder 和 Gallaway(1998)通过 1947～1997 年美国联邦政府支出和美国国内生产总值的数据拟合了阿米曲线，并估计出美国联邦政府支出的最优规模为国内生产总值的 17.45%。Peden (1991)估计美国政府最优规模为国内生产总值的 20%。Pevcin (2004)利用西欧 12 个国家 37 年的混合数据拟合了阿米曲线，得出这些国家的政府最优规模为国内生产总值的 37%～46%。其中，Karras(1993)根据 Barro(1990)的研究结合 37 个国家的数据分析认为：政府支出有利于经济增长，最优的、增长最大化的平均政府支出水平为 20%。Karras (1996，1997)研究认为，不同地区的最优支出水平各不相同，118 个国家的平均最优政府支出水平为 23%。并且他认为平均而言，亚洲地区的政府支出供给不足，而非洲地区是过度供给；其他地区是供给最优的(具有明显显著性)，且支出具有明显的产出效率。在最有效的欧洲地区，Karras(1997)认为这一地区的平均支出水平为16%(±3%的差异)。Aly 和 Strazicich(2000)分析了中东地区海湾国家(Gulf Countries)的最优政府支出水平和产出效率。他们认为,海湾国家政府支出是有效的,平均最优的支出水平为12%,但是政府支出的规模高于最优水平上的支出水平——即为“支出过度”。Aly,Kandil 和 Elkhal(2006)分析了货币供给、私人投资冲击下政府公共支出的产出效率及其最优政府公共支出。他们认为:部分公共支出有利于经济增长,部分产出不利于经济增长,并且平均最优的公共支出水平为30.5%。Kerry-Ann Alleyne, Lewis-Bynoe 和 Moore(2004)分析认为:加勒比地区的政府支出有利于经济增长,但是这一地区的支出水平在10%～16%之间才能是最优的,才能是有效率的。Gunalp 和 Dincer(2005)研究认为,转型国家的政府支出规模具有生产性,平均而言这些国家的政府支出水平实现了最优,并且政府支出的边际效率与政府支出的规模负相关。此外,他们总结认为:转型国家的平均最优支出水平为17.3%(3%的差异)。Babihuga(2006)通过包括劳动的生产函数研究认为:撒哈拉以南非洲地区的平均最优政府支出水平为35%。上述研究结果在表4－1中可进行对比分析。

表4－1　　最优公共支出水平研究结果

代表性研究	研究对象	研究方法	最优规模	年份
Barro	美国	数值模拟	22%	1990
Peden	美国	卢卡斯/埃文斯模型	20%	1991
Karras	37个国家	巴罗法则,卡拉斯模型	20%	1993
Karras	118个国家	巴罗法则,卡拉斯模型	23%	1996
Karras	欧洲	巴罗法则,卡拉斯模型	16%	1997
Vedde&Gallaway	美国	阿米曲线	17.45%	1998
Aly & Strazicich	海湾国家	巴罗法则,卡拉斯模型	12%	2000
Pevcin	西欧	阿米曲线	37%～46%	2004
Alleyne 等	加勒比地区	巴罗法则,卡拉斯模型	10%～16%	2004
Gunalp & Dincer	转型国家	巴罗法则,卡拉斯模型	17.3%	2005
Babihuga	撒哈拉以南非洲地区	巴罗法则,卡拉斯模型	35%	2006
Aly&Kandil 等	海湾国家	卡拉斯模型	30.5%	2006

最后,基于同样的分析范式,我国许多学者也对中国公共支出的效率与最优水平进行了研究,特别地,朱军等(2010)对传统的实证模型进行了推广。该文利用我国31个地区1978～2008年的面板数据检验了“巴罗法则”,研究认为近期社会服务性是明显有效的,基于省级政府的最优总支出水平大致在20%左右。进一步地,以多支出类型的对数化的生产函数为依据,该文认为各类支出的最优水平分别为5.8%、6.6%和7.6%左右。

第五章 社会保障理论分析

本章学习的阅读文献

1. Feldstein M. Rethinking Social Insurance[R]. NBER Working Paper No. W11250, 2005.

2. Rothschild M & J. Stiglitz. Equilibrium in Competitive Insurance Markets[J]. *Quarterly Journal of Economics*, 1976, 90(4), 629－650.

3. Hemenway D. Propitious Selection[J]. *Quarterly Journal of Economics*, 1990, 105(4):1063－1069.

4. Samuelson P A. An Exact Consumption Loan Model without the Social Contrivance of Money[J]. *Journal of Political Economy*, 1958, 66(6):467－482.

5. Feldstein M. The Optimal Level of Social Security Benefits[J]. *Quarterly Journal of Economics*, 1985, 100(2):303－320.

文献导读： 对社会保障基本原理的分析，离不开经济理论中的“信息不对称”问题。本章介绍了社会保障中的“信息不对称”文献，并介绍了这一领域中比较前沿的“正向选择”文献。而对于萨缪尔森的两期模型，本章介绍了这一经典问题，并分析了费尔德斯坦(Feldstein)的最优社会保障收益问题。

第一节 社会保障基础理论

广义的社会保障(Social Insurance)范围，以美国为例包括健康保险(Health insurance)、失业保险(Uneployment Insurance)、残疾保险(Disability Insurance)、工作赔偿(Work Compensation)和养老保障(Social Security)。而在我国则是熟知的“五险一金”，具体包括养老保险、医疗保险、失业保险(企业与个人共担)、工伤保险、失业保险(企业承担)与住房公积金。对于这些广泛的专题，限于篇幅，本章不可能一一分析。本章主要探讨政府为什么干预社会保障市场以及如何提供最优的社会保障服务。对于前者，在第二章已对“信息不对称”进行了基本的分析，此处简要分析社会保障方面的一个具体应用，探究政府干预的必要性。

一、单一类型消费者问题

假定每个代表性消费者是外生一致的，每个人的收入为 I，面临的疾病风险概率为 Q，如果生病则用于医疗的支出为 h(Gruber，2004)。假定效用函数 $U(\cdot)$ 为拟凹的效用函数，则每个代表性消费者的期望效用为：

$$EU(C)=Q\cdot U(I-h)+(1-Q)\cdot U(I) \tag{5-1}$$

进一步假定：在健康的状态下每个代表性消费者支付的保险金(Insurance Premium)为 P，在生病的状态下保险公司支付的费用为 B，则每个代表性消费者的期望效用为：

$$EU(C)=Q\cdot U(I-h+B)+(1-Q)\cdot U(I-P) \tag{5-2}$$

而保险公司的收支情况如表 5－1 所示。

表 5－1　　保险公司的收支情况

状态	概率	收支
生病	Q	支付费用 B
健康	$1-Q$	收取保费 P

从而保险公司的收益为：

$$E\pi=(1-Q)\cdot P-Q\cdot B \tag{5-3}$$

在完全竞争的市场中，保险公司利润最后为零，则：$E\pi=(1-Q)\cdot P-Q\cdot B=0$。可知：

$$B^*=\frac{(1-Q)\cdot P}{Q} \tag{5-4}$$

将式(5－4)完全竞争市场下保险公司利润为零的状态条件 B^* 代入到式(5－2)可知：

$$EU(C)=Q\cdot U\left[I-h+\frac{(1-Q)\cdot P}{Q}\right]+(1-Q)\cdot U(I-P) \tag{5-5}$$

为了分析不同类型消费者的最优状态，假定拟凹的效用函数 $U(\cdot)$ 为对数效用函数 $\log U(C)$，则式(5－5)为：

$$\max_P\{EU(C)\}=Q\cdot\log\left[I-h+\frac{(1-Q)\cdot P}{Q}\right]+(1-Q)\cdot\log(I-P) \tag{5-6}$$

对保费 P 求一阶条件可得：

$$\frac{\mathrm{d}EU(C)}{\mathrm{d}P}=Q\cdot\frac{\frac{1-Q}{Q}}{I-h+\frac{(1-Q)\cdot P}{Q}}+(1-Q)\cdot\frac{-1}{I-P}=0 \tag{5-7}$$

由上式可得：

$$P^*=h\cdot Q \tag{5-8}$$

将这一结果回代到式(5—4)可知：

$$B^{*}=\frac{(1-Q)\cdot P}{Q}=\frac{1-Q}{Q}\cdot h\cdot Q=(1-Q)\cdot h \tag{5—9}$$

在此对处于健康状态下的代表性消费者而言，其效用为：

$$U(C)_{H}=\log(I-P^{*})=\log(I-hQ) \tag{5—10}$$

而对处于生病状态的代表性消费者而言，其效用为：

$$U(C)_{S}=\log(I-h+B^{*})=\log[I-h+(1-Q)h]=\log(I-Qh) \tag{5—11}$$

可见：$U(C)_H=U(C)_S$。从而，在完全竞争的保险市场中代表性消费者应该采取完全保险(Full Insurance)的形式以保证整个存活期的消费平滑性。

二、多类型消费者的逆向选择

但是假定代表性消费者有两种类型，分别为健康型(Healthy)和亚健康型(Sickly)的。其不同之处在于生病的概率 Q 是不同的，分别为 Q_H、Q_S。明显地，$Q_H<Q<Q_S$。因为亚健康型消费者生病的概率较高，而健康型消费者生病的概率较低。在不同类型不同处理的情况下，由式(5—4)可知，每个代表性消费者的收益分别为：

$$B_{H}^{*}=\frac{(1-Q_{H})\cdot P}{Q_{H}},B_{S}^{*}=\frac{(1-Q_{S})\cdot P}{Q_{S}} \tag{5—12}$$

在完全统一保险的情况下，即保费 P 是给定的，

$$B_{H}^{*}=\left(\frac{1}{Q_{H}}-1\right)\cdot P>B_{S}^{*}=\left(\frac{1}{Q_{S}}-1\right)\cdot P \tag{5—13}$$

这意味着生病时健康的人获得补偿要高于不健康的人，而这是不公平的。因为每个人缴纳的保费 P 是统一的。

如果保险公司支付的保费 B 是给定的，则由式(5—4)可知：

$$P=\frac{Q}{1-Q}B,\frac{\mathrm{d}P}{\mathrm{d}Q}=\frac{B}{(1-Q)^{2}}>0 \tag{5—14}$$

P 为概率 Q 的增函数。从而由 $Q_H<Q<Q_S$ 可知：

$$P_{H}=\frac{Q_{H}}{1-Q_{H}}B<P_{S}=\frac{Q_{S}}{1-Q_{S}}B \tag{5—15}$$

这意味着：生病时保险公司给所有人支付的费用 B 相同，但健康的人所需缴纳的保费要低于亚健康的人。这也是不公平的，也与完全统一保险的假设相违背。并且，实现差异性缴纳也会带来健康与亚健康状态的信息甄别问题。总体上，在提供统一保险的情况下，多类型消费者的情况带来了“逆向选择”问题。而解决这一问题需要对不同消费提供不同形式的保险，并且要求满足激励相容条件。但是这类条件往往难以满足，并且由于保险人拥有比保险公司更为广泛的信息，从而进一步地会导致市场的失效。

而如果保险公司不能甄别健康与亚健康状态的代表性消费者，以平均的概率 Q_a 支付费用实现保险公司的利润最大化，$E\pi=(1-Q_a)\cdot P-Q_a\cdot B=0$。则代表性消费者生病时获得的赔偿为：

$$B=\frac{(1-Q_a)\cdot P}{Q_a} \tag{5-16}$$

假定每个人的赔偿相同，相应的所需支付保费为：$P=\frac{Q_a}{1-Q_a}\cdot B$。而健康型代表性消费者满足激励相容条件需要缴纳的保费为 $P_H=\frac{Q_H}{1-Q_H}\cdot B$，这是小于 $\frac{Q_a}{1-Q_a}\cdot B$ 的。从而健康型代表性消费者不会缴纳 $\frac{Q_a}{1-Q_a}\cdot B$ 的保费，将会逐渐退出保险市场。这将使保险公司的成本明显增加，带来整个市场的失灵，这也就需要政府干预保险市场。

三、正向选择问题

海明威(Hemenway，1990)针对“逆向选择”提出了有利选择(Propitious Selection)的问题，后续的研究将其概括为“正向选择(Advantageous Selection)”问题。对于正向选择，比较逆向选择具有以下几个方面的特点：

①保险是消费者自愿购买的，消费者自主购买保险来增加或减低自己的风险，但是各自的风险偏好是不同的；

②风险是异质的，加总到一起由保险公司统一收费；

③消费者的风险偏好在空间和时间上是承诺一致的。

在这样的假设条件下能够出现正向选择问题。

假定一个 60 岁以上的代表性消费者，其风险厌恶系数为常数 r。假定其效用函数为：$U(w)=\frac{w^{1-r}}{1-r}$，其中 w 为财富。在以概率 p 出现风险(生病)的情况下，该代表性消费者用于健康的支出为 L。为了平滑消费，这一代表性消费者以 m 的保费购买保险，以抵消生病时用于健康的支出 L。此处出现风险时保险公司赔付为 L。对此，在购买保险的情况下，该代表性消费者的效用为：

$$V_B(p,r)=p\cdot U(w-m-L+L)+(1-p)\cdot U(w-m)+e=U(w-m)+e \tag{5-17}$$

上式中 e 为购买保险的额外支出，譬如机会成本和达成合约的交易成本。一般而言这一成本较小，可以忽略不计。

在不购买保险的情况下，代表性消费者的效用为：

$$V_N(p,r)=p\cdot U(w-L)+(1-p)\cdot U(w) \tag{5-18}$$

以指数函数为基础，基于比重计算代表性消费者购买保险的概率为：

$$Q(p,r)=e^{V_B(p,r)}/[e^{V_B(p,r)}+e^{V_N(p,r)}]=e^{U(w-m)}/[e^{U(w-m)}+e^{p\cdot U(w-L)+(1-p)\cdot U(w)}]$$
$$=e^{\frac{(w-m)^{1-r}}{1-r}}/\left[e^{\frac{(w-m)^{1-r}}{1-r}}+e^{p\cdot\frac{(w-L)^{1-r}}{1-r}+(1-p)\cdot\frac{w^{1-r}}{1-r}}\right] \quad (5-19)$$

由式(5－19)的形式可知,如果 p 增大,则不参加保险的效用 $V_N(p,r)$减少,从而式(5－19)中的分母 $e^{p\cdot\frac{(w-L)^{1-r}}{1-r}+(1-p)\cdot\frac{w^{1-r}}{1-r}}$ 相应减少,$Q(p,r)$增大。即:

$$\frac{\mathrm{d}Q(p,r)}{\mathrm{d}p}>0 \quad (5-20)$$

这就意味着预计发生风险较高的消费者,其购买保险的概率就越高,这是“逆向选择”的反映。

假定(p,r)为服从联合分布 F 的个人类型,则在风险概率 p 上风险厌恶系数 r 的条件分布为 $F_{r/p}(p,r)$。现考察风险概率 p 与购买概率之间的关系而不予考虑风险厌恶系数 r,则购买保险的概率为:

$$Q'(p,r)=\int Q(p,r)\mathrm{d}F_{r/p}(r/p) \quad (5-21)$$

此处如果(p,r)是负相关的,则 $Q'(p,r)=\int Q(p,r)\mathrm{d}F_{r/p}(r/p)$ 不一定为风险概率的增函数。而在购买概率的基础上,购买保险的代表性消费者面临的平均风险为:

$$M_B=\frac{\int Q(p,r)\cdot p\mathrm{d}F(p,r)}{\int Q(p,r)\mathrm{d}F(p,r)} \quad (5-22)$$

分母为代表性消费者购买保险的测度,分子为代表性消费者购买保险后发生风险的测度。类似地,不购买保险的代表性消费者面临的平均风险为:

$$M_N=\frac{\int[1-Q(p,r)]\cdot p\mathrm{d}F(p,r)}{\int[1-Q(p,r)]\mathrm{d}F(p,r)} \quad (5-23)$$

Chiappori 和 Salanieís(2000)证明:在不对称的信息下 $M_B>M_N$,这样就证明了“逆向选择”。但尽管是在不对称的信息之下,如果(p,r)是负相关的,则存在 $M_B\leqslant M_N$ 的可能(Fang Hanming,2008)。这也就是说,购买者的风险概率低于未购买者,出现了“正向选择”。

第二节　社会养老保障分析

一、养老保障基础的两期迭代模型

对于养老保障,Samuelson(1958)最早通过两期迭代模型(OLG)分析了其存在的必要性。假定每个代表性消费者存活两期，在第一期劳动收入为 w_t，第二期直接进入老年期，没有任何社会生产。并且在第 t 期的人口为 L_t，第 $t-1$ 期为 L_{t-1}，第 $t-1$ 期的劳动收入为 w_{t-1}，假定产出与人口增长率分别为 g 与 ρ。则：

$$w_t/w_{t-1}=1+g, L_t/L_{t-1}=1+\rho \quad (5-24)$$

在 t 期每个代表性消费者的效用为：$U(C_{1t},C_{2t+1})$。其中 C_{1t} 是其在 t 期年轻时的消费，C_{2t+1} 是其在 $t+1$ 期年老时的消费。在纯自给自足的(Autarchy)经济中——无市场交易、无货币和无养老保障的经济中，代表性消费者每期的消费如下：

$$C_{1t}=w_t, C_{2t+1}=0 \quad (5-25)$$

其消费的效用为：$U(C_{1t},C_{2t+1})=U(w_t,0)$ (5−26)

假定政府要求年轻人储蓄 $S_t=\delta\cdot w_t$ 的产品用于年老时的消费(δ 为储蓄水平，第 t 期的收入预算约束为 $C_{1t}+\delta\cdot w_t=w_t$)，储蓄的产品为当期老年人所消费。从而在 t 期的年轻人进入 $t+1$ 期成为老年人后，其消费的数量为 $S_{t+1}=\delta\cdot w_{t+1}$。第 t 期年轻人在 $t+1$ 期成为老年人时的消费总量 C_{2t+1}(无人口增长时 $S_{t+1}=C_{2t+1}$)，则

$$S_{t+1}L_{t+1}=C_{2t+1}L_t \quad (5-27)$$

代入人口增长率和产出增长率后即为：

$$C_{2t+1}=\delta\cdot w_{t+1}\cdot L_{t+1}/L_t=\delta\cdot(1+g)\cdot w_t\cdot(1+\rho) \quad (5-28)$$

由此可知：消费者储蓄产品 $S_t=\delta\cdot w_t$ 后的总收益为 $\delta\cdot(1+g)\cdot w_t\cdot(1+\rho)$，储蓄的利息为 $(1+g)(1+\rho)$。代表性消费者消费产品的效用为：

$$U(C_{1t},C_{2t+1})=U[(1-\delta)\cdot w_t,\delta\cdot(1+g)\cdot w_t\cdot(1+\rho)] \quad (5-29)$$

两种经济的消费情况如表 5−2 所示。

表 5−2　　自给自足经济与交换经济比较

经济类型	C_{1t}	C_{2t+1}	S_t	预算约束
Autarchy	w_t	0	0	$C_{1t}=w_t, C_{2t+1}=0$
交换经济	$(1-\delta)w_t$	$\delta\cdot(1+g)\cdot w_t\cdot(1+\rho)$	$\delta\cdot w_t$	$C_{1t}+S_t=w_t$ $S_{t+1}L_{t+1}=C_{2t+1}L_t$

在此，可以分析最优的储蓄水平 δ。将式(5−29)实现最大化，对 δ 求一阶条件如下：

$$\begin{aligned}\frac{\partial U(C_{1t},C_{2t+1})}{\partial\delta}=&-U_1'[(1-\delta)w_t,\delta\cdot(1+g)\cdot w_t\cdot(1+\rho)]\cdot w_t\\&+U_2'[(1-\delta)w_t,\delta\cdot(1+g)\cdot w_t\cdot(1+\rho)](1+g)\\&\cdot w_t\cdot(1+\rho)=0\end{aligned} \quad (5-30)$$

即：$$\frac{U_1'[(1-\delta)w_t,\delta\cdot(1+g)\cdot w_t\cdot(1+\rho)]}{U_2'[(1-\delta)w_t,\delta\cdot(1+g)\cdot w_t\cdot(1+\rho)]}=(1+g)(1+\rho) \quad (5-31)$$

这就是说:最优的社会保障水平是要求 t 期的边际效用与 $t+1$ 期的边际效用之比等于储蓄利率 $(1+g)(1+\rho)$。而 $\delta=0$ 是可行的,从而任何 $\delta^*>0$ 的取值都是对自给自足经济下的帕累托改进。当然储蓄的要求就是"产品是易保存的",否则不能够实现帕累托改进。在现实经济中这就要求货币的出现,以实现平滑消费的社会保障功能。

二、最优社会保障收益水平

存在社会保障之后,应该如何确定社会保障的收益呢?社会保障对社会福利有什么样的影响呢?总体上,社会保障的影响主要包括强制性社会保障政策给私人储蓄带来的影响,社会保障收益给退休时间设置带来的影响,社会保障税对劳动的供给影响等。因而,合理规划社会保障规模非常重要。限于篇幅本节简要分析社会保障收益方面的理论问题。

(一)完全短视下的最优水平

上述分析介绍了社会保障的存在,但是对于这一社会保障,测度多少才是最优的呢?对此 Feldstein(1985)进行了开创性的分析。类似于上述 Samuelson(1958)对于养老保障必要性的分析,假定在 t 期每个代表性消费者的效用为 $U(C_{1t})+V(C_{2t+1})$,第 t 期代表性消费者的劳动收入为 w_t。假定经济系统中的代表性消费者是完全短视的(Complete Myopia),即只考虑当下的消费、不考虑未来的消费(颇具"今朝有酒今早醉,明日愁来明日忧"的味道)。对此,为了平滑消费者的消费,减少未来无收入的社会影响,政府对 t 期每个消费者按人头征收 θ_t 的收入税用于支付本期人员的社会保障费用。定义 t 期社会保障收益为 b_t,在第 t 期的人口为 L_t,第 $t-1$ 期为 L_{t-1},人口增长率为 n,则:

$$L_t=(1+n)L_{t-1} \tag{5-32}$$

$$b_t\cdot L_{t-1}=\theta_t\cdot w_t\cdot L_t,\text{即 } b_t=\theta_t\cdot w_t\cdot(1+n) \tag{5-33}$$

在 t 期的代表性消费者的总效用为:

$$U(C_{1t})+V(C_{2t+1})=U[(1-\theta_t)\cdot w_t]+V[\theta_t\cdot w_t\cdot(1+n)] \tag{5-34}$$

对于整个社会而言,在第 t 期所有代表性消费者的社会福利 SW_t 为:

$$\begin{aligned}SW_t&=L_t\cdot U(C_{1t})+L_{t-1}\cdot V(C_{2t+1})\\&=L_t\cdot U[(1-\theta_t)\cdot w_t]+L_{t-1}\cdot V[\theta_t\cdot w_t\cdot(1+n)]\\&=L_{t-1}\left\{\frac{L_t}{L_{t-1}}U[(1-\theta_t)\cdot w_t]+V[\theta_t\cdot w_t\cdot(1+n)]\right\}\\&=L_{t-1}\{(1+n)U[(1-\theta_t)\cdot w_t]+V[\theta_t\cdot w_t\cdot(1+n)]\}\end{aligned} \tag{5-35}$$

为了获得最优的税率,对第 t 期所有代表性消费者的社会福利求一阶条件如下:

$$\frac{dSW_t}{d\theta_t}=L_{t-1}\{(1+n)U'[(1-\theta_t)\cdot w_t](-w_t)+V'[\theta_t\cdot w_t\cdot(1+n)]\cdot w_t\cdot(1$$

$+n)\}=0$ (5－36)

亦即$(1+n)U'[(1-\theta_t)\cdot w_t]\cdot w_t=V'[\theta_t\cdot w_t\cdot(1+n)]\cdot w_t\cdot(1+n)$

(5－37)

从而$U'[(1-\theta_t)\cdot w_t]=V'[\theta_t\cdot w_t\cdot(1+n)]$ (5－38)

假定代表性消费者第 t 期和第 $t+1$ 期的效用函数 $U(\cdot)$、$V(\cdot)$是相同的，则最优的税收比例为：

$(1-\theta_t)\cdot w_t=\theta_t\cdot w_t\cdot(1+n)$，求解得：$\theta_t^*=\dfrac{1}{2+n}$ (5－39)

将式(5－39)代入到式(5－33)可得最优的社会保障水平为：

$$b_t^*=\frac{1}{2+n}\cdot w_t\cdot(1+n)=\frac{1+n}{2+n}\cdot w_t \quad (5-40)$$

在式(5－40)中，最优的社会保障水平 b_t^* 与 t 期代表性消费者的收入 w_t 比例为：

$$\frac{b_t^*}{w_t}=\frac{1+n}{2+n} \quad (5-41)$$

(二)部分短视下的最优水平

部分短视(Partial Myopia)行为之下，最优的社会养老保障收益具有自身的特点。类似于完全短视下的最优水平分析，在第 t 期每个代表性消费者的效用为：

$$U(C_{1t})+\lambda\cdot V(C_{2t+1}) \quad (5-42)$$

其中 λ 为衡量短视行为的指标($\lambda\leqslant 1$)，在 $\lambda=0$ 时表示完全短视行为，$\lambda=1$ 表示完全无短视行为(表示代表性消费者在生命周期中统筹规划、平衡自己的收入效用)，λ 也代表未来效用的折现率。在第 t 期代表性消费者的预算约束为：

$$C_{1t}+S_t+\theta_t\cdot w_t=w_t \quad (5-43)$$

在第 $t+1$ 期代表性消费者的预算约束为：

$$C_{2t+1}=S_t(1+\rho)+b_{t+1} \quad (5-44)$$

其中 S_t 表示代表性消费者用于未来消费的私人储蓄，ρ 为储蓄率，b_{t+1} 是政府在第 t 期征税后在第 $t+1$ 期消费者获得的社会保障收益。虽然消费者能够自主决策储蓄水平，但是对于未来获得的社会保障收益却是被动的、不确定的，假定获得收益的比例为 a，则预算约束式(5－44)成为：

$$C_{2t+1}=S_t(1+\rho)+a\cdot b_{t+1} \quad (5-45)$$

则由式(5－43)、式(5－45)可知每个代表性消费者在第 t 期的效用及整个社会的福利函数如下：

$$U[(1-\theta_t)\cdot w_t-S_t]+\lambda\cdot V[S_t(1+\rho)+a\cdot b_{t+1}] \quad (5-46)$$

$$U[(1-\theta_t)\cdot w_t-S_t]+V[S_t(1+\rho)+b_{t+1}] \quad (5-47)$$

最大化代表性消费者的效用以获得最优的储蓄水平。将式(5－46)对 S_t 求一阶条件可得：

$U'[(1-\theta_t)\cdot w_t-S_t](-1)+\lambda\cdot V'[S_t(1+\rho)+a\cdot b_{t+1}](1+\rho)=0$，整理后即为：

$$\frac{U'[(1-\theta_t)\cdot w_t-S_t]}{V'[S_t(1+\rho)+a\cdot b_{t+1}]}=\lambda\cdot(1+\rho) \tag{5-48}$$

从上式可知，λ 减小，$\frac{U'(\cdot)}{V'(\cdot)}$ 就会减小，则 $U'(\cdot)$ 减小，$V'(\cdot)$ 增加。这就是说，如果短视意识增强（λ 减小），则即期的消费会增加（即期消费的边际效用会减小，$U'(\cdot)$ 减小），未来期的消费会减少（未来期消费的边际效用会增加 $V'(\cdot)$ 增加）。此外理论分析与逻辑分析是一致的。

进一步地，假定私人储蓄 S_t 为税率 θ_t、未来社会养老保障收益 b_{t+1} 的函数，并且为了分析储蓄与其的关系，假定 t 期和 $t+1$ 期的效用函数 $U(\cdot)$、$V(\cdot)$ 是相同的。例如：

$$U(C_1)=\log(C_1),V(C_2)=\log(C_2) \tag{5-49}$$

则将这一函数形式代入式(5－48)可得：

$$\frac{1/[(1-\theta_t)\cdot w_t-S_t]}{1/[S_t(1+\rho)+a\cdot b_{t+1}]}=\frac{S_t(1+\rho)+a\cdot b_{t+1}}{(1-\theta_t)\cdot w_t-S_t}=\lambda\cdot(1+\rho)$$，进一步化简求解 S_t 如下：

$$S_t(1+\rho)(1+\lambda)=\lambda\cdot(1+\rho)(1-\theta_t)\cdot w_t-a\cdot b_{t+1}$$

$$S_t^*(\theta_t,b_{t+1})=\frac{\lambda}{1+\lambda}(1-\theta_t)\cdot w_t-\frac{a\cdot b_{t+1}}{(1+\rho)(1+\lambda)} \tag{5-50}$$

由于等式右边各个参数为正，从而根据上式可知，储蓄 S_t 为社会保障收益 b_{t+1} 的减函数，是短视程度 λ 的增函数。从完全短视行为求解的社会保障收益——等式(5－33)可知：

$$b_t=\theta_t\cdot w_t\cdot(1+n)，\text{滞后一期可得：}b_{t+1}=\theta_{t+1}\cdot w_{t+1}\cdot(1+n) \tag{5-51}$$

而将工资收入的增长关系 $w_{t+1}=(1+g)w_t$ 代入到式(5－51)，并考虑假定的每期税率为固定税率($\theta_t=\theta$)可得：

$$b_{t+1}=(1+g)(1+n)\cdot\theta_{t+1}w_t=(1+r)\cdot\theta\cdot w_t \tag{5-52}$$

式中 r 为定义的“政府税收用于下期社会保障收益的时间价值”，即要求 $(1+g)\cdot(1+n)=1+r$。则将式(5－52)代入到式(5－50)可得（考虑每期税率为 $\theta_t=\theta$）：

$$S_t^*(\theta,b_{t+1})=\frac{\lambda}{1+\lambda}(1-\theta)\cdot w_t-\frac{a\cdot(1+r)\cdot\theta\cdot w_t}{(1+\rho)(1+\lambda)} \tag{5-53}$$

由于等式右边各个参数为正，明显的 $\frac{dS_t^*}{d\theta}<0$。从而，根据式(5－53)可知：储蓄 S_t 为税率 θ 的减函数。这就是说政府强制性社会保障的程度（以 θ 代表这一程度）越高，私人储蓄预防未来不足的金额 S_t 将会减少。将式(5－52)、式(5－53)的

表达式代入到社会福利函数，最大化社会福利函数(maxSW)可以获得最优的社会保障税率和社会保障收益。

表 5—3　相关指标结论比较

	结论	序号
t 期	$b_t=\theta_t\cdot w_t\cdot(1+n)$	(5—33)
$t+1$ 期	$b_{t+1}=(1+r)\cdot\theta\cdot w_t$	(5—52)
a 任意	$S_t^*(\theta_t,b_{t+1})=\frac{\lambda}{1+\lambda}(1-\theta_t)\cdot w_t-\frac{a\cdot b_{t+1}}{(1+\rho)(1+\lambda)}$	(5—50)
$a=0$	$S_t^*(\theta,b_{t+1})=\frac{\lambda}{1+\lambda}(1-\theta)\cdot w_t$	(5—53)

在 $a=0$ 时将表 5—3 中的结论代入到社会福利函数，求解最优税率可得：

$SW=L_t\cdot\log[(1-\theta)w_t-S_t^*]+L_{t-1}\cdot\log[S_t^*(1+\rho)+b_{t+1}]$，亦即：

$$\max_{\{\theta\}}\ L_{t-1}\{(1+n)\log[(1-\theta)w_t-S_t^*]+\log[S_t^*(1+\rho)+b_{t+1}]\}\tag{5—54}$$

将式(5—54)对税收 θ 求一阶条件可得：

$$\frac{\partial SW}{\partial\theta}=L_{t-1}\left\{(1+n)\frac{-w_t-\frac{\partial S_t^*}{\partial\theta}}{(1-\theta)\cdot w_t-S_t^*}+\frac{\frac{\partial S_t^*}{\partial\theta}(1+\rho)+\frac{\partial b_{t+1}}{\partial\theta}}{S_t^*(1+\rho)+b_{t+1}}\right\}=0\tag{5—55}$$

亦即：$$(1+n)\frac{w_t+\frac{\partial S_t^*}{\partial\theta}}{(1-\theta)\cdot w_t-S_t^*}=\frac{\frac{\partial S_t^*}{\partial\theta}(1+\rho)+\frac{\partial b_{t+1}}{\partial\theta}}{S_t^*(1+\rho)+b_{t+1}}\tag{5—56}$$

而由式(5—52)可知：$$\frac{\partial b_{t+1}}{\partial\theta}=(1+r)w_t\tag{5—57}$$

而由式(5—53)可知：

$$\frac{\partial S_\theta^*}{\partial\theta}=\frac{-\lambda}{1+\lambda}w_t\text{(此处为 }a=0\text{ 时的储蓄 }S_t^*\text{)}\tag{5—58}$$

将式(5—57)、式(5—58)以及表 5—3 中的结论代入到式(5—56)并进行化简整理可得：

$$(1+n)\frac{w_t+\frac{-\lambda}{1+\lambda}w_t}{(1-\theta)\cdot w_t-\frac{\lambda}{1+\lambda}(1-\theta)\cdot w_t}=\frac{\frac{-\lambda}{1+\lambda}w_t(1+\rho)+(1+r)w_t}{\frac{\lambda}{1+\lambda}(1-\theta)\cdot w_t(1+\rho)+(1+r)\theta\cdot w_t}$$

亦即：$$\frac{1+n}{1-\theta}=\frac{-\lambda(1+\rho)+(1+r)(1+\lambda)}{\lambda(1-\theta)(1+\rho)+(1+r)(1+\lambda)\theta}\tag{5—59}$$

对于式(5—59)交叉相乘可得：

$$(1+n)[\lambda(1-\theta)(1+\rho)+(1+r)(1+\lambda)\theta]=(1-\theta)[-\lambda(1+\rho)+(1+r)(1+\lambda)]$$

整理后可得最优的税率为：

$$\theta^*=\frac{(1+\lambda)(1+r)-\lambda(1+\rho)(2+n)}{(1+\lambda)(1+r)(2+n)-\lambda(1+\rho)(2+n)}\tag{5—60}$$

对于上式可以得到如下结论：

(1)当 $\lambda=0$ 亦即呈现出完全短视性时，$\theta^*=\frac{1}{2+n}$，这与式(5－39)中求解得到的结果 θ_t^* 一致。

(2)$\frac{d\theta^*}{d\lambda}<0$，这意味着在短视程度下降时($\lambda$ 逐渐增大)，政府征收社会保障税的税率将是逐渐减小的(θ 逐渐增大)。

(3)当 $\theta^*=0$ 时要求 $(1+\lambda)(1+r)=\lambda(1+\rho)(2+n)$，这意味着参数满足这一条件时无政府主导的养老社会保障。

(4)而当 $\theta^*<0$ 时同理要求 $(1+\lambda)(1+r)<\lambda(1+\rho)(2+n)$，则

$$\frac{\lambda}{1+\lambda}>\frac{1+r}{(1+\rho)(2+n)} \text{即} \lambda>\frac{1+r}{(1+\rho)(2+n)-(1+r)} \tag{5-61}$$

在该不等式下，当参数满足式(5－59)的情况时，在税收是"非负约束($\theta\geqslant 0$)"之下，最优的 $\theta^*=0$。

当然，对于社会保障收益水平，除了基本框架和短视行为的最优水平分析之外，还有不同人口增长率下的最优水平分析。

最后，关于社会保障的专题，还包括失业保险、医疗健康保险、残疾保险的经济理论分析和实证分析。限于篇幅，本章不一一介绍，有兴趣的读者可以参阅附件中的相关专题文献。

第六章　最优税收理论分析

本章学习的阅读文献

1. Ramsey F P. A Contribution to the Theory of Taxation[J]. *Economic Journal*, 1927, 37(145):47－61.

2. Mirrlees J A. An Exploration in the Theory of Optimum Income Taxation[J]. *Review of Economic Studies*, 1971, 38(2): 175－208.

3. Turnovsky S J. Optimal Tax, Debt, and Expenditure Policies in a Growing Economy[J]. *Journal of Public Economics*, 1996, 60(1):21－44.

文献导读： 税收基础理论涉及到商品税、收入税等多个税种，并且由于研究方法的不断更新，对基础理论的研究不断深入。在此，本章以税种为顺序提供了各个部分的经典文献，并结合前沿的"新税制理论"介绍了最优税收问题。

第一节　商品税理论

商品税的重要结论便是拉姆齐法则(Ramsey Rule)，亦即逆弹性命题(Inverse Elasticity Rule)。这一命题是指：如果一种商品对另一种商品的替代需求弹性越高，则这种商品的税率应该越低；如果一种商品对另一种商品的替代需求弹性越低，则这种商品的税率应该越高。对于这一命题，本节通过三个由浅入深的理论模型进行分析。

一、商品税"逆弹性命题"的静态模型一

(一)分析基础——税收替代效应的效率损失

对于最优商品税的拉姆齐法则，可以通过静态税收效率模型进行实现。假设经济中有两种商品 X、Y，代表性消费者对两种商品的消费受到预算约束线 AB 的约束。在这一约束下，代表性消费者力图实现对两种商品 X、Y 消费的效用最大化，表现为无差异曲线 U_1 与预算约束线切于点 E_1。具体如图 6－1 所示。

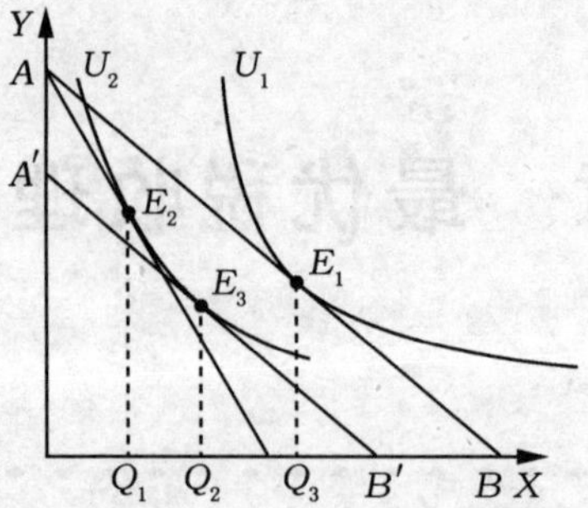

图 6—1　税前与税后的消费量变化

对照图 6—1,假设对商品 X 征收税率为 T_X 的线性商品税,则新的均衡点为 E_2。此时,对商品 X 的消费从消费量 Q_3 减少为 Q_1。对于具体的税收效应,通过补偿需求曲线 $A'B'$ 可以将其分为收入效应和替代效应。其中对商品 X 的消费从消费量 Q_3 减少为 Q_2,这是税收的收入效应;对商品 X 的消费从消费量 Q_2 减少为 Q_1,这是税收的替代效应。对于这一过程中的经济效率损失,可以通过图 6—2 进行分析。

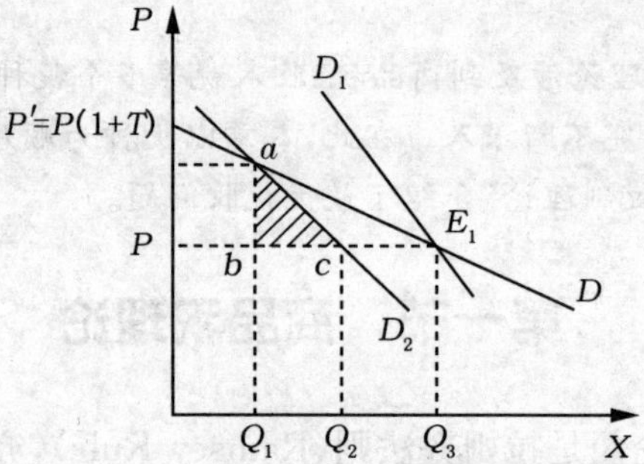

图 6—2　替代效应下的效率损失

对于上述的税收经济效应,可以通过价格与税收之间的关系进行分析。其中曲线 D 为马歇尔需求函数,而 D_1、D_2 分别为补偿需求函数。而对于税收替代效应的效率损失(Efficiency Loss),即为图 6—2 中的阴影部分——三角形 abc 的面积(刘宇飞,2000)。这是因为:征税之后消费者剩余的损失为梯形 $acPP'$,而梯形 $abPP'$ 为政府的税收所得,从而整个社会的效率损失为 $\triangle abc$。对于这一社会效率损失的大小,可以通过下式进行具体的计算。

$$TEL_X = \frac{1}{2} \cdot \Delta P_X \cdot \Delta Q_X \tag{6—1}$$

根据替代需求弹性 $\varepsilon_X = \dfrac{\Delta Q_X / Q_X}{\Delta P_X / P_X}$ 可知,新增的商品量 ΔQ_X 为:

$$\Delta Q_X = \varepsilon_X \cdot Q_X \cdot \frac{\Delta P_X}{P_X} \tag{6-2}$$

而商品价格的变化即为税收带来的变化，亦即：

$$\Delta P_X = P_X{}' - P_X \cdot X = P_X(1+T_X) - P_X = P_X \cdot T_X \tag{6-3}$$

在此根据式(6－3)可知$\frac{\Delta P_X}{P_X} = T_X$，代入到式(6－2)可得：

$$\Delta Q_X = \varepsilon_X \cdot Q_X \cdot T_X \tag{6-4}$$

从而将价格的增量关系式式(6－3)与商品 X 的增量关系式式(6－4)同时代入到总的社会效率损失式(6－1)可得：

$$TEL_X = \frac{1}{2} \cdot P_X \cdot T_X \cdot \varepsilon_X \cdot Q_X \cdot T_X = \frac{1}{2} T_X^2 \cdot P_X \cdot Q_X \cdot \varepsilon_X \tag{6-5}$$

在此，得到了社会效率损失与替代需求弹性 ε_X 之间的关系。

(二)"逆弹性命题"的形成

对于式(6－5)，类似地应用于商品 Y，可以形成 Y 商品的社会效率损失表达式：

$$TEL_Y = \frac{1}{2} \cdot P_Y \cdot T_Y \cdot \varepsilon_Y \cdot Q_Y \cdot T_Y = \frac{1}{2} T_Y^2 \cdot P_Y \cdot Q_Y \cdot \varepsilon_Y \tag{6-6}$$

对于经济中的政府而言，要求基于一定的税收收入 R 形成社会总效率损失的最小化。而税收收入的约束条件为：

$$T_X \cdot P_X \cdot Q_X + T_Y \cdot P_Y \cdot Q_Y \leqslant R \tag{6-7}$$

对于这一经济目标，通过拉格朗日方法进行求解。首先定义拉格朗日方程：

$$L_1 = \frac{1}{2} T_X^2 P_X Q_X \varepsilon_X + \frac{1}{2} T_Y^2 P_Y Q_Y \varepsilon_Y + \lambda(R - T_X P_X Q_X - T_Y P_Y Q_Y) \tag{6-8}$$

上式中 λ 为拉格朗日乘子。分别对税收变量 T_X 和 T_Y 求一阶条件可得：

$$\frac{\partial L_1}{\partial T_X} = T_X P_X Q_X \varepsilon_X - \lambda P_X Q_X = 0 \tag{6-9}$$

$$\frac{\partial L_1}{\partial T_Y} = T_Y P_Y Q_Y \varepsilon_Y - \lambda P_Y Q_Y = 0 \tag{6-10}$$

将式(6－9)、式(6－10)等式左边的第二项移至右边、约去同类项并将两式相除可得：

$$\frac{T_X \varepsilon_X}{T_Y \varepsilon_Y} = 1 \tag{6-11}$$

亦即：$$\frac{T_X}{T_Y} = \frac{\varepsilon_Y}{\varepsilon_X} \tag{6-12}$$

从而得到了静态模型下的最优商品税结论。这也就是说，商品 X 或 Y 的税率与其替代需求弹性成反比：一种商品的替代需求弹性越高，其税率应该越低；其替代需求弹性越低，其税率应该越高。这就是最优商品税的"逆弹性命题"。

二、商品税"逆弹性命题"的静态模型二

首先考虑一下局部均衡的问题。

对于消费者而言，目标函数为：

$\max\ U(C)$

其中，$U(C)$为代表性消费者的效用函数，C为代表性消费者对某种商品的消费。这一问题需要满足的约束条件为：

$$\sum_{n=1}^{N} P_n(1+\tau_n)C_n = w$$

其中 C_n 代表消费者对第 n 种商品的消费，P_n 代表第 n 种商品的价格，w 代表消费者的收入，τ_n 代表对第 n 种商品征收的商品税。求解这一经济问题可知：$C_n = C_n[P_n(1+\tau_n), w]$。

代表性消费者效用最大化的消费 C_n 是第 n 种商品的价格 P_n、税收 τ_n、消费者收入 w 的函数。这一消费就是间接效用函数 $V[P_n(1+\tau_n), w]$。

对于政府而言，在效用最大化的消费 C_n 的基础上需要形成最大化的商品税收入，即为：

$$\max\sum_{n=1}^{N} P_n\tau_n C_n[P_n(1+\tau_n), w]$$

从而竞争均衡的问题便是：$\max\ V[P_n(1+\tau_n), w]$

政府需要满足预算约束条件为：$\sum_{n=1}^{N} P_n\tau_n C_n = R$

为了求解这一问题，首先定义拉格朗日方程如下：

$$L = V[P_n(1+\tau_n), w] + \lambda\left(R - \sum_{n=1}^{N} P_n\tau_n C_n\right) \qquad (6-13)$$

其中，λ 是拉格朗日乘子。对第 i 种商品征收的商品税 τ_i 求一阶条件可得：

$$\frac{\partial V[P_n(1+\tau_n), w]}{\partial P_i}P_i - \lambda\left(\sum_{n=1}^{N} P_n\tau_n \frac{\partial C_n}{\partial P_i}P_i + P_iC_i\right) = 0 \qquad (6-14)$$

根据罗伊等式(Roy Identity)$C_i = -\dfrac{\frac{\partial V(\cdot)}{\partial P_i}}{\frac{\partial V(\cdot)}{\partial w}}$可知：

$$\frac{\partial V(\cdot)}{\partial P_i} = -C_i \cdot \frac{\partial V(\cdot)}{\partial w} \qquad (6-15)$$

将式(6－15)代入到式(6－14)可得：

$$-C_i \cdot \frac{\partial V(\cdot)}{\partial w}P_i - \lambda\left(\sum_{n=1}^{N} P_n\tau_n \frac{\partial C_n}{\partial P_i}P_i + P_iC_i\right) = 0 \qquad (6-16)$$

两边同时除以 P_i 并进行整理可得：

$$\left(-\frac{\partial V(\cdot)}{\partial w}-\lambda\right)\cdot C_i-\lambda\cdot\sum_{n=1}^{N}P_n\tau_n\frac{\partial C_n}{\partial P_i}=0 \tag{6-17}$$

而根据斯拉茨基方程(Slutsky Equation)可知：

$$\frac{\partial h_n(\cdot)}{\partial P_i}=\frac{\partial C_n}{\partial P_i}+\frac{\partial C_n}{\partial w}C_i \tag{6-18}$$

定义 $\mu=\frac{\partial V(\cdot)}{\partial w}-\lambda$，将其与式(6－18)一起代入到式(6－17)可以得到：

$$\mu\cdot C_i-\lambda\cdot\sum_{n=1}^{N}P_n\tau_n\left(\frac{\partial h_n(\cdot)}{\partial P_i}-\frac{\partial C_n}{\partial w}C_i\right)=0 \tag{6-19}$$

整理合并后可得：

$$\left(\mu+\lambda\cdot\sum_{n=1}^{N}P_n\tau_n\frac{\partial C_n}{\partial w}\right)\cdot C_i=\lambda\cdot\sum_{n=1}^{N}P_n\tau_n\frac{\partial h_n(\cdot)}{\partial P_i} \tag{6-20}$$

两边同除以 λ 可得：

$$\left(\frac{\mu}{\lambda}+\sum_{n=1}^{N}P_n\tau_n\frac{\partial C_n}{\partial w}\right)\cdot C_i=\sum_{n=1}^{N}P_n\tau_n\frac{\partial h_n(\cdot)}{\partial P_i}$$

将消费 C_i 除到右边又可得：

$$\frac{\mu}{\lambda}+\sum_{n=1}^{N}P_n\tau_n\frac{\partial C_n}{\partial w}=\sum_{n=1}^{N}P_n\tau_n\frac{\partial h_n(\cdot)}{\partial P_i}\frac{1}{C_i} \tag{6-21}$$

式(6－21)具有一定的特点，因为对于每一种商品而言，等式(6－21)的左边都是相等的。

而根据海赛矩阵(Hessian Matrix)的性质 $\frac{\partial h_i(\cdot)}{\partial P_n}=\frac{\partial h_n(\cdot)}{\partial P_i}$，式(6－21)可以转换为下式：

$$\frac{\mu}{\lambda}+\sum_{n=1}^{N}P_n\tau_n\frac{\partial C_n}{\partial w}=\sum_{n=1}^{N}P_n\tau_n\frac{\partial h_i(\cdot)}{\partial P_n}\frac{1}{C_i} \tag{6-22}$$

将上式重新整理后可得：

$$\frac{\mu}{\lambda}+\sum_{n=1}^{N}P_n\tau_n\frac{\partial C_n}{\partial w}=\sum_{n=1}^{N}\tau_n\frac{\frac{\partial h_i(\cdot)}{\partial P_n}}{\frac{C_i}{P_n}} \tag{6-23}$$

而 $\varepsilon_{in}=\frac{\frac{\partial h_i(\cdot)}{\partial P_n}}{\frac{C_i}{P_n}}$ 是第 i 种商品对第 n 种商品的替代需求弹性。从而进一步以定义的简化形式代入可得：

$$\frac{\mu}{\lambda}+\sum_{n=1}^{N}P_n\tau_n\frac{\partial C_n}{\partial w}=\sum_{n=1}^{N}\tau_n\varepsilon_{in} \tag{6-24}$$

$$\frac{\mu}{\lambda}+\sum_{n=1}^{N}P_n\tau_n\frac{\partial C_n}{\partial w}=\tau_i\varepsilon_{ii},i=1,\cdots,N \tag{6-25}$$

对于各类不同的商品而言，等式左边的项目都是相等的；而等式右边的项目也是相等的。从而在第 j 种商品对第 n 种商品的替代需求弹性 ε_{jn} 下，存在如下等式：

$\tau_j\varepsilon_{jj}=\tau_i\varepsilon_{ii}$，这也就是$\frac{\tau_j}{\tau_i}=\frac{\varepsilon_{ii}}{\varepsilon_{jj}}$

亦即，如果一种相对其他商品的替代需求弹性越高（$\varepsilon_{ii}>\varepsilon_{jj}$），则这种商品的税率就越低（$\tau_i<\tau_j$）。

三、商品税"逆弹性命题"的动态模型

假定经济中每一个代表性消费者都是同质的，经济系统中有 I 种不同的消费品。代表性消费者的问题便是：

$$\max U(C_i,l)=\sum_{i=0}^{I}U_i(C_i)+V(l) \tag{6—26}$$

其中 C_i 是代表性消费者对第 i 种商品的消费，$V(l)$表示劳动进入代表性消费者的效用函数，l 为代表性消费者的劳动投入。从形式上看，这一效用函数是弱可分离的。

代表性消费者满足的约束条件为：

$$\sum_{i=1}^{I}(1+T_i)\cdot P_i\cdot C_i\leqslant w\cdot l \tag{6—27}$$

对于厂商而言，其经济的优化问题为：

$$\max\sum_{i=0}^{I}P_i\cdot Y_i-wl \tag{6—28}$$

满足的约束条件为生产约束条件，假定这一生产函数为常规模报酬生产函数：

$$F(Y_1,Y_2,\cdots,Y_n,l)\leqslant 0 \tag{6—29}$$

假定政府支出$\{g_i\}$是外生的，满足以下预算约束方程：

$$\sum_{n=1}^{I}T_i\cdot P_i\cdot C_i=\sum_{n=1}^{I}P_i\cdot g_i \tag{6—30}$$

这一经济系统的可行性条件为资源配置的约束条件：

$$Y_i=C_i+g_i,i=1,\cdots,I \tag{6—31}$$

对于这一经济系统，首先要得到消费者实现效用最大化下的经济均衡，然后实现厂商的均衡，最后是政府预算约束、可行性条件的满足①。

（一）消费者均衡

首先对代表性消费者而言，定义拉格朗日方程求解经济优化问题。

① 此处的分析思路基于麻省理工学院经济系戈洛索夫所讲授新税制理论课程中的商品税专题。

$$L_1 = \sum_{i=0}^{I} U_i(C_i) + V(l) + \lambda\Big[w \cdot l - \sum_{i=1}^{I}(1+T_i) \cdot P_i \cdot C_i\Big]$$

分别对变量 C_i 和变量 l 求一阶条件，结果如下：

由 $\frac{\partial L_1}{\partial C_i}=0$ 得到 $U_i{}'(C_i)-\lambda(1+T_i)\cdot P_i=0$　　(6—32)

由 $\frac{\partial L_1}{\partial l}=0$ 得到 $V'(l)+\lambda w=0$　　(6—33)

将式(6—32)和式(6—33)整理后相除可得商品消费边际效用 $U_i{}'(C_i)$ 和劳动边际效用 $V'(l)$ 之间满足的关系。

$$\frac{U_i{}'(C_i)}{V'(l)}=-\frac{(1+T_i)\cdot P_i}{w} \tag{6—34}$$

对于代表性消费者的预算约束条件式(6—27)，在实现消费均衡时即为：

$$\sum_{i=1}^{I}\frac{(1+T_i)\cdot P_i \cdot C_i}{w} = l \tag{6—35}$$

将式(6—34)代入到式(6—35)可得：

$$\sum_{i=1}^{I}\left[-\frac{U_i{}'(C_i)}{V'(l)}\right]\cdot C_i = l \tag{6—36}$$

整理后即为：

$$\sum_{i=1}^{I}U_i{}'(C_i)\cdot C_i + V'(l)\cdot l = 0 \tag{6—37}$$

(二)厂商均衡

对于厂商而言，同样定义拉格朗日方程求解其经济优化问题。

$$L_2 = \sum_{i=0}^{I}P_i \cdot Y_i - wl + \eta \cdot F(Y_1, Y_2, \cdots, Y_n, l) \tag{6—38}$$

其中 η 为拉格朗日乘子。分别对变量 Y_i 和变量 l 求一阶条件，结果如下：

由 $\frac{\partial L_2}{\partial Y_i}=0$ 得到 $P_i+\eta\cdot F_i{}'(Y_1, Y_2, \cdots, Y_n, l)=0$　　(6—39)

由 $\frac{\partial L_2}{\partial l}=0$ 得到 $-w+\eta\cdot F_l{}'(Y_1, Y_2, \cdots, Y_n, l)=0$　　(6—40)

将式(6—39)和式(6—40)整理后相除可得商品价格 P_i 和劳动价格 w 之间的关系。

$$\frac{P_i}{w}=-\frac{F_i{}'(Y_1, Y_2, \cdots, Y_n, l)}{F_l{}'(Y_1, Y_2, \cdots, Y_n, l)} \tag{6—41}$$

在实现市场分配均衡 $Y_i=C_i+g_i$、体现常规模报酬“投入—产出”的情况下，厂商的生产函数成为：

$$F(C_1+g_1, C_2+g_2, \cdots, C_I+g_I, l)=0 \tag{6—42}$$

(三)两类均衡同时实现的结果

结合式(6—34)和式(6—41)，商品边际效用 $U_i{}'(C_i)$ 和劳动边际效用 $V'(l)$ 之间的关系为：

$$\frac{U_i'(C_i)}{V'(l)}=(1+T_i)\frac{F_i'(Y_1,Y_2,\cdots,Y_n,l)}{F_l'(Y_1,Y_2,\cdots,Y_n,l)} \tag{6-43}$$

亦可以表示为：

$$\frac{F_i'(Y_1,Y_2,\cdots,Y_n,l)}{F_l'(Y_1,Y_2,\cdots,Y_n,l)}\cdot\frac{V'(l)}{U_i'(C_i)}=\frac{1}{1+T_i} \tag{6-44}$$

在两类市场同时实现均衡的情况下，政府预算条件也自然成立，亦即假设条件式(6—30)自然成立：

$$\sum_{i=1}^{I}T_i\cdot P_i\cdot C_i=\sum_{i=1}^{I}P_i\cdot g_i \tag{6-45}$$

(四)简化系统的求解

在此，这一经济系统的优化问题便转化为更简易、预算约束主体较少的优化问题。目标函数为：

$$\max U(C_i,l)=\sum_{i=0}^{I}U_i(C_i)+V(l) \tag{6-46}$$

满足的约束条件为：

$$\sum_{i=1}^{I}U_i'(C_i)\cdot C_i+V'(l)\cdot l=0 \tag{6-47}$$

$$F(C_1+g_1,C_2+g_2,\cdots,C_I+g_I,l)=0 \tag{6-48}$$

以及其他局部均衡实现时的恒等条件：

$$\frac{F_i'(Y_1,Y_2,\cdots,Y_n,l)}{F_l'(Y_1,Y_2,\cdots,Y_n,l)}\cdot\frac{V'(l)}{U_i'(C_i)}=\frac{1}{1+T_i} \tag{6-49}$$

求解这一系统，定义拉格朗日方程如下：

$$L_3=\sum_{i=0}^{I}U_i(C_i)+V(l)+\phi\cdot\left[\sum_{i=1}^{I}U_i'(C_i)\cdot C_i+V'(l)\cdot l\right]+\psi\cdot F(C_1+g_1,C_2+g_2,\cdots,C_I+g_I,l) \tag{6-50}$$

其中 ϕ、ψ 为拉格朗日乘子(由库恩—塔克引理可知，$\phi>0$)。分别对变量 C_i 和变量 l 求一阶条件，结果如下：

由 $\frac{\partial L_3}{\partial C_i}=0$ 得到：

$$U'_i(C_i)+\phi[U_i'(C_i)+U_i''(C_i)C_i]+\psi F_i'(C_1+g_1,\cdots,C_I+g_I,l)=0 \tag{6-51}$$

由 $\frac{\partial L_3}{\partial l}=0$ 得到：

$$V'(l)+\phi[V'(l)+V''(l)l]+\psi F_l'(C_1+g_1,\cdots,C_I+g_I,l)=0 \tag{6-52}$$

将式(6—51)、式(6—52)移项相除可得：

$$\frac{U_i'(C_i)+\phi[U_i'(C_i)+U_i''(C_i)\cdot C_i]}{V'(l)+\phi\cdot[V'(l)+V''(l)\cdot l]}=\frac{F_i'(C_1+g_1,\cdots,C_I+g_I,l)}{F_l'(C_1+g_1,\cdots,C_I+g_I,l)} \tag{6-53}$$

将式(6－53)两边同乘以$\frac{V'(l)}{U_i'(C_i)}$可得：

$$\frac{1+\phi+\phi\cdot\frac{U_i''(C_i)\cdot C_i}{U_i'(C_i)}}{1+\phi+\phi\cdot\frac{V''(l)\cdot l}{V'(l)}}=\frac{F_i'(C_1+g_1,\cdots,C_I+g_I,l)}{F_l'(C_1+g_1,\cdots,C_I+g_I,l)}\cdot\frac{V'(l)}{U_i'(C_i)} \tag{6-54}$$

对于上式的右边RHS(Right Hand Side)，将式(6－49)代入到式(6－54)可得：

$$\text{RHS}=\frac{1}{1+T_i} \tag{6-55}$$

对于上式的左边LHS(Left Hand Side)，其中式$\frac{U_i''(C_i)\cdot C_i}{U_i'(C_i)}$是第$i$种商品收入弹性$\varepsilon_i=\frac{\partial C_i/C_i}{\partial m/m}$的关系式。对于两者之间的关系，具体的分析过程如下。

假定消费者对某种商品消费的效用函数为$U_i(C_i)$，满足的预算约束条件为：

$$P_1C_1+\cdots+P_iC_i\cdots+P_IC_I\leqslant m$$

同样的，定义拉格朗日方程如下：

$$L_4=U_i(C_i)+\theta(m-P_1C_1-\cdots-P_iC_i-\cdots-P_IC_I)$$

其中θ为拉格朗日乘子。对变量C_i求一阶条件，结果如下：

由$\frac{\partial L_4}{\partial C_i}=0$得到$U_i'(C_i)-\theta\cdot P_i=0$　　(6－56)

将式(6－56)对收入m求导可得(消费者均衡时消费量C_i与乘子θ是价格P_i和收入m的复合函数)：

$$U_i''(C_i)\frac{\partial C_i}{\partial m}=P_i\cdot\frac{\partial\theta}{\partial m} \tag{6-57}$$

而由式(6－56)可知：$P_i=\frac{U_i'(C_i)}{\theta}$，将其代入到式(6－57)并进行整理可得：

$$U_i''(C_i)\frac{\partial C_i}{\partial m}=\frac{U_i'(C_i)}{\theta}\cdot\frac{\partial\theta}{\partial m} \tag{6-58}$$

亦即：$\frac{U_i''(C_i)C_i}{U_i'(C_i)}=\frac{1}{\theta}\cdot\frac{\partial\theta}{\partial m}\cdot\frac{\partial m}{\partial C_i}\cdot C_i$　　(6－59)

整理后即为：

$$\frac{U_i''(C_i)C_i}{U_i'(C_i)}=\frac{1}{\theta}\cdot\frac{\partial\theta}{\partial m}\cdot\frac{\partial m/m}{\partial C_i/C_i}\cdot m=\frac{1}{\varepsilon_i}\cdot\frac{\partial\theta/\theta}{\partial m/m} \tag{6-60}$$

根据式(6－60)可知：对于所有的消费者而言，右边的$\frac{\partial\theta/\theta}{\partial m/m}$项为常数项。将式(6－60)代入到式(6－54)的左边可得：

$$LHS=\frac{1+\phi+\phi\cdot\frac{1}{\varepsilon_i}\cdot\frac{\partial\theta/\theta}{\partial m/m}}{1+\phi+\phi\cdot\frac{V''(l)\cdot l}{V'(l)}} \tag{6-61}$$

（五）弹性与税收的关系

从而结合式（6－54）右边 RHS 和左边 LHS 可知：

$$\frac{1+\phi+\phi\cdot\frac{1}{\varepsilon_i}\cdot\frac{\partial\theta/\theta}{\partial m/m}}{1+\phi+\phi\cdot\frac{V''(l)\cdot l}{V'(l)}}=\frac{1}{1+T_i} \tag{6-62}$$

相应的，如果商品 i 的替代需求弹性大于商品 j 的替代需求弹性，$\varepsilon_i>\varepsilon_j$，那么$\frac{1}{\varepsilon_i}<\frac{1}{\varepsilon_j}$。而收入的边际值 θ（影子价格）相对收入的弹性是负的，亦即$\frac{\partial\theta/\theta}{\partial m/m}<0$，从而：

$$\frac{1}{\varepsilon_i}\cdot\frac{\partial\theta/\theta}{\partial m/m}>\frac{1}{\varepsilon_j}\cdot\frac{\partial\theta/\theta}{\partial m/m}$$

进而比较等式（6－62）的右边可得：$\frac{1}{1+T_i}>\frac{1}{1+T_j}$，亦即 $T_i<T_j$，得到逆弹性命题。

对于边际价值相对于收入的弹性$\frac{\partial\theta/\theta}{\partial m/m}<0$，可以进行如下的变化剔除$\frac{\partial\theta/\theta}{\partial m/m}$符号的影响。将式（6－62）两边减 1 并通分可得：

$$\frac{\phi\left[\frac{1}{\varepsilon_i}\cdot\frac{\partial\theta/\theta}{\partial m/m}-\frac{V''(l)\cdot l}{V'(l)}\right]}{1+\phi+\phi\cdot\frac{V''(l)\cdot l}{V'(l)}}=\frac{-T_i}{1+T_i} \tag{6-63}$$

将式（6－63）的两边同乘以（－1）可得：

$$\frac{\phi\left[\frac{V''(l)\cdot l}{V'(l)}+\frac{1}{\varepsilon_i}\left(-\frac{\partial\theta/\theta}{\partial m/m}\right)\right]}{1+\phi+\phi\cdot\frac{V''(l)\cdot l}{V'(l)}}=\frac{T_i}{1+T_i} \tag{6-64}$$

定义 $G_i=\frac{1}{\varepsilon_i}\left(-\frac{\partial\theta/\theta}{\partial m/m}\right)$，则 $G_j=\frac{1}{\varepsilon_j}\left(-\frac{\partial\theta/\theta}{\partial m/m}\right)$，进而$\frac{G_i}{G_j}=\frac{\varepsilon_j}{\varepsilon_i}$。

假定$\frac{G_i}{G_j}=\frac{\varepsilon_j}{\varepsilon_i}>1$（亦即 $\varepsilon_i<\varepsilon_j$），则同样不需要考虑$\frac{V''(l)\cdot l}{V'(l)}$的符号，只要 $\phi>0$（对式（6－50）的拉格朗日方程应用库恩－塔克引理可知，乘子 $\phi>0$）可得：

$$\frac{\phi\left[\frac{V''(l)\cdot l}{V'(l)}+\frac{1}{\varepsilon_i}\left(-\frac{\partial\theta/\theta}{\partial m/m}\right)\right]}{1+\phi+\phi\cdot\frac{V''(l)\cdot l}{V'(l)}}>\frac{\phi\left[\frac{V''(l)\cdot l}{V'(l)}+\frac{1}{\varepsilon_j}\left(-\frac{\partial\theta/\theta}{\partial m/m}\right)\right]}{1+\phi+\phi\cdot\frac{V''(l)\cdot l}{V'(l)}}$$，从而：

$\frac{T_i}{1+T_i}>\frac{T_j}{1+T_j}$，进而可知 $T_i>T_j$。

这就是说：一种商品的替代需求弹性越高，其对应的税率应该越低；一种商品的替代需求弹性越低，其对应的税率应该越高。

（六）特殊效用函数的应用

根据前述的弹性与税收关系可知：

$$\frac{1+\phi+\phi\cdot\dfrac{U_i''(C_i)\cdot C_i}{U_i{}'(C_i)}}{1+\phi+\phi\cdot\dfrac{V''(l)\cdot l}{V'(l)}}=\frac{1}{1+T_i} \tag{6-65}$$

假设代表性消费者的效用函数为：

$$U(C_i,l)=\sum_{i=0}^{I}U(C_i)+V(l)=\sum_{i=0}^{I}\frac{C_i^{1-\delta}}{1-\delta}+V(l) \tag{6-66}$$

则从上式可知：$\dfrac{U_i{}''(C_i)\cdot C_i}{U_i{}'(C_i)}=\dfrac{-\delta\cdot C_i{}^{-\delta-1}\cdot C_i}{C_i^{-\delta}}=-\delta$，从而对于所有商品的消费而言，等式（6－65）的左边是同样的，即为：

$$\frac{1+\phi-\phi\cdot\delta}{1+\phi+\phi\cdot\dfrac{V''(l)\cdot l}{V'(l)}}=\frac{1}{1+T_i} \tag{6-67}$$

并且，除了特殊的效用函数之外，只要$\dfrac{U_i{}''(C_i)\cdot C_i}{U_i{}'(C_i)}$的结果是常数项，则各个商品应用等式（6－67）后右边同样相等。而从式（6－67）可知：在特殊的效用函数之下，对所有商品征收的商品税应该是相同的，即 $T_1=T_2=\cdots=T_I$。这也就是戴蒙德－莫里斯单一商品税（Uniform Commodity Taxation）的内涵。

第二节　劳动收入税理论

纵览西方税收理论的研究轨迹，实际上就是对“效率与公平”分析不断深入的过程。而对于税收“公平与效率”的平衡，Mirrlees（1971）等进行的最优收入税理论是对这一问题的较好回答，在此基础上现代财政学者建立了一个比较完整的静态最优收入税理论体系。这一方面的研究也成为公共财政理论，特别是税收理论的研究重点。

一、劳动收入税的静态理论

在有关最优税收的理论分析中，维克利（Vickrey，1947）最早提出了最优收入税的框架，莫里斯在 1971 年完善了这个框架，形成了一般收入税的理论分析和数值模拟结果；Sheshinski 在 1972 年同样完善了这个框架，形成了一般线性收入税的理论分析。埃伯特（Udo Ebert）在 1992 年改进了莫里斯的分析框架，形成了更一般的理论分析。具体而言，这一框架首先根据现实经济中每个人的能力不同，定义每一消费者的能力指标为 S，其中 S 属于$[S_1,S_2]$，或者消费者的能力指标 S 属于$[0,\infty]$。对于这一能力，政府是完全信息的，对其能力 S 的分布是知道的，密度为 $r(S)$。

在一个经济体中，消费者的劳动供给量为 $L(S)$，则消费者的有效劳动为 $S\cdot L(S)$。将工资率标准化为 1，则定义每个消费者的收入 $Z(S)$ 为：

$$Z(S)=S\cdot L(S) \tag{6-68}$$

政府根据了解到的每一个消费者的收入情况征税 $T(Z(S))$，则消费者的可支配收入为：

$$C(Z(S))=Z(S)-T(Z(S)) \tag{6-69}$$

每一个能力为 S 的人选择相应的消费水平和劳动水平，使效用函数最大化。每一个消费者的效用问题如下：

$$\max U[X(S),L(S)] \tag{6-70}$$

消费者的预算约束为 $X(S)\leqslant C(Z(S))=Z(S)-T(Z(S))$ (6-71)

其中，$X(S)$ 是消费者的消费，$L(S)$ 是消费者投入的劳动。采用拉格朗日方法求解消费者的最优问题。将 $X(S)$ 以 $C(Z(S))=Z(S)-T(Z(S))$ 代入，定义拉格朗日方程如下：

$$L_1=U[C(Z(S)),L(S)] \tag{6-72}$$

对劳动 L 求一阶条件，结果如下：

$$U_X[C(Z(S)),L(S)]C'(Z(S))S+U_L[C(Z(S)),L(S)]=0 \tag{6-73}$$

政府在消费者优化的条件下，最大化社会福利。定义加总的社会福利函数如下：

$$\int_{S_1}^{S_2}W[U(S)]r(S)\mathrm{d}S \tag{6-74}$$

这一优化问题的约束条件是消费者的优化条件和政府的预算约束。即：

$$U_X[C(Z(S)),L(S)]\cdot C'(Z(S))S+U_L[C(Z(S)),L(S)]=0 \tag{6-75}$$

$$\int_{S_1}^{S_2}[Z(S)-X(S)]r(S)\mathrm{d}S=R \tag{6-76}$$

在这一经济系统中，难以形成税收公平与效率的分析。对此莫里斯在 1971 年修正了这一分析框架，形成了如下的分析。

在定义 $Z(S)=S\cdot L(S)$ 的情况下：

莫里斯令 $L(S)=\dfrac{Z(S)}{S}$ (6-77)

消费者的优化问题是 $\max U[X(S),\dfrac{Z(S)}{S}]$，也就是

$$\max U[X(S),Z(S),S] \tag{6-78}$$

消费者的预算约束同样为：

$$X(S)\leqslant C(Z(S))=C(S,L(S)) \tag{6-79}$$

与前面的分析不同的是，增加了两个假设条件。在莫里斯的经济系统中，消费者的偏好是真实显示的，即消费者要受到自我选择的约束：

$$U[X(S),Z(S),S]\geqslant U[X(S'),Z(S'),S] \quad \forall S',S \tag{6-80}$$

式(6－80)的含义是：能力为 S 的消费者，在收入 $Z(S)$ 和消费 $X(S)$ 的情况下，获得的效用应高于伪装成能力 S' 消费者的效用。譬如：能力中等的消费者，其工作、消费获得的效用要比伪装成低能力者获得的效用要高。

在莫里斯的经济系统中，莫里斯还增加了一个消费者单调性的假设条件。定义 $\Phi=-\dfrac{U_Z}{U_X}$ 是 S 的单调递减函数，即 $\Phi_S\leqslant 0$。

并且莫里斯还定义 $-\dfrac{LU_L}{U_X}$ 是 L 的递减函数。

在消费者单调性假设的情况下，消费者受到的自我选择约束如下：

$$U'(S)=U_S'[(X,S),Z(S),S] \tag{6-81}$$

在莫里斯经济系统下，消费者的最优问题转变为：

$$\max U[X(S),\frac{Z(S)}{S}]=\max U[X(S),Z(S),S] \tag{6-82}$$

附加两个假定条件。包括消费者单调性假设：

$\Phi=-\dfrac{U_Z}{U_X}$，是 S 的单调递减函数。

消费者要自我选择约束假设：

$U[X(S),Z(S),S]\geqslant U[X(S'),Z(S'),S] \qquad \forall S',S$

消费者的预算约束：

$X(S)\leqslant C(Z(S))=Z(S)-T(Z(S))$

政府在消费者优化的条件下，最大化社会的福利。定义加总的社会福利函数如下：

$$\max\int_{S_1}^{S_2}W[U(S)]r(S)\mathrm{d}S \tag{6-83}$$

同样的目标函数式(6－83)下，不同的约束条件形成不同的理论分析框架。

情形一：

维克利经济系统的约束条件为：

$U'(S)=U_S'[(X,S),Z(S),S]$

情形二：

莫里斯经济系统的约束条件为：

$U'(S)=U_S'[(X,S),Z(S),S]$

政府预算约束 $\dfrac{dR(S)}{dS}=Z(S)-X(S)$

其中 $R(S_1)=0$，$R(S_2)=0$。

情形三：

埃伯特经济系统的约束条件为：

$$U'(S)=U_S'[(X,S),Z(S),S]$$

政府预算约束$\frac{dR(S)}{dS}=Z(S)-X(S)$

其中$R(S_1)=0,R(S_2)=0$。

$$\frac{dZ(S)}{dS}\geqslant 0 \quad (6-84)$$

对于约束条件式(6－84)，通过定义线性约束$\frac{dZ(S)}{dS}=\eta(S)$，$\eta(S)\geqslant 0$，并且定义具有$\theta(0)=0,\theta'(\cdot)\geqslant 0,\theta(\eta(S))\geqslant 0$的$\theta(\cdot)$函数。则可以将约束条件式(6－84)转化为以下约束条件：

$$\frac{dZ(S)}{dS}=\eta(S) \quad (6-85)$$

$$\theta(\eta(S))\geqslant 0 \quad (6-86)$$

在此，以框架最为全面的埃伯特经济系统——情形三为例，求解上述经济系统的最优问题。在$X(S)$、η为控制变量的情况下，定义汉密尔顿方程如下：

$$H=U(S)r(S)+\lambda U_S'[(X,S),Z(S),S]+\upsilon[Z(S)-X(S)]$$
$$+\gamma\eta(S)+\phi\theta(\eta(S)) \quad (6-87)$$

其中λ、υ、γ、ϕ为汉密尔顿乘子，相关变量的一阶条件如下：

对η求导的结果为：$\gamma+\phi\theta'(\eta(S))=0$ (6－88)

对$X(S)$求导的结果为：

$$\lambda U_{SX}''[(X,S),Z(S),S]-\upsilon=0 \quad (6-89)$$

控制变量$U(S)$、$R(S)$、$Z(S)$的欧拉方程为：

$$\frac{d\lambda}{dS}=-\frac{\partial H}{\partial U}=-r(S) \quad (6-90)$$

$$\frac{d\upsilon}{dS}=-\frac{\partial H}{\partial R}=0 \quad (6-91)$$

$$\frac{d\gamma}{dS}=-\frac{\partial H}{\partial Z}=-\lambda U_{SZ}''-\upsilon \quad (6-92)$$

上述最优化问题的横截性条件和松弛条件如下：

$$\lambda(S_1)=\lambda(S_2)=0 \quad (6-93)$$

$$\upsilon(S_1)=\upsilon(S_2)=0 \quad (6-94)$$

$$\phi\geqslant 0,\theta(\eta(S))\geqslant 0,\phi\theta(\eta(S))=0 \quad (6-95)$$

在以上的埃伯特经济系统下，可以形成$Z(S)$与$X(S)$的表达式。根据$T(S)=Z(S)-X(S)$可以形成最优税收的理论分析。

结论一：如果休闲不是劣质品，则$T'(S)\geqslant 0$。

这就是说，随着消费者能力的递增，边际税率应该是递增的。这一税收是经济系统中有效率的税收，也是对公平的体现。

结论二：当能力 S_2 有界时，高收入者的边际税率为零，即 $T'(S_H)=0$。通过图 6—3、图 6—4 可以对这种平衡"公平与税率"的税收有一个深入的理解。

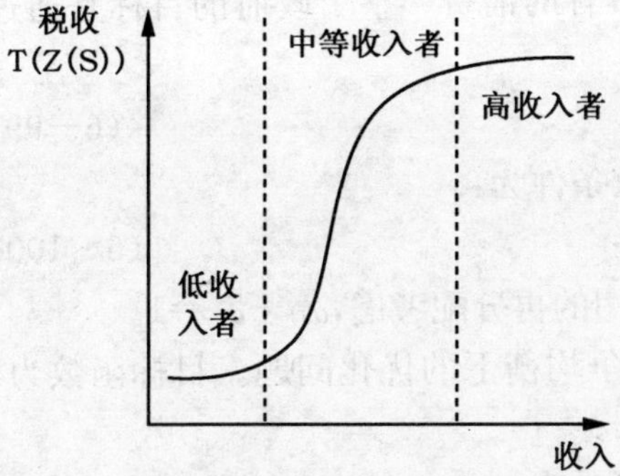

图 6—3　不同能力消费者的最优劳动收入税

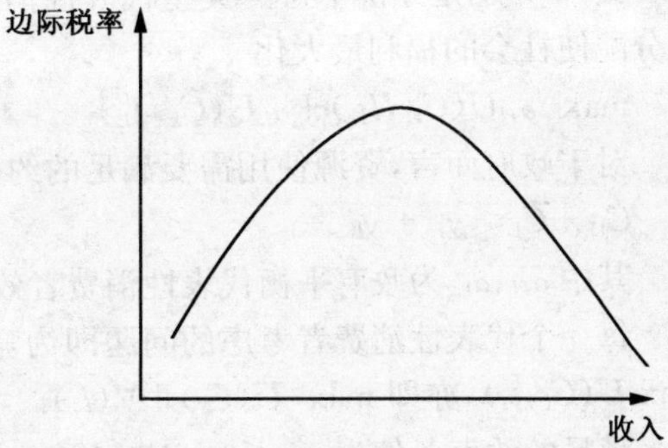

图 6—4　最优劳动收入税的边际税率图

对于完备市场中这一最优税收的纯理论，其与现实经济不相吻合。实际上，许多国家对高收入者征收较高的累进税率。当然，纯理论分析时的假设条件非常苛刻，要求政府对所有消费者的收入能力是完全信息的，要求消费者显示与其实际收入相对应的消费偏好。此外，这一经济系统并没有考虑税收的征管成本，未考虑政府其他职能的发挥及其消费者对政府公共支出的效用等等。因而，这也使得最优收入税的理论研究价值大于实际应用价值。

二、劳动收入税的动态模型

（一）基本假设条件

在 Mirrlees(1971)劳动收入税静态分析的基础上，许多学者进行了动态研究。以上述"低收入者、中等收入者和高收入者"中的后两者为例，构建一个两类收入能力的动态模型。

假定上述静态模型中的中等收入者为本节的低收入者（y_L），假定上述静态模型中的高收入者为本节的高收入者（y_H）。本节通过两种劳动能力类型消费者的动态模型分析得出：高收入者的边际税率为零，$T'(y_H)=0$；低收入者的边际税率大于零，$T'(y_L)>0$。从而这一结论与上述的结论相同①。

假定经济中有两种能力不同的代表性消费者，能力分别为 θ_L、θ_H。经济中每一类型代表性消费者的效用函数如下：

$$U(C_i,l_i)=U(C_i)+V(l_i),i=H,L \qquad (6-96)$$

其中 C_i 为经济中每一类型代表性消费者的消费，l_i 表示代表性消费者的劳动。

① 此处的分析思路基于麻省理工学院经济系戈洛索夫所讲授新税制理论课程中的收入税专题。

经济中生产函数为 $y=\theta_L\cdot l_L+\theta_H\cdot l_H$ (6—97)

每一种类型代表型消费者的收入为 $y_i=\theta_i\cdot l_i$ (6—98)

其中 y_i 也是经济中每一类型代表性消费者的消费。整个政府的目标是通过再分配使社会的福利最大化。

$$\max\ \alpha_H U(C_H,l_H)+\alpha_L U(C_L,l_L) \quad (6-99)$$

对于政府而言,资源使用需要满足的约束条件为:

$$C_H+C_L\leqslant y_H+y_L \quad (6-100)$$

其中 α_H、α_L 为政府平衡代表性消费者效用的再分配考虑,$\alpha_H+\alpha_L=1$。

每一个代表性消费者考虑的问题即为竞争均衡下的优化问题。目标函数为:$\max U(C_i,l_i)$,亦即 $\max\ U(C_i)+V(l_i)$。

满足的约束条件为:$C_i\leqslant\theta_i\cdot L_i-T(y_i)$ (6—101)

由式(6—98)可知 $l_i=\dfrac{y_i}{\theta_i}$ (6—102)

在这一假定下寻找满足约束条件、效用最大化下的(C_H^*,y_H^*),(C_L^*,y_L^*)。其中 * 表示最优解。由式(6—102)和其他假设条件可知,这一经济分析的标准范式为:

$$\max U(C_i)+V\left(\frac{y_i}{\theta_i}\right) \quad (6-103)$$

$$C_i\leqslant y_i-T(y_i) \quad (6-104)$$

定义拉格朗日方程求解这一经济系统的优化问题。

$$L_1=U(C_i)+V\left(\frac{y_i}{\theta_i}\right)+\lambda[y_i-T(y_i)-C_i] \quad (6-105)$$

其中 λ 为拉格朗日乘子。分别对变量 C_i 和变量 y_i 求一阶条件,结果如下:

由$\dfrac{\partial L_1}{\partial C_i}=0$ 得到 $U'(C_i)-\lambda=0$ (6—106)

由$\dfrac{\partial L_1}{\partial y_i}=0$ 得到$\dfrac{1}{\theta_i}\cdot V'\left(\dfrac{y_i}{\theta_i}\right)+\lambda[1-T'(y_i)]=0$ (6—107)

将式(6—107)和式(6—106)整理后两式相除可得:

$$\frac{-\frac{1}{\theta_i}\cdot V'\left(\frac{y_i}{\theta_i}\right)}{U'(C_i)}=1-T'(y_i) \quad (6-108)$$

以式(6—108)为基础进行边际税率的理论分析。基于 Mirrlees(1971)的分析,在进入上述分析框架、形成最优劳动收入税结论的过程中需要以下几个方面的假设条件:

首先是代表性消费者激励相容的假设条件。每一类消费者的效用必须与其收入能力相对应。高收入者“伪装”成低收入者的效用不如未伪装时的情形;低收入者“伪装”成高收入者的效用不如未伪装时的情形。通过效用函数表示这一激励相容条件即为：

$$U(C_H)+V\left(\frac{y_H}{\theta_H}\right)\geqslant U(C_L)+V\left(\frac{y_L}{\theta_H}\right) \tag{6-109}$$

$$U(C_L)+V\left(\frac{y_L}{\theta_L}\right)\geqslant U(C_H)+V\left(\frac{y_H}{\theta_L}\right) \tag{6-110}$$

其次，需要代表性消费者"收入—消费"单一交点的斯彭斯—莫里斯条件。亦即图 6—5。

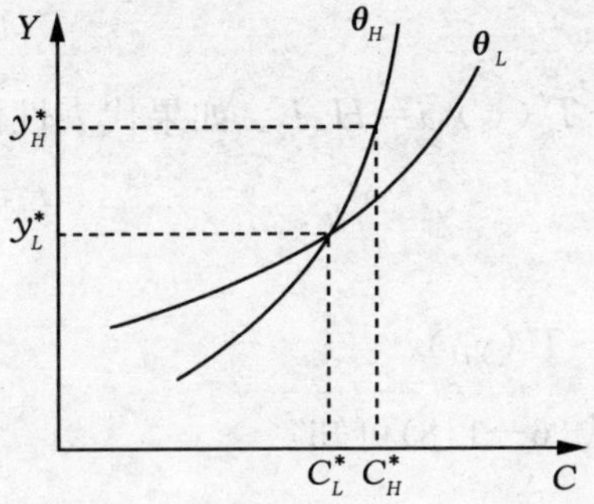

图 6—5　单一交点的斯彭斯—莫里斯条件

(二)高收入者问题

在此，首先分析高收入者的边际税率问题。假定政府对社会中代表性消费者效用的再分配是不予考虑的，亦即 $\alpha_H=\alpha_L=\frac{1}{2}$。对于高收入者而言，目标问题为"政府实现社会总效用最大化"的优化问题。

$$\max\frac{1}{2}\left[U(C_H)+V\left(\frac{y_H}{\theta_H}\right)\right]+\frac{1}{2}\left[U(C_L)+V\left(\frac{y_L}{\theta_L}\right)\right] \tag{6-111}$$

其满足的约束条件为：

$$C_H+C_L\leqslant y_H+y_L \tag{6-112}$$

$$U(C_H)+V\left(\frac{y_H}{\theta_H}\right)\geqslant U(C_L)+V\left(\frac{y_L}{\theta_H}\right) \tag{6-113}$$

定义拉格朗日方程求解这一经济系统的优化问题。

$$L_2=\frac{1}{2}\left[U(C_H)+V\left(\frac{y_H}{\theta_H}\right)\right]+\frac{1}{2}\left[U(C_L)+V\left(\frac{y_L}{\theta_L}\right)\right]+\lambda(y_H+y_L-C_H-C_L)$$
$$+\mu\left[U(C_H)+V\left(\frac{y_H}{\theta_H}\right)-U(C_L)-V\left(\frac{y_L}{\theta_H}\right)\right] \tag{6-114}$$

其中，λ、μ 分别为拉格朗日乘子。分别对变量 C_H、y_H 求一阶条件，结果如下：

$$\frac{1}{2}U'(C_H)-\lambda+\mu\cdot U'(C_H)=0 \tag{6-115}$$

$$\frac{1}{2}\frac{1}{\theta_H}V'\left(\frac{y_H}{\theta_H}\right)+\lambda+\mu\frac{1}{\theta_H}V'\left(\frac{y_H}{\theta_H}\right)=0 \qquad (6-116)$$

将式(6－115)和式(6－116)中的拉格朗日乘子 λ 移到等式右边，并将两式相除可得：

$$-\frac{\frac{1}{\theta_H}V'\left(\frac{y_H}{\theta_H}\right)}{U'(C_H)}=1 \qquad (6-117)$$

根据每一个代表性消费者效用最大化的结论——式(6－108)可知：

$\frac{-\frac{1}{\theta_i}\cdot V'\left(\frac{y_i}{\theta_i}\right)}{U'(C_i)}=1-T'(y_i),i=H,L$。如果代表性消费者为 θ_H 的高能力者，则式(6－108)具体为：

$$\frac{-\frac{1}{\theta_H}\cdot V'\left(\frac{y_H}{\theta_H}\right)}{U'(C_H)}=1-T'(y_H) \qquad (6-118)$$

结合式(6－117)和式(6－118)可知：

$$1-T'(y_H)=1 \qquad (6-119)$$

从而高收入者的边际税收 $T'(y_H)=0$。

(三)低收入者问题

低收入者的问题同样是政府实现社会总效用最大化的经济问题。定义如下的拉格朗日方程，类似地求解低收入者的优化问题如下。

$$L_3=\frac{1}{2}\left[U(C_H)+V\left(\frac{y_H}{\theta_H}\right)\right]+\frac{1}{2}\left[U(C_L)+V\left(\frac{y_L}{\theta_L}\right)\right]$$
$$+\gamma(y_H+y_L-C_H-C_L)+\eta\left[U(C_H)+V\left(\frac{y_H}{\theta_H}\right)-U(C_L)-V\left(\frac{y_L}{\theta_H}\right)\right]$$

其中，γ,η 为拉格朗日乘子，均大于零。分别对变量 C_L 和变量 y_L 求一阶条件，结果如下：

$$\frac{1}{2}U'(C_L)-\gamma-\eta\cdot U'(C_L)=0 \qquad (6-120)$$

$$\frac{1}{2}\frac{1}{\theta_L}V'\left(\frac{y_L}{\theta_L}\right)+\gamma-\eta\frac{1}{\theta_H}V'\left(\frac{y_L}{\theta_H}\right)=0 \qquad (6-121)$$

将式(6－120)和式(6－121)中的拉格朗日乘子 γ 移到等式右边，并将两式相除可得：

$$-\frac{\frac{1}{2}\frac{1}{\theta_L}V'\left(\frac{y_L}{\theta_L}\right)-\eta\frac{1}{\theta_H}V'\left(\frac{y_L}{\theta_H}\right)}{\frac{1}{2}U'(C_L)-\eta\cdot U'(C_L)}=1 \qquad (6-122)$$

将上式的分子提取公因式$\frac{1}{\theta_L}V'\left(\frac{y_L}{\theta_L}\right)$后式(6－122)转变为：

$$\frac{-\frac{1}{\theta_L}V'\left(\frac{y_L}{\theta_L}\right)\left[\frac{1}{2}-\eta\frac{\frac{1}{\theta_H}V'\left(\frac{y_L}{\theta_H}\right)}{\frac{1}{\theta_L}V'\left(\frac{y_L}{\theta_L}\right)}\right]}{U'(C_L)\cdot\left(\frac{1}{2}-\eta\right)}=1 \tag{6-123}$$

同样地，根据每一个代表性消费者效用最大化的结论——式(6－108)可知：

$\frac{-\frac{1}{\theta_i}\cdot V'\left(\frac{y_i}{\theta_i}\right)}{U'(C_i)}=1-T'(y_i),i=H,L$。如果代表性消费者为 θ_L 的低能力类型，则式(6－108)具体为：

$$\frac{-\frac{1}{\theta_L}\cdot V'\left(\frac{y_L}{\theta_L}\right)}{U'(C_L)}=1-T'(y_L) \tag{6-124}$$

将式(6－124)代入到式(6－123)可得：

$$[1-T'(y_L)]\frac{\left[\frac{1}{2}-\eta\cdot m\right]}{\frac{1}{2}-\eta}=1 \tag{6-125}$$

其中，定义 $m=\frac{\frac{1}{\theta_H}V'\left(\frac{y_L}{\theta_H}\right)}{\frac{1}{\theta_L}V'\left(\frac{y_L}{\theta_L}\right)}$。如果 $m<1$，则式(6－125)中 $\frac{1}{2}-\eta\cdot m>\frac{1}{2}-\eta$，则：$\frac{1}{1-T'(y_L)}>1$，从而 $T'(y_L)>0$。这意味着：低收入者的边际税率大于零。

对于上述结论，可以通过图 6－6 表述。

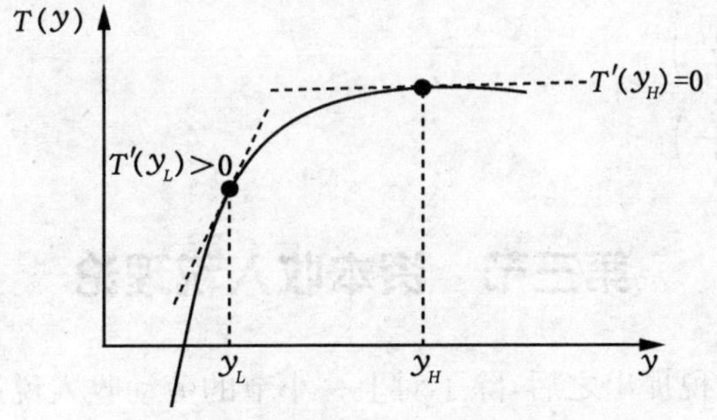

图 6－6 低收入者与高收入者的最优税收

而对于 $m<1$，证明如下：劳动对代表性消费而言，效用是负的，从而 $-V(\cdot)>0$，亦即相对于劳动数量而言其是递增的函数(为正的)；并且边际效用是递增的(这与消费的效用函数 $U(C_i)$ 有很大的不同)，亦即 $-V''(\cdot)>0$。这在经济上的意义是：消费增加到一定程度时，代表性消费者的边际效用递减，正效用增加不多；劳动增加到一定程度时，代表性消费者的负效用递增，负效用增加的较多。从而可以发现：$-V'(\cdot)$为一个增函数。劳动的效用$V(\cdot)$与劳动之间的关系、调整后劳动效用$-V'(\cdot)$与劳动之间的关系如图6—7所示。

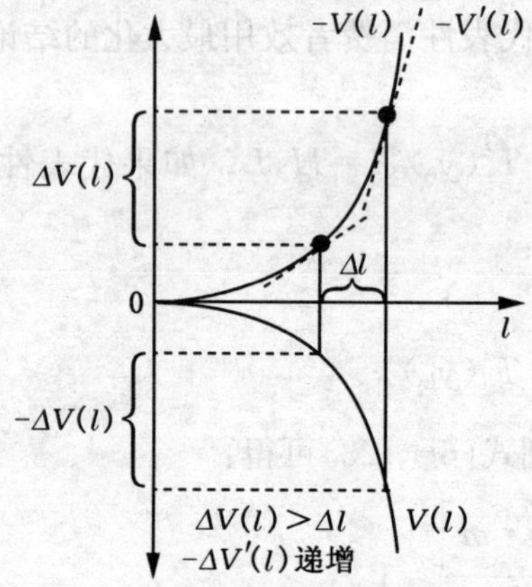

图6—7　劳动效用与劳动量之间的关系

在不同的收入能力$\theta_H>\theta_L>0$下，明显的$\frac{1}{\theta_H}<\frac{1}{\theta_L}$，$\frac{y_L}{\theta_H}<\frac{y_L}{\theta_L}$。从而根据边际效用递增的性质可知，$-V'\left(\frac{y_L}{\theta_H}\right)<-V'\left(\frac{y_L}{\theta_L}\right)$。结合$\frac{1}{\theta_H}<\frac{1}{\theta_L}$可知：

$$\frac{1}{\theta_H}\cdot\left[-V'\left(\frac{y_L}{\theta_H}\right)\right]<\frac{1}{\theta_L}\cdot\left[-V'\left(\frac{y_L}{\theta_L}\right)\right] \tag{6—126}$$

将等式的右边除到左边后可得：

$$m=\frac{\frac{1}{\theta_H}\cdot V'\left(\frac{y_L}{\theta_H}\right)}{\frac{1}{\theta_L}\cdot V'\left(\frac{y_L}{\theta_L}\right)}<1 \tag{6—127}$$

第三节　资本收入税理论

自从最优收入税提出之后，除了对上一小节的劳动收入税进行深入研究，还有许多关于最优资本收入税的前沿研究。其中，较早的经典分析便是贾德（Judd，1985）和切姆利（Chamely，1986）的研究。他们认为，在某些模型设定下（如假设所有代表性消费者的生存期限都相同，效用函数中包含休闲等），平衡经济状态下使福利最大化的资本收入税应该为零。这个结论意味着政府不应该征收资本收入税，甚至在长期中最优税收体系也应该对资本征收零税率，而Lucas（1990）也认为根本没有必要征收资本收入税。Chari and Kehoe（1999）和 Atkeson，Chari and Kehoe(1999)通过一个模型研究得出：即使放松某些假定，Chamely 和 Judd 的结论也是稳健的，即不应该对资本收入课税。

这些研究的一个重要假设是市场经济是完备的，每一个代表性消费者的生存期限是无限的，并且能够对特定的冲击(Idiosyncratic Shock)进行完全保险。对于他们的研究结论，可以通过以下简约的模型一和模型二表现出来。而本节中其他模型则分析了资本收入税存在的情形。

一、单一类型代表性消费者的资本收入税模型[①]

假设一个经济体中代表性消费者是无限期存活的。每期的效用如下：

$$U(C_t, L_t) \qquad t=0,1,2,\cdots,\infty \tag{6-128}$$

代表性消费者的总效用为 $\sum_{t=0}^{\infty}\beta^t U(C_t, L_t)$ ，β 为贴现因子。

对于政府而言，政府每期的支出为 G，在 $t=0$ 期之后，每期均没有一次总和税。政府通过征税 T 和发行债券 B 维持财政收支平衡。

这一经济体系统中消费者的问题便是：

$$\max\sum_{t=0}^{\infty}\beta^t U(C_t, L_t) \tag{6-129}$$

满足的约束条件为：

$$(1+T_t^C)P_tC_t+K_{t+1}+B_{t+1}\leqslant(1-T_t^L)W_tL_t+(1-T_t^K)(1+r_t-\delta)K_t+R_tB_t \tag{6-130}$$

其中，C_t 是消费者每期的消费，L_t 是消费者每期投入的劳动；P_t 是商品的价格，T_t^C 是征收的商品税；W_t 是消费者的单位劳动报酬(也就是工资)，T_t^L 是政府征收的劳动收入税；B_t 是消费者本期购买的国债，R_t 是消费者购买本期国债获得的收益率；r_t 是消费者本期资本投入的收益率，δ 是资本的折旧；K_t 是消费者上期投入、本期使用的资本，K_{t+1} 是消费者本期没有消费、储蓄后转为生产的资本，其中 K_0 是给定的，$K_0=\overline{k_0}$。

T_t^K 是对消费者资本收入课征的税。

对于厂商而言，其问题便是：

$$\max P_tY_t-W_tL_t-r_tK_t \tag{6-131}$$

需要满足的条件是：

$$Y_t\leqslant F(K_t, L_t)$$

① 本节模型一、二“拉格朗日方法”的分析思路基于麻省理工学院经济系戈洛索夫在新税制理论中讲授的资本课税专题。

其中，Y_t 是市场购买的产出，W_tL_t、r_tK_t 分别代表厂商生产过程中付出的劳动成本和资本成本。政府要实现预算的平衡，需要满足的约束条件是：

$$P_tG_t+R_tB_t=T_t^CP_tC_t+T_t^LW_tL_t+(1-r_t-\delta)K_tT_t^K+R_{t+1} \quad (6-132)$$

资源使用的可行条件是：

$$C_t+G_t+K_{t+1}\leqslant F(K_t,L_t)+(1-\delta)K_t \quad (6-133)$$

最优资本收入税的问题便是在式(6－130)、式(6－131)、式(6－132)、式(6－133)约束下实现对式(6－129)的最优化。

(一)拉格朗日方法

对于这一问题的直接求解，可以根据这一优化问题的特点进行简化。首先，在这一经济系统中，初始期的资本收入税为零(或者说假设初期只征收一次总和税)，$T_0^K=0$。

对于消费者而言，其优化问题是：

$$\max\sum_{t=0}^{\infty}\beta^tU(C_t,L_t)$$

满足条件：

$$(1+T_t^C)P_tC_t+K_{t+1}+B_{t+1}\leqslant(1-T_t^L)W_tL_t+(1-T_t^K)(1+r_t-\delta)K_t+R_tB_t$$

这是离散系统下确定性经济的优化问题。可以采用拉格朗日方法求解。定义拉格朗日方程如下：

$$L_1=\sum_{t=0}^{\infty}\beta^tU(C_t,L_t)+\sum_{t=0}^{\infty}\beta^t\lambda_t[(1-T_t^L)W_tL_t+(1-T_t^K)(1+r_t-\delta)K_t+R_tB_t-(1+T_t^C)P_tC_t-K_{t+1}-B_{t+1}] \quad (6-134)$$

其中，λ_t 为拉格朗日乘子，状态变量和控制变量为 C_t、L_t、K_{t+1}。分别对状态变量和控制变量求一阶条件，结果如下：

$$\beta^tUc(t)=\beta^t\lambda_tP_t(1+T_t^C) \quad (6-135)$$

$$\beta^t\cdot U_L(t)=-\beta^t\lambda_tW_t(1-T_t^L) \quad (6-136)$$

$$\lambda_t=\beta\cdot\lambda_{t+1}(1-T_{t+1}^K)(1+r_{t+1}-\delta) \quad (6-137)$$

均衡状态下经济系统是无套利的，即债券投资收益 R_t 与资本投资回报率 $(1-T_{t+1}^K)(1+r_{t+1}-\delta)$ 相等。亦即：

$$R_t=(1-T_{t+1}^K)(1+r_{t+1}-\delta) \quad (6-138)$$

式(6－135)与式(6－136)相除得到如下结果：

$$\frac{U_C(t)}{U_L(t)}=-\frac{1+T_t^C}{1-T_t^L}\cdot\frac{P_t}{W_t} \quad (6-139)$$

将式(6－135)延后一期，并且与式(6－135)相除可以得到：

$$\frac{U_C(t)}{U_C(t+1)}=\frac{\lambda_t}{\lambda_{t+1}}\frac{1+T_t^C}{1+T_{t+1}^C}\frac{P_t}{P_{t+1}} \quad (6-140)$$

将式(6－137)代入到式(6－140)后得到：

$$\frac{U_C(t)}{U_C(t+1)}=\beta(1+r_{t+1}-\delta)(1-T_{t+1}^K)\frac{1+T_t^C}{1+T_{t+1}^C}\frac{P_t}{P_{t+1}} \tag{6－141}$$

式(6－141)具有一定的特征："在均衡状态下资本收入税与商品税不相关"。因为在均衡状态下 $U_C(t)=U_C(t+1)=\overline{u}, T_t^C=T_{t+1}^C=\overline{T}, P_t=P_{t+1}=\overline{P}$，从而：

$$\beta(1-T_{SS}^K)(1+r_S-\delta)=1 \tag{6－142}$$

从上式可知：在均衡状态下资本收入税 T_{SS}^K 与商品课税 T_t^C、T_{t+1}^C 不相关。因此在求解消费者的优化问题时，可以暂不考虑商品课税。考虑这一特征并将式(6－138)代入到式(6－130)后，消费者的优化问题转变为：

$$\max\sum_{t=0}^{\infty}\beta^t U(C_t,L_t)$$

满足条件：

$$P_tC_t+K_{t+1}+B_{t+1}\leqslant(1-T_t^L)W_tL_t+R_t(B_t+K_t) \tag{6－143}$$

将(6－143)式进行无限期迭代得到：

$$\sum_{t=0}^{\infty}q_tP_tC_t\leqslant\sum_{t=0}^{\infty}q_t(1-T_t^L)W_tL_t+K_0(1+r_0-\delta) \tag{6－144}$$

其中，$q_t=\frac{1}{R_1}\times\frac{1}{R_2}\times\cdots\times\frac{1}{R_t}$ (6－145)

由式(6－137)和式(6－138)可知：$\frac{1}{R_i}=\frac{\lambda_i}{\lambda_{i-1}}\beta$，将其代入到式(6－145)可得到：$q_t=\frac{\lambda_t}{\lambda_0}\beta^t$。

由式(6－135)可得 $\frac{\lambda_t}{\lambda_0}=\frac{U_C(t)}{U_C(0)}\frac{P_0}{P_t}$（式中不再考虑商品税），从而，

$$q_t=\frac{1}{R_1}\times\frac{1}{R_2}\times\cdots\times\frac{1}{R_t}=\frac{\lambda_t}{\lambda_0}\beta^t=\frac{\beta^tU_C(t)}{U_C(0)}\frac{P_0}{P_t} \tag{6－146}$$

将 P_0 标准化为 1，并将式(6－139)经过变形后得到的新表达式 $(1-T_t^L)W_t=-\frac{U_L(t)}{U_C(t)}P_t$（式中不再考虑商品税），将其与式(6－146)一起代入到式(6－144)中可得：

$$\sum_{t=0}^{\infty}\frac{\beta^tU_C(t)}{U_C(0)}\frac{P_0}{P_t}P_tC_t\leqslant\sum_{t=0}^{\infty}\frac{\beta^tU_C(t)}{U_C(0)}\frac{P_0}{P_t}\cdot\left(-\frac{U_L(t)}{U_C(t)}\right)P_t\cdot L_t+K_0(1+r_0-\delta) \tag{6－147}$$

从而消费者面临的约束最终包括以下两个：

$$\sum_{t=0}^{\infty}[\beta^tU_C(t)C_t+\beta^tU_L(t)L_t]=K_0(1+r_0-\delta)U_C(0) \tag{6－148}$$

$$C_t+G_t+K_{t+1}\leqslant F(K_t,L_t)+(1-\delta)K_t$$

对此，这一离散经济系统的消费者优化问题转变为：

$$\max\sum_{t=0}^{\infty}\beta^t U(C_t,L_t)$$

受约束于：

$$\sum_{t=0}^{\infty}[\beta^t U_C(t)C_t+\beta^t U_L(t)L_t]=K_0(1+r_0-\delta)U_C(0)$$

$$C_t+G_t+K_{t+1}\leqslant F(K_t,\mathrm{L}_t)+(1-\delta)K_t$$

重新定义拉格朗日方程如下：

$$L_2=\sum_{t=0}^{\infty}\beta^t U(C_t,L_t)+\mu\Big\{\sum_{t=0}^{\infty}[\beta^t U_C(t)C_t+\beta^t U_L(t)L_t]-K_0(1+r_0-\delta)U_c(0)\Big\}$$
$$+\sum_{t=0}^{\infty}\beta^t\gamma_t[F(K_t,L_t)+(1-\delta)K_t-C_t-G_t-K_{t+1}]\qquad(6-149)$$

其中，μ 与 γ_t 分别是式(6－148)与式(6－133)的拉格朗日乘子。

由$\dfrac{\partial L_2}{\partial K_{t+1}}=0$ 得到：$\gamma_t=\beta\gamma_{t+1}[F_K(K_{t+1},L_{t+1})+1-\delta\ ]$ (6－150)

由$\dfrac{\partial L_2}{\partial C_t}=0$ 得到：

$$\beta^t U_C(t)+\mu\sum_{t=0}^{\infty}\beta^t[U_C(t)+U_{CC}(t)C_t+U_{CL}(t)L_t]=\beta^t\gamma_t\qquad(6-151)$$

将式(6－151)延后一期可得：

$$\beta^{t+1}U_C(t+1)+\mu\sum_{t=0}^{\infty}\beta^{t+1}[U_C(t+1)+U_{CC}(t+1)C_{t+1}+U_{CL}(t+1)L_{t+1}]=$$
$$\beta^{t+1}\gamma_{t+1}\qquad(6-152)$$

由式(6－151)与式(6－152)相除得到如下结果：

$$\frac{\gamma_t}{\beta\gamma_{t+1}}=\frac{\beta^t U_C(t)+\mu\sum_{t=0}^{\infty}\beta^t[U_C(t)+U_{CC}(t)C_t+U_{CL}(t)L_t]}{\beta^{t+1}U_C(t+1)+\mu\sum_{t=0}^{\infty}\beta^{t+1}[U_C(t+1)C+U_{CC}(t+1)C_{t+1}+U_{CL}(t+1)L_{t+1}]}\qquad(6-153)$$

由式(6－150)可得$\dfrac{\gamma_t}{\beta\gamma_{t+1}}=F_K(K_{t+1},L_{t+1})+1-\delta$ (6－154)

根据式(6－153)和式(6－154)以及均衡状态下 $r_{t+1}=F_K(K_{t+1},L_{t+1})$可知：

$$\frac{\beta^t U_C(t)+\mu\sum_{t=0}^{\infty}\beta^t[U_C(t)+U_{CC}(t)C_t+U_{CL}(t)L_t]}{\beta^{t+1}U_C(t+1)+\mu\sum_{t=0}^{\infty}\beta^{t+1}[U_C(t+1)+U_{CC}(t+1)C_{t+1}+U_{CL}(t+1)L_{t+1}]}$$
$$=1+r_{t+1}-\delta\qquad(6-155)$$

对于式(6－155)，在均衡状态下可得：

$$\frac{\beta^s U_C(s)+\mu\sum_{s=0}^{\infty}\beta^s[U_C(s)+U_{CC}(s)C_s+U_{CL}(s)L_s]}{\beta\{\beta^s U_C(s)+\mu\sum_{s=0}^{\infty}\beta^s[U_C(s)+U_{CC}(s)C_s+U_{CL}(s)Ls]\}}=1+r_s-\delta \quad (6-156)$$

也就是 $\beta(1+r_s-\delta)=1$ (6－157)

而由式(6－142)可知 $\beta(1-T_{SS}^{K})(1+r_s-\delta)=1$。从而结合式(6－157)和式(6－142)可得：$T_{SS}^{K}=0$。在此，本节得出均衡状态下的最优资本收入税为零。

(二)动态规划方法简介

对于离散时间的问题，除了用拉格朗日方法进行求解之外，另一个重要的方法则是通过动态规划方法进行运算。在第一章中曾提到，在离散时间的经济优化问题下，确定性问题可以有贝尔曼方法或拉格朗日方法，但是拉格朗日方法不严密。从而应用动态规划方法更为重要，后文涉及到离散时间问题的，将进行两种方法的比较。离散时间问题的动态规划方法简单过程如下。

目标问题：$\max_{\{u_t\}\{x_t\}}\sum_{t=0}^{\infty}\beta^t r(x_t,u_t)$，为一个序列方程(Sequential Equation)

其中：x_t 为控制变量，u_t 为状态变量。

$x_{t+1}=g(x_t,u_t)$是体现控制变量 x_t 与状态变量 u_t 关系的动态方程(差分方程)，x_0 为初始给定的。

对于上述方程直接求解较为困难。但可以将其转换为以下的迭代方程进行求解。上述问题等价于以下贝尔曼方程：

$V(x_t)=\max\{r(x_t,u_t)+\beta\cdot V(x_{t+1})\}$，为一个迭代方程(Recursive Equation)

满足约束条件：$x_{t+1}=g(x_t,u_t)$，x_0 是给定的

求解这个迭代方程。定义拉格朗日函数为：

$L=r(x_t,u_t)+\beta\cdot V(x_{t+1})+\lambda_t\cdot[g(x_t,u_t)-x_{x+1}]$

其中 β、λ_t 为乘子。对控制变量 x_t 和状态变量 u_t 分别求一阶条件如下：

$$\frac{\partial L}{\partial u_t}=\frac{\partial r(x_t,u_t)}{\partial u_t}+\lambda_t\frac{\partial g(x_t,u_t)}{\partial u_t}=0$$

$$\frac{\partial L}{\partial x_{t+1}}=\beta\cdot V'(x_{t+1})-\lambda_t=0\text{，即 }\beta\cdot V'(x_{t+1})=\lambda_t$$

$$x_{t+1}=g(x_t,u_t)$$

上述三式刻画了控制变量 x_t、状态变量 u_t 和乘子 λ_t 之间的关系。

对于上述问题，有两种处理方式：

一是求出最优的 $\overline{x_{t+1}}$、$\overline{u_t}$，然后将其代入到迭代方程 $V(x_t)$ 中求出值函数 $V(x_t)$。

二是利用包络引理进行求解。将迭代方程 $V(x_t)$ 对控制变量 x_t 求一阶条件：

$$V'(x_t)=\frac{\partial L}{\partial x_t}=\frac{\partial r(x_t,u_t)}{\partial x_t}-\lambda_t\cdot\frac{\partial g(x_t,u_t)}{\partial x_t}$$

将上述方程滞后一期可得：

$$V'(x_{t+1})=\frac{\partial L}{\partial x_{t+1}}=\frac{\partial r(x_{t+1},u_{t+1})}{\partial x_{t+1}}-\lambda_{t+1}\cdot\frac{\partial g(x_{t+1},u_{t+1})}{\partial x_{t+1}}$$

从而以上优化问题转化为：

$$\frac{\partial L}{\partial u_t}=\frac{\partial r(x_t,u_t)}{\partial u_t}+\lambda_t\frac{\partial g(x_t,u_t)}{\partial u_t}=0$$

$$\beta\cdot V'(x_{t+1})=\lambda_t,\text{即}\ \beta\left[\frac{\partial r(x_{t+1},u_{t+1})}{\partial x_{t+1}}-\lambda_{t+1}\cdot\frac{\partial g(x_{t+1},u_{t+1})}{\partial x_{t+1}}\right]=\lambda_t$$

$$x_{t+1}=g(x_t,u_t)$$

这样，可以得到控制变量 x_t、状态变量 u_t 和乘子 λ_t 在动态经济路径上所需满足的条件——得出的差分经济系统，讨论这一经济系统的稳定性。在无显示解的情况下可以通过 RBC 方法进行对数线性化处理，或通过数值模拟描述经济变动的路径分析经济波动、经济冲击的效应。

（三）单一消费者模型的动态规划方法

假设如前。定义动态规划的递归方程 1 如下：

$V_1(K_t)=\max\{U(C_t,L_t)+\beta V_1(K_{t+1})\}$。同时定义拉格朗日函数如下：

$$L_1(K_t)=U(C_t,L_t)+\beta V_1(K_{t+1})+\lambda_t[(1-T_t^L)W_tL_t+(1-T_t^K)(1+r_t-\delta)K_t+R_tB_t-(1+T_t^C)P_tC_t-K_{t+1}-B_{t+1}]$$

对状态变量 C_t、L_t 求一阶条件：

$$U_C(t)=\lambda_tP_t(1+T_t^C)\tag{6-158}$$

$$U_L(t)=-\lambda_tW_t(1-T_t^L)\tag{6-159}$$

对控制变量 K_{t+1} 求一阶条件可得：

$$\beta V_1'(K_{t+1})=\lambda_t\tag{6-160}$$

对控制变量 K_t 求导可得：

$$V_1'(K_t)=\frac{\partial L_1}{\partial K_t}=\lambda_t(1+r_t-\delta)(1-T_t^K)\tag{6-161}$$

将式(6－161)滞后一期可得：

$$V_1{}'(K_{t+1})=\lambda_{t+1}(1+r_{t+1}-\delta)(1-T_{t+1}^K)\tag{6-162}$$

将式(6－162)代入到式(6－160)可得：

$$\lambda_t=\beta\cdot\lambda_{t+1}(1-T_{t+1}^K)(1+r_{t+1}-\delta)\tag{6-163}$$

从而采用动态规划方法同拉格朗日方法得到的结论式(6－137)相同。对于简化后的离散时间问题，定义动态规划的递归方程 2 如下：

$$V_2(K_t)=\max\{U(C_t,L_t)+\beta V_2(K_{t+1})\}$$

同时定义拉格朗日函数如下：

$$
\begin{aligned}
L_2 = & U(C_t,L_t)+\beta V_2(K_{t+1}) \\
& +\mu\left\{\sum_{t=0}^{\infty}[\beta^t U_c(t)C_t+\beta^t U_L(t)L_t]-K_0(1+r_0-\delta)U_C(0)\right\} \\
& +\gamma_t[F(K_t,L_t)+(1-\delta)K_t-C_t-G_t-K_{t+1}]
\end{aligned}
$$

对状态变量 C_t 求一阶条件可得：

由 $\frac{\partial L_2}{\partial C_t}=0$ 得到 $U_C(t)+\mu\sum_{t=0}^{\infty}\beta^t[U_C(t)+U_{CC}(t)C_t+U_{CL}(t)L_t]=\gamma_t$ (6－164)

由 $\frac{\partial L_2}{\partial K_{t+1}}=0$ 得到 $\beta V_2{}'(K_{t+1})=\gamma_t$ (6－165)

对控制变量 K_t 求导可得：

$$V_2{}'(K_t)=\frac{\partial L_2}{\partial K_t}=\gamma_t(1+r_t-\delta) \tag{6－166}$$

将式(6－166)滞后一期可得：

$$V'_2(K_{t+1})=\gamma_{t+1}(1+r_{t+1}-\delta) \tag{6－167}$$

将式(6－167)代入到式(6－165)中可得：$\gamma_t=\beta\gamma_{t+1}(1+r_{t+1}-\delta)$ (6－168)

采用动态规划方法，同样可以得到前面拉格朗日方法的结论式(6－150)。后续的处理方法相同，不再重复。

二、两种类型代表性消费者的资本收入税模型

前面分析的是只有一个代表性消费者的模型。而根据 Judd (1985)的研究，当经济中有异质代表性消费者时，最优的资本收入税也为零。基于贾德假设有两个代表性消费者，一个是从事实体经济工作的劳动者(Worker)，一个是逐利者(Capitalist)。对于逐利者而言，其总的效用如下：

$$\sum_{t=0}^{\infty}\beta^t V(X_t)$$

其中，$V(X_t)$为逐利者第 t 期的效用函数，X_t 为逐利者第 t 期的消费，β 为贴现因子。逐利者虽没有劳动收入，但可以通过资本的借贷过活。对于从事实体经济工作的劳动者而言，其总的效用如下：

$$\sum_{t=0}^{\infty}\beta^t U(C_t,L_t)$$

其中，$U(C_t,L_t)$为劳动者第 t 期的效用函数，C_t 为第 t 期的消费，L_t 为第 t 期的劳动。并且劳动者没有资本。

政府的目标是利用财政政策工具$\{T_t^K,T_t^L,B_t\}$最大化消费者的效用。其中，T_t^K 是资本收入税，T_t^L 是劳动收入税，B_t 为政府借债。

对于劳动者而言，其最优化问题即为：

$$\max\sum_{t=0}^{\infty}\beta^{t}U(C_t,L_t) \tag{6-169}$$

劳动者的消费受到预算的约束：$P_tC_t=(1-T_t^L)W_tL_t$ (6—170)

对于逐利者而言，其最优化问题即为：

$$\max\sum_{t=0}^{\infty}\beta^{t}V(X_t) \tag{6-171}$$

逐利者受到的预算约束为：

$$X_t+K_{t+1}+B_{t+1}\leqslant(1-T_t^K)(1+\mathrm{r}_t-\delta)(K_t+B_t) \tag{6-172}$$

其中，r_t 为资本投资收益率，δ 为资本折旧率，B_{t+1} 为政府债券，$K_0=\overline{K_0}$。此处式(6—172)已经考虑到了无套利的情况，即逐利者购买政府债券的收益率 $R_t=(1-T_t^K)(1+r_t-\delta)$ 暗含在式(6—172)中。

对于式(6—172)，采用类似于模型一中式(6—144)的处理方式：将其无限期迭代、代入均衡状态下的简化约束条件。同样地，在本模型中将式(6—172)无限期迭代、代入均衡优化状态下的约束条件后得到如下结果：

$$\sum_{t=0}^{\infty}\beta^{t}\mathrm{V}'(X_t)X_t=\mathrm{V}'(X_0)(1+r_0-\delta)V_0 \tag{6-173}$$

这个经济系统中可行条件为

$$X_t+C_t+K_{t+1}\leqslant F(K_t,L_t)+(1-\delta)K_t \tag{6-174}$$

其中，$F(K_t,L_t)$ 为整个社会的总产出。

从而，对于逐利者而言，其在这个经济系统中局部均衡状态下的优化问题即为：$\max\sum_{t=0}^{\infty}\beta^{t}V(X_t)$

满足约束条件：

$$\sum_{t=0}^{\infty}\beta^{t}\mathrm{V}'(X_t)X_t=V'(X_0)(1+\mathrm{r}_0-\delta)V_0$$

$$X_t+C_t+K_{t+1}\leqslant F(K_t,L_t)+(1-\delta)K_t$$

（一）拉格朗日方法

定义拉格朗日方程求解这个优化问题如下：

$$L_3=\sum_{t=0}^{\infty}\beta^{t}\mathrm{V}(X_t)+\eta\Big[\sum_{t=0}^{\infty}\beta^{t}\mathrm{V}'(X_t)X_t-\mathrm{V}'(X_0)(1+\mathrm{r}_0-\delta)\mathrm{V}_0\Big]$$
$$+\sum_{t=0}^{\infty}\beta^{t}\lambda_t\big[F(K_t,L_t)+(1-\delta)K_t-X_t-C_t-K_{t+1}\big] \tag{6-175}$$

其中 η、λ_t 为拉格朗日乘子，状态变量与控制变量分别为 X_t、K_{t+1}。

分别对状态变量与控制变量 X_t、K_{t+1} 求一阶条件如下：

$$\lambda_t=\beta\lambda_{t+1}(1+r_t-\delta) \tag{6-176}$$

$$\beta^{t}\mathrm{V}'(X_t)+\beta^{t}\eta[\mathrm{V}'(X_t)+X_t\mathrm{V}''(X_t)]=\beta^{t}\lambda_t \tag{6-177}$$

将式(6－177)滞后一期可得：

$$\beta^{t+1}V'(X_{t+1})+\beta^{t+1}\eta[V'(X_{t+1})+X_{t+1}V''(X_{t+1})]=\beta^{t+1}\lambda_{t+1} \quad (6-178)$$

采用类似于模型一的处理方式，将式(6－177)与式(6－178)相除并联系式(6－176)得到均衡状态下的方程：

$$\beta(1+r_s-\delta)=1 \quad (6-179)$$

而对于逐利者而言，在局部均衡状态下满足式(6－173)、(6－174)条件的优化结果为：

$$\beta(1+r_s-\delta)(1-T_{ss})=1 \quad (6-180)$$

从而，结合式(6－179)与式(6－180)可知：在存在两种异质代表性消费者的情况下，对于逐利者征收的最优资本收入税 T_{ss} 仍为零。

（二）两种消费者模型的动态规划方法

假设如前，定义动态规划的递归方程如下：

$$V_2(K_t)=\max\{V(X_t)+\beta\cdot V_2(K_{t+1})\}$$

同时定义拉格朗日函数如下：

$$L_2=V(X_t)+\beta\cdot V_2(K_{t+1}) + \eta_t[(1-T_t^K)(1+r_t-\delta)(K_t+B_t)-X_t-K_{t+1}-B_{t+1}] \quad (6-181)$$

对状态变量 X_t、K_{t+1} 求导可得：

$$V'(X_t)-\eta_t=0 \quad (6-182)$$

$$\beta V_2'(K_{t+1})-\eta_t=0 \quad (6-183)$$

对控制变量 K_t 求导可得：

$$V_2'(K_t)=\frac{\partial L_2}{\partial K_t}=\eta_t(1-T_t^K)(1+r_t-\delta) \quad (6-184)$$

将式(6－184)滞后一期可得：$V_2'(K_{t+1})=\eta_{t+1}(1-T_{t+1}^K)(1+r_{t+1}-\delta)$

(6－185)

将式(6－185)代入到式(6－183)中可得：$\eta_t=\beta\eta_{t+1}(1-T_{t+1}^K)(1+r_{t+1}-\delta)$

(6－186)

进一步的分析同前。

三、完备市场“消费具有外部性”的资本收入税模型

前面分析得出，标准模型下完备经济系统中不存在资本收入税。但是，对于完备市场经济系统下的资本收入税问题，最新的理论研究表明“存在正的资本收入税”。代表性的分析便是埃布尔(Abel，2005)的研究。埃布尔认为：完备的市场经济系统中，在消费具有外部性的情况下资本收入税是存在的。并且Abel(2007)在美国国家经济研究局(NBER)的工作论文中提出：若资本所有者被允许从应征税的资本收入中扣除资本支出，那么对资本收入征收一个固定税率就不会造成扭曲。

特别重要的是，即便资本收入税税率接近于零，通过它仍可征得大量的税收，只要政府征税额不超过总的资本收入减去总投资。从而最优税收体系就将由正的"资本收入税"和为零的"劳动所得税"组成。

这与前面完备市场中的标准模型得出的结论恰好相反。以下以 Abel(2005) 的"消费具备外部性"的效用函数进行分析。由于这一分析采取了跨期迭代模型，假设条件较多、推演复杂冗长，本节对其进行简要的结论介绍。

根据分析埃布尔指出，在"消费具有外部性"的情况下，最优的资本收入税满足以下方程：

$$\tau_k = 1 - \psi\left(\frac{\sigma^*}{G_n}\right) \tag{6-187}$$

其中，G_n 为人口增长率，σ 为本期老年人消费和年轻人消费的比率。即 $\sigma = X_t/C_t$，X_t 代表老年人的消费，C_t 代表年轻人的消费。而 σ^* 则为平衡增长路径上老年人消费和年轻人消费比率的最优值。

$\psi(\cdot)$为定义的函数，这一函数通过代入 r 可得：

$$\psi(r) = \frac{1-\eta+\eta\varepsilon_0+\eta\varepsilon_0 r}{(1-\eta+\eta\varepsilon_y)r+\eta\varepsilon_y} r \tag{6-188}$$

其中，η 是体现消费外部性的指标，是效用函数中代表性消费者自身的消费相对于消费基准的权重，r 为自由参数。

$$\varepsilon_0 = \frac{\theta_0 G_n}{\theta_0 G_n + 1} \tag{6-189}$$

其中 θ_0 代表以年轻人的消费为基准，下一期老年人消费相对年轻人消费的权重。

$$\varepsilon_y = \frac{\theta_y}{\theta_y + G_n} \tag{6-190}$$

其中 θ_y 代表以年轻人的消费为基准，本期老年人消费相对年轻人消费的权重。

如果 $\psi\left(\frac{\sigma^*}{G_n}\right) \neq 1$，则在完备竞争市场下当代表性消费者的"消费具有外部性"时，最优的资本收入税 τ_k 不为零。

四、完备市场"财富具有外部性"的资本收入税模型

如前分析，完备市场经济中在"消费具备外部性"的情况下存在"正的资本收入税"。进一步地，在"财富具有外部性"的完备市场经济中，正的资本收入税仍然存在。这一结论同样与前面完备市场中标准模型得出的结论相反。以下以单一政府下代表性消费者的无跨期迭代模型进行分析①：

---

① Xiaoyong Cui，Yi Li，Liutang Gong 在中央财经大学中国经济与管理研究院和中国高等研究院的工作论文(No. 08008)Optimal Tax Policy with Externality of Wealth 中将"劳动、政府支出"纳入到效用函数中，得出的结论是在"财富具有外部性"的情况下存在正的资本税。

假设一个经济体中，代表性消费者是无限期存活的，每期的效用为：

$$U(C_t,W_t)=\frac{C_t^{1-\delta}}{1-\delta}\left(\frac{W_t}{\overline{W_t}}\right)^{-\lambda} \quad t=0,1,2,\cdots,\infty \tag{6-191}$$

其中，C_t 为消费者每期的消费，W_t 为代表性消费者的财富，$\overline{W_t}$ 为这一经济体中的平均财富。则消费者的总效用为 $\sum_{t=0}^{\infty}\beta^t U(C_t,W_t)$，$\beta$ 为贴现因子。为简化分析，此处没有考虑将休闲、政府支出等纳入到消费者的效用函数中去。在这一经济体下，消费者的优化问题为：

$$\max\sum_{t=0}^{\infty}\beta^t \cdot U(C_t,W_t) \tag{6-192}$$

满足的约束条件为：

$$C_t+K_{t+1}-K_t\leqslant K_t r_t(1-\tau_r)+H_t L_t(1-\tau_L) \tag{6-193}$$

其中，K_t 是经济中投入的资本量，L_t 是消费者投入到市场中的劳动，而 H_t 则是消费者劳动的价格，τ_r 是政府对资本收入征收的税收，τ_L 是政府对劳动所得征收的税收。为了简化分析，此处没有考虑资本的折旧和政府债券，并且假定消费者的财富完全由资本存量构成。

$$W_t=K_t \tag{6-194}$$

对于政府而言，政府每期的支出为 G。并且假设在这一模型中每期均没有一次总和税。政府的预算约束为：

$$G_t\leqslant\tau_r K_t r_t+\tau_L L_t H_t \tag{6-195}$$

假设厂商的生产函数为柯布－道格拉斯生产函数，即

$$f(K_t,L_t)=AK_t^{a}L_t^{1-a} \tag{6-196}$$

此处采用社会最优框架求解这一问题。

(一)拉格朗日方法分析

1. 分散经济下的优化问题

对于消费者而言，应求得效用函数最大化所需要满足的条件。定义拉格朗日方程 $L_4{}'$ 如下：

$$L_4=\sum_{t=0}^{\infty}\beta^t U(C_t,W_t)+\sum_{t=0}^{\infty}\mu_t[K_t r_t(1-\tau_r)+H_t L_t(1-\tau_L)-C_t-K_{t+1}+K_t]$$

其中 μ_t 为拉格朗日乘子。分别对状态变量 C_t 和控制变量 K_{t+1} 求一阶条件如下：

由 $\frac{\partial L_4}{\partial C_t}=0$ 得到 $\beta^t\cdot U_c=\beta^t\cdot C_t^{-\delta}\left(\frac{W_t}{\overline{W_t}}\right)^{-\lambda}=\mu_t$ (6－197)

由 $\frac{\partial L_4}{\partial K_{t+1}}=0$ 得到 $\mu_t=\beta^{t+1}U_W(C_{t+1},W_{t+1})+\mu_{t+1}[r_{t+1}(1-\tau_r)+1]$ (6－198)

式(6－198)代入效用函数的具体形式可得：

$$\mu_t=\beta^{t+1}(-\lambda)\frac{C_{t+1}^{1-\delta}}{1-\delta}\left(\frac{W_{t+1}}{\overline{W}_{t+1}}\right)^{-\lambda-1}\frac{1}{\overline{W}_{t+1}}+\mu_{t+1}[r_{t+1}(1-\tau_r)+1] \quad (6-199)$$

式(6－197)滞后一期可得：

$$\beta^{t+1}\cdot C_{t+1}^{-\delta}\left(\frac{W_{t+1}}{\overline{W}_{t+1}}\right)^{-\lambda}=\mu_{t+1} \quad (6-200)$$

将式(6－200)代入到式(6－199)后可得：

$$\mu_t=\mu_{t+1}\cdot(-\lambda)\frac{1}{1-\delta}\frac{C_{t+1}}{W_{t+1}}+\mu_{t+1}[r_{t+1}(1-\tau_r)+1] \quad (6-201)$$

亦即 $\mu_t=\mu_{t+1}\left[r_{t+1}(1-\tau_r)+1-\lambda\cdot\frac{1}{1-\delta}\cdot\frac{C_{t+1}}{W_{t+1}}\right]$ (6－202)

对于代表性厂商而言，要实现市场出清时的最大利润。厂商的利润函数为：

$$\Pi=f(K_t,L_t)-r_tK_t-H_tL_t \quad (6-203)$$

对资本存量求一阶条件可得：

$$\frac{\partial\Pi}{\partial K_t}=f_K(K_t,L_t)-r_t=0 \quad (6-204)$$

将厂商的均衡条件式(6－204)滞后一期即为 $r_{t+1}=f_K(K_{t+1},L_{t+1})$，代入到式(6－202)可得：

$$\mu_t=\mu_{t+1}\left[f_K(K_{t+1},L_{t+1})(1-\tau_r)+1-\lambda\cdot\frac{1}{1-\delta}\cdot\frac{C_{t+1}}{W_{t+1}}\right] \quad (6-205)$$

2. 中央计划者经济下的优化问题

在中央计划者经济下，社会的信息是对称的。中央计划者能够使每个代表性消费者初始禀赋相等，也就是说能够使财富的外部性消失。从而效用函数变为：

$$U(C_t,W_t)=\frac{C_t^{1-\delta}}{1-\delta}\quad t=0,1,2,\cdots,\infty \quad (6-206)$$

中央计划者经济下必须满足的资源约束条件为：

$$K_{t+1}-K_t\leqslant f(K_t,L_t)-C_t-G_t$$

求解社会最优的问题。定义拉格朗日方程 L_4' 如下：

$$L_4{}'=\sum_{t=0}^{\infty}\beta^tU(C_t,W_t)+\sum_{t=0}^{\infty}\gamma_t[f(K_t,L_t)-C_t-G_t-K_{t+1}+K_t] \quad (6-207)$$

亦即：$L_4{}'=\sum_{t=0}^{\infty}\beta^t\cdot\frac{C_t^{1-\delta}}{1-\delta}+\sum_{t=0}^{\infty}\gamma_t[f(K_t,L_t)-C_t-G_t-K_{t+1}+K_t]$

(6－208)

其中 γ_t 为拉格朗日乘子。分别对状态变量 C_t 和控制变量 K_{t+1} 求一阶条件如下：

由 $\frac{\partial L_4{}'}{\partial C_t}=0$ 得到 $\beta^t\cdot U_c=\beta^t\cdot C_t^{-\delta}=\gamma_t$ (6－209)

由$\frac{\partial L_4'}{\partial K_{t+1}}=0$得到$\gamma_t=\gamma_{t+1}[f_K(K_{t+1},L_{t+1})+1]$ (6－210)

在社会最优的框架下，"$\mu_t=\gamma_t$"。从而结合式(6－205)与式(6－210)可得：

$$\tau_r=-\frac{\lambda}{f_K(K_{t+1},L_{t+1})}\cdot\frac{1}{1-\delta}\cdot\frac{C_{t+1}}{W_{t+1}}=-\frac{\lambda}{r_{t+1}}\cdot\frac{1}{1-\delta}\cdot\frac{C_{t+1}}{W_{t+1}}$$

在财富具有外部性的情况下($\lambda\neq0$)，因为$r_{t+1}>0, C_t>0, W_t>0$，λ与$(1-\delta)$始终异号，所以$\tau_r>0$。这就是说，在完备市场中代表性消费者"财富具有外部性"时，最优资本收入税τ_r不为零。此处，如果财富不具有外部性，即$\lambda=0$，则$\tau_r=0$。这与单一类型代表性消费者的资本收入税模型的结论一致。

(二)动态规划方法分析

对于上述问题，通过动态规划方法求解如下。首先，通过动态规划的方法求解分散经济下的消费者最优问题。定义递归方程如下：

$J(K_t)=\max[U(C_t)+\beta\cdot J(K_{t+1})]$。定义拉格朗日函数为：

$$L_5=U(C_t,W_t)+\beta J(K_{t+1})$$
$$+\eta_t[K_t r_t(1-\tau_r)+H_t L_t(1-\tau_L)-C_t-K_{t+1}+K_t] \quad (6-211)$$

其中，控制变量为K_{t+1}，状态变量为C_t、L_t。η_t为拉格朗日乘子。分别对状态变量、控制变量求一阶条件。

由$\frac{\partial L_5}{\partial C_t}=0$得到$U_C=C_t^{-\delta}\left(\frac{W_t}{\overline{W}_t}\right)^{-\lambda}=\eta_t$ (6－212)

由$\frac{\partial L_5}{\partial K_{t+1}}=0$得到$\beta J'(K_{t+1})=\eta_t$ (6－213)

将式(6－211)对K_t求导可得：

$$J'(K_t)=\frac{\partial L_5}{\partial K_t}=(-\lambda)\frac{C_t^{1-\delta}}{1-\delta}\left(\frac{W_t}{\overline{W}_t}\right)^{-\lambda-1}\frac{1}{\overline{W}_t}+\eta_t[r_t(1-\tau_r)+1]=0 \quad (6-214)$$

将式(6－214)滞后一期可得：

$$J'(K_{t+1})=(-\lambda)\frac{C_{t+1}^{1-\delta}}{1-\delta}\left(\frac{W_{t+1}}{\overline{W}_{t+1}}\right)^{-\lambda-1}\frac{1}{\overline{W}_{t+1}}+\eta_{t+1}[r_{t+1}(1-\tau_r)+1]=0 \quad (6-215)$$

将式(6－212)的滞后表达式代入到式(6－215)中可得：

$$J'(K_{t+1})=\eta_{t+1}\left[\frac{-\lambda}{1-\delta}\frac{C_{t+1}}{W_{t+1}}+r_{t+1}(1-\tau_r)+1\right]=0 \quad (6-216)$$

将式(6－216)代入式(6－213)整理后得到：

$$\beta\eta_{t+1}\left[\mathrm{r}_{t+1}(1-\tau_r)+1-\frac{\lambda}{1-\delta}\frac{C_{t+1}}{W_{t+1}}\right]=\eta_t \quad (6-217)$$

对于中央计划者而言，通过完备信息可使均衡状态下每个人的财富相同，从而使得财富的外部性消失。在此，中央计划者的最优问题为：

$$\max\sum_{t=0}^{\infty}\beta^t U(C_t,W_t)=\max\sum_{t=0}^{\infty}\beta^t\frac{C_t^{1-\delta}}{1-\delta} \quad (6-218)$$

满足的约束条件是：

$$K_{t+1}-K_t \leqslant f(K_t, L_t)-C_t-G_t \tag{6-219}$$

其中，K_0 是给定的。同样采用动态规划的方法求解这一优化问题。定义如下递归方程 $V(K_t)=\max[U(C_t)+\beta V(K_{t+1})]$。定义拉格朗日函数如下：

$$L_6=\frac{C_t^{1-\delta}}{1-\delta}+\beta V(K_{t+1})+\phi_t[f(K_t, L_t)-C_t-G_t-K_{t+1}+K_t] \tag{6-220}$$

其中 ϕ_t 为拉格朗日乘子。分别对状态变量 C_t、控制变量 K_{t+1} 求一阶条件如下：

$$\text{由}\frac{\partial L_6}{\partial C_t}=0\text{ 得到 }U_c=C_t^{-\delta}=\phi_t \tag{6-221}$$

$$\text{由}\frac{\partial L_6}{\partial K_{t+1}}=0\text{ 得到 }\beta V'(K_{t+1})=\phi_t \tag{6-222}$$

将式(6－220)对 K_t 求导可得：

$$\text{由 }V'(K_t)=\frac{\partial L_6}{\partial K_t}=\phi_t[f_K(K_t, L_t)+1]=0 \tag{6-223}$$

将式(6－223)滞后一期代入到式(6－222)中又可得：

$$\beta\phi_{t+1}[f_K(K_{t+1}, L_{t+1})+1]=\phi_t \tag{6-224}$$

在市场均衡的情况下，将厂商的均衡条件 $r_{t+1}=f_K(K_{t+1}, L_{t+1})$ 代入到式(6－224)可得：

$$\beta\phi_{t+1}(r_{t+1}+1)=\phi_t \tag{6-225}$$

在社会最优的框架下 $\eta_t=\phi_t$，从而结合式(6－217)与式(6－225)可得：

$$\tau_r=-\frac{\lambda}{r_{t+1}(1-\delta)}\frac{C_{t+1}}{W_{t+1}} \tag{6-226}$$

这就得到了相同的结论，即在财富具有外部性的情况下($\lambda \neq 0$)，资本收入税 $\tau_r>0$。

五、完备市场"生产性"公共支出的资本收入税模型

巴罗在 1990 年将政府支出作为变量引入经济增长模型分析了内生经济增长问题，并且在次优框架下巴罗得到了最优的资本收入税。具体分析如下：

定义经济中代表性消费者的效用函数如下：

$$U(C_t)=\frac{C_t^{1-\delta}}{1-\delta} \tag{6-227}$$

其中 C_t 是消费者的消费，δ 是代表性消费者的风险厌恶系数。定义的柯布—道格拉斯生产函数为：

$$y=f(k, g)=Ak^a g^{1-a}\text{，其中 }0<a<1 \tag{6-228}$$

k 代表经济中的资本投入，g 代表政府整个公共支出，A 为技术进步率。

公共支出与人均产出之间的关系是通过收入税 τ 建立的。此处的平滑收入税 τ 可以看作是市场均衡时对消费者征收的资本收入税。

$$g=\tau y=\tau Ak^{\alpha}g^{1-\alpha} \tag{6-229}$$

通过上式可得公共支出 g 与 k 之间的关系为：

$$\frac{g}{k}=(\tau A)^{\frac{1}{\alpha}} \tag{6-230}$$

代表性消费者建立在人均消费水平 C_t 上的优化问题为：

$$\max\int_0^{\infty}U(C_t)e^{-\phi\cdot t}\mathrm{d}t \tag{6-231}$$

其中，ϕ 是正的时间贴现率。

对此，在初始资本水平 k_0 给定的情况下，代表性消费者的问题就是在相关约束条件下实现消费水平的最大化。首先采用社会最优框架求解这一问题。

在分散经济下消费者的资产积累方程为：

$$\frac{\mathrm{d}\alpha}{\mathrm{d}t}=(1-\tau)(r\alpha+w)-n\alpha-C_t \tag{6-232}$$

其中 α 表示消费者拥有的资产，τ 表示对消费者征收的资本收入税和劳动收入税，假定两者一致。r 为资本的投资收益率，w 为劳动的单位价值，n 代表经济中的人口增长率。求解分散经济下消费者的优化问题，定义汉密尔顿方程如下：

$$H_1=U(C_t)+\mu[(1-\tau)(r\alpha+w)-n\alpha-C_t] \tag{6-233}$$

其中 μ 为汉密尔顿乘子，α 为控制变量，C_t 为状态变量。最优化的一阶条件如下：

$$由\frac{\partial H_1}{\partial C_t}=0，可得\ U_c=C_t^{-\delta}=\mu \tag{6-234}$$

由欧拉方程可得：

$$\frac{\mathrm{d}\mu}{\mathrm{d}t}=\phi\mu-\frac{\partial H_1}{\partial\alpha}=\phi\mu-\mu[(1-\tau)r-n]=\mu\{\phi-[(1-\tau)r-n]\} \tag{6-235}$$

将式(6－234)的两边对 t 求导，并将求导后的结果代入到式(6－235)可得：

$$-\delta C_t^{-\delta-1}\frac{\mathrm{d}C_t}{\mathrm{d}t}=C_t^{-\delta}\{\phi-[(1-\tau)r-n]\} \tag{6-236}$$

$$亦即\frac{\frac{\mathrm{d}C_t}{\mathrm{d}t}}{C_t}=\frac{1}{\delta}[(1-\tau)r-n-\phi] \tag{6-237}$$

在厂商均衡的条件下，可得资本和劳动的边际价值。对于厂商而言，需要实现市场出清下的利润最大化。厂商的利润函数为：

$$\Pi=f(k_t,g)-r_tk_t-w_tl_t \tag{6-238}$$

对资本存量 k_t 求一阶条件可得：

$$\frac{\partial \Pi}{\partial k_t}=f_k(k_t,g)-r_t=0 \quad (6-239)$$

从而 $r_t=f_k(k,g)=aAk^{a-1}g^{1-a}$ (6—240)

根据欧拉方程 $f(k_t,g)=r\cdot k+w\cdot 1$(由于整个经济系统中的变量采取了人均的形式,从而劳动的数量标准化为 1),劳动的边际价值为:

$$\begin{aligned} w &= f(k,g)-k\cdot f_k(k,g) \\ &= Ak^a g^{1-a}-k\cdot aAk^{a-1}g^{1-a}=(1-a)Ak^a g^{1-a} \end{aligned} \quad (6-241)$$

将式(6—240)代入到式(6—237)可得:

$$\frac{\frac{dC_t}{dt}}{C_t}=\frac{1}{\delta}[(1-\tau)aAk^{a-1}g^{1-a}-n-\phi] \quad (6-242)$$

将式(6—240)与式(6—241)一起代入到式(6—232)并考虑到整个市场均衡时 $a=k$ 可得:

$$\frac{dk}{dt}=(1-\tau)Ak^a g^{1-a}-nk-C_t=Ak^a g^{1-a}-nk-C_t-g \quad (6-243)$$

将式(6—230) 代入到式(6—242)可得:

$$\frac{\frac{dC_t}{dt}}{C_t}=\frac{\Delta C}{C}=\frac{1}{\delta}[(1-\tau)aA(\tau A)^{\frac{1-a}{a}}-n-\phi] \quad (6-244)$$

从而在分散经济下的平衡增长路径上,经济的增长率 η_1 为:

$$\eta_1=\frac{1}{\delta}[(1-\tau)aA(\tau A)^{\frac{1-a}{a}}-n-\phi] \quad (6-245)$$

对于中央计划者而言,其优化问题为:

$$\max\int_0^\infty U(C_t)\cdot e^{-\phi\cdot t}dt \quad (6-246)$$

中央计划者的约束条件是资源使用的约束。资本积累的动态方程如下:

$$\frac{dk}{dt}=y-nk-C_t-g=Ak^a g^{1-a}-nk-C_t-g \quad (6-247)$$

其中没有考虑资本的折旧。求解中央计划者经济下的最优化问题,定义汉密尔顿方程如下:

$$H_2=U(C_t)+\psi[Ak^a g^{1-a}-nk-C_t-g] \quad (6-248)$$

其中,ψ 为汉密尔顿乘子。k 为控制变量,C_t 为状态变量。最优化的一阶条件如下:

由 $\frac{\partial H_2}{\partial C_t}=0$,可得 $U_c=C_t^{-\delta}=\psi$ (6—249)

由欧拉方程可得:

$$\frac{d\psi}{dt}=\phi\psi-\frac{\partial H_2}{\partial k}=\phi\psi-\psi(aAk^{a-1}g^{1-a}-n)=\psi[\phi-(aAk^{a-1}g^{1-a}-n)] \quad (6-250)$$

将式(6－249)的两边对 t 求导,并将求导后的结果代入到式(6－250)可得:

$$-\delta C_t^{-\delta-1}\frac{\mathrm{d}C_t}{\mathrm{d}t}=C_t^{-\delta}[\phi-(aAk^{a-1}g^{1-a}-n)] \tag{6－251}$$

亦即:
$$\frac{\frac{\mathrm{d}C_t}{\mathrm{d}t}}{C_t}=\frac{1}{\delta}[aAk^{a-1}g^{1-a}-n-\phi] \tag{6－252}$$

同样将式(6－230)代入式(6－252)后可得:

$$\frac{\frac{\mathrm{d}C_t}{\mathrm{d}t}}{C_t}=\frac{1}{\delta}[aA(\tau A)^{\frac{1-a}{a}}-n-\phi] \tag{6－253}$$

从而在中央计划者经济的平衡增长路径上,经济的增长率 η_2 为:

$$\eta_2=\frac{\Delta C}{C}=\frac{1}{\delta}[aA(\tau A)^{\frac{1-a}{a}}-n-\phi] \tag{6－254}$$

根据上述分析可以得到如下结论:

结论 1:在社会最优的框架下,最优的资本税 $\tau=0$。在社会最优框架下由分散经济复制中央计划者经济可知:最优的资本收入税不存在。这可以从式(6－245)和式(6－254)的比较中直接得到(两式相等,从右边可得 $\tau=0$)。

结论 2:在次优的框架下,最优的资本税 $\tau^*=1-a\neq0$。在次优框架下政府通过选择最优的税收政策使经济增长率最大,则最优的资本收入税是存在的。在此,将式(6－245)对 τ 求一阶条件并令其为零可得:

$$\frac{\partial\eta_1}{\partial\tau}=\frac{aA^{\frac{1}{a}}}{\delta}\cdot\tau^{\frac{1}{a}-1}\cdot\left[\left(\frac{1}{a}-1\right)\tau^{-1}-\frac{1}{a}\right]=0 \tag{6－255}$$

则 $\tau^*=1-a\neq0$。

六、完备市场公共支出具有效用的模型

Turnovsky(1996)通过将公共支出纳入效用函数得到了完全挤出效应下的最优资本税。其研究采用了如下形式的效用函数:$U(G,G_s)=\frac{1}{\gamma}(C_t\cdot G_s^{\beta})^{\gamma}$。其中 $G_s=GY^{\delta-1}$ 是代表性消费者对公共产品的消费,G 是政府支出用于公共产品的金额,Y 是社会总产出,δ 代表了公共产品消费时的拥挤程度,C_t 是私有产品的消费,β 衡量了公共产品消费对消费者福利的影响。在社会最优框架下,Turnovsky(1996)认为:

①在公共产品的消费具有完全的拥挤效应时($\delta=0$),最优的资本收入税是存在的,即 $\tau_r>0$;

②在公共产品的消费完全无拥挤效应时($\delta=1$),最优的资本收入税为零。

这一理论研究的基本分析框架如下。首先代表性消费者享受的公共产品为:

$$G_s=G^{\delta}\cdot\left(\frac{G}{Y}\right)^{1-\delta}=GY^{\delta-1} \tag{6-256}$$

当 $\delta=1$ 时，代表性消费者享受的公共产品为纯公共产品，具有非竞争性和非排他性；当 $\delta=0$ 时，代表性消费者享受公共产品是具有完全拥挤效应的公共产品，为 G/Y。

由 $\mathrm{d}G_s/\mathrm{d}t=0$ 可知：$(\mathrm{d}G/\mathrm{d}t)\cdot Y^{\delta-1}+G\cdot(\delta-1)Y^{\delta-2}\cdot(\mathrm{d}Y/\mathrm{d}t)=0$。两边同除以 $GY^{\delta-1}$ 可知政府支出增加与整个经济系统总产出的增长满足如下条件：

$$\frac{\mathrm{d}G_t/\mathrm{d}t}{G_t}=(1-\delta)\frac{\mathrm{d}Y_t/\mathrm{d}t}{Y_t} \tag{6-257}$$

在整个经济系统中的目标为：

$$\max\int_0^{\infty}\frac{1}{\gamma}(C_t\cdot G_s^{\beta})^{\gamma}e^{-\phi\cdot t}\mathrm{d}t$$

其中：$\beta>0,-\infty<\gamma<1,\beta\cdot\delta\cdot\gamma<1,\gamma\cdot(1+\beta\cdot\delta)<1$ (6-258)

假设在线性技术进步率 $\alpha(\alpha>0)$ 下的产出函数为：$Y_t=\alpha\cdot K_t$。其中 K_t 为经济系统中的资本存量，α 体现为资本的直接回报。

整个经济系统中的资本约束方程为：

$$\frac{\mathrm{d}K_t}{\mathrm{d}t}=\alpha\cdot K_t-C_t-G_t \tag{6-259}$$

政府提供公共产品所形成的公共支出占社会总产出(GDP)的比重为 g。即：

$$g=\frac{G_t}{\alpha\cdot K_t}$$

明显的，$0<g<1$。 (6-260)

(一)中央计划者经济下的优化问题

1. 政府支出比率 g 给定的情形

中央计划者经济下，整个经济系统的优化问题即为：

$$\max\int_0^{\infty}\frac{1}{\gamma}(C_t\cdot G_s^{\beta})^{\gamma}e^{-\phi\cdot t}\mathrm{d}t \tag{6-261}$$

满足的约束条件为：

$$\frac{\mathrm{d}K_t}{\mathrm{d}t}=\alpha\cdot K_t-C_t-G_t \tag{6-262}$$

$$G_s=G^{\delta}\cdot\left(\frac{G}{Y}\right)^{1-\delta}=G\cdot Y^{\delta-1} \tag{6-263}$$

而由式(6-260)可知 $G_t=g\cdot\alpha\cdot K_t$，从而式(6-263)即为：

$$G_s=g\cdot\alpha\cdot K_t\cdot(\alpha\cdot K_t)^{\delta-1}=g\cdot\alpha^{\delta}\cdot K_t^{\delta} \tag{6-264}$$

将上述等价条件代入到中央计划者下的约束条件，可以简化求解。即目标函数：

$$\max\int_{0}^{\infty}\frac{1}{\gamma}[C_t\cdot(g\cdot\alpha^{\delta}\cdot K_t^{\delta})^{\beta}]^{\gamma}\cdot e^{-\phi\cdot t}\mathrm{d}t \tag{6-265}$$

满足的约束条件为：

$$\frac{\mathrm{d}K_t}{\mathrm{d}t}=\alpha\cdot K_t-C_t-g\cdot\alpha\cdot K_t \tag{6-266}$$

第一步，假定公共支出占社会总产出的比重 g 是给定的。求解这一经济系统的优化问题。定义汉密尔顿方程如下：

$$H_1=\frac{1}{\gamma}[C_t\cdot(g\cdot\alpha^{\delta}\cdot K_t^{\delta})^{\beta}]^{\gamma}+\lambda_t\cdot[\alpha\cdot K_t-C_t-g\cdot\alpha\cdot K_t] \tag{6-267}$$

其中 λ_t 为汉密尔顿乘子，K_t 为控制变量，C_t 为状态变量。最优化的一阶条件如下：

由 $\frac{\partial H_1}{\partial C_t}=0$，可得：

$$U_C{}'=C_t^{\gamma-1}\cdot g^{\beta\cdot\gamma}\cdot\alpha^{\delta\cdot\beta\cdot\gamma}\cdot K_t^{\delta\cdot\beta\cdot\gamma}=\lambda_t \tag{6-268}$$

由欧拉方程可得：

$$\frac{\mathrm{d}\lambda_t}{\mathrm{d}t}=\phi\cdot\lambda_t-\frac{\partial H_1}{\partial K_t}=\phi\lambda_t-[\delta\beta C_t^{\gamma}g^{\beta\cdot\gamma}\alpha^{\delta\cdot\beta\cdot\gamma}K_t^{\delta\cdot\beta\cdot\gamma-1}+\lambda_t(1-g)\alpha] \tag{6-269}$$

将式(6－268)的两边对 t 求导可得：

$$\frac{\mathrm{d}\lambda_t}{\mathrm{d}t}=(\gamma-1)C_t^{\gamma-2}g^{\beta\cdot\gamma}\alpha^{\delta\cdot\beta\cdot\gamma}K_t^{\delta\cdot\beta\cdot\gamma}\frac{\mathrm{d}C_t}{\mathrm{d}t}+\delta\beta\gamma C_t^{\gamma-1}g^{\beta\cdot\gamma}\alpha^{\delta\cdot\beta\cdot\gamma}K_t^{\delta\cdot\beta\cdot\gamma-1}\frac{\mathrm{d}K_t}{\mathrm{d}t} \tag{6-270}$$

将求导后的结果式(6－270)与式(6－268)一起代入到式(6－269)，并在两边约去同类项可得：

$$(\gamma-1)\frac{\mathrm{d}C_t/\mathrm{d}t}{C_t}+\delta\beta\gamma\frac{\mathrm{d}K_t/\mathrm{d}t}{K_t}=\phi-\frac{\delta\beta\cdot C_t}{K_t}-(1-g)\alpha \tag{6-271}$$

由平衡经济增长路径上的经济增长率 $\frac{\mathrm{d}C_t/\mathrm{d}t}{C_t}=\frac{\mathrm{d}K_t/\mathrm{d}t}{K_t}=\frac{\mathrm{d}Y_t/\mathrm{d}t}{Y_t}$ 可知，式(6－271)即为：

$$\frac{\mathrm{d}K_t/\mathrm{d}t}{K_t}=\frac{1}{\gamma-1+\delta\beta\gamma}\left[\phi-\delta\beta\frac{C_t}{K_t}-(1-g)\alpha\right] \tag{6-272}$$

从而得到经济增长率 $\frac{\mathrm{d}K_t/\mathrm{d}t}{K_t}$ 与 $\frac{C_t}{K_t}$ 之间的关系。

而根据平衡增长路径上的资源约束条件式(6－266)可知：

$$\frac{\mathrm{d}K_t/\mathrm{d}t}{K_t}=\alpha-\frac{C_t}{K_t}-g\cdot\alpha=(1-g)\alpha-\frac{C_t}{K_t} \tag{6-273}$$

结合式(6－272)和式(6－273)，可以求得平衡增长路径上的经济增长率 $\frac{\mathrm{d}K_t/\mathrm{d}t}{K_t}$ 与 $\frac{C_t}{K_t}$。具体将式(6－273)代入到式(6－272)可得：

$$(1-g)\alpha-\frac{C_t}{K_t}=\frac{1}{\gamma-1+\delta\beta\gamma}\left[\phi-\delta\beta\frac{C_t}{K_t}-(1-g)\alpha\right]$$

整理化简可得：

$$\frac{C_t}{K_t}=\frac{(\gamma-1+\delta\beta\gamma)(1-g)\alpha+(1-g)\alpha-\phi}{\gamma-1+\delta\beta\gamma-\delta\beta}$$

$$=\frac{(\gamma+\delta\beta\gamma)(1-g)\alpha-\phi}{\gamma-1+\delta\beta(\gamma-1)}=\frac{\phi-\alpha\gamma(1+\delta\beta)(1-g)}{(1-\gamma)(1+\delta\beta)} \tag{6-274}$$

而将式(6－274)代入到式(6－273)可得平衡增长路径上的经济增长率 η_1。

$$\eta_1=\frac{dK_t/dt}{K_t}=(1-g)\alpha-\frac{C_t}{K_t}=(1-g)\alpha-\frac{\phi-\alpha\gamma(1+\delta\beta)(1-g)}{(1-\gamma)(1+\delta\beta)}$$

$$=\frac{(1+\delta\beta)(1-g)\alpha-\phi}{(1-\gamma)(1+\delta\beta)} \tag{6-275}$$

为了分析政府支出规模、公共支出拥挤程度对经济增长的影响，将平衡增长路径上的经济增长率 η_1 分别对政府支出规模 g、公共支出的拥挤程度 δ 求一阶条件。结果如下：

$$\frac{d\eta_1}{dg}=\frac{-(1+\delta\beta)\alpha}{(1-\gamma)(1+\delta\beta)}<0 \tag{6-276}$$

$$\frac{d\eta_1}{d\delta}=\frac{\phi\beta}{(1-\gamma)(1+\delta\beta)^2}>0 \tag{6-277}$$

根据初始假设条件中相关参数的性质可知：

①增加政府开支的规模不利于经济增长，这是由公共支出的挤出效应形成的。

②由于 $\delta=1$ 代表公共产品的消费完全没有拥挤效应，$\delta=0$ 代表公共产品的消费完全有拥挤效应。因此在 δ 增加时，公共产品消费的拥挤效应减少。根据式(6－277)，当公共产品消费的拥挤效应减少时，经济增长的速度将会增加。

2.选择最优政府支出规模 g 的情形

经济系统中代表性消费者的效用函数为：

$$U(C_t,G_s)=\frac{1}{\gamma}(C_t\cdot G_s^{\beta})^{\gamma}=\frac{1}{\gamma}[C_t\cdot(G_t\cdot Y_t^{\delta-1})^{\beta}]^{\gamma}$$

$$=\frac{1}{\gamma}C_t^{\gamma}G_t^{\beta\gamma}\cdot Y_t^{(\delta-1)\beta\gamma}=U(C_t,G_t) \tag{6-278}$$

如果选择最优的政府支出规模，则要求消费者消费公共产品的边际效用等于相应私人产品的边际效用。

$\dfrac{\partial U(C_t,G_t)}{\partial C_t}=\dfrac{\partial U(C_t,G_t)}{\partial G_t}$，亦即：

$$C_t^{\gamma-1}G_t^{\beta\gamma}\cdot Y_t^{(\delta-1)\beta\gamma}=\beta C_t^{\gamma}G_t^{\beta\gamma-1}\cdot Y_t^{(\delta-1)\beta\gamma} \tag{6-279}$$

即为：$G_t=\beta C_t$。将式(6－260)代入这一结果后即为：

$$g=\frac{\beta}{\alpha}\cdot\frac{C_t}{K_t} \tag{6-280}$$

将式（6－280)代入到式(6－274)可得：

$$\frac{C_t}{K_t}=\frac{\phi-\alpha\gamma(1+\delta\beta)\left(1-\frac{\beta}{\alpha}\cdot\frac{C_t}{K_t}\right)}{(1-\gamma)(1+\delta\beta)} \tag{6－281}$$

对上式进行简化可知，政府支出最优情况下"私人消费与资本存量"之间的最优比例$\left(\frac{C_t}{K_t}\right)^*$为：

$$\left(\frac{C_t}{K_t}\right)^*=\frac{\phi-\alpha\gamma(1+\delta\beta)}{(1-\gamma)(1+\delta\beta)-(1+\delta\beta)\gamma\beta} \tag{6－282}$$

$$=\frac{\phi-\alpha\gamma(1+\delta\beta)}{[1-\gamma(1+\beta)](1+\delta\beta)} \tag{6－283}$$

从而在中央计划者经济下，最优的支出水平 g^* 为：

$$g^*=\frac{\beta}{\alpha}\cdot\left(\frac{C_t}{K_t}\right)^*=\frac{\beta[\phi-\alpha\gamma(1+\delta\beta)]}{\alpha[1-\gamma(1+\beta)](1+\delta\beta)} \tag{6－284}$$

同理，将式(6－284)代入到式(6－275)可得平衡增长路径上的经济增长率 η_2，即：

$$\begin{aligned}\eta_2&=\frac{(1+\delta\beta)\left\{1-\frac{\beta[\phi-\alpha\gamma(1+\delta\beta)]}{\alpha[1-\gamma(1+\beta)](1+\delta\beta)}\right\}\alpha-\phi}{(1-\gamma)(1+\delta\beta)}\\
&=\frac{\left\{(1+\delta\beta)\alpha-\frac{\beta[\phi-\alpha\gamma(1+\delta\beta)]}{1-\gamma(1+\beta)}\right\}-\phi}{(1-\gamma)(1+\delta\beta)}\\
&=\frac{(1+\delta\beta)\alpha[1-\gamma(1+\beta)]-\beta[\phi-\alpha\gamma(1+\delta\beta)]-\phi[1-\gamma(1+\beta)]}{(1-\gamma)(1+\delta\beta)[1-\gamma(1+\beta)]}\\
&=\frac{(1+\delta\beta)\alpha[1-\gamma(1+\beta)]-\beta\phi+\beta\alpha\gamma(1+\delta\beta)-\phi+\phi\gamma(1+\beta)]}{(1-\gamma)(1+\delta\beta)[1-\gamma(1+\beta)]}\\
&=\frac{(1+\delta\beta)\alpha[1-\gamma(1+\beta)+\beta\gamma]-\beta\phi-\phi+\phi\gamma(1+\beta)}{(1-\gamma)(1+\delta\beta)[1-\gamma(1+\beta)]}\\
&=\frac{(1+\delta\beta)\alpha(1-\gamma)-\phi(1+\beta)+\phi\gamma(1+\beta)}{(1-\gamma)(1+\delta\beta)[1-\gamma(1+\beta)]}\\
&=\frac{(1+\delta\beta)\alpha(1-\gamma)-\phi(1+\beta)(1-\gamma)}{(1-\gamma)(1+\delta\beta)[1-\gamma(1+\beta)]}\\
&=\frac{[(1+\delta\beta)\alpha-\phi(1+\beta)](1-\gamma)}{(1-\gamma)(1+\delta\beta)[1-\gamma(1+\beta)]}=\frac{(1+\delta\beta)\alpha-\phi(1+\beta)}{(1+\delta\beta)[1-\gamma(1+\beta)]}\end{aligned} \tag{6－285}$$

这就是中央计划者经济中均衡状态下经济增长率 η_2 最简单的形式。

(二)分散计划者经济下的优化问题

在分散经济下，假定代表性消费者的预算约束方程为：

$$\frac{dK_t}{dt}+\frac{dB_t}{dt}=(1-\tau)\alpha\cdot K_t+(1-\tau)rB_t-(1+\omega)C_t \tag{6－286}$$

其中 B_t 为代表性消费者购买债券的支出，ω 代表政府征收的消费税。

政府预算平衡的约束条件为：

$$\frac{dB_t}{dt}+\tau\alpha\cdot K_t+\tau rB_t+\omega C_t=G_t+rB_t\text{，亦即：}$$

$$\frac{dB_t}{dt}+\tau\alpha\cdot K_t+\tau rB_t+\omega C_t=g\cdot\alpha\cdot K_t+rB_t \tag{6-287}$$

代表性消费者的财富由资产和债券两部分构成：

$$W_t=K_t+B_t \tag{6-288}$$

注意：W_t 与 ω 是两个不同的变量。前一个代指财富，后一个代指对消费者征收的商品税。在此，代表性消费者的预算约束方程式(6－286)可以改写为：

$$\frac{dW_t}{dt}=(1-\tau)\alpha\cdot K_t+(1-\tau)rB_t-(1+\omega)C_t \tag{6-289}$$

在市场均衡的条件下，可以实现投资的无套利，即资本的投资回报 α 与债券的投资回报 r 相等($\alpha=r$)。则代表性消费者的预算约束方程转变为：

$$\frac{dW_t}{dt}=(1-\tau)\alpha\cdot W-(1+\omega)C_t \tag{6-290}$$

从而在分散经济下，整个经济系统的优化问题即为：

$$\max\int_0^{\infty}\frac{1}{\gamma}(C_t\cdot G_s^{\beta})^{\gamma}e^{-\phi\cdot t}dt \tag{6-291}$$

满足的约束条件为：

$$\frac{dK_t}{dt}+\frac{dB_t}{dt}=(1-\tau)\alpha\cdot K_t+(1-\tau)rB_t-(1+\omega)C_t \tag{6-292}$$

$$W_t=K_t+B_t \tag{6-293}$$

求解这一经济系统的优化问题。定义汉密尔顿方程如下：

$$H_2=\frac{1}{\gamma}[C_t\cdot(G_s)^{\beta}]^{\gamma}+\lambda_t\cdot[(1-\tau)\alpha\cdot K_t+(1-\tau)rB_t-(1+\omega)C_t]$$
$$+\psi_t\cdot[K_t+B_t-W_t] \tag{6-294}$$

其中 λ_t、ψ_t 为汉密尔顿乘子，W_t 为控制变量，C_t、K_t、B_t 为状态变量。最优化的一阶条件如下：

由 $\frac{\partial H_2}{\partial C_t}=0$，可得：

$$U_C{}'=C_t^{\gamma-1}\cdot G_S^{\beta\cdot\gamma}=\lambda_t(1+\omega) \tag{6-295}$$

由 $\frac{\partial H_2}{\partial K_t}=0$，可得 $\lambda_t(1-\tau)\alpha+\psi_t=0$ (6－296)

由 $\frac{\partial H_2}{\partial B_t}=0$，可得 $\lambda_t(1-\tau)r+\psi_t=0$ (6－297)

通过欧拉方程对控制变量 W_t 求导，可得：

$$\frac{d\lambda_t}{dt}=\phi\cdot\lambda_t-\frac{\partial H_2}{\partial W_t}=\phi\lambda_t+\psi_t \tag{6-298}$$

比较式(6－296)和式(6－297)可知：α 与 r 相等，亦即资本的投资回报与债券的投资回报是相同的，实现均衡状态下的无套利。

整理式(6－298)可知：$\frac{d\lambda_t/dt}{\lambda_t}=\phi+\frac{\psi_t}{\lambda_t}$。

而由式(6－297)可知：$\frac{\psi_t}{\lambda_t}=-(1-\tau)r$，代入到上式可得：

$$\frac{d\lambda_t/dt}{\lambda_t}=\phi-(1-\tau)r \tag{6-299}$$

将 $G_S=GY^{\delta-1}=g\cdot\alpha\cdot K_t\cdot(\alpha\cdot K_t)^{\delta-1}=g\cdot\alpha^{\delta}\cdot K_t^{\delta}$ 代入到式(6－295)可得：

$$U_C{}'=C_t^{\gamma-1}\cdot(g\cdot\alpha^{\delta}\cdot K_t^{\delta})^{\beta\gamma}=\lambda_t(1+\omega) \tag{6-300}$$

将式(6－300)的两边对时间 t 求导可得：

$$\frac{d\lambda_t}{dt}(1+\omega)=(\gamma-1)C_t^{\gamma-2}g^{\beta\cdot\gamma}\alpha^{\delta\cdot\beta\cdot\gamma}K_t^{\delta\cdot\beta\cdot\gamma}\frac{dC_t}{dt}+$$

$$\delta\beta\gamma C_t^{\gamma-1}g^{\beta\cdot\gamma}\alpha^{\delta\cdot\beta\cdot\gamma}K_t^{\delta\cdot\beta\cdot\gamma-1}\frac{dK_t}{dt} \tag{6-301}$$

将求导后的结果式(6－301)与式(6－300)上下相除可得：

$$\frac{d\lambda_t/dt}{\lambda_t}=(\gamma-1)\frac{dC_t/dt}{C_t}+\delta\beta\gamma\cdot\frac{dK_t/dt}{K_t} \tag{6-302}$$

将式(6－302)代入到式(6－299)可得：

$$(\gamma-1)\frac{dC_t/dt}{C_t}+\delta\beta\gamma\frac{dK_t/dt}{K_t}=\phi-(1-\tau)r \tag{6-303}$$

由平衡经济增长路径上的经济增长率相等 $\frac{dC_t/dt}{C_t}=\frac{dK_t/dt}{K_t}=\frac{dY_t/dt}{Y_t}=\frac{dW_t/dt}{W_t}$ 可知，分散经济下的经济增长率 η_3 为：

$$\eta_3=\frac{dK_t/dt}{K_t}=\frac{dC_t/dt}{C_t}=\frac{\phi-(1-\tau)r}{\gamma-1+\delta\beta\gamma}=\frac{\phi-(1-\tau)\alpha}{\gamma-1+\delta\beta\gamma} \tag{6-304}$$

由资源约束方程 $\frac{dK_t}{dt}=\alpha\cdot K_t-C_t-G_t=\alpha\cdot K_t-C_t-g\cdot\alpha\cdot K_t$ 可得：

$\frac{dK_t/dt}{K_t}=\alpha-\frac{C_t}{K_t}-g\cdot\alpha=(1-g)\alpha-\frac{C_t}{K_t}$，从而将其结合式(6－304)可得平衡增长路径上消费与资本存量之间的关系。即：$\frac{\phi-(1-\tau)r}{\gamma-1+\delta\beta\gamma}=(1-g)\alpha-\frac{C_t}{K_t}$，简化后可得(定义 $\bar{\mu}=\left(\frac{C_t}{K_t}\right)^{\circ}$)：

$$\bar{\mu}=\left(\frac{C_t}{K_t}\right)^{\circ}=(1-g)\alpha-\frac{\phi-(1-\tau)r}{\gamma-1+\delta\beta\gamma}$$

$$=\frac{(1-g)\alpha(\gamma-1+\delta\beta\gamma)-\phi+(1-\tau)r}{\gamma-1+\delta\beta\gamma} \tag{6-305}$$

在平衡增长路径上，还可以通过上式得到代表性消费者资本投资和债券投资的最优资产组合。假定代表性消费者用于投资的资本占社会总财富的比重为 n，则用于债券投资的比重为 $1-n$。亦即：$K_t=n\cdot W_t$，$B_t=(1-n)\cdot W_t$。

将式(6－287)(政府预算约束条件)两边同除以 B_t，并考虑均衡状态下无套利条件 $\alpha=r$ 可得：

$$\frac{\mathrm{d}B_t/\mathrm{d}t}{B_t}+\tau\alpha\cdot\frac{K_t}{B_t}+\tau\alpha+\omega\frac{C_t}{B_t}=g\cdot\alpha\cdot\frac{K_t}{B_t}+\alpha \tag{6-306}$$

亦即：

$$\frac{\mathrm{d}B_t/\mathrm{d}t}{B_t}+\tau\alpha\cdot\frac{K_t}{B_t}+\tau\alpha+\omega\left(\frac{C_t}{K_t}\cdot\frac{K_t}{B_t}\right)=g\cdot\alpha\cdot\frac{K_t}{B_t}+\alpha \tag{6-307}$$

将分散经济下的经济增长率 η_3、最优比 $\bar{\mu}=\left(\frac{C_t}{K_t}\right)^{\circ}$、资本与债券之间的比例关系 $\frac{K_t}{B_t}=\frac{n}{1-n}$ 代入到式(6－307)后可得(定义 n 的最优解为 n^*)：

$$\eta_3+\tau\alpha\cdot\frac{n^*}{1-n^*}+\tau\alpha+\omega\left(\bar{\mu}\cdot\frac{n^*}{1-n^*}\right)=g\cdot\alpha\cdot\frac{n^*}{1-n^*}+\alpha \tag{6-308}$$

$$(\tau\alpha+\omega\bar{\mu}-g\cdot\alpha)\frac{n^*}{1-n^*}=\alpha-\eta_3-\tau\alpha \tag{6-309}$$

$$\frac{n^*}{1-n^*}=\frac{\alpha-\eta_3-\tau\alpha}{\tau\alpha+\omega\bar{\mu}-g\cdot\alpha} \tag{6-310}$$

进一步可得：

$$n^*=\frac{\alpha-\eta_3-\tau\alpha}{(\tau\alpha+\omega\bar{\mu}-g\cdot\alpha)+(\alpha-\eta_3-\tau\alpha)} \tag{6-311}$$

$$n^*=\frac{\alpha-\eta_3-\tau\alpha}{\omega\bar{\mu}-(g-1)\cdot\alpha-\eta_3} \tag{6-312}$$

由资源约束方程 $\frac{\mathrm{d}K_t}{\mathrm{d}t}=\alpha\cdot K_t-C_t-G_t=\alpha\cdot K_t-C_t-g\cdot\alpha\cdot K_t$ 可得：

$$\eta_3=\frac{\mathrm{d}K_t/\mathrm{d}t}{K_t}=\alpha\cdot-\frac{C_t}{K_t}-g\cdot\alpha_t=(1-g)\alpha-\frac{C_t}{K_t}=(1-g)\alpha-\bar{\mu} \tag{6-313}$$

将式(6－313)代入到式(6－312)可得最优的资产分配比例 n^*。

$$n^*=\frac{\alpha-[(1-g)\alpha-\bar{\mu}]-\tau\alpha}{\omega\bar{\mu}-(g-1)\cdot\alpha-[(1-g)\alpha-\bar{\mu}]} \tag{6-314}$$

$$n^{*}=\frac{(g-\tau)\alpha+\bar{\mu}}{(\omega+1)\bar{\mu}} \tag{6-315}$$

（三）最优资本收入税的形成

根据上述分析，在政府支出外生给定的情况下，中央计划者经济下的经济增长率 η_1 为：

$$\eta_1=\frac{(1+\delta\beta)(1-g)\alpha-\phi}{(1-\gamma)(1+\delta\beta)} \tag{6-316}$$

分散经济下，平衡经济增长路径上的经济增长率 η_3 为：

$$\eta_3=\frac{\phi-(1-\tau)\alpha}{\gamma-1+\delta\beta\gamma} \tag{6-317}$$

将上述关系在表 6—1 中进行对比。

表 6—1　　分散经济与中央计划者经济结论对比

	分散经济	中央计划者经济	
		给定 g	选择最优 g
$\frac{C}{K}$关系	$\frac{(1-g)\alpha(\gamma-1+\delta\beta\gamma)-\phi+(1-\tau)\gamma}{\gamma-1+\delta\beta\gamma}$	$\frac{\phi-\alpha\gamma(1+\delta\beta)(1-g)}{(1-\gamma)(1+\delta\beta)}$	$\frac{\phi-\alpha\gamma(1+\delta\beta)}{[1-\gamma(1+\beta)](1+\delta\beta)}$
经济增长率	$\eta_3=\frac{\phi-(1-\tau)\alpha}{\gamma-1+\delta\beta\gamma}$	$\eta_1=\frac{(1+\delta\beta)(1-g)\alpha-\phi}{(1-\gamma)(1+\delta\beta)}$	$\eta_2=\frac{(1+\delta\beta)\alpha-\phi(1+\beta)}{(1+\delta\beta)[1-\gamma(1+\beta)]}$

在分散经济增长率 η_3 与中央计划者经济增长率 η_1 相等时，可得最优税收①。亦即：

$$\frac{\phi-(1-\tau)\alpha}{\gamma-1+\delta\beta\gamma}=\frac{(1+\delta\beta)(1-g)\alpha-\phi}{(1-\gamma)(1+\delta\beta)} \tag{6-318}$$

具体求解过程如下（定义最优的税收为 τ^{*}）：

$$(1-\tau^{*})\alpha=\phi-\frac{(1+\delta\beta)(1-g)\alpha-\phi}{(1-\gamma)(1+\delta\beta)}\cdot(\gamma-1+\delta\beta\gamma) \tag{6-319}$$

$$\tau^{*}=1-\frac{1}{\alpha}\left[\phi-\frac{(1+\delta\beta)(1-g)\alpha-\phi}{(1-\gamma)(1+\delta\beta)}\cdot(\gamma-1+\delta\beta\gamma)\right] \tag{6-320}$$

$$=1-\frac{1}{\alpha}\phi+\frac{(1-g)(\gamma-1+\delta\beta\gamma)}{1-\gamma}-\frac{1}{\alpha}\frac{\phi(\gamma-1+\delta\beta\gamma)}{(1-\gamma)(1+\delta\beta)} \tag{6-321}$$

$$=\frac{-g(\gamma-1+\delta\beta\gamma)}{1-\gamma}+\frac{\gamma-1+\delta\beta\gamma}{1-\gamma}+1-\frac{1}{\alpha}\phi-\frac{1}{\alpha}\frac{\phi(\gamma-1+\delta\beta\gamma)}{(1-\gamma)(1+\delta\beta)} \tag{6-322}$$

$$=\frac{g(1-\gamma-\delta\beta\gamma)}{1-\gamma}+\frac{\delta\beta\gamma}{1-\gamma}-\frac{1}{\alpha}\phi\left[1+\frac{\gamma-1+\delta\beta\gamma}{(1-\gamma)(1+\delta\beta)}\right] \tag{6-323}$$

① 原文中直接得到结论，但这一结论的具体形成过程较复杂，为了提高研究与学习的模仿性，详细列出了这一问题的求解过程。

$$=\frac{g(1-\gamma-\delta\beta\gamma)}{1-\gamma}+\frac{\delta\beta\gamma}{1-\gamma}-\frac{1}{\alpha}\phi\frac{\delta\beta}{(1-\gamma)(1+\delta\beta)} \quad (6-324)$$

中央计划者经济下，选择最优政府支出水平 g^* 时：

$$g^*=\frac{\beta}{\alpha}\cdot\left(\frac{C_t}{K_t}\right)^*=\frac{\beta[\phi-\alpha\gamma(1+\delta\beta)]}{\alpha[1-\gamma(1+\beta)](1+\delta\beta)} \quad (6-325)$$

由式(6－325)可得贴现因子 ϕ 的表达式为：

$$\phi=\alpha\gamma(1+\delta\beta)+\frac{g^*\alpha[1-\gamma(1+\beta)](1+\delta\beta)}{\beta} \quad (6-326)$$

将其代入到式(6－324)继续求解最优税收 τ^* 可得：

$$\tau^*=\frac{g(1-\gamma-\delta\beta\gamma)}{1-\gamma}+\frac{\delta\beta\gamma}{1-\gamma}-\frac{1}{\alpha}\cdot\left\{\alpha\gamma(1+\delta\beta)+\frac{g^*\alpha[1-\gamma(1+\beta)](1+\delta\beta)}{\beta}\right\}\cdot\frac{\delta\beta}{(1-\gamma)(1+\delta\beta)} \quad (6-327)$$

$$\tau^*=\frac{g(1-\gamma-\delta\beta\gamma)}{1-\gamma}+\frac{\delta\beta\gamma}{1-\gamma}-\frac{\delta\beta\gamma}{1-\gamma}-\frac{g^*[1-\gamma(1+\beta)]\delta}{1-\gamma} \quad (6-328)$$

$$\tau^*=\frac{g(1-\gamma-\delta\beta\gamma)}{1-\gamma}-\frac{g^*[\delta-\gamma(1+\beta)\delta]}{1-\gamma} \quad (6-329)$$

为了体现支出水平 g 偏离最优支出水平 g^* 的经济效应，对上式进行配比如下：

$$\tau^*=\frac{g(1-\gamma-\delta\beta\gamma)}{1-\gamma}-\frac{g^*[(1-\gamma-\delta\beta\gamma)-(1-\gamma-\delta\beta\gamma)+\delta-\gamma(1+\beta)\delta]}{1-\gamma} \quad (6-330)$$

$$\tau^*=\frac{1-\gamma-\delta\beta\gamma}{1-\gamma}(g-g^*)-g^*\frac{-1+\gamma+\delta\beta\gamma+\delta-\gamma\delta-\delta\beta\gamma}{1-\gamma} \quad (6-331)$$

亦即：$\tau^*=\frac{1-\gamma-\delta\beta\gamma}{1-\gamma}(g-g^*)+g^*\frac{1-\gamma-\delta+\gamma\delta}{1-\gamma}$　(6－332)

$$\tau^*=\frac{1-\gamma-\delta\beta\gamma}{1-\gamma}(g-g^*)+g^*(1-\delta) \quad (6-333)$$

基于这一结果可以得到如下结论：

①不考虑政府公共支出的选择情况，如果 $\delta=0$(亦即在公共产品的消费具有完全拥挤效应时)，最优的资本收入税是存在的。这是因为根据式(6－333)，在 $\delta=0$ 时有：

$$\tau^*=g-g^*+g^*=g>0 \quad (6-334)$$

此时最优的资本收入税即为公共支出占全社会总产出的比重 g。这相当于在公共产品具有完全拥挤效应时，代表性消费者以缴纳“使用费”的形式享受公共产品。

②在 $\delta=1$ 的情况下(亦即公共产品的消费完全无拥挤效应时)，考虑到中央计划者设定最优政府公共支出水平 g(即 $g=g^*$)，最优资本收入税为：

$$\tau^{*}=\frac{1-\gamma-\beta\gamma}{1-\gamma}\cdot 0+g^{*}(1-1)=0 \quad (3-335)$$

综上所述,不同情形下的资本收入税见表 6-2。

表 6-2　　最优资本收入税比较

情形	内涵	最优资本收入税
$\delta=0$	公共产品的消费具有完全拥挤效应	$\tau^{*}=g$,不考虑 g 是否为最优
$\delta=1$	公共产品的消费完全无拥挤效应	$\tau^{*}=0$,考虑 g 实现最优($g=g^{*}$)

(四)其他特征

关于完备市场中公共支出具有效应的模型,除了上述的资本收入税结论之外,还可以形成以下几个方面的理论结论。

1. 在 $\delta=0$ 的情况下(亦即 $\tau^{*}=g$ 的情况下),如果政府不征收商品税($\omega=0$),则最优的资本结构下政府不需要发行债券。这是因为:在分散经济下,根据式(6-315)的最优资产结构结论:$n^{*}=\frac{(g-\tau)\alpha+\bar{\mu}}{(\omega+1)\bar{\mu}}$　(6-336)

代入 $\tau^{*}=g,\omega=0$ 之后可得:

$$n^{*}=\frac{0\cdot\alpha+\bar{\mu}}{(0+1)\bar{\mu}}=1 \quad (6-337)$$

这意味着:政府支出来源实现完全来自资本收入税,不需要商品税和政府债务。

2. 同样的,由分散经济式(6-315)的最优资产结构结论可知:在不存在商品税($\omega=0$)的情况下,最优的资本结构不但不需要债券,而且还会出现政府向国民放贷的情形。即:

$$n^{*}=\frac{(g-\tau)\alpha+\bar{\mu}}{\bar{\mu}}=\beta\cdot\delta+1>1 \quad (6-338)$$

而根据式(6-333)$\tau^{*}=\frac{1-\gamma-\delta\beta\gamma}{1-\gamma}(g-g^{*})+g^{*}(1-\delta)$,在设定最优政府支出($g=g^{*}$)的情况下,$\tau^{*}=g^{*}(1-\delta)$。并且根据中央计划者经济下满足的条件式(6-280)可知:

$g=\frac{\beta}{\alpha}\cdot\frac{C_t}{K_t}=\frac{\beta}{\alpha}\cdot\mu$,对应的 $\bar{\mu}=g^{*}\frac{\alpha}{\beta}$。将均衡状态下的等价表达式代入到分散经济下式(6-315)的最优资产结构表达式可得:

$$n^{*}=\frac{(g-\tau)\alpha+\bar{\mu}}{(\omega+1)\bar{\mu}}=\frac{(g^{*}-\tau^{*})\cdot\alpha}{\bar{\mu}}+1$$

$$=\frac{[g^{*}-g^{*}(1-\delta)]\alpha}{g^{*}\frac{\alpha}{\beta}}+1=\beta\cdot\delta+1>1 \quad (6-339)$$

3. 无国债、给定最优支出水平的税制结构。

既然前述的国债对福利提高的效应不大，甚至会出现国家购买私人债券，则在不考虑国债的情况下，由分散经济下式（6—315）的最优资产结构结论：$n^*=\dfrac{(g-\tau)\alpha+\bar{\mu}}{(\omega+1)\bar{\mu}}=1$ 可知：

$$(\omega+1)\bar{\mu}=(g-\tau)\alpha+\bar{\mu},\omega=\frac{(g-\tau)\alpha}{\bar{\mu}} \tag{6-340}$$

则将（三）中得到的结论——式（6—333）$\tau^*=\dfrac{1-\gamma-\delta\beta\gamma}{1-\gamma}(g-g^*)+g^*(1-\delta)$ 代入到式（6—340）可得：

$$\begin{aligned}\omega^*&=\frac{(g-\tau)\alpha}{\bar{\mu}}=\frac{\alpha}{\bar{\mu}}\left[g-\frac{1-\gamma-\delta\beta\gamma}{1-\gamma}(g-g^*)-g^*(1-\delta)\right]\\&=\frac{\alpha}{\bar{\mu}}\left\{g-\left[g-g^*-\frac{\delta\beta\gamma}{1-\gamma}(g-g^*)\right]-g^*(1-\delta)\right\}\\&=\frac{\alpha}{\bar{\mu}}\left[g-g+g^*+\frac{\delta\beta\gamma}{1-\gamma}(g-g^*)-g^*(1-\delta)\right]\\&=\frac{\alpha}{\bar{\mu}}\left[\frac{\delta\beta\gamma}{1-\gamma}(g-g^*)+g^*\delta\right]\\&=\frac{\alpha}{\bar{\mu}}\cdot\delta\cdot\left[\frac{\beta\gamma}{1-\gamma}(g-g^*)+g^*\right]\end{aligned} \tag{6-341}$$

在设定政府支出水平 g 为最优水平 g^* 的情况下，最优的商品税 ω 为（结合最优情况下的 $\bar{\mu}=g^*\dfrac{\alpha}{\beta}$）拥挤程度 δ 的函数。

$$\omega^*=\frac{\alpha}{g^*\dfrac{\alpha}{\beta}}\cdot\delta\cdot\left(\frac{\beta\gamma}{1-\gamma}\cdot 0+g^*\right)=\delta\beta \tag{6-342}$$

而此时的最优资本收入税 $\tau^*=g^*(1-\delta)$，从而可以得到资本收入税与商品税直接的“互补关系”。具体关系见表 6—3。

表 6—3　　最优资本收入税与最优商品税的补充关系

税收	最优税收表达式	$\delta=0$ 公共产品消费具有完全拥挤效应	$\delta=1$ 公共产品消费完全无拥挤效应
资本收入税	$\tau^*=g^*(1-\delta)$	$\tau^*=g^*$	$\tau^*=0$
商品税	$\omega^*=\delta\beta$	$\omega^*=0$	$\omega^*=\beta$

七、不完备市场单一消费者的资本收入税模型

以上是完备市场下对资本收入税问题的理论探讨，但市场经济不可能处于完

备的状态之下。因此许多学者通过其他理论分析和实证研究表明:如果放松完备市场的部分假定条件,则会形成正的最优资本收入税。譬如,Aiyagari(1995)的研究表明:正的资本收入税可能是最优的,其目的是矫正由代表性消费者进行预防性储蓄带来的资本过度积累问题。此外,即使保险市场是完备的,或者代表性消费者并未面临特定的风险,Judd (1997)证明:金融市场的摩擦将使得征收资本收入税是必要的。Erosa and Ventura (2002)模拟了一个跨期迭代经济中具有生命周期特征的个人行为,证明最优的资本收入税并不为零。Guo(2005)提供了一个产品市场不完备的最优资本收入税模型,证明了最优资本收入税的存在。① 以下本节以 Aiyagari(1995)的分析为例介绍不完备市场下的资本收入税问题。

假设经济系统中代表性消费者是无限期存活的,每期的效用如下:

$$U(C_t) \qquad t=0,1,2,\cdots,\infty \tag{6-343}$$

代表性消费者的总效用为 $\sum_{t=0}^{\infty}\beta^t U(C_t)$,β 为贴现因子。

对于政府而言,政府每期的支出为 G,在 $t=0$ 期之后,每期均没有一次总和税。政府通过征税 T 和发行债券 B 维持财政收支平衡。在这一经济系统中,消费者的最优问题便是:

$$\max\sum_{t=0}^{\infty}\beta^t U(C_t) \tag{6-344}$$

满足的约束条件是:

$$C_t+A_{t+1}\leqslant\theta_t H_t(1-N_t)+W_t N_t+(1+r_t)A_t \tag{6-345}$$

其中,C_t 是消费者每期的消费;W_t 是消费者劳动的单位劳动报酬(也就是工资);N_t 是消费者投入到市场中的劳动,则 $1-N_t$ 是家庭劳动;$H(1-N_t)$是家庭劳动所得。θ_t 是指第 t 期对劳动所得的特殊冲击(idiosyncratic shock),θ 是服从 $F(\theta)$的分布函数。这就增加了消费者收入的不确定性。r_t 是消费者资本投入的收益率,假设资本无折旧;A_t 是消费者本期投入的资本,A_{t+1} 是消费者本期没有消费储蓄后转为生产的资本,其中 A_0 是给定的。

对于厂商而言,其问题便是:

$$\max \qquad Y_t-W_t N_t-r_t K_t \tag{6-346}$$

需要满足的条件是:

$$Y\leqslant F(K_t,N_t)$$

其中,Y_t 是市场购买的产出。对于政府而言需要实现预算的平衡。其所需满足的预算约束为:

① Jang-Ting Guo, Tax Policy Under Keeping Up with the Joneses and Imperfect Competition[J]. Annals of Economics and Finance, 2005(6):25—36.

$$G_t + r_t B_t = B_{t+1} - B_t + \tau_L W_t N_t + \tau_K r_t (K_t + B_t) \quad (6-347)$$

其中，G_t 是政府每期的公共支出；B_t、B_{t+1} 分别是政府在 t 期和 $t+1$ 期发行债券的收入；在无套利状态下政府债券收益与资本的收益相同。τ_L 是消费者的劳动收入税，τ_K 消费者的资本收入税。

在完全竞争的完备市场假设下，艾亚戈里同意 Chamley(1986)的观点，即类似于确定性状态下的"单一类型代表性消费者资本收入税模型"的结论，认为确定性的完备市场的最优资本收入税为零，从而：

$$\beta(1+r_t) = 1 \quad (6-348)$$

亦即 $r_t = \dfrac{1}{\beta} - 1$ (6-349)

即在长期经济系统中，资本的最优税前收益率与时间贴现率相等。艾亚戈里证明：在不完备状态下，消费者考虑到收入冲击 θ 会使得经济中最优的税后资本小于时间贴现率，亦即：

$$r_t^* < \frac{1}{\beta} - 1 = r_t \quad (6-350)$$

而 $r_t^* = (1-\tau_K) r_t < \dfrac{1}{\beta} - 1 = r_t$ (6-351)

从而不完备市场下，最优的资本收入税 $\tau_K > 0$。

对于资本具有流动性约束的情形，可以通过离散时间下的拉格朗日方法和贝尔曼方法（动态规划方法）求解[①]。首先经济系统的目标问题为：

$$\max \quad E_t \sum_{t=0}^{\infty} \beta^t U(C_t) \quad (6-352)$$

假定代表性消费者面临的资本约束方程为：

$$A_{t+1} - A_t \leqslant (1-\tau_r) A_t r_t + (1-\tau_L) W_t L_t - C_t \quad (6-353)$$

代表性消费者在经济系统中不允许借债，即 $A_t \geqslant 0$。

对于这一经济系统，首先通过拉格朗日方法进行求解。定义拉格朗日方程如下：

$$L_1 = E_t \sum_{t=0}^{\infty} \beta^t U(C_t) + \sum_{t=0}^{\infty} \beta^t \cdot \varphi_t [(1-\tau_r) A_t r_t + (1-\tau_L) W_t L_t - C_t - A_{t+1} + A_t] + \sum_{t=0}^{\infty} \beta^t \cdot \eta_t \cdot A_t$$

其中 φ_t、η_t 为拉格朗日乘子。对状态变量 C_t 求一阶条件如下：

$$\frac{\partial L_1}{\partial C_t} = E_t \beta^t \cdot U'(C_t) - \beta^t \cdot \varphi_t = 0 \quad (6-354)$$

① 以下的分析思路基于龚六堂教授所讲授公共财政专题课程中的"资本税"专题。

对状态变量 A_{t+1} 求导如下：

$$\frac{\partial L_1}{\partial A_{t+1}}=-\beta^t\cdot\varphi_t+\beta^{t+1}\cdot\varphi_{t+1}\cdot[(1-\tau_r)r_{t+1}+1]+\beta^{t+1}\cdot\eta_{t+1}=0 \quad (6-355)$$

由式(6－354)可知：

$$\varphi_t=U'(C_t),\varphi_{t+1}=E_t\cdot U'(C_{t+1}) \quad (6-356)$$

将式(6－356)代入到式(6－355)并进行整理可得：

$$\begin{aligned}\eta_{t+1}&=\beta^{-1}\cdot\varphi_t-\varphi_{t+1}\cdot[(1-\tau_r)r_{t+1}+1]\\&=\beta^{-1}\cdot U'(C_t)-E_t\cdot U'(C_{t+1})\cdot[(1-\tau_r)r_{t+1}+1]\end{aligned} \quad (6-357)$$

由 $\eta_t\cdot A_t=0,A_t\geqslant0$ 可知 $\eta_t\geqslant0$，从而由上式可得：

$$\beta^{-1}\cdot U'(C_t)\geqslant E_t\cdot U'(C_{t+1})\cdot[(1-\tau_r)r_{t+1}+1] \quad (6-358)$$

亦即：

$$U'(C_t)\geqslant\beta\cdot E_t\cdot U'(C_{t+1})\cdot[(1-\tau_r)r_{t+1}+1]$$

在中央计划者经济下不存在税收时：

$$U'(C_t)=\beta\cdot E_t\cdot U'(C_{t+1})\cdot(r_{t+1}+1) \quad (6-359)$$

从而结合上述两式可得：

$$r_{t+1}+1\geqslant(1-\tau_r)r_{t+1}+1 \quad (6-360)$$

因而 $\tau_r\geqslant0$，存在正的资本收入税。

对于正资本收入税存在的情形，也可以通过动态规划方法（贝尔曼方法）求解形成。定义动态规划方法的值函数为：

$$V\left(\frac{A_t}{L_t}\right)=\max\left[U(C_t)+\beta E_t\cdot V\left(\frac{A_{t+1}}{L_{t+1}}\right)\right] \quad (6-361)$$

需要满足的约束条件为：

$$A_{t+1}-A_t\leqslant(1-\tau_r)A_tr_t+(1-\tau_L)W_tL_t-C_t \quad (6-362)$$

$$A_{t+1}\geqslant0 \quad (6-363)$$

定义拉格朗日方程如下：

$$\begin{aligned}L_2=&\left[U(C_t)+\beta E_tV\left(\frac{A_{t+1}}{L_{t+1}}\right)\right]\\&+\lambda_t[(1-\tau_r)A_tr_t+(1-\tau_L)W_tL_t-C_t-A_{t+1}+A_t]+\mu_t\cdot A_{t+1}\end{aligned} \quad (6-364)$$

其中 λ_t、μ_t 为乘子。A_{t+1} 为控制变量，C_t 为状态变量。

对状态变量 C_t 求导如下：$\frac{\partial L_2}{\partial C_t}=U'(C_t)-\lambda_t=0$ (6－365)

对控制变量 A_{t+1} 求导如下：$\frac{\partial L_2}{\partial A_{t+1}}=\beta E_t\cdot V'\left(\frac{A_{t+1}}{L_{t+1}}\right)-\lambda_t+\mu_t=0$ (6－366)

通过包络引理可得：$V'\left(\frac{A_t}{L_t}\right)=\frac{\partial L_2}{\partial A_t}=\lambda_t\cdot[(1-\tau_r)r_t+1]$ (6－367)

将式(6－367)滞后一期可得：$V'\left(\frac{A_{t+1}}{L_{t+1}}\right)=\lambda_{t+1}\cdot[(1-\tau_r)r_{t+1}+1]$ (6－368)

将式(6－368)代入到式(6－366)可得：

$$\beta E_t \cdot \lambda_{t+1} \cdot [(1-\tau_r)r_{t+1}+1]=\lambda_t-\mu_t \tag{6－369}$$

由式(6－365)可知 $\lambda_t=U'(C_t)$，将其滞后一期可得：

$$\lambda_{t+1}=U'(C_{t+1}) \tag{6－370}$$

将式(6－365)与式(6－370)代入到式(6－369)可得：

$$\beta \cdot E_t \cdot U'(C_{t+1}) \cdot [(1-\tau_r)r_{t+1}+1]=U'(C_t)-\mu_t \tag{6－371}$$

从而可以得到乘子 μ_t 的表达式：

$$\mu_t=U'(C_t)-\beta \cdot E_t \cdot U'(C_{t+1}) \cdot [(1-\tau_r)r_{t+1}+1] \tag{6－372}$$

根据假设的流动性限制 $\mu_t \cdot A_{t+1}=0$，$\mu_t \geqslant 0$，$A_{t+1} \geqslant 0$，可知：

$$U'(C_t) \geqslant \beta \cdot E_t \cdot U'(C_{t+1}) \cdot [(1-\tau_r)r_{t+1}+1] \tag{6－373}$$

而在中央计划者经济下不存在税收时：

$$U'(C_t)=\beta \cdot E_t \cdot U'(C_{t+1}) \cdot (r_{t+1}+1) \tag{6－374}$$

比较上述两式可知：

$$r_{t+1}+1 \geqslant (1-\tau_r)r_{t+1}+1 \tag{6－375}$$

$\tau_r \geqslant 0$，即存在正的资本收入税。

自艾亚戈里开展了不完备市场下的最优资本收入税研究，并论证了存在性之后，许多经济学者进行了这方面的论证，并且研究了经济在偏离最优资本收入税时的社会福利损失。

而对于不完备市场，一种重要的类型是代表性消费者的能力不能够被观察到。基于这一重要假设寻找莫里斯税收成为研究不完备市场下最优资本收入税的重要方向。对此许多学者进行了这一方面的研究。目前，对于这一情形的研究也成为现代公共财政中的前沿问题——新动态公共财政。对于这一前沿的、代表未来研究重要方向的理论问题，将在下一章进行专题分析。

总体上，对于资本收入税，无论是在资本商品市场发展成熟、市场信息完备的情况下，还是不完备市场下，最新的理论研究证明“正的资本收入税”是存在的。这一研究结论在现实经济中具有重要的意义，为各国纷纷开征资本收入税提供了理论依据。目前，发达国家如澳大利亚、加拿大、丹麦、芬兰、法国、德国、意大利、英国、美国均已开征了资本收入税，泰国、巴基斯坦、马来西亚、巴西、智利、埃及等发展中国家也已开征。可以说，随着理论研究的不断深入以及政策影响的逐渐扩大，开征资本收入税将成为未来税制改革中的一个重要方面。

第七章 “新动态公共财政”前沿理论

本章学习的阅读文献

1. Golosov M., N. Kocherlakota & A. Tsyvinski. Optimal Indirect and Capital Taxation[J]. *Review of Economic Studies*, 2003, 70(3):569—588.

2. Kocherlakota N. Wedges and Taxes[J]. *American Economic Review*, 2004, 94(2):109—113.

3. Kocherlakota N. Zero Expected Wealth Taxes: A Mirrlees Approach to Dynamic Optimal Taxation[J]. *Econometrica*, 2005, 73(5):1587—1621.

4. Golosov M., A. Tsyvinski & I. Werning. *New Dynamic Public Finance: A User's Guide*[A]. in D. Acemoglu, K. Rogoff & M. Woodford(Eds). NBER Macroeconomics Annual 2006[C]. MIT Press, 2007:317—363.

文献导读： 如前所述，“新动态公共财政”是现代财政学的前沿课题。本章专门分析了这一问题的历史演进和基本分析要点，提供了这一方面的经典文献，也提供了“新动态公共财政”学习的引导文献。

第一节 静态税收理论与莫里斯税收

在20世纪的最后30年内，政府支出问题与税收问题是公共财政领域受到广泛关注的重要内容(Feldstein，2002)。在现代公共财政的理论研究方面，实现社会福利最大的最优和社会损失最小的最优是重要的内容。具体对于公共支出与税收理论而言，探究“公共支出对全社会福利形成的效率、研究公共支出的最优规模，研究经济增长最大化、社会福利最大化下的最优税收问题”自然成为现代公共财政理论的研究重心。前者的出现直接基于动态宏观经济理论的研究范式(后文将进行详细的分析)。后者较早地呈现于微观财政理论的静态模型中，在最近几十年的宏观经济理论中实现了动态化处理，特别是在近几年来不断深入和细化。

而本章探析的“新动态公共财政”正是基于微观财政理论的动态化过程进行

的，因此静态最优税收理论自然成为现代公共财政研究的出发点。在静态税收理论方面，从税种上可以分别以商品税（Commodity Taxation）、收入税（Income Taxation，或称所得税）为研究对象。商品税理论研究的一个重要结论便是"拉姆奇法则（Ramsey Rule）"，也就是"逆弹性命题（Inverse Elasticity）"（Ramsey，1927 等）。

自从 1971 年莫里斯进行了不对称信息之下激励相容相适应的劳动收入税研究、形成了莫里斯税收（Mirrlees Taxation，信息不对称下激励相容的最优税收应该是对于低收入者、高收入者采取低边际税负，对中等收入者采取高边际税负）之后，后续的劳动收入税研究主要是进行细化（Diamond and Mirrlees，1971；Atkinson and Stiglitz，1976，1980 等）或是局部的特殊情况处理。譬如 Sheshinski（1972）在莫里斯的研究基础上假设税收是线性的，探究了线性最优劳动收入税问题；Ebert（1992）通过一个特定的分布函数提供了非线性最优劳动收入税的例证。

总体上，基于静态的最优税收理论研究，后续的研究逐渐形成了拉姆奇方法（Ramsey Approach）和莫里斯框架（ Mirrlees Framwork）。拉姆奇方法是指在研究商品税时以假设的线性税收进行最优税收理论分析，并且在某些研究中假设税收是外生给定的；莫里斯框架是指在寻找最优税收时，以假设的非线性税收进行信息不对称之下满足激励相容条件的最优税收理论分析。在最前沿的现代公共财政理论研究中，可以说拉姆奇方法下未出现重大的理论突破（龚六堂，2009），只是在研究方法上进行了后文介绍的动态化处理；在莫里斯框架之下，除了进行动态化处理之外，理论上的突破点较多，主要有研究体系的重要转变（Judd，1985；Chamley，1986）、市场完备性假设的重要改变（Aiyagari，1995）和不完备市场下的研究范式的转变（Golosov，Kocherlakota and Tsyvinski，2003）。其中，研究范式的重要转变最为重要，理论上的突破较大，影响力也较大，成为近期现代公共财政理论研究的最前沿。这一研究范式被称之为"新动态公共财政（New Dynamic Public Finance）"。

第二节　动态财政理论分析与莫里斯框架

一、动态财政理论概述

基于早期的静态最优税收理论，随着经济学研究的深入、细化以及研究方法的高级化，动态财政经济分析方法逐渐成为公共财政研究的前沿问题和先进方法（Stern，2002）。在公共财政研究方法、方式实现动态化的过程中，公共支出方面的典型模型是完备市场下"最优公共支出规模"理论的形成。这就是巴罗法则（Barro，1990）——是指在实现动态最优的经济增长路径之上，最优的支出规模应该是"实现政府支出的边际产出效率等于 1"的规模，即 MPG（Marginal Productivity of Government Expenditure)＝1。这在本书第四章已经有了详细的分析。

另一方面，公共财政在税收理论方面的更深层次的研究则是将"商品税、收入税纳入到动态经济分析、宏观经济分析"中去。这在现代公共财政领域中具有重要的地位，也形成了相当多、相对更为重要的研究成果。

以下以连续时间的研究为例，分析宏观经济理论中涉及的动态财政经济问题。假设经济中代表性消费者的效用函数如下：

$$U(C_t) \tag{7－1}$$

其中 C_t 是代表性消费者的消费。建立在人均消费水平 C_t 上的代表性消费者的优化问题为：

$$\max\int_0^\infty U(C_t)e^{-\rho\cdot t}\mathrm{d}t \tag{7－2}$$

其中 ρ 为正的时间贴现率。

经济系统中生产函数为柯布－道格拉斯形式的生产函数：

$$y=f(K_t,L_t)\text{，其中 } 0<a<1 \tag{7－3}$$

K_t 代表经济中的资本投入，L_t 代表经济中的劳动投入，并假设无技术进步率。

代表性消费者需要满足的预算约束方程为：

$$C_t+\frac{\mathrm{d}K_t}{\mathrm{d}t}=(1-\tau)(w_t+r_tK_t)-\delta K_t \tag{7－4}$$

在这一经济中无人口增长，τ 为政府对消费者征收的收入税，w_t 为代表性消费者劳动的工资，r_t 为经济中的资本回报率，δ 为资本的折旧率。

在分散经济下求解代表性消费者的优化问题，定义汉密尔顿方程如下：

$$H=U(C_t)+\mu(t)\cdot[(1-\tau)(w+r_tK_t)-\delta K_t-C_t] \tag{7－5}$$

其中 K_t 为控制变量，C_t 为状态变量。最优化的一阶条件如下：

$$\text{由}\frac{\partial H}{\partial C_t}=0\text{，可得 } U'_C=\mu(t) \tag{7－6}$$

由欧拉方程可得：

$$\frac{\mathrm{d}\mu(t)}{\mathrm{d}t}=\rho\mu(t)-\frac{\partial H}{\partial K_t}=\rho\mu(t)-\mu(t)\cdot[(1-\tau)r_t-\delta]=\mu(t)[\rho-(1-\tau)r_t+\delta] \tag{7－7}$$

将式(7－6)的两边对时间 t 求导可得：

$$U''_C\cdot\frac{\mathrm{d}C_t}{\mathrm{d}t}=\frac{\mathrm{d}\mu(t)}{\mathrm{d}t} \tag{7－8}$$

将式(7－6)与式(7－8)一起代入到式(7－7)可得：

$$-\frac{U''_C}{U'_C}\frac{\mathrm{d}C_t}{\mathrm{d}t}=(1-\tau)r_t-\delta-\rho \tag{7－9}$$

明显地，税收对经济增长速度有直接的影响。如果不存在税收（$\tau=0$），则经济增长速度为：

$$\frac{dC_t}{dt}/C_t=-\frac{U'_C}{U''_C\cdot C_t}[r_t-\delta-\rho] \tag{7-10}$$

如果存在税收，则经济增长速度明显要低于无税收情况下的速度。

在厂商均衡的条件下，可得资本和劳动的边际价值。具体对于代表性的厂商而言，应实现市场均衡条件下的利润最大化。

厂商利润为 $\Pi=f(K_t,L_t)-r_tK_t-w_t$ (7—11)

对资本存量求一阶条件可得：

$$\frac{\partial \Pi}{\partial K_t}=f'_K(K_t,L_t)-r_t=0 \tag{7-12}$$

从而 $r_t=f'_K(K_t,L_t)$ (7—13)

而根据欧拉方程：$f(K_t,L_t)=r_t\cdot K_t+w_t$（将劳动的数量标准化为 1）。因而：

$$w_t=f(K_t,L_t)-f'_K(K_t,L_t)\cdot K_t \tag{7-14}$$

在此将式（7—13）、式（7—14）代入到式（7—4）和式（7—9）可得：

$$\frac{dK_t}{dt}=(1-\tau)\cdot f(K_t,L_t)-\delta K_t-C_t \tag{7-15}$$

$$\frac{dC_t}{dt}=-\frac{U'_C}{U''_C}[(1-\tau)f'_K(K_t,L_t)-\delta-\rho] \tag{7-16}$$

在均衡状态下$\frac{dK_t}{dt}=0$ 和$\frac{dC_t}{dt}=0$，则形成如下条件：

$$(1-\tau)\cdot f(K_t^*,L_t^*)-\delta K_t^*-C_t^*=0 \tag{7-17}$$

$$(1-\tau)f'_K(K_t^*,L_t^*)-\delta-\rho=0 \tag{7-18}$$

除了分析税收影响经济增长速度之外，还可以分析税收对经济收敛速度的影响。在此将式（7—15）与式（7—16）进行一阶泰勒展开（Taylor Expansion）可得：

$$\begin{aligned}\frac{dK_t}{dt}&=[(1-\tau)\cdot f(K_t,L_t)-\delta K_t-C_t]|'_{K_t}\cdot(K_t-K_t^*)\\&\quad+[(1-\tau)\cdot f(K_tL_t)-\delta K_t-C_t]|'_{C_t}\cdot(C_t-C_t^*)\\&=[(1-\tau)\cdot f'_K(K_t,L_t)-\delta](K_t-K_t^*)-(C_t-C_t^*)\end{aligned} \tag{7-19}$$

$$\begin{aligned}\frac{dC_t}{dt}&=-\frac{U'_C}{U''_C}[(1-\tau)f'_K(K_tL_t)-\delta-\rho]|'_{K_t}\cdot(K_t-K_t^*)\\&\quad-\frac{U'_C}{U''_C}[(1-\tau)f'_K(K_tL_t)-\delta-\rho]|'_{C_t}\cdot(C_t-C_t^*)\\&=-\frac{U'_C}{U''_C}(1-\tau)f''_K(K_t,L_t)\cdot(K_t-K_t^*)\\&\quad-\frac{U'_C}{U''_C}[(1-\tau)f'_K(K_t,L_t)-\delta-\rho]|'_{C_t}\cdot(C_t-C_t^*)\end{aligned} \tag{7-20}$$

由式(7－18)$(1-\tau)f'_K(K_t^*,L_t^*)-\delta-\rho=0$ 可知式(7－20)即为：

$$\frac{\mathrm{d}C_t}{\mathrm{d}t}=-\frac{U'_C}{U''_C}(1-\tau)f''_K(K_t,L_t)\cdot(K_t-K_t^*) \tag{7－21}$$

从而，判断收敛速度(λ)的行列式 D 为：

$$\begin{vmatrix}(1-\tau)\cdot f'_K(K_t,L_t)-\delta & -1\\ -\frac{U'_C}{U''_C}(1-\tau)f''_K(K_t,L_t) & 0\end{vmatrix} \tag{7－22}$$

则求解收敛速度(λ)的行列式 A 为：

$$A=\begin{vmatrix}A_{11} & A_{12}\\ A_{21} & A_{22}\end{vmatrix}=\begin{vmatrix}\lambda-[(1-\tau)\cdot f'_K(K_t,L_t)+\delta & 1\\ \frac{U'_C}{U''_C}(1-\tau)f''_K(K_t,L_t) & \lambda\end{vmatrix}=0 \tag{7－23}$$

定义 A 中的子元素为：A_{11}、A_{12}、A_{21}、A_{22}。

通过这一行列式的求解，可以得到收敛速度 λ 与税收之间的关系。为简化分析，以下对 A 中的子元素分类简化求解。

对此，由式(7－18)$(1-\tau)f'_K(K_t^*,L_t^*)-\delta-\rho=0$ 可知：

$f'_K(K_t^*,L_t^*)=\frac{\rho+\delta}{1-\tau}$，将其代入到行列式(7－23)中的元素 A_{11} 可知：

$$A_{11}=\lambda-(1-\tau)\cdot\frac{\rho+\delta}{1-\tau}+\delta=\lambda-\rho \tag{7－24}$$

由式(7－17)$(1-\tau)\cdot f(K_t^*,L_t^*)-\delta K_t^*-C_t^*=0$ 可知：

$$(1-\tau)\cdot\frac{f(K_t^*,L_t^*)}{K_t^*}-\delta-\frac{C_t^*}{K_t^*}=0 \tag{7－25}$$

将式(7－18)形成的结论 $f'_K(K_t^*,L_t^*)=\frac{\rho+\delta}{1-\tau}$、资本的产出弹性 E_K 以及 $f'_K(K_t^*,L_t^*)$与 $f(K_t^*,L_t^*)$的关系式代入到式(7－25)可得：

$$\begin{aligned}\frac{C_t^*}{K_t^*}&=(1-\tau)\cdot\frac{f(K_t^*,L_t^*)}{K_t^*}-\delta=(1-\tau)\cdot\frac{1}{E_K}\cdot f'_K(K_t^*,L_t^*)-\delta\\ &=(1-\tau)\cdot\frac{1}{E_K}\cdot\frac{\rho+\delta}{1-\tau}-\delta=\frac{\rho+\delta}{E_K}-\delta\end{aligned} \tag{7－26}$$

在此，求解收敛速度(λ)的行列式 A 为：

$$A=\begin{vmatrix}A_{11} & A_{12}\\ A_{21} & A_{22}\end{vmatrix}=\begin{vmatrix}\lambda-\rho & 1\\ \frac{U'_C}{U''_C}(1-\tau)f''_K(K_t,L_t) & \lambda\end{vmatrix}=0 \tag{7－27}$$

经济收敛速度的求解方程为：

$$\lambda^2-\rho\lambda-\frac{U'_C}{U''_C}(1-\tau)f''_K(K_t,L_t)=0 \tag{7－28}$$

由式(7－18)$(1-\tau)f'_K(K_t^*,L_t^*)-\delta-\rho=0$ 可知 $1-\tau=\frac{\delta+\rho}{f'_K(K_t^*,L_t^*)}$，代入

到上式后即为：

$$\lambda^2-\rho\lambda-(\delta+\rho)\frac{U'_C}{U''_C}\cdot\frac{f''_K(K_t,L_t)}{f'_K(K_t^*,L_t^*)}=0 \tag{7－29}$$

情形一：当效用函数为 $U(C_t)=\dfrac{C_t^{1-\sigma}-1}{1-\sigma}$、生产函数为 $f(K_t,L_t)=K_t^aL_t^{1-a}$ 时，经济收敛速度的求解方程为：

$$\lambda^2-\rho\lambda-(\delta+\rho)\frac{C^{-\sigma}}{-\sigma C_t^{-\sigma-1}}\cdot\frac{a(a-1)K_t^{a-2}L_t^{1-a}}{aK_t^{a-1}L_t^{1-a}}=0$$

$$\lambda^2-\rho\lambda+\frac{1}{\sigma}(\delta+\rho)(a-1)\frac{C_t}{K_t}=0 \tag{7－30}$$

代入式(7－26)的结论 $\dfrac{C_t^*}{K_t^*}=\dfrac{\rho+\delta}{E_K}-\delta$、基于生产函数 $f(K_t,L_t)=K_t^aL_t^{1-a}$ 的 $E_K=a$ 可知，式(7－30)即为：

$$\lambda^2-\rho\lambda+\frac{1}{\sigma}(\delta+\rho)(a-1)\left(\frac{\rho+\delta}{a}-\delta\right)=0 \tag{7－31}$$

明显地，这一方程的求解结果与税收 τ 不相关，即 $\dfrac{d\lambda}{d\tau}=0$。从而在这一情形下，税收与经济的收敛速度无关。

情形二：当效用函数为 $U(C_t)=\log(C_t)$、生产函数为 $f(K_t,L_t)=AK_t^aL_t^{1-a}$ 时，经济收敛速度的求解方程 $\lambda^2-\rho\lambda-(\delta+\rho)\dfrac{U'_C}{U''_C}\cdot\dfrac{f''_K(K_t,L_t)}{f'_K(K_t^*,L_t^*)}=0$ 代入具体形式后，可得：

$$\lambda^2-\rho\lambda-(\delta+\rho)\frac{C_t^{-1}}{-C_t^{-2}}\cdot\frac{a(a-1)AK_t^{a-2}L_t^{1-a}}{aAK_t^{a-1}L_t^{1-a}}=0$$

$$\lambda^2-\rho\lambda+(\delta+\rho)(a-1)\frac{C_t}{K_t}=0 \tag{7－32}$$

代入式(7－26)的结论 $\dfrac{C_t^*}{K_t^*}=\dfrac{\rho+\delta}{E_K}-\delta$、基于生产函数 $f(K_t,L_t)=AK_t^aL_t^{1-a}$ 的 $E_K=a$ 可得，式(7－32)即为：

$$\lambda^2-\rho\lambda+(\delta+\rho)(a-1)\left(\frac{\rho+\delta}{a}-\delta\right)=0 \tag{7－33}$$

明显地，这一方程求解的结果也与税收 τ 不相关，即 $\dfrac{d\lambda}{d\tau}=0$。从而在这一情形下，税收与经济的收敛速度也无关。

除了分析宏观经济中的税收扰动影响之外，在动态财政经济专题的其它研究方向也很多。其中，对于商品税的研究，动态经济分析的结论与静态税收理论一样，同样是形成“逆弹性命题(Inverse Elasticity)”(Diamond and Mirrlees，1971，1978；Atkinson and Stiglitz，1980；Chari and Kehoe，1999)。对于劳动收入税(labor income taxation)而言,动态化处理的过程中基本都延续了莫里斯框架进行研究,寻找最优的莫里斯税收。其中,影响力较大的代表性的动态化研究则是 Saez(2001)做出的理论分析。同样地,对于动态最优的劳动收入税研究,各个学者形成了大致相同的结论。

二、新动态公共财政理论概述

但同样是在莫里斯框架之下,资本税(capital income taxation,也称资本收入税)的研究结论与劳动收入税的研究结论迥异。在研究的过程中,随着假设的不同、研究方法的不同,最优资本税的研究结论很不相同,甚至截然相反。这样的不同也使其在理论研究中处于动态财政理论研究的前沿,形成了较多的重要成果。譬如完备市场下 Christiano,Chari and Kehoe(1994)、Zhu Xiaodong(1992)等对动态随机最优税收问题的讨论。更为前沿的研究则是在不完备市场的框架下探讨动态最优税收问题。总体上,对于动态财政理论研究及其创新理论的形成,大致可以概括为以下两大脉络。

(一)完备市场的最优税收研究

在动态经济分析框架下,完备市场中关于资本税收问题的最早研究是 Summers(1981)提出的一个生命周期(Life-Cycle)类型的均衡模型。在动态经济模型中,Summers(1981)认为:经济系统从资本税转换到消费税时将会增加全社会的福利。但是萨默斯的研究侧重于税制体制转换的福利分析,而不是最优税收存在性的分析。从而在资本税方面,最为重要的开创性研究则是 Judd(1985)和 Chamley(1986)的经典研究。

Judd(1985)和 Chamley(1986)均通过理论研究认为:在某些模型设定下(如假设所有家庭的生存期限都相同,效用函数中包含休闲等),经济稳定状态下使社会福利最大化的最优资本税应该为零。这个结论意味着政府不应该征收资本税,甚至在长期中最优税收体系也不应该对资本征税。Lucas(1990)在完备市场框架下分析了资本税对全社会福利的影响。他认为降低资本税可以增加社会福利。与此同时,Barro(1990)将政府支出作为变量引入生产函数,探讨了"政府支出对平衡增长路径的影响、最优支出规模满足的条件和次优税收问题"。在完备市场的次优框架下,巴罗认为"次优的资本税是存在的"。通过开放经济下领先的资本出口者博弈模型,Gordon(1992)分析认为"完备市场假设下开放经济中不应该征收资本税"。在将公共支出纳入到效用函数之后,Turnovsky(1996)研究认为:在公共支出完全具有"拥挤效应"时应该征收资本税,在公共支出完全不具有这一效应时不应该征收资本税。在完备市场的分析框架下,Atkeson,Chari and Kehoe(1999)通过理论模型研究认为,即使放松某些假设条件,Chamley 和 Judd 的研究结论也是稳定的,即不应该征收资本税。Erosa and Ventura (2002)在其模型中刻画了一个跨期迭代经济系统中具有生命周期特征的家庭行为，证明最优的资本税并不为零。Abel(2005)研究认为，在完备的市场经济系统中，消费具有外部性的情况下最优的资本税是存在的。Cui，Li and Gong(2007)认为，在"财富具有外部性"的情况下存在最优资本商品税。

（二）不完备市场的最优税收研究

完备市场下动态最优税收理论研究的一个重要假设是家庭的生存期限是无限的，并且能够对特定冲击(Idiosyncratic Shock)进行完全保险。而在不满足这些假设条件的不完备市场下，Aiyagari(1995)进行了最早的研究。艾亚格里认为：在不完备市场下"正的资本税"可能是最优的，其目的是矫正由于家庭进行预防性储蓄带来的资本过度积累问题。在完备市场假设下，艾亚格里同意 Chamley(1986)的观点，认为确定性的完备市场的最优资本税收为零；但是在不完备状态下，消费者考虑到收入冲击θ会使经济中最优的税后资本小于时间贴现率(同时考虑流动性约束带来的结果)，从而艾亚格里认为不完备市场中的最优资本税是存在的。在此基础上，艾亚格里用这一分析框架探讨了经济增长、最优债务规模等方面的多个问题(Aiyagari，1994，1998)。此处 Aiyagari(1995)的研究不是寻找信息不对称下满足激励相容条件的莫里斯税收，而是基于劳动者收入"面临特定风险"而存在"预防性储蓄、流动性约束"时进行的最优税收研究。

同样是在不完备市场的假设下，延续莫里斯框架的研究思路，Werning (2002)和 Golosov，Kocherlakota and Tsyvinski(2003)研究认为：在消费者的能力是私人信息并且服从随机过程的情况下，满足激励相容条件的最优资本税应该是存在的。他们的这一分析框架及其后续研究正成为公共财政研究的最前沿，被称之为"新动态公共财政"。以下对这一理论前沿问题进行一个详细的分析。

第三节 "新动态公共财政"理论分析

（一）"新动态公共财政"理论标准模型

1. 基本结论

在不完备市场下，Werning (2002)、Golosov、Kocherlakota and Tsyvinski (2003)采取了与 Aiyagari(1995)不同的研究路径探讨最优财政政策问题。他们独立地研究了个人能力随机衍生、存在信息不对称并且满足激励相容条件情况下的动态最优税收问题。在本质上，他们是通过更加接近现实的理论假设探究莫里斯税收问题。对于这一纯税收理论问题，Werning(2002)在其博士学位论文《最优动态税收》(Optimal Dynamic Taxation)中最早进行了系统的研究和探析；与此同时，Golosov、Kocherlakota and Tsyvinski (2003)同时进行的研究形成了关键性的结论。随后，Werning (2005)等相继拓展了这一方面的研究和应用。无论如何，

Werning、Golosov、Kocherlakota 和 Tsyvinski 等可以说是“新动态公共财政”理论的开拓者。而 Golosov、Kocherlakota and Tsyvinski (2003)的文献则成为这一领域的具有开创性贡献的经典文献。他们这一文献的一个重要结论是“逆欧拉方程(Inverse Euler Equation)”的形成。即：

$$E_t\frac{1}{U'(C_{t+1})}=\frac{\beta(1+r_t-\delta)}{U'(C_t)}$$

而根据詹森不等式(Jensen's 不等式)，左式又可以转变为：

$$U'(C_t)<\beta(1+r_t-\delta)E_tU'(C_{t+1}) \tag{7-34}$$

而在分散经济下的欧拉方程为：

$$U'(C_t)=\beta(1+r_t-\delta)(1-\tau_r)E_tU'(C_{t+1}) \tag{7-35}$$

其中：C_t 是代表性消费者的消费，δ 是代表性消费者的风险厌恶系数(假定效用函数的形式为 CRRA)。β 为效用的贴现因子，$U'(C_t)$表示代表性消费者在第 t 期的边际效用，r_t 代表市场资本投资的回报率，τ_r 代表资本税。E_t 表示取期望，形成期望效用。

通过比较上述两式研究可得：不完备市场下的最优资本税 τ_r 是正的。

2. 理论形成过程——高级专题分析

上述结果的理论形成过程如下。首先在完全竞争的分散经济下，社会均衡需要满足的条件为：

$$\beta(1+r_t-\delta)(1-\tau_r)=1 \tag{7-36}$$

(相关符号的经济学意义参见第六章第三小节模型一的解释)

以下分析中央计划者(Social Planner)下满足的条件。假设一个经济体中代表性消费者是无限期存活的，每期的效用如下：

$$U(C_t,L_t)=U(C_t)-V(L_t) \qquad t=0,1,2,\cdots,\infty \tag{7-37}$$

代表性消费者的总效用为 $E_t\sum_{t=0}^{\infty}\beta^tU(C_t,L_t)$，$\beta$ 为贴现因子。

社会的产出为 $F(k_t,Y)$，其中 Y 代表投入的有效劳动。

$$Y=L\cdot\theta$$

其中，L 为代表性消费者投入的劳动，θ 代表了代表性消费者的劳动能力，这一能力为代表性消费者的私人信息。政府只能观察到代表性消费者的有效劳动及其产出，不能观察到消费者的能力。此处 Θ^T 为一个能力的信息集，$\theta\in\Theta^T$，$\theta=(\theta_1,\theta_2,\cdots,\theta_n)$，是独立同分布的。

在这一经济体下，消费者的问题便是：

$$\max E_t\sum_{t=0}^{\infty}\beta^{t-1}[U(C_t(\theta_t))-V(L_t(\theta_t))] \tag{7-38}$$

其满足的约束条件为：

$$k_{t+1}-k_t=F(k_t,\int y_t(\theta_t)\mathrm{d}\mu)-\int C_t(\theta_t)\mathrm{d}_\mu-\delta\cdot k_t \tag{7-39}$$

定义一个代表性消费者从 Θ^T 到 Θ^T 的一个能力报告映射 σ，$\sigma^*(\theta)=\theta$。

定义 $$w(\sigma)=\sum_{t=0}^{\infty}\beta^{t-1}U(C_t(\sigma\theta_t))-V\left(\frac{Y_t(\sigma\theta_t)}{\theta_t}\right) \tag{7-40}$$

从而对于这一能力映射，满足的激励相容条件(IC)为：$w(\sigma^*)\geqslant w(\sigma)$，$\forall\sigma,\theta$。其中以观察到的有效劳动为变量，由 $L=\frac{Y}{\theta}$ 的转换形式代入。

对于可行资源配置而言，通过微小的随机波动(定义 t 期的波动为 ε_t，$t-1$ 的波动为 η_t)仍然是可行的。但是这样的波动应该是资源消耗最小的波动。

$$\min_{\eta_t,\varepsilon_{t+1},\varepsilon_t}\quad \varepsilon_t+\int\eta_t\mathrm{d}\mu \tag{7-41}$$

满足随机波动下的资源约束条件：

$$\int\varepsilon_{t+1}\mathrm{d}\mu=\varepsilon_t+F(k_{t+1}^*+\varepsilon_t,Y_{t+1}^*)-F(k_{t+1}^*,Y_{t+1}^*)-\delta\varepsilon_t \tag{7-42}$$

目标函数值保持不变的条件：

$$U(C_t^*+\eta_t)+\beta U(C_{t+1}^*+\varepsilon_{t+1})=U(C_t^*)+\beta U(C_{t+1}^*) \tag{7-43}$$

对于上述优化问题，在此处定义线性泛函数如下：

$$\begin{aligned}L=&\ \varepsilon_t+\int\eta_t\mathrm{d}\mu\\&-\lambda_t\left[\varepsilon_t+F(k_{t+1}^*+\varepsilon_t,Y_{t+1}^*)-F(k_{t+1}^*,Y_{t+1}^*)-\delta\,\varepsilon_t-\int\varepsilon_{t+1}\mathrm{d}\mu\right]\\&-\langle Z_{t+1},U(C_t^*+\eta_t)+\beta\,U(C_{t+1}^*+\varepsilon_{t+1})\rangle\end{aligned}$$

其中 $Z_{t+1}\in L_{t+1}$。分别对 η_t，ε_{t+1}，ε_t 一阶求导并令 $\eta_t=0$，$\varepsilon_{t+1}=0$，$\varepsilon_t=0$(限于篇幅，对于 $\eta_t=0$，$\varepsilon_{t+1}=0$，$\varepsilon_t=0$ 为什么是可行的最优解不详细分析，读者可参见原文)可得：

由 $\left.\frac{\partial L}{\partial\eta_t}\right|_{\eta_t=0}=0$ 可得：

$$\int\varphi_t\mathrm{d}\mu-\langle Z_{t+1},U'(C_t^*)\cdot\varphi_t\rangle=0 \tag{7-44}$$

由 $\left.\frac{\partial L}{\partial\varepsilon_t}\right|_{\varepsilon_t=0}=0$ 可得：

$$1-\lambda_t(F_{k_{t+1}}{}'+1-\delta)=0 \tag{7-45}$$

由 $\left.\frac{\partial L}{\partial\varepsilon_{t+1}}\right|_{\varepsilon_{t+1}=0}=0$ 可得：

$$\lambda_t\int\phi_{t+1}\mathrm{d}\mu-\langle Z_{t+1},\beta\,U'(C_{t+1}^*)\phi_{t+1}\rangle=0 \tag{7-46}$$

上式均有 $\forall\varphi_t\in L_t$，$\forall\phi_{t+1}\in L_{t+1}$。对式(7-44)令 $\varphi_t=\frac{\varphi_t{}'}{U'(C_t^*)}$ 可有：

$$\int \frac{\varphi_t{}'}{U'(C_t^*)}\mathrm{d}\mu = < Z_{t+1}, \varphi_t{}' >, \varphi_t{}' \in L_t \tag{7-47}$$

同理，对式(7－46)令 $\phi_t = \dfrac{\phi_{t+1}{}'}{U'(C_{t+1}^*)}$ 可有：

$$\frac{\lambda_t}{\beta}\int \frac{\phi_{t+1}{}'}{U'(C_{t+1}^*)}\mathrm{d}\mu = < Z_{t+1}, \phi_{t+1}{}' >, \phi_{t+1}{}' \in L_t \tag{7-48}$$

由于式(7－47)与式(7－48)对任意的自变量都存在，则重新令 $\rho_t = \varphi_t{}' = \phi_{t+1}{}' \in L_{t+1}$，则有：

$$\int \frac{\rho_t}{U'(C_t^*)}\mathrm{d}\mu = \frac{\lambda_t}{\beta}\int \frac{\rho_t}{U'(C_{t+1}^*)}\mathrm{d}\mu = < Z_{t+1}, \rho_t >, \rho \in L_t$$

将式(7－45)变形后的表达式 $\lambda_t = \dfrac{1}{F_{k_{t+1}}{}' + 1 - \delta}$ 代入到上式并采用期望表达形式可得：

$$\frac{1}{U'(C_t)} = \frac{1}{\beta(1+r_t-\delta)} E_t \frac{1}{U'(C_{t+1})} \tag{7-49}$$

将上式变形为 $E_t \dfrac{1}{U'(C_{t+1})} = \dfrac{\beta(1+r_t-\delta)}{U'(C_t)}$，在采用詹森不等式（对于凸函数 $f(x)$，$E \cdot f(x) \geqslant f(Ex)$，则 $E_t \dfrac{1}{U'(C_{t+1})} \geqslant \dfrac{1}{E_t U'(C_{t+1})}$）后可得：

$$U'(C_t) < \beta(1+r_t-\delta) E_t U'(C_{t+1}) \tag{7-50}$$

而分散经济下 $U'(C_t) = \beta(1+r_t-\delta)(1-\tau_r) E_t U'(C_{t+1})$ (7－51)

结合式(7－50)和式(7－51)可知：$\tau_r > 0$。

此处式(7－51)在完全竞争市场中的分散经济情形下无不确定性，$U'(C_{t+1}) = E_t U'(C_{t+1})$，从而式(7－51)又可以写为 $\beta(1+r_t-\delta)(1-\tau_r) = 1$。这就是式(7－36)表达式。总体上，“新动态公共财政”作为前沿的税收理论研究，涉及的数理经济知识特别多。就戈洛索夫等的这一开创性的论文而言，其涉及了以下知识：信息经济学、动态经济学（动态规划方法）、高等概率论、泛函分析、实变函数等数学、经济数学知识。目前，这一理论的广泛应用也成为公共财政、公共经济学研究，乃至（动态）宏观经济学研究的重要内容。

（二）“新动态公共财政”的理论演进

对于“新动态公共财政”理论，最重要的初始假设是对传统理论中个人能力分布假设的改变。Diamond and Mirrlees (1978，1986)的动态税收研究中假设个人能力是隐藏的，Atkinson and Stiglitz(1976)则假设个人的能力是不变的。而在“新动态公共财政”理论中则将个人的能力进行了随机的、信息不对称的假设。对于这样的信息不对称假设，Werning(2001)最早将其用于最优失业保险市场的研究。类似于这样的代表性消费者的假设条件，Werning(2002)与 Golosov、Kocherlakota and Tsyvinski (2003)将莫里斯框架引入到标准增长模型之中，研究了最优财政政策问题——即最优税收理论问题。

在这样的增长框架下，根据 Rogerson(1985)的研究，Golosov、Kocherlakota and Tsyvinski (2003)认为最优的正的资本税是存在的。Werning (2002)，Shimer and Werning (2005)，Abraham and Pavoni (2004) 和 Kocherlakota (2005a)研究了资本不可观察、资本回报不征税时的最优税收问题。Golosov and Tsyvinski (2005) 和 da Costa(2005)将标准模型进行了另一个方面的衍生研究。假设在个人能力信息不可观察的同时，金融买卖交易行为同样不可观察，他们研究认为：政府可以对不可观察的资本征税，并且可以对资本回报率形成统一的影响。对于这一问题，传统理论认为：在市场经济是有效率的情况下，扭曲性的税收是多余的。但是在金融交易不可观察的情况下，竞争均衡将不再是有效的。从而，Golosov and Tsyvinski (2005) 和 Albanesi(2006)通过最优税收干预问题的研究突出了金融市场中"不可观察性(unobservability)"的重要意义。并且 Golosov and Tsyvinski (2005)通过数值分析的例子分析了不完备市场下对资本进行补贴(负税收)的经济情形。Acemoglu，Golosov，and Tsyvinski(2006)基于这一分析框架研究了包括政府、政府官员和政客激励约束问题的最优税收问题。Werning (2007)综合拉姆奇方法和莫里斯框架的税收假定研究了政府支出和技术冲击下的最优劳动税和最优资本税问题。

根据这些理论模型，许多学者还进行了"新动态公共财政"的数值分析(Numerical Analysis)，通过数值分析测度税收政策调整中的福利损益和经济扭曲规模。在独立同分布假设的风险冲击和能力分布下，Albanesi and Sleet(2006)研究了动态经济模型中资本和劳动税收的福利问题。Golosov and Tsyvinski (2006)通过理论模型并结合数值分析认为：完善残疾保险制度能够使社会福利收益更大。Farhi and Wering(2006)形成了一个局部改革下(对初始的满足激励相容条件的分配进行储蓄改变)计算社会福利增加额的一般方法。

(三)标准模型下的相关研究

对于莫里斯框架的分析和研究而言，其不仅仅是最优税收政策的选择，更加重要的是对"公平与效率"关系的平衡。从而从"新动态公共财政"的标准分析框架出发，可以衍生研究"平衡公平与效率关系"的税种(如"通货膨胀税、财富税、遗产税"等)。对此，Kocherlakota(2005b)在对"新动态公共财政"进行文献综述的同时，还对这一范式在其他各个类型税种中的应用进行了分析，提出了后续研究所需解决的问题。

总体上，除了动态最优资本税及其福利改进的研究之外，基于"新动态公共财政"的标准分析框架，Farhi and Wering(2005)分析了宏观经济模型中具有动态私人信息的最优遗产税。他们通过理论研究认为：最优的遗产税应该是负的——即遗产应该被补贴而不是征税(可称之为"负遗产税")。并且他们还认为，穷人比富人应该补贴更多的遗产税。Kocherlakota(2005a)在假设经济系统面临总冲击的情况下对财富税(Wealth Taxes)进行了衍生分析,并且认为最优的财富税应该为零。而在同样的分析框架下,Albanesi and Sleet(2006)则认为:如果在能力冲击是独立同分布的情况下,同时在财富税发挥揭示代表性消费者收入信息功能的情况下,财富税应该是存在的。此外,Albanesi (2006)分析了动态经济模型中企业主的最优税收问题,但是其结论较为模糊。因为阿尔巴内塞研究认为,对于企业主而言的最优的跨期税收"可正可负"。Kocherlakota and Phelan(2007)根据这一框架研究了最优社会契约问题(optimal social contract)。他们认为:在满足代表性消费者"知道自己的能力类型、赋予各种商品并且根据自己的商品显示偏好"的情况下,最优并且唯一的社会契约应该是"自由市场经济",并且这一结论是稳健的。da Costa and Werning(2008)将这一框架应用到宏观金融理论中去。在具备私人信息的异质代表性消费者的假设下,他们认为弗里德曼法则(Friedman Rule)是最优的,从而最优的通货膨胀税为零。并且他们还认为:在代表性消费者能力不同的情况下,次优货币政策带来的福利损失相当大。

四、结语

对于"新动态公共财政",在理论上可以说是一个假设相对更加接近现实的研究框架,在分析范式上应该是较为前瞻的、重要的。这也是后续研究较多、影响较大的重要原因。当然,对于这一研究更为系统化的理论概括、严密论证相对还是不足。这可能与经济学者侧重于创新理论、应用理论,不擅长完善理论、升华理论有关。但无论如何,"新动态公共财政"正日益形成一个不断完善的财政理论体系或宏观经济理论体系,在未来的理论研究方面具有举足轻重的地位,不久可能会改写或融入到目前的(高级)宏观经济学教科书、公共经济学(公共财政)教科书中去。此外,在具体的研究方面,"新动态公共财政"也将形成更多的理论成果,但更加深入的研究也会面临较大的困难。解决这些困难形成更多、更重要的理论成果将是后续研究的重要内容。具体而言:

对于这一研究结论的稳健性,非常重要的概念是政府政策是否是连续稳定的,或者说政府的政策能否实现动态一致性 (dynamic consistent)? 答案显然是否定的。几乎所有的"新动态公共财政"研究文献都假设政府的行为是完全承诺一致的(full commitment)。而在动态不一致(dynamic inconsistent)的情况下,研究肯定是非常复杂的(涉及到多次重复博弈),在技术操作上也将是一项非常具有挑战性的工作(Golosov,Tsyvinski and Werning,2006)。这有待后面的学者进行更进一步的研究,有待在数值分析方面进行深入分析。

其次,对于"新动态公共财政"而言,其遵循的是莫里斯框架,而对于这一"代表性消费者满足条件的假设"同样可以适用于任何其他宏观经济领域的分析和研究。

前述的"相关研究"正是这一方面的重要体现,后续研究可以在效用函数改变、附加人力资本改变等方面进行。并且,在放松相关条件的情况下,研究分散经济下不完备市场中的其他特殊情况(如企业竞争不充分)也可以成为理论研究的另一个重要方面。

再次,在代表性消费者能力受到冲击的情况下,经济系统需要社会保险(social insurance)。这在标准模型中的分析则是完全由政府去实现的。但在现实生活中社会保险既有政府承担的,又有社会私有部门进行的。对此,如何解决政府保险和市场保险的边界问题将是一个非常重要、在理论上亟须回答的问题(Kocherlakota,2008)。

最后,对于"新动态公共财政"理论而言,从方法论上来讲具有一定的难度,涉及的数理知识非常多。就标准模型而言,涉及的数理知识包括"信息经济学、动态经济学(动态规划方法)、高等概率论、泛函分析、实变函数等"。在这一方面的研究也主要集中在北美经济院校屈指可数的几个学者之间。就目前的文献综述来看,我国学者在这方面的研究和分析还较少,较为欠缺。后续的研究有待更多的国内学者关注这一前沿的理论问题,让更多的决策者了解这一理论问题和政策结论,将前沿的理论更好地应用到中国财政理论和政策实践中去。

第八章　最优债务理论分析

本章学习的阅读文献

1. Buiter W. A Guide to Public Sector Debt and Deficits? [J]. *Economics Policy*, 1985, 1(1): 15—79.

2. Barro R J. Are Government Bonds Net Wealth? [J]. *Journal of Political Economy*, 1974, 82(6): 1095—1117.

3. Barro R J. On the Determination of the Public Debt? [J]. *Journal of Political Economy*, 1979, 87(5): 940—971.

4. Aiyagari S R & E R McGrattan. The Optimum Quantity of Debt[J]. *Journal of Monetary Economics*, 1998, 42(3): 447—469.

文献导读： 国债及其"李嘉图等价"原理是一个争论不休的问题，对此本章进行了这一方面文献的介绍。而对于最优国债规模的度量，本章提供了巴罗和艾亚戈里的经典文献。

第一节　国债问题与"李嘉图等价"原理

一、国债问题概述

关于国债及其国债经济效应的分析，最早源自李嘉图(Ricardo，1817)的理论分析，自从李嘉图提出这一问题以来，国债问题一直是公共政策讨论的核心问题之一。而根据凯恩斯主义哲学的观点：无论国债有什么优点，只是一项重要的财政政策工具，这一工具在经济运行中应该被采用。

对于国债的类型，可以分为内部债务和外部债务。内部债务是指针对本国居民发行的政府债务；外部债务是指针对本国居民以外的个人或机构发行的政府债务。对于国债的偿还，一般而言可以通过本国经济的发展收益偿还，或是通过新增税收偿还，或是通过举借新债进行偿还。当然，正是由于有了这些不同的偿还方式，考虑到不同代际之间的福利效应，国债的经济效应成为宏观经济中特别具有争议性的理论问题。对于这一争论，可以通过下文"李嘉图等价"原理进行理解。

二、"李嘉图等价"原理

（一）概述

"李嘉图等价"原理（Ricarian Equivalence）是国债理论中的一个重要问题。李嘉图在《政治经济学及赋税原理》第十七章《农产品以外的其他商品税》中表述了如下思想：政府为筹措战争或其他经费，采用征税还是发行公债的影响是等价的。这是"李嘉图等价"思想的来源。

对于这一原理，可以通过下例进行理解：假定人口不随经济的发展而出现增长，政府决定对每个人减少现行税收（一次性总付税）1 000 美元，由此造成的财政收入的减少，通过向每个人发行 1 000 美元政府债券的形式来弥补（再假定债券期限为一年，年利息率为 4%），以保证政府支出规模不会发生变化。在实施减税后的第二年，为偿付国债本息，政府必须向每个人征收 1 000×（1+4%）=1 040 元的税收。这是一个最简单的静态的理论分析。

从现代公共财政理论来看，对于这一问题的最早探讨则是源于 1974 年巴罗发表的《政府债券是净财富吗？》（*Are Government Bonds Net Wealth*？）一文。巴罗坚信"李嘉图等价"的确定性，并提出了如下重要观点：具有利他动机的消费者将会把其资产的一部分以遗产的形式留给他（她）的后代。这是因为他不仅从其自身的消费中获得效用，还会从其后代的消费中获得效用。即代表性消费者的效用函数 U_i 为：

$U_i=U_i(C_i^0,C_i^1,U_{i+1}^*)$，$i$ 代表经济中人口数。

其中 C_i^0 代表经济中消费者年轻时的效用，C_i^1 代表经济中消费者年老时的效用，U_{i+1}^* 代表经济中第 $i+1$ 个消费者的最佳效用。

随后，在 1976 年布坎南发表的《巴罗的〈论李嘉图等价定理〉》（Barro on the Ricardian Equivalence Theorem）的评论中，首次提出了"李嘉图等价"原理。而截至到目前，这一问题仍是学者广泛关注和深入研究的内容，也是一个争论不休的问题。明显的，无论是在静态的分析框架还是在跨期迭代（Overlapping Generations Model）模型离散时间的动态分析框架中，由于假设的条件不同结论会不同。对于这一问题的争论，可以通过一个简单模型形成较为深入的理解。

（二）理论分析

1. 基本假设

以下通过一个简单的跨期迭代模型进行分析。假设在一个单一部门的新古典增长模型下（neoclassical economic model），代表性消费者的存活期是两期的（不存在期间的经济影响），不会出现政府的财富再分配功能。经济系统中的生产函数为：

$$Y_t = K_t^{\alpha} L_t^{1-\alpha} \tag{8-1}$$

财政政策由以下一系列政策组合构成：$\{G_t, T_t^0, T_t^1, B_t\}$

其中 G_t 代表政府面向年轻人的公共支出（以体现当代支出下不同期间的债务效应），T_t^0 代表政府在第 t 期向社会中年轻人征的税，T_t^1 代表政府在第 t 期对社会中老年人征的税。B_t 表示政府在第 t 期发行的债券。政府预算约束方程为：

$$B_{t+1} + T_t^0 + T_t^1 = G_t + B_t(1 + r_t) \tag{8-2}$$

由此可知：$B_{t+1} = G_t + B_t(1 + r_t) - T_t^0 - T_t^1$ (8-3)

这一系统中代表性消费者的目标问题为：

$$\max \quad U = \max\{U(C_t^0 + G_t) + \beta \cdot U(C_{t+1}^1)\} \tag{8-4}$$

满足的约束条件为：

$$C_t^0 + B_{t+1}^1 + K_{t+1}^1 \leqslant w_t - T_t^0 \tag{8-5}$$

$$C_{t+1}^1 \leqslant (B_{t+1}^1 + K_{t+1}^1) r_{t+1} - T_{t+1}^1 \tag{8-6}$$

式(8－5)是代表性消费者在年轻时的预算约束方程。其中，w_t 是代表性消费者在年轻时的劳动收入。代表性消费者在年轻时无储蓄，一部分收入用于消费，一部分收入用于再生产的资本投资，一部分用于购买国债。式(8－6)是代表性消费者在年老时的预算约束方程。其中，r_{t+1} 是代表性消费者的资产回报率，并且假定是无套利的（即假定代表性消费者的资产投资回报与债券投资回报是相同的）。

2. 分析框架

为了使分析的对象更加具有简易性，假设以上经济目标中的效用函数为对数形式的效用函数，并且假定不能对代表性消费者在年老的时候征税，即，$T_{t+1}^1 = 0$，则这一系统中代表性消费者的目标问题为：

$$\max \quad U = \max\{\mathrm{Log}(C_t^0 + G_t) + \beta \cdot \log(C_{t+1}^1)\} \tag{8-7}$$

满足的预算约束条件为：

$$C_t^0 + B_{t+1}^1 + K_{t+1}^1 \leqslant w_t - T_t^0 \tag{8-8}$$

$$C_{t+1}^1 \leqslant (B_{t+1}^1 + K_{t+1}^1) r_{t+1} - 0 \tag{8-9}$$

式(8－3)转变为：$B_{t+1} = G_t + B_t(1 + r_t) - T_t^0$ (8-10)

将预算约束式(8－8)和式(8－9)消去 $B_{t+1} + K_{t+1}$ 可得：

$$C_t^0 + \frac{C_{t+1}^1}{r_{t+1}} \leqslant w_t - T_t^0 \tag{8-11}$$

这就是代表性消费者收入的预算约束方程，求解这一经济系统。定义拉格朗日方程如下：

$$L_1 = \log(C_t^0 + G_t) + \beta \cdot \log(C_{t+1}^1) + \lambda\left(w_t - T_t^0 - C_t^0 - \frac{C_{t+1}^1}{r_{t+1}}\right) \tag{8-12}$$

分别对变量 C_t^0, C_t^1 一阶求导如下：

$$\frac{\partial L_1}{\partial C_t^0} = \frac{1}{C_t^0 + G_t} - \lambda = 0 \tag{8-13}$$

$$\frac{\partial L_1}{\partial C_{t+1}^1}=\frac{\beta}{C_{t+1}^1}-\frac{\lambda}{r_{t+1}}=0 \tag{8-14}$$

将上式两边消去拉格朗日乘子可得：

$$\frac{1}{C_t^0+G_t}=\frac{\beta\cdot r_{t+1}}{C_{t+1}^1} \tag{8-15}$$

亦即：$\frac{C_{t+1}^1}{r_{t+1}}=\beta(C_t^0+G_t)$ (8－16)

由预算约束条件式(8－9)可知：

$B_{t+1}^1+K_{t+1}^1=\frac{C_{t+1}^1}{r_{t+1}}$，将式(8－16)代入后可得：

$$B_{t+1}^1+K_{t+1}^1=\beta(C_t^0+G_t) \tag{8-17}$$

而由预算约束条件式(8－8)可知：

$$C_t^0=w_t-T_t^0-B_{t+1}-K_{t+1}^1 \tag{8-18}$$

其中厂商均衡条件下工资的报酬为(求导后劳动量标准化为1)：

$$w_t=\frac{\partial(K_t^{\alpha}L_t^{1-\alpha})}{\partial L_t}=(1-\alpha)K_t^{\alpha}L_t^{-\alpha}=(1-\alpha)\left(\frac{K_t}{L_t}\right)^{\alpha}=(1-\alpha)K_t^{\alpha} \tag{8-19}$$

将上述两式式(8－18)和式(8－19)代入到式(8－17)可得：

$$\begin{aligned}B_{t+1}^1+K_{t+1}^1&=\beta(w_t-T_t^0-B_{t+1}^1-K_{t+1}^1+G_t)\\&=\beta[(1-\alpha)K_t^{\alpha}-T_t^0-B_{t+1}^1-K_{t+1}^1+G_t]\end{aligned} \tag{8-20}$$

整理后可得：

$$K_{t+1}^1=\frac{\beta}{1+\beta}[(1-\alpha)K_t^{\alpha}-T_t^0+G_t]-B_{t+1}^1 \tag{8-21}$$

据此在初期政府支出给定的情况下，根据上式可以分析债务发行、债务偿还的运行机理。

3. 两种情形的简单分析

(1)“李嘉图等价”原理不成立的情形

在初期政府支出给定的情况下——只出现一期支出(或者可以看作是政府的一项减税措施)，根据前面的分析框架可以研究债务发行、偿还的运行机理。譬如假设政府支出是如下的：

$$\begin{cases}G_t=G & \text{只出现一期；}\\ G_{t+i}=0,\ \forall\, i\neq 0 & \text{在 } t \text{ 期之外无支出。}\end{cases}$$

对于这一政府支出的补偿首先考虑如表8－1所示的支付计划。

表8－1中(Ⅰ)的情形是政府在初期的支出直接由当期的年轻人来负担；表中(Ⅱ)的情形是政府在初期向当期年轻人借债(或发行国债)来满足，然后在下一期对这一经济中的年轻人征税来偿还债务的本金和利息(国债的利率为r_{t+1})。

表 8—1　　　　　　　　　　　　支付计划一

(Ⅰ)	$T_t^0=G_t$	$B_{t+1}^1=0$	$G_{t+i}=0$	通过税收实现支出
(Ⅱ)	$T_t^0=0$	$B_{t+1}^1=G_t$	$T_{t+1}^0=G_t(1+r_{t+1})$	通过本期借债、下期征税实现支出(对下期年轻人征税)

由式(8—21)可知,在(Ⅰ)的情形下初期代表性消费者(第 1 期的消费者)在年老时的资本存量为:

$$K_{t+1}^1=\frac{\beta}{1+\beta}[(1-\alpha)K_t^\alpha-G_t+G_t]-0$$
$$=\frac{\beta}{1+\beta}(1-\alpha)K_t^\alpha \tag{8—22}$$

第 2 期的消费者在年老时的资本存量为:

$$K_{t+2}^1=\frac{\beta}{1+\beta}(1-\alpha)K_{t+1}^\alpha \tag{8—23}$$

经济中第 2 期以后老年人的资本存量可以通过迭代形成。

在(Ⅱ)的情形下,初期代表性消费者(第 1 期的消费者)在年老时的资本存量为:

$$K_{t+1}^1=\frac{\beta}{1+\beta}[(1-\alpha)K_t^\alpha-0+G_t]-G_t$$
$$=\frac{\beta}{1+\beta}(1-\alpha)K_t^\alpha-\frac{1}{1+\beta}G_t \tag{8—24}$$

同理:$K_{t+2}^1=\frac{\beta}{1+\beta}[(1-\alpha)K_{t+1}^\alpha-G_t(1+r_{t+1})+0]-0$

$$=\frac{\beta}{1+\beta}(1-\alpha)K_{t+1}^\alpha-\frac{\beta}{1+\beta}G_t(1+r_{t+1}) \tag{8—25}$$

$$K_{t+3}^1=\frac{\beta}{1+\beta}(1-\alpha)K_{t+2}^\alpha \tag{8—26}$$

$$K_{t+i}^1=\frac{\beta}{1+\beta}(1-\alpha)K_{t+i-1}^\alpha, i=4,5,\cdots \tag{8—27}$$

通过上面分析可知:通过征税弥补支出的情形(Ⅰ)中,年轻人在第 2 期成为老年人后资本存量为$\frac{\beta}{1+\beta}(1-\alpha)K_t^\alpha$;通过借债弥补支出的情形(Ⅱ)中年轻人在第 2 期成为老年人后资本存量为$\frac{\beta}{1+\beta}(1-\alpha)K_t^\alpha-\frac{1}{1+\beta}G_t$。

明显地,情形(Ⅰ)中的资本存量高于情形(Ⅱ)中的资本存量。从而在资源给定的情形下:年轻人在第二期成为老年人后,情形(Ⅰ)中的消费低于情形(Ⅱ)中的。这样"李嘉图等价"原理不成立。也就是说,存在跨期迭代的经济系统中,如果将本期年轻人负担的债务由下期的年轻人承担,则"李嘉图等价"原理不成立。

(2)"李嘉图等价"原理成立的情形

同样在政府支出只出现一期,其他期之后无支出的情况下,假定这一政府支出的补偿考虑如表 8－2 的支付计划。

表 8－2　　支付计划二

(Ⅰ)	$T_t^0=G_t$	$B_{t+1}^1=0$	$G_{t+i}=0$	通过税收实现支出
(Ⅱ)	$T_t^0=0$	$B_{t+1}^1=G_t$	$T_{t+1}^1=G_t r_{t+1}$	通过本期借债、下期征税实现支出(对下期老年人征税)

表 8－2 中(Ⅰ)的情形是政府在初期的支出直接由当期的年轻人来负担;表中(Ⅱ)的情形是政府在初期向当期年轻人借债(或称发行国债)来满足,然后在下一期对这一经济中的老年人(也就是上一期的年轻人)征税来偿还债务的利息(国债的利率为 r_{t+1})。

在基本框架下,代表性消费者的预算约束方程为:

$$C_t^0+B_{t+1}+K_{t+1}=w_t-T_t^0 \tag{8－28}$$

$$C_{t+1}^1=(B_{t+1}+K_{t+1})r_{t+1}-T_{t+1}^1 \tag{8－29}$$

在情形(Ⅰ)之下,这两个方程变为:

$$C_t^0+0+K_{t+1}=w_t-G_t \tag{8－30}$$

$$C_{t+1}^1=(0+K_{t+1})r_{t+1}-0 \tag{8－31}$$

在情形(Ⅱ)之下,这两个方程变为:

$$C_t^0+G_t+K_{t+1}=w_t-0 \tag{8－32}$$

$$C_{t+1}^1=(G_t+K_{t+1})r_{t+1}-G_t r_{t+1} \tag{8－33}$$

比较式(8－30)和式(8－32)可知,情形(Ⅰ)中和情形(Ⅱ)中代表性消费者在初期的消费是一样的——经济中代表性消费者在年轻时的消费 C_t^0 相同;比较式(8－31)和式(8－33)可知,情形(Ⅰ)中和情形(Ⅱ)中代表性消费者在第 2 期的消费也是一样的——经济中年轻时的代表性消费者在年老时的消费 C_{t+1}^1 也相同。从而通过上面的分析可知:"李嘉图等价"原理成立。

小结:通过上面的分析可知,在初始无跨期迭代的经济模型中,"李嘉图等价"原理往往被认为是成立的。但是随着经济理论研究的深入,实现跨期、存在异质代表性消费者(每期代表性消费者分为年轻人和老年人)的情况下,"李嘉图等价"原理能否成立依赖于具体的假设条件,特别是其中的债务偿还方式的假设。从而,"李嘉图等价"原理也是宏观财政理论中跨期迭代模型的重要研究方面,对此更加专深的研究是经济系统中含随机性质的问题。

第二节 最优国债规模的理论分析

一、巴罗的方法

Barro(1979)提供了一个关于寻找国债规模的理论分析模型，并且基于美国政府数据进行了实证研究。关于巴罗最优国债规模的分析，基本框架如下：首先假定经济中政府的预算收支方程如下：

$$G_t + r \cdot b_{t-1} = \tau_t + b_t - b_{t-1} \tag{8-34}$$

式(8－34)代表政府在 t 期的预算等式。其中式(8－34)的左边代表政府预算支出，式(8－34)的右边代表政府的预算收入。其中 G_t 代表政府在 t 期的公共支出；b_{t-1}，b_t 分别代表政府在 $t-1$，t 期发行的债务；τ_t 代表政府在 t 期的税收收入；r 代表政府所发行债务的利率。在所有的时期，政府的总预算约束为：

$$\sum_{t=1}^{\infty} \frac{G_t}{(1+r)^t} + b_0 = \sum_{t=1}^{\infty} \frac{\tau_t}{(1+r)^t} \tag{8-35}$$

其中 b_0 代表初期的政府债务发行规模。

（一）情形一

当政府每期的公共支出相同 $G_t = G$，每期经济的产出相同 $Y_t = Y$，税收负担也相同时，政府在每期的税收入也相同，即 $\tau_t = \tau$。则式(8－35)变为：

$$\sum_{t=1}^{\infty} \frac{G}{(1+r)^t} + b_0 = \sum_{t=1}^{\infty} \frac{\tau}{(1+r)^t} \tag{8-36}$$

由等比数列关系可知式(8－36)即为：

$$\frac{G}{r} + b_0 = \frac{\tau}{r}，即\ \tau = G + b_0 \cdot r \tag{8-37}$$

将 $\tau = G + b_0 \cdot r$、$G_t = G$、$\tau_t = \tau$ 代入到预算约束式(8－34)可得：

$$G + r \cdot b_{t-1} = G + b_0 \cdot r + b_t - b_{t-1}$$

则在 $b_t = b_{t-1}$ 的经济平衡状态之下，根据上式可得：$b_t = b_{t-1} = b_0$。这就意味着在每期经济产出、政府支出为常量的情况下，平衡经济状态下政府债务发行量即为初期债务规模 b_0，这样才能保证预算平衡。

而根据 $b_t = b_{t-1} = b_0$ 这一结果可知，平衡状态下的政府债务规模只与 b_0 相关，而与债务利率 r、政府的公共支出 G、经济的产出 Y 不相关。

（二）情形二

假定政府每期的公共支出以 γ 的增幅增加，即 $G_t = G_0(1+\gamma)^t$，经济的产出以 ρ 的增幅增加，则 $Y_t = Y_0 \cdot (1+\rho)^t$。在税率稳定的情况下，$\tau_t$ 也以相同增幅增加，政府每期的税收收入为 $\tau_t = \tau_0 \cdot (1+\rho)^t$。为防止经济出现产出不够用于政府的支出，应考虑政府的公共支出增幅 γ 不应超过经济产出的增幅 $\rho(\gamma<\rho)$。而政府第 t 期的产出现值为 $\frac{Y_0\cdot(1+\rho)^t}{(1+r)^t}$，为使这一现值为有限的，则应使 $\frac{(1+\rho)^t}{(1+r)^t}<1$，从而 $\rho<r$。则式(8－35)变为：

$$\sum_{t=1}^{\infty}\frac{G_0(1+\gamma)^t}{(1+r)^t}+b_0=\sum_{t=1}^{\infty}\frac{\tau_0\cdot(1+\rho)^t}{(1+r)^t} \tag{8－38}$$

即 $$\sum_{t=1}^{\infty}\frac{G_0}{\left(1+\frac{r-\gamma}{1+\gamma}\right)^t}+b_0=\sum_{t=1}^{\infty}\frac{\tau_0}{\left(1+\frac{r-\rho}{1+\rho}\right)^t} \tag{8－39}$$

由等比数列关系可知式(8－39)即为：

$$\frac{G_0}{(r-\gamma)/(1+\gamma)}+b_0=\frac{\tau_0}{(r-\rho)/(1+\rho)} \tag{8－40}$$

由此可得政府初期的税收收入为：

$$\tau_0=\frac{r-\rho}{1+\rho}\cdot\left[\frac{G_0}{(r-\gamma)/(1+\gamma)}+b_0\right] \tag{8－41}$$

从而由上式求得的政府初期税收收入 τ_0，可以求得各期的政府税收收入。对于等式(8－34)的预算约束，其在第一期为：

$$G_1+r\cdot b_0=\tau_1+b_1-b_0$$

而由 $G_1=G_0(1+\gamma)$，$\tau_1=\tau_0(1+\rho)$，$\tau_0=\frac{r-\rho}{1+\rho}\left[\frac{G_0}{(r-\gamma)/(1+\gamma)}+b_0\right]$ 可知：

$G_0=\frac{G_1}{1+\gamma}$，$\tau_0=\frac{r-\rho}{1+\rho}\left(\frac{G_1}{r-\gamma}+b_0\right)$，$\tau_1=(r-\rho)\left(\frac{G_1}{r-\gamma}+b_0\right)$，则将这些等式代入到上式 $G_1+r\cdot b_0=\tau_1+b_1-b_0$ 可得(代入 G_1 的表达式)：

$$G_1+r\cdot b_0=(r-\rho)\cdot\left(\frac{G_1}{r-\gamma}+b_0\right)+b_1-b_0 \tag{8－42}$$

即：$$b_1-b_0=\frac{\rho-\gamma}{r-\gamma}\cdot G_1+\rho\cdot b_0 \tag{8－43}$$

从而政府国债的增加与 r、γ、ρ、G_1、b_0 这几个变量相关。而当政府支出的增长率 γ 与经济产出的增长率 ρ 相等时($\gamma=\rho$)，式(8－43)即为：

$$b_1-b_0=\rho\cdot b_0\text{，亦即}\frac{b_1-b_0}{b_0}=\rho \tag{8－44}$$

这意味着政府的国债按照一个固定的增长率 ρ 进行增加，即与经济产出的增长率相同。

而根据式(8－43)，当 $\gamma\neq\rho$ 时明显的是：国债增加额 b_1-b_0 与经济产出的增长率 ρ 成正相关关系，而与政府支出的增长率 γ 成负相关关系，这是因为 $\frac{d(b_1-b_0)}{d\gamma}=\frac{\rho-r}{(r-\gamma)^2}\cdot G_1<0$(由前面的假设 $\rho<r$)。

(三)情形三

在政府的支出和经济产出出现扰动的情况下,国债的最优规模呈现了新的特点。假定在一段期间内政府公共支出的扰动影响为 ε,经济产出的扰动影响为 u,并假定只有一期的影响。当假定政府每期的公共支出以 γ 的增幅增加时,则 $G_1 = G_0(1+\rho)(1+\varepsilon)$。每期经济的产出 Y 以 ρ 的增幅增加时,则 $Y_1 = Y_0(1+\rho)(1+u)$。假定政府的公共支出 G 在 k 期内有总的偏离 ε,假定经济的产出 Y 在 n 期内有总的偏离 u,则各自在 t 期的产量为:

$$G_t = G_0(1+\rho)^t(1+\varepsilon) \tag{8-45}$$

$$Y_t = Y_0 \cdot (1+\rho)^t(1+u) \tag{8-46}$$

最优的税收要求税负在所有的经济期内为一个规划好的常量。在变动 n 期内政府税收 τ 按照与经济产出 Y 同样的增幅增加,则:

$$\tau_t = \tau_1 \cdot (1+\rho)^{t-1}, t=1,2,\cdots,n \tag{8-47}$$

但是由于政府在 n 期内产出出现了 u 的扰动,则在 $n+1$ 期之后政府税收 τ_t 相应地也受到这一扰动的影响。$n+1$ 期之后政府税收 τ 为:

$$\tau_t = \frac{1}{1+u}\tau_1 \cdot (1+\rho)^{t-1}, t=n+1, n+2, \cdots \tag{8-48}$$

当 $u>0$ 时,经济产出在 n 期内增加,税收收入增加,则在 $n+1$ 期之后政府税收应该相应地调减,调减指数为 $\frac{1}{1+u}<1$;当 $u<0$ 时,经济产出在 n 期内减少,税收收入相应减少,则在 $n+1$ 期之后政府税收应相应地调增,调增指数为 $\frac{1}{1+u}>1$。这样保证整个经济期内税负的稳定。则根据所有时期政府的总预算式(8-35) $\sum_{t=1}^{\infty} \frac{G_t}{(1+r)^t} + b_0 = \sum_{t=1}^{\infty} \frac{\tau_t}{(1+r)^t}$ 可得:

$$\begin{aligned} LHS &= \sum_{t=1}^{k} \frac{G_0(1+\rho)^t(1+\varepsilon)}{(1+r)^t} + \sum_{t=k+1}^{\infty} \frac{G_0(1+\rho)^t}{(1+r)^t} + b_0 \\ &= \sum_{t=1}^{n} \frac{\tau_1 \cdot (1+\rho)^{t-1}}{(1+r)^t} + \sum_{t=n+1}^{\infty} \frac{1}{1+u} \cdot \frac{\tau_1 \cdot (1+\rho)^{t-1}}{(1+r)^t} = RHS \end{aligned} \tag{8-49}$$

定义各变量代入到式(8-35)后形成式(8-49)的左边 LHS,各变量代入到式(8-35)后形成式(8-49)的右边 RHS。则式(8-49)的左边 LHS 为:

$$\begin{aligned} LHS &= \sum_{t=1}^{k} \frac{G_0(1+\rho)^t\varepsilon}{(1+r)^t} + \sum_{t=1}^{k} \frac{G_0(1+\rho)^t}{(1+r)^t} + \sum_{t=k+1}^{\infty} \frac{G_0(1+\rho)^t}{(1+r)^t} + b_0 \\ &= \sum_{t=1}^{k} \frac{G_0(1+\rho)^t\varepsilon}{(1+r)^t} + \sum_{t=1}^{\infty} \frac{G_0(1+\rho)^t}{(1+r)^t} + b_0 \end{aligned} \tag{8-50}$$

对于式(8-50)LHS 中的 $\sum_{t=1}^{k} \frac{G_0(1+\rho)^t\varepsilon}{(1+r)^t}$,由等比数列求和公式(公比为

$\frac{1+\rho}{1+r}$)可得：

$$\sum_{t=1}^{k}\frac{G_0(1+\rho)^t\varepsilon}{(1+r)^t}=G_0\varepsilon\frac{(1+\rho)/(1+r)\cdot\{1-[(1+\rho)/(1+r)]^k\}}{1-(1+\rho)/(1+r)}$$，亦即：

$$\sum_{t=1}^{k}\frac{G_0(1+\rho)^t\varepsilon}{(1+r)^t}=G_0\varepsilon\frac{1+\rho}{r-\rho}\left[1-\left(\frac{1+\rho}{1+r}\right)^k\right] \tag{8—51}$$

对于式(8—50)LHS 中的 $\sum_{t=1}^{\infty}\frac{G_0(1+\rho)^t}{(1+r)^t}=G_0\sum_{t=1}^{\infty}1/\left(1+\frac{r-\rho}{1+\rho}\right)^t$，由无穷级数求和公式可得

$$\sum_{t=1}^{\infty}\frac{G_0(1+\rho)^t}{(1+r)^t}=G_0\frac{1}{(r-\rho)/(1+\rho)}=G_0\cdot\frac{1+\rho}{r-\rho} \tag{8—52}$$

将式(8—51)和式(8—52)的简化式代入到式(8—50)可知：

$$LHS=G_0\varepsilon\frac{1+\rho}{r-\rho}\left[1-\left(\frac{1+\rho}{1+r}\right)^k\right]+G_0\cdot\frac{1+\rho}{r-\rho}+b_0 \tag{8—53}$$

对于式(8—49)的右边：

$$RHS=\sum_{t=1}^{n}\frac{\tau_1(1+\rho)^{t-1}}{(1+r)^t}+\sum_{t=n+1}^{\infty}\frac{1}{1+u}\frac{\tau_1(1+\rho)^{t-1}}{(1+r)^t}$$

$$=\sum_{t=1}^{n}\frac{\tau_1(1+\rho)^{t-1}}{(1+r)^t}+\sum_{t=n+1}^{\infty}\left(1+\frac{-u}{1+u}\right)\frac{\tau_1(1+\rho)^{t-1}}{(1+r)^t}$$

第二项配比后重新组合可得：

$$RHS=\sum_{t=1}^{\infty}\frac{\tau_1(1+\rho)^{t-1}}{(1+r)^t}-\frac{u}{1+u}\sum_{t=n+1}^{\infty}\frac{\tau_1(1+\rho)^{t-1}}{(1+r)^t} \tag{8—54}$$

式(8—54)RHS 中 $\sum_{t=1}^{\infty}\frac{\tau_1(1+\rho)^{t-1}}{(1+r)^t}=\frac{\tau_1}{1+\rho}\sum_{t=1}^{\infty}\frac{(1+\rho)^t}{(1+r)^t}$，同样由无穷级数求和公式可得：

$$\sum_{t=1}^{\infty}\frac{\tau_1(1+\rho)^{t-1}}{(1+r)^t}=\frac{\tau_1}{1+\rho}\sum_{t=1}^{\infty}\frac{1}{\left(1+\frac{r-\rho}{1+\rho}\right)^t}=\frac{\tau_1}{1+\rho}\left(1/\frac{r-\rho}{1+\rho}\right)=\frac{\tau_1}{r-\rho} \tag{8—55}$$

式(8—54)RHS 中 $\sum_{t=n+1}^{\infty}\frac{\tau_1(1+\rho)^{t-1}}{(1+r)^t}=\sum_{t=1}^{\infty}\frac{\tau_1(1+\rho)^{t-1}}{(1+r)^t}-\sum_{t=1}^{n}\frac{\tau_1(1+\rho)^{t-1}}{(1+r)^t}$，亦即：

$$\sum_{t=n+1}^{\infty}\frac{\tau_1(1+\rho)^{t-1}}{(1+r)^t}=\frac{\tau_1}{1+\rho}\sum_{t=1}^{\infty}\frac{(1+\rho)^t}{(1+r)^t}-\frac{\tau_1}{1+\rho}\sum_{t=1}^{n}\frac{(1+\rho)^t}{(1+r)^t} \tag{8—56}$$

同样由无穷级数求和公式、等比数列求和公式(公比为$\frac{1+\rho}{1+r}$)可得式(8—56)即为：

$$\sum_{t=n+1}^{\infty}\frac{\tau_1\cdot(1+\rho)^{t-1}}{(1+r)^t}=\frac{\tau_1}{1+\rho}\cdot\frac{1+\rho}{r-\rho}-\frac{\tau_1}{1+\rho}\cdot\frac{(1+\rho)/(1+r)\cdot\{1-[(1+\rho)/(1+r)]^n\}}{1-(1+\rho)/(1+r)}$$

亦即：

$$\sum_{t=n+1}^{\infty}\frac{\tau_1\cdot(1+\rho)^{t-1}}{(1+r)^t}=\frac{\tau_1}{r-\rho}-\frac{\tau_1}{r-\rho}\left[1-\left(\frac{1+\rho}{1+r}\right)^n\right]=\frac{\tau_1}{r-\rho}\cdot\left(\frac{1+\rho}{1+r}\right)^n \tag{8-57}$$

从而式(8－49)的右边 RHS 为：

$$RHS=\frac{\tau_1}{r-\rho}-\frac{u}{1+u}\cdot\frac{\tau_1}{r-\rho}\cdot\left(\frac{1+\rho}{1+r}\right)^n \tag{8-58}$$

在此结合式(8－49)左边 LHS 的简化式(8－53)、式(8－49)右边 RHS 的简化式(8－58)可知：

$$\begin{aligned}LHS&=G_0\varepsilon\frac{1+\rho}{r-\rho}\left[1-\left(\frac{1+\rho}{1+r}\right)^k\right]+G_0\cdot\frac{1+\rho}{r-\rho}+b_0\\&=\frac{\tau_1}{r-\rho}-\frac{u}{1+u}\cdot\frac{\tau_1}{r-\rho}\cdot\left(\frac{1+\rho}{1+r}\right)^n=RHS\end{aligned} \tag{8-59}$$

从而第一期税收 τ_1 为：

$$\tau_1=\frac{1+u}{1+u-u\left(\frac{1+\rho}{1+r}\right)^n}\left\{G_0\varepsilon(1+\rho)\left[1-\left(\frac{1+\rho}{1+r}\right)^k\right]+G_0(1+\rho)+(r-\rho)b_0\right\} \tag{8-60}$$

其中$\frac{1+u}{1+u-u\left(\frac{1+\rho}{1+r}\right)^n}$为经济产出 Y 出现扰动 u 后对第一期税收的影响因子。当扰动期 n 趋于零时，$\left(\frac{1+\rho}{1+r}\right)^n$ 趋于 1，从而这一影响乘子趋于 $1+u$；根据假设 $\rho<r$，当扰动期 n 趋于无穷时，$\left(\frac{1+\rho}{1+r}\right)^n$ 趋于 0，从而这一影响乘子趋于 1。

而由式(8－34)$G_t+r\cdot b_{t-1}=\tau_t+b_t-b_{t-1}$可知第一期的预算等式为：

$$G_1+r\cdot b_0=\tau_1+b_1-b_0$$

根据 $G_1=G_0(1+\rho)(1+\varepsilon)$并结合第一期税收 τ_1 的表达式式(8－60)可得：

$$\begin{aligned}b_1-b_0&=G_1+r\cdot b_0-\tau_1\\&=G_0(1+\rho)(1+\varepsilon)+r\cdot b_0-\frac{1+u}{1+u-u\left(\frac{1+\rho}{1+\gamma}\right)^n}\cdot\\&\quad\left\{G_0\varepsilon(1+\rho)\left[1-\left(\frac{1+\rho}{1+r}\right)^k\right]+G_0(1+\rho)+(r-\rho)b_0\right\}\end{aligned} \tag{8-61}$$

已知当扰动期 n 趋于零时，$\left(\frac{1+\rho}{1+r}\right)^n$ 趋于 1，从而这一影响乘子趋于 $1+u$；

$$u\left(\frac{1+\rho}{1+r}\right)^n\to u \tag{8-62}$$

从而式(8－61)即为：

$$b_1-b_0=G_0(1+\rho)(1+\varepsilon)+r\cdot b_0$$

$$-(1+u)\left\{G_0\varepsilon(1+\rho)\left[1-\left(\frac{1+\rho}{1+r}\right)^k\right]+G_0(1+\rho)+(r-\rho)b_0\right\}$$

$$=G_0\varepsilon(1+\rho)\left(\frac{1+\rho}{1+r}\right)^k+\rho b_0$$

$$-u\cdot\left\{G_0\varepsilon(1+\rho)\left[1-\left(\frac{1+\rho}{1+r}\right)^k\right]+G_0(1+\rho)+(r-\rho)b_0\right\} \quad (8-63)$$

将 $u\left(\frac{1+\rho}{1+r}\right)^n\to u$ 代入式(8－63)，并舍去式中 $G_0\varepsilon(1+\rho)\left[1-\left(\frac{1+\rho}{1+r}\right)^k\right]$、$-\rho b_0$（考虑到 $\rho<r$），从而政府国债增长额的近似值为：

$$b_1-b_0=\varepsilon\cdot G_0(1+\rho)\left(\frac{1+\rho}{1+r}\right)^k+\rho b_0-u\cdot\left(\frac{1+\rho}{1+r}\right)^n\left[G_0(1+\rho)+rb_0\right] \quad (8-64)$$

定义第一期无扰动的政府公共支出为$\overline{G_1}=G_0(1+\rho)$，第一期无扰动的经济产出为$\overline{Y_1}=Y_0(1+\rho)$，则由 $G_1=G_0(1+\rho)(1+\varepsilon)$、$Y_1=Y_0(1+\rho)(1+u)$可得：

$\varepsilon=\frac{G_1-\overline{G_1}}{\overline{G_1}}$，$u=\frac{Y_1-\overline{Y_1}}{\overline{Y_1}}$，将其与$\overline{G_1}=G_0(1+\rho)$、$\overline{Y_1}=Y_0(1+\rho)$一起代入到式(8－64)可得：

$$b_1-b_0=\frac{G_1-\overline{G_1}}{\overline{G_1}}\cdot\overline{G_1}\cdot\left(\frac{1+\rho}{1+r}\right)^k+\rho b_0-\frac{Y_1-\overline{Y_1}}{\overline{Y_1}}\cdot\left(\frac{1+\rho}{1+r}\right)^n(\overline{G_1}+rb_0)$$

从而国债的增长率为：

$$\frac{b_1-b_0}{b_0}=\frac{G_1-\overline{G_1}}{b_0}\left(\frac{1+\rho}{1+r}\right)^k+\rho-\frac{Y_1-\overline{Y_1}}{\overline{Y_1}}\cdot\left(\frac{1+\rho}{1+r}\right)^n\left(\frac{\overline{G_1}}{b_0}+r\right)$$

亦即：

$$\frac{b_1-b_0}{b_0}=\left(\frac{1+\rho}{1+r}\right)^k\cdot\frac{G_1-\overline{G_1}}{b_0}-\left(\frac{1+\rho}{1+r}\right)^n\cdot\left(\frac{\overline{G_1}}{b_0}+r\right)\cdot\frac{Y_1-\overline{Y_1}}{\overline{Y_1}}+\rho \quad (8-65)$$

由式(8－65)可知：国债的增长率与扰动下政府支出的偏离成正相关关系，政府支出偏离后的影响因子为$\left(\frac{1+\rho}{1+r}\right)^k$。考虑到 $\rho<r$，当扰动下公共支出的偏离期限 k 趋于零时，即额外的公共支出变化完全是短期行为时，$\left(\frac{1+\rho}{1+r}\right)^k$ 趋于 1（小于 1）；而当公共支出的偏离期限 k 趋于无穷大时，即额外的公共支出变化是长期的时候，$\left(\frac{1+\rho}{1+r}\right)^k$ 趋于 0，此时公共支出的偏离不属于正常范围内的情形。

而当扰动期 n 趋于零时，$\left(\frac{1+\rho}{1+r}\right)^n$ 趋于 1（小于 1），即额外经济产出的变化——经济萧条或繁荣完全是短期行为时，国债的增长与经济产出成明显的负相关关系，近似的关系系数为$\left(\frac{\overline{G_1}}{b_0}+r\right)$。由假设 $\rho<r$ 可知，扰动期 n 趋于无穷时，$\left(\frac{1+\rho}{1+r}\right)^n$ 趋于 0，此时经济产出的偏离不属于正常范围内的情形，国债增长率与其

的关系不明显。

此外，式(8－65)也体现出了国债规模相对于政府支出规模、经济增长的自动稳定效用。由正相关关系可知：当政府支出 G 的规模扩张时，则国债增长率相应地也有所增加；而当政府支出 G 规模缩减时，则国债增长率相应地也有所减小；由负相关关系可知：当经济产出 Y 扩张时，则国债增长率相应地有所减小；当经济产出 Y 缩减时，则国债增长率相应地有所增加。

对比上述结果，各类情形下的国债规模如下：

情形一：$b_t=b_{t-1}=b_0$

情形二：$b_1-b_0=\dfrac{\rho-\gamma}{r-\gamma}\cdot G_1+\rho\cdot b_0$

当 $\gamma=\rho$，政府支出的增长率 γ 与经济产出的增长率 ρ 相等时

$b_1-b_0=\rho\cdot b_0$ 亦即 $\dfrac{b_1-b_0}{b_0}=\rho$

情形三：$\dfrac{b_1-b_0}{b_0}=\left(\dfrac{1+\rho}{1+r}\right)^k\cdot\dfrac{G_1-\overline{G_1}}{b_0}-\left(\dfrac{1+\rho}{1+r}\right)^n\cdot\left(\dfrac{\overline{G_1}}{b_0}+r\right)\cdot\dfrac{Y_1-\overline{Y_1}}{\overline{Y_1}}+\rho$

在此，无论是情形一、情形二，还是情形三，最优的国债规模都与初始的国债存量 b_0 相关。

二、艾亚戈里的方法

Aiyagari 与 McGrattan(1998)采取了与巴罗不同的方法研究了国债的最优规模问题。通过离散时间的理论分析和数值模拟，他们研究认为美国最优的国债规模(国债发行额占国民生产总值的比例)应为 2/3。其实证分析的方法应用了本书第十二章第二小节的内容，即"数值经济学在公共财政中的应用"。由于艾亚戈里与麦格拉腾关于国债的研究较为复杂，本节此处只介绍其研究的基本思路。艾亚戈里等假设经济中消费者的生产能力受到外在随机因素 e_t 的影响。假定平均的生产能力为 1，即 $E(e_t)=1$。经济中代表性消费者的问题即为：

$$\max_{\{c_t,a_{t+1}\}}E\left[\sum_{t=0}^{\infty}\beta^t\frac{c_t^{1-v}}{1-v}\middle|a_0,e_0\right]\tag{8-66}$$

满足的约束条件为：

$$c_t+a_{t+1}\leqslant(1+r)a_t+w_t\cdot e_t-T_t\tag{8-67}$$

其中：β 是效用函数的贴现因子，c_t 是代表性消费者的消费，$\dfrac{c_t^{1-v}}{1-v}$是代表性消费者的效用函数，v 为效用函数中的相对风险厌恶系数。a_t 是代表性消费者在第 t 期的资产，a_0 是代表性消费者初始阶段的资产。r 是资产的投资回报率，w_t 是代表性消费者的单位劳动报酬，T_t 是代表性消费者缴纳的税收。上述各变量均为正的，$c_t>0$，$a_t>0$(不存在借贷行为)。假定经济中的技术水平为 $Z_t=Z(1+g)^t$，其

中 g 为技术进步率。经济中的生产函数为 $Y_t=F(K_t,Z_t\cdot N_t)$，经济中资本的折旧率为 δ，则根据厂商均衡的条件（将生产函数分别对劳动 N_t、资本存量 K_t 求一阶条件）可知：

$$w_t=Z_t\cdot F_2(K_t,Z_t),r=F_1(K_t,Z_t)-\delta \tag{8-68}$$

政府需要满足的预算约束为：

$$G_t+rB_t=B_{t+1}-B_t+T_t \tag{8-69}$$

其中 G_t+rB_t 为政府的预算支出，$B_{t+1}-B_t+T_t$ 为政府的预算收入。G_t 为政府的公共支出，r 为政府发行国债 B_t 所需支付的利息。定义 A_t 为代表性消费者的人均资本，则在平衡状态下这一资产用于投资 K_t 和购买国债 B_t。从而：

$$A_t=K_t+B_t \tag{8-70}$$

定义在平衡状态下的各变量为：

$$k=\frac{K_t}{Y_t},\overline{w}=\frac{w_t}{Y_t},\overline{c_t}=\frac{c_t}{Y_t},\overline{a_t}=\frac{a_t}{Y_t},\tau=\frac{T_t}{Y_t},b=\frac{B_t}{Y_t},\overline{a}=\frac{A_t}{Y_t}$$

并且在平衡经济状态下政府税收 T_t、国债发行额 B_t、人均资本 A_t 以相同的增幅 g 增长。则代表性消费者的问题由式(8—66)和约束条件式(8—67)转变为：

$$\max_{\{c_t,a_{t+1}\}}E\left[Y_0^{1-v}\sum_{t=0}^{\infty}[\beta(1+\beta)^{1-v}]^t\frac{\overline{c}_t^{1-v}}{1-v}\middle|\overline{a_0},e_0\right] \tag{8-71}$$

满足的约束条件为：

$$\overline{c_t}+\overline{a_{t+1}}(1+g)\leqslant(1+r)\overline{a_t}+\overline{w_t}\cdot e_t-\tau \tag{8-72}$$

其中式(8—71)的目标函数形成过程如下：

$$\beta^t\frac{c_t^{1-v}}{1-v}=\beta^t\frac{\left(\frac{c_t}{Y_t}\cdot Y\right)^{1-v}}{1-v}=\beta^t\frac{[\overline{c_t}\cdot Y_0(1+g)^t]^{1-v}}{1-v}$$

$$=Y_0^{1-v}\beta^t(1+g)^{t(1-v)}\frac{\overline{c}_t^{1-v}}{1-v}=Y_0^{1-v}[\beta(1+g)^{1-v}]^t\frac{\overline{c}_t^{1-v}}{1-v} \tag{8-73}$$

在式(8—72)的约束条件中，

$$\frac{a_{t+1}}{Y_t}=\frac{a_{t+1}}{Y_{t+1}}\cdot\frac{Y_{t+1}}{Y_t}=\overline{a_{t+1}}\cdot(1+g) \tag{8-74}$$

将政府需要满足的预算约束条件式(8—69)两边同除以 Y_t 可得：

$$\frac{G_t}{Y_t}+rb_t=\frac{B_{t+1}}{Y_t}-b_t+\tau$$

亦即：

$$\gamma+rb_t=\frac{B_{t+1}}{Y_{t+1}}\frac{Y_{t+1}}{Y_t}-b_t+\tau=b_{t+1}(1+g)-b_t+\tau \tag{8-75}$$

其中定义 γ 为政府支出规模 G_t/Y_t，定义 b_t 为国债的规模 B_t/Y_t，b 为平衡经济状态下国债的规模 $b=b_t=b_{t+1}$。则在平衡经济状态下由式(8—75)可得：

$$\gamma+(r-g)b=\tau \tag{8-76}$$

对平衡状态下的资源约束方程式(8—70)两边同除以 Y_t 可得：

$$\bar{\bar{a}}=k+b \tag{8—77}$$

由式(8—68)$r=F_1(K_t,Z_t)-\delta$ 可知，在平衡状态下资本 k 为利率 r 的函数；而由式(8—68)$w_t=Z_t\cdot F_2(K_t,Z_t)$ 可知，在平衡状态下单位劳动报酬率 w_t 为资本 k 函数，从而结合资本 k 为资本回报率 r 的函数可知 w_t 为资本回报率 r 的函数。即：

$$\bar{w}=w(r),k=k(r) \tag{8—78}$$

平衡状态下消费者拥有的资产 $\bar{a}$ 全部转化为经济发展中的资本投入 $\bar{\bar{a}}$[定义这一等量为 $m(\cdot)$]。则结合式(8—76)、式(8—77)和式(8—78)中各变量的函数关系，基于等式(8—77)可知：

$$m(r,\gamma,g,b)=k(r)+b \tag{8—79}$$

经济平衡状态下定义的资本存量 $m(\cdot)$与代表性消费者下一期的资产增加额关系为：$\overline{a_{t+1}}=m(\overline{a_t},e_t,r,\gamma,g,b)$。从而结合资本存量 $m(\cdot)$和随机变量 e_t，可形成资产和劳动效率 e_t 的联合分布 $H(a,e)=H(\bar{a},e,r,\gamma,g,b)$。则平衡状态下的人均资本又形成如下的等式关系：

$$\bar{\bar{a}}=\iint\bar{a}\cdot \mathrm{d}H(a,e)=m(r,\gamma,g,b) \tag{8—80}$$

而基于消费者平衡经济状态下定义的资本存量 $\bar{\bar{a}}$，资产和劳动效率 e_t 的联合分布 $H(a,e)=H(\bar{a},e,r,\gamma,g,b)$，可以形成关于经济中代表性消费者的福利函数。定义这一福利函数 Ω 为：

$$\Omega=\iint V(a,e)\cdot \mathrm{d}H(a,e) \tag{8—81}$$

其中 $V(a,e)$为经济中代表性消费者的效用函数，即 $V(a_t,e_t)=U_t$。而代表消费者依赖于消费 c 的效用函数为 $U_t=\dfrac{c^{1-v}}{1-v}+\beta E_tU_{t+1}$。在此选择相应的变量 g、γ、r、β、b 等进行数值模拟分析，可以得到福利最大化下的最优债务规模。据此，Aiyagari 与 McGrattan(1998)根据其创新的分析框架对美国政府的最优国债规模进行了相关分析。此外，根据发达国家自身的特点，Birkeland 和 Prescott(2006)研究了人口增长缓慢、退休年龄延长下的国债问题。他们研究认为：在存在税收和转移支付的情况下不需要国债，但是这样的财政政策会带来社会福利的损失；而在国债发挥储蓄职能的经济体系下，最优的国债占国民生产总值(GNP)的比重可以尽可能的大，甚至大到是国民生产总值(GNP)的 5 倍。而后一种经济体系下的社会福利比税收和转移支付体系下的社会福利高 24%。

第三节　财政可持续性的理论分析

政府为什么要发行国债？直接的原因就是“收支不平衡”。而对于这一不平衡，经济发展稳定、拥有偿还能力的国家一般没有支付问题。然而，随着政治竞选者过度讨好选民、公共支出权力与债务偿还责任的不对称使得财政可持续问题在最近十几年来受到广泛的关注。根据预测，主要发达经济体的政府负债与GDP之比的平均值在2010年将达到1950年的水平。即使各国的财政刺激计划在随后几年里逐渐退出，该比值仍将从2007年的75%上升到2014年的110%。七大工业国中的5个国家——英国、法国、意大利、日本和美国，其负债比在2014年都将达到或超过100%。欧盟要求德国的政府债务低于GDP的60%，但德国已经达到70%，2012年会达到80%；美国政府债务达到GDP的90%，且今后几年的财政赤字将加剧这一危机；英国预计2010年总的净债务将达到GDP的65%，到2015年将达到GDP的78%①。因此，目前欧美发达国家债台高筑使政治家和研究人员对财政可持续性问题日益重视。对此，本节介绍了研究财政可持续性的理论模型。

一、财政可持续的基本要求

1987年，世界环境与发展委员会发布的《我们共同的未来》报告首次提出了"可持续发展的概念"。财政可持续性的概念则是在此之后形成的。财政可持续性最简单的要求为：

$$\frac{\mathrm{d}b}{\mathrm{d}t}=(r_B-e)b,\ r_B<e \tag{8-82}$$

其中b代表政府债务的负担率$b=B/GDP$。B代表每年政府债务的余额，r_B代表政府债务增长率，e代表经济增长率，$\mathrm{d}B/\mathrm{d}t$代表债务的增量需求。相关变量之间的关系：

$$\frac{\mathrm{d}B}{\mathrm{d}t}/B=r_B,\ \frac{\mathrm{d}GDP}{\mathrm{d}t}/GDP=e \tag{8-83}$$

$r_B<e$意味着：当政府债务增长率r_B低于经济增长率e时，政府债务规模是动态收敛的，从而政府财政是可持续的。

对于式(8－82)这一简单的形式，形成过程如下：

$$\begin{aligned}\frac{\mathrm{d}b}{\mathrm{d}t}&=\frac{\mathrm{d}(B/GDP)}{\mathrm{d}t}=\frac{\frac{\mathrm{d}B}{\mathrm{d}t}\cdot GDP-B\cdot\frac{\mathrm{d}GDP}{\mathrm{d}t}}{GDP^2}\\&=\frac{\mathrm{d}B/\mathrm{d}t}{GDP}-\frac{B}{GDP}\left(\frac{\mathrm{d}GDP}{\mathrm{d}t}/GDP\right)=\frac{\mathrm{d}B/\mathrm{d}t}{B}\frac{B}{GDP}-\frac{B}{GDP}\left(\frac{\mathrm{d}GDP}{\mathrm{d}t}/GDP\right)\\&=\left(\frac{\mathrm{d}B/\mathrm{d}t}{B}-\frac{\mathrm{d}GDP}{\mathrm{d}t}/GDP\right)\cdot\frac{B}{GDP}\\&=(r_B-e)b\end{aligned} \tag{8-84}$$

① 数据来源：转引自《专家警告债务危机蔓延》一文，《环球时报》2010年3月23日。

当政府债务增长率 r_B 低于经济长率 e 时政府有偿还能力。在数学上式(8—84)这一常微分方程的求解结果是指数函数，$r_B<e$ 时自变量为负数从而是收敛的；在经济上意指：经济发展使得社会财富的增加值高于债务增加值，从而政府有能力偿还债务。

二、财政政策可持续指标

现实经济中，在保证可持续性的情况下，可以通过前面的分析寻找政府的最优债务负担率(第二节是研究经济福利最大化下的最优政府债务规模，此处是从财政平衡角度研究政府规模)。对此，比特(Buiter，1985)进行了这一方面的分析。首先分析在政府当前净值 N(政府收入减政府支出)水平不变情况下的债务负担率 b^*。即：

$$b^*=(r_B-e)n \tag{8—85}$$

其中 n 为政府净值比率，$n=N/GDP$。

假定政府实施扩张性财政政策之后，预期的赤字水平为 b^e。则债务负担率 b^* 与预期水平之差即为衡量财政可持续性的指标。

$$b^*-b^e=(r_B-e)n-b^e \tag{8—86}$$

当 $b^*-b^e<0$ 时，则政府的这一政策是不可持续的；当 $b^*-b^e>0$ 时，则表明政府的这一政策是可持续的。

在上述比特的简单可持续性指标下，Blanchard(1990)提出了类似的"基准预算缺口指标(primary gap indicator)模型"分析财政可持续性。基本框架如下：

$$d_c=(e-r_B)b \tag{8—87}$$

其中定义 d_c 为现有政府债务负担率下的赤字水平。在此定义 d_e 为政府实施扩张性财政后的赤字水平。式(8—87)与 d_e 两者之差即为"基准预算缺口指标"模型。

$$d_c-d_e=(e-r_B)b-d_e \tag{8—88}$$

当 $d_c-d_e>0$ 时，政府财政是可持续的；当 $d_c-d_e<0$ 时，政府财政是不可持续的。

Mendoza 和 Oviedo(2004)提出了"自然债务限度(Natuaral Debt Limit，NDL)"的概念，考虑了如下的财政可持续性模型。

$$\bar{b}=(T_{\min}-G_{\min})\frac{1+e}{r_B-e} \tag{8—89}$$

其中 $G_{\min}$ 代表政府能够支出的最低支出额，$T_{\min}$ 代表政府能够获得的最低收入。同上，r_B 代表债务增长率，e 代表经济增长率。Mendoza(2004)提出的财政可持续性的"自然债务限度模型"具有一定的特点，其中研究税收 $T_{\min}$ 时可以通过蒙特卡罗(Monte Carlo)随机模拟分析未来税收的不确定。

国际货币基金组织(IMF)的相关专家(2002,2003)提供了一个关于偿付能力与财政可持续性的模型。基本框架如下:

$$B_{t+1}-B_t+M_{t+1}-M_t=R_BB_t+G-RE \tag{8-90}$$

其中 M_t 代表经济中所需的货币基础,G 代表经济中政府支出规模,R_B 代表政府债务的利率(与前面政府债务增长率 r_B 不同),RE 代表政府税收收入及其他各项收入。如果政府厌恶通货膨胀的影响,则式(8—90)为:

$$B_{t+1}-B_t=R_BB_t+G-RE \tag{8-91}$$

在式(8—91)的基础上,长期内政府无支付危机的条件为:

$$B_t+\sum_{n=0}^{\infty}\frac{E_t\cdot(G_{t+n}+R_BB_{t+n})}{(1+R_B)^n}\leqslant\sum_{n=0}^{\infty}\frac{E_t\cdot RE_{t+n}}{(1+R_B)^n} \tag{8-92}$$

不等式(8—92)要求政府期初债务、政府未来公共支出和债务利息支出的期望规模总和低于未来的期望收入。E_t 表示对未来财政收支取期望。假定对各类形式的收入进行时间价值折现,折现率为 σ,则式(8—92)转变为:

$$B_t+E_t\cdot\sum_{n=0}^{\infty}\frac{(G_{t+n}+R_BB_{t+n})}{\prod_{m=0}^{n}(1+\sigma_{t+m})}\leqslant E_t\cdot\sum_{n=0}^{\infty}\frac{RE_{t+n}}{\prod_{m=0}^{n}(1+\sigma_{t+m})} \tag{8-93}$$

基于式(8—93)进行财政可持续性研究需要考虑许多未来期的数据,从而对其的分析较为困难。常常基于式(8—90)进行初期的财政可持续性分析。将式(8—90)两边同除以 GDP 可得:

$$\frac{B_{t+1}-B_t}{GDP}+\frac{M_{t+1}-M_t}{GDP}=\frac{R_B^*B_t}{GDP}-\frac{RE-G}{GDP} \tag{8-94}$$

$$\Delta b+\frac{M_{t+1}-M_t}{B_t}\frac{B_t}{GDP}=R_B^*b-n \tag{8-95}$$

$$\Delta b=(R_B^*-e)b-n \tag{8-96}$$

定义经济中均衡状态下的债务利率为 R_B^*,$(M_{t+1}-M_t)/B_t$ 代表经济中实际 GDP 的增长率 e,$n=(RE-G)/GDP$ 代表经济中的预算盈余状况(政府净值比率)。在政府债务增长率为零($\Delta b=0$)时 $n=(R_B^*-e)b$,这一指标衡量了政府财政的可持续性。当 $n>(R_B^*-e)b$ 时,则政府债务规模为可持续的;当 $n<(R_B^*-e)b$ 时,则政府债务规模为不可持续的。

进一步地,在式(8—96)这一分析的基础上,Alvarado ,Izquierdo and Panizza (2004)提供了一个分析新兴市场国家的模型。具体构建如下:

$$\Delta b=\left[aR_a+bR_b+c\frac{(1+\rho+R_c)(1+\varepsilon)-1}{1+\pi}+(1-a-b-c)\frac{(1+\rho)(1+\varepsilon)-1}{1+\pi}\right]b-n \tag{8-97}$$

其中 a 代表基于长期固定利率以即期价值核算的债务比率,R_a 为对应的利率水平;b 代表基于浮动利率以即期价值核算的债务比率,R_b 为对应的利率水平;c 代表基于外汇汇率核算的债务比率,R_c 为资产的国际利率;ρ 代表国家风险,ε 代表随机误差项，π 代表通货膨胀率。$(1-a-b-c)$代表政府双边或多边的债务合同额。同样地，在政府债务增长率为零($\Delta b=0$)时，通过比较式(8－97)政府预算盈余与债务规模的大小考察可持续性。

此外，Barnhill and Kopits(2003)提出了一个“价值风险模型(Value and Risk)”研究财政可持续性；Xu and Ghezzi (2003)提供了一个适用新兴市场国家的附带随机过程的模型。基于这些模型可以进行各国财政可持续性的分析。

第九章　多级财政与财政竞争

本章学习的阅读文献

1. Tiebout C M. A Pure Theory of Local Public Expenditure[J]. *Journal of Political Economy*, 1956, 64(5):416－424.

2. Oates W E & Robert M. Schwab. Economic Competition Among Jurisdictions: Efficiency Enhancing or Distortion Inducing? [J]. *Journal of Public Economics*, 1988, 35(3): 333－354.

3. Daivood H, Heng-fu Zou. Fiscal Decentralization and Economic Growth: A Cross-Country Study[J]. *Journal of Urban Economics*, 1998, 43(2):244－257.

4. Xie Danyang, Hengfu Zou & H. Davoodi. Fiscal Decentralization and Economic Growth in the United States[J]. *Journal of Urban Economics*, 1999, 45(2):228－239.

文献导读： 前几章的分析是基于局部问题或单一政府下的理论探讨，而现实生活中的政府是多级的。在此本章提供了分权、地方公共产品和财政竞争方面的经典文献，对多级财政问题进行了理论分析。

第一节　多级财政问题

经济系统中，许多产品既不属于私人产品，也不属于纯公共产品，亦即具有非竞争性但具有排他性的产品，或者具有竞争性但具有非排他性的产品。并且，这类产品也是市场经济中出现较多的产品，特别是其中的俱乐部产品(Club Goods)或地方公共产品(Local Public Goods)。对于后者，在由各个地方政府提供的情况下，异质地区之间的公共产品供给水平差异必然带来地方之间的财政竞争。据此，本章首先基于不同级次的政府分析多级财政问题。

一、公共产品的不同供给主体

公共产品的供给由不同的主体进行时效率较高。如果公共产品的供给主体出现错位，则会带来效率的损失。具体分析如下。

（一）中央政府供给全国性的公共产品

假定全国公共产品由地方政府来提供，则会带来效率的损失。对此的考察见图 9—1。

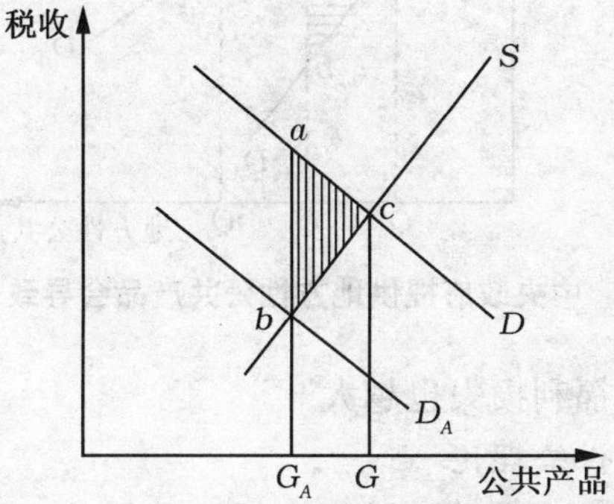

图 9—1　地方政府提供全国性公共产品会导致供给不足

图 9—1 中：D_A 是 A 地居民对全国性公共产品的需求曲线；D 是全国居民对全国性公共产品的需求曲线；S 是 A 地居民对公共产品的供给曲线。

如果全国性公共产品由 A 地居民来供给，则全国公共产品由地方 A 供给的结果只能达到 G_A 的公共产品供给量。这是由需求曲线 D_A 与供给曲线 S 的交点 G_A 形成的。而这一供给量 G_A 低于需求曲线 D 与供给曲线 S 所决定的 G 供给量。对此，如果由地方政府 A 供给$[G_A, G]$的公共产品，则会带来$\triangle abc$ 的福利损失。

（二）地方政府供给地方性的公共产品

而受文化传统、自然环境以及经济状况等因素的影响，不同地区居民对公共产品的偏好是存在差异的。并且由于地方政府更加贴近地方居民，对当地居民公共产品的需求信息比中央政府了解得更多。从而，由地方政府供给地方性的公共产品更为合理。在此，地方政府供给地方公共产品的福利收益分析如图 9—2。

假设两个地区 A、B 提供公共产品的人均成本相同，亦即两地居民缴纳同样的地方税 T，但需求不同，分别为 D_A 和 D_B。Q_A、Q_B 是 A、B 两地居民对公共产品的消费偏好；假定由中央政府向所有人提供统一的公共产品 Q_C。A 地居民获得的公共产品多于期望，多出部分的福利损失为$\triangle abc$；B 地居民获得的公共产品低于期望，低于部分的福利损失为$\triangle cde$。两者的大小取决于 A、B 两地居民对公共产品需求量 Q_A、Q_B 之间的距离以及需求曲线 D_A、D_B 斜率的大小。Q_A、Q_B 之间的距离越大，即地区间的需求差异越大，由中央政府供给地方性公共产品带来的福利损失越大。需求曲线 D_A、D_B 之间的斜率越大，需求的价格弹性越小，由中央政府供给

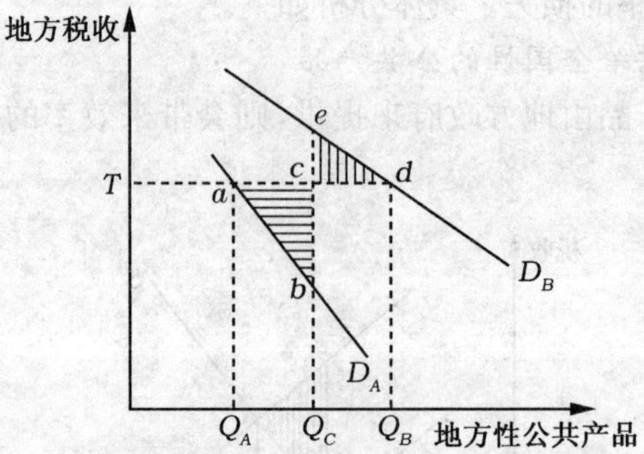

图 9－2　中央政府提供地方性公共产品会导致效率损失

地方性公共产品带来的福利损失也越大①。

(三)地方公共产品供给理论

地方公共产品供给理论是在俱乐部产品理论的基础上形成的。所谓"俱乐部产品"是指具有非竞争性但是具有排他性的产品。如果这个俱乐部提供的产品是一个具有区域排他效应的公共产品,则这一俱乐部产品就是"地方公共产品"。俱乐部产品最早由 Buchanan(1965)提出,其分析框架中将私人产品数量、各类公共产品的规模(即为"俱乐部产品")、各类公共产品的消费人数纳入到效用函数,形成了一个关于地方公共产品供给的类"萨缪尔森条件"。其具体的分析如下:定义经济中私人产品的数量为 X,公共产品的数量为 G,每一个俱乐部的人数为 n,总人口为 N,则俱乐部的数量为 N/n。每个代表性消费者从俱乐部获得的收益即为 $Q(G,n)$。明显地,每个人获得的收益 Q 为公共产品数量 G 的增函数,但却为每一个俱乐部人数 n 的减函数,即:

$$Q_G{}'(G,n)>0,\ Q_n{}'(G,n)<0 \qquad (9-1)$$

每个代表性消费者的效用为:$U[X,Q(G,n)]$。从而整个社会的经济目标为:

$$\max_{X,G,n}\{N\cdot U[X,Q(G,n)]\} \qquad (9-2)$$

整个社会的生产包括私人产品的生产和公共产品的生产,定义生产函数为:

$$F[N\cdot X,\frac{N}{n}\cdot G]=0 \qquad (9-3)$$

整个社会的经济目标就是约束条件式(9－3)下的优化问题。求解这一经济系统,定义拉格朗日方程如下:

$$L_1=N\cdot U[X,Q(G,n)]+\lambda_1\cdot F[NX,\frac{N}{n}G] \qquad (9-4)$$

分别对变量 X,G,n 一阶求导如下:

① 此处图形素材转引自刘怡教授所编著《财政学》中的"多级财政"专题,第 286～289 页。

$$\frac{\partial L_1}{\partial X}=NU'_X[X,Q(G,n)]+\lambda_1 F'_1[NX,\frac{N}{n}\cdot G]N=0 \quad (9-5)$$

$$\frac{\partial L_1}{\partial G}=NU_Q'[X,Q(G,n)]Q_G'(G,n)+\lambda_1 F_2'[NX,\frac{N}{n}G]\frac{N}{n}=0 \quad (9-6)$$

$$\frac{\partial L_1}{\partial n}=NU_Q'[X,Q(G,n)]Q_n'(G,n)+\lambda_1 F_2'[NX,\frac{N}{n}G]\left(-\frac{NG}{n^2}\right)=0 \quad (9-7)$$

将式(9－6)与式(9－5)的第二项移到右边，两式相除可得：

$$\frac{NU_Q'[X,Q(G,n)]\cdot Q_G'(G,n)}{NU_X'[X,Q(G,n)]}=\frac{-\lambda_1 F_2'[NX,\frac{N}{n}G]\frac{N}{n}}{-\lambda_1 F_1'[NX,\frac{N}{n}G]N}$$，化简后即为：

$$\frac{n\cdot U_Q'[X,Q(G,n)]\cdot Q_G'(G,n)}{U'_X[X,Q(G,n)]}=\frac{F'_2[NX,\frac{N}{n}G]}{F'_1[NX,\frac{N}{n}G]} \quad (9-8)$$

式(9－8)中等式右边即为单个俱乐部私人产品和公共产品生产的边际技术替代率 MRT；等式左边 $U_Q'[X,Q(G,n)]\cdot Q_G'(G,n)/U_X'[X,Q(G,n)]$ 即为单个俱乐部中每个代表性消费者消费公共产品与消费私人产品的边际收益替代率 MRS，由于单个俱乐部中有 n 个同质的代表性消费者，从而 $n\cdot MRS=MRT$。这实际上就是萨缪尔森条件：$\sum_{i=1}^{n} MRS_{XG}^{i}=MRT_{XG}$ 在俱乐部公共产品方面中的类似形式。

将式(9－7)与式(9－5)的第二项移到右边，两式相除可得：

$$\frac{N\cdot U_Q'[X,Q(G,n)]Q_n'(G,n)}{N\cdot U_X'[X,Q(G,n)]}=\frac{-\lambda_1 F_2'[NX,\frac{N}{n}G]\left(-\frac{NG}{n^2}\right)}{-\lambda_1 F_1'[N\cdot X,\frac{N}{n}\cdot G]N}$$，化简后即为：

$$\frac{n\cdot U_Q'[X,Q(G,n)]\cdot[-Q_n'(G,n)]}{U_X'[X,Q(G,n)]}=\frac{G}{n}\cdot\frac{F_2'[NX,\frac{N}{n}G]}{F_1'[NX,\frac{N}{n}G]} \quad (9-9)$$

等式(9－9)的左边即为俱乐部公共产品的边际拥挤成本，反映了俱乐部人数的增加对公共产品消费的边际效益。由于 $Q_n'(G,n)<0$，从而等式(9－9)的左边大于零；等式(9－9)的右边即为俱乐部公共产品数量增加后的人均成本。这一等式表明达到均衡时：增加一个消费者之后，其给俱乐部增加的边际拥挤成本(等式(9－9)左边)应等于公共产品提供过程中减少的边际生产成本(等式(9－9)右边)。

从而，根据等式(9－9)能够决定俱乐部公共产品的最优人口规模 n。即要求俱乐部公共产品收益和需求的相关边际成本相等，可用图 9－3 来表示。

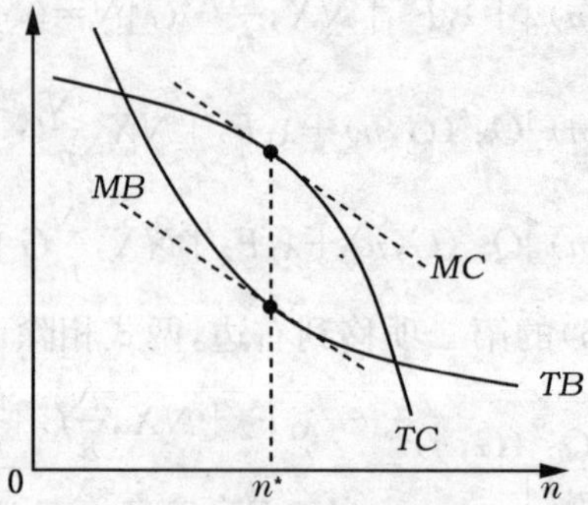

图 9—3　最优俱乐部规模的决定

定义 $MB=\dfrac{nU_Q'[X,Q(G,n)][-Q_n'(G,n)]}{U_X'[X,Q(G,n)]}$，$MC=\dfrac{G}{n}\dfrac{F_2'[NX,\frac{N}{n}G]}{F_1'[NX,\frac{N}{n}G]}$。则根据等式(9—9)的关系可以得到最优的俱乐部产品的人口规模 n^*。上述中，TC 为俱乐部产品的总成本，随着人数 n 的增加总成本不断减少；TB 为俱乐部产品的总收益，随着人数 n 的增加总收益也会不断减少。则两条线的切线——即边际收益与边际成本相等时——上图中切线平行时决定了最优的俱乐部公共产品的人口规模 n^*。

对于"俱乐部产品"，不具有非排他性，但具有非竞争性。而如果把这一俱乐部定义为具有区域概念的地区时则成为"地方公共产品"。对于"地方公共产品"，譬如公园、人行道、消防设施等等，虽然对一个辖区内的居民而言是没有排他性的，但是却有拥挤成本。公园游玩的人数增加会带来维护成本的增加，而不具有非竞争性。从而"地方公共产品"与"俱乐部产品"是一个相对应的概念，既有联系又有区别。

二、分权与分权的底限

既然由地方政府供给公共产品是有效率的，则进行财政分权使各级政府各司其责是非常重要的。以下本章对分权的理论与政策进行分析。

(一)分权的效率

1. 分权的效率

对于分权，Oates(1972)最早进行了如下三个方面的"度量"定义：一是地方政府总收入占全国总收入的比重，二是地方政府总支出占全国总支出的比重(包括用于收入分配的支出)，三是地方政府消费性支出占全国消费性支出的比重。如前所述，分权的目标是提高公共产品的供给效率，由不同级次的政府提供相应的公共产品。实际上，这一效率是通过地方公共产品的供给体现的。对于分权下地方公共产品的供给理念，最早是由 Tiebout(1956)提出的“用脚投票(Exit with foot)”概念形成的。蒂伯特最早提出了一个关于地方政府提供地方性公共产品的理论模型：消费者通过流动来显示他们对地方公共产品的偏好。假定居民具有迁移的完全自由，那么在竞争性的地方辖区之间，居民出于最大化自身效用的动机，会有通过“用脚投票”的方式选择自己喜欢的地区居住。地方性的公共产品由不同的地域进行生产，每个地区提供的公共服务不同，为提供服务赋税的方式和数量也不相同。自由流动的结果是地方性公共产品得到有效供给，偏好相同的人集中到同一地区，他们缴纳地方税收，享受地方政府提供的公共产品，并接受辖区政府的治理。

除此之外，分权还具有以下几个方面的经济效率：(1)分权有利于地方政府根据居民的需要有效供给公共产品——信息传递问题；(2)Buchanan(1980)认为：对于控制政府规模过度扩张的趋势而言，分权是一个有效的机制；(3)分权使一国内部出现政府间竞争，使地方政府更有效，更能够对选民负责；(4)分权有利于经济增长。这是一个动态财政经济问题。以下对这一问题进行理论方面的分析。

2. 分权与经济增长的关系

(1)柯布－道格拉斯生产函数下的最优分权水平

对于分权与经济增长的关系，Davoodi 和 Zou(1998)最早构建了一个动态经济模型，并利用面板数据进行了这一方面的理论研究和实证分析。在他们的分析中，首先定义经济中代表性消费者的效用函数如下：

$$U(C_t)=\frac{C_t^{1-\delta}-1}{1-\delta} \qquad (9-10)$$

其中 C_t 是代表性消费者的消费，δ 是代表性消费者的风险厌恶系数。代表性消费者建立在人均消费水平 C_t 上的优化问题为：

$$\max\int_0^{\infty}\frac{C_t^{1-\delta}-1}{1-\delta}\cdot e^{-\phi\cdot t}\mathrm{d}t \qquad (9-11)$$

其中，ϕ 是正的时间贴现率。整个社会的支出分为联邦(中央)政府的支出 f，州(省级)政府的公共支出 s，第三级政府(可以为县级政府)的支出 l。三级政府总支出的总和等于社会总公共支出 g，亦即三级政府的公共支出满足以下总量约束条件：

$$f+s+l=g \qquad (9-12)$$

并且假定各类支出占总支出的比重为 θ_f、θ_s、θ_l。亦即三级支出与总支出的关系如下：

$$f=\theta_f\cdot g,s=\theta_s\cdot g,l=\theta_l\cdot g \qquad (9-13)$$

明显地，$\theta_f+\theta_s+\theta_l=1$ (9-14)

假设采用经典的柯布－道格拉斯生产函数如下：

$$y=f(k,f,s,l)=k^{\alpha}f^{\beta}s^{\gamma}l^{\omega} \tag{9-15}$$

其中 $\alpha+\beta+\gamma+\omega=1$，$k$ 代表经济中的资本存量。公共支出与人均产出之间的关系是通过平滑收入税 τ 建立的。

$$g=\tau y=\tau k^{\alpha}f^{\beta}s^{\gamma}l^{\omega} \tag{9-16}$$

整个社会中代表性消费者的动态预算约束方程为：

$$\frac{\mathrm{d}k}{\mathrm{d}t}=(1-\tau)y-C_t=(1-\tau)k^{\alpha}f^{\beta}s^{\gamma}l^{\omega}-C_t \tag{9-17}$$

对此，在初始资本水平 k_0 确定的情况下，代表性消费者的问题就是在式(9－15)、(9－16)、(9－17)约束条件下实现消费水平的最大化。求解这一经济系统中的消费者优化问题，定义汉密尔顿方程如下：

$$H_1=U(C_t)+\mu[(1-\tau)k^{\alpha}f^{\beta}s^{\gamma}l^{\omega}-C_t] \tag{9-18}$$

其中 k_t 为控制变量，C_t 为状态变量。最优化的一阶条件如下：

由 $\dfrac{\partial H_1}{\partial C_t}=0$，可得 $U_c=C_t^{-\delta}=\mu$ (9－19)

由欧拉方程可得：

$$\frac{\mathrm{d}\mu}{\mathrm{d}t}=\phi\mu-\frac{\partial H_1}{\partial k}=\phi\mu-\mu[(1-\tau)\alpha k^{\alpha-1}f^{\beta}s^{\gamma}l^{\omega}] \tag{9-20}$$

将式(9－19)的两边对时间 t 求导可得：

$$-\delta C_t^{-\delta-1}\cdot\frac{\mathrm{d}C_t}{\mathrm{d}t}=\frac{\mathrm{d}\mu}{\mathrm{d}t} \tag{9-21}$$

将求导后的上述结果与式(9－19)一起代入到式(9－20)可得：

$$-\delta C_t^{-\delta-1}\frac{\mathrm{d}C_t}{\mathrm{d}t}=C_t^{-\delta}[\phi-(1-\tau)\alpha k^{\alpha-1}f^{\beta}s^{\gamma}l^{\omega}] \tag{9-22}$$

亦即：$\dfrac{\frac{\mathrm{d}C_t}{\mathrm{d}t}}{C_t}=\dfrac{1}{\delta}[(1-\tau)\alpha k^{\alpha-1}f^{\beta}s^{\gamma}l^{\omega}-\phi]$ (9－23)

将式(9－13)中各类支出以总支出的形式代入式(9－23)可得：

$$\begin{aligned}\frac{\frac{\mathrm{d}C_t}{\mathrm{d}t}}{C_t}&=\frac{1}{\delta}[(1-\tau)\alpha k^{\alpha-1}(\theta_f\cdot g)^{\beta}(\theta_s\cdot g)^{\gamma}(\theta_l\cdot g)^{\omega}-\phi]\\&=\frac{1}{\delta}[(1-\tau)\alpha k^{\alpha-1}\cdot\theta_f^{\beta}\cdot\theta_s^{\gamma}\cdot\theta_l^{\omega}\cdot g^{\beta+\gamma+\omega}-\phi]\end{aligned} \tag{9-24}$$

由于 $\alpha+\beta+\gamma+\omega=1$，从而上式即为：

$$\frac{\frac{\mathrm{d}C_t}{\mathrm{d}t}}{C_t}=\frac{1}{\delta}\left[(1-\tau)\alpha\left(\frac{g}{k}\right)^{1-\alpha}\theta_f^{\beta}\theta_s^{\gamma}\theta_l^{\omega}-\phi\right] \tag{9-25}$$

而将式(9－13)中各类支出以总支出的形式代入式(9－16)可知：

$$g=\tau y=\tau\cdot k^{\alpha}\theta_f^{\beta}\theta_s^{\gamma}\theta_l^{\omega}g^{\beta+\gamma+\omega} \tag{9-26}$$

又由 $\alpha+\beta+\gamma+\omega=1$ 可知：

$$\frac{g}{k}=(\tau\cdot\theta_f^{\beta}\cdot\theta_s^{\gamma}\cdot\theta_l^{\omega})^{\frac{1}{\alpha}} \tag{9-27}$$

从而将式(9－27)代入到式(9－25)可得：

$$\frac{\frac{\mathrm{d}C_t}{\mathrm{d}t}}{C_t}=\frac{1}{\delta}\left[(1-\tau)\alpha(\tau\theta_f^{\beta}\cdot\theta_s^{\gamma}\cdot\theta_l^{\omega})^{\frac{1-\alpha}{\alpha}}\cdot\theta_f^{\beta}\cdot\theta_s^{\gamma}\cdot\theta_l^{\omega}-\phi\right] \tag{9-28}$$

整理后可得中央计划者经济下平衡增长路径上的经济增长率为：

$$\eta_1=\frac{\frac{\mathrm{d}C_t}{\mathrm{d}t}}{C_t}=\frac{1}{\delta}\left[(1-\tau)\alpha\tau^{\frac{1-\alpha}{\alpha}}\cdot\theta_f^{\frac{\beta}{\alpha}}\cdot\theta_s^{\frac{\gamma}{\alpha}}\cdot\theta_l^{\frac{\omega}{\alpha}}-\phi\right] \tag{9-29}$$

在此基础上，可以形成经济增长最大化下的最优分权水平。将式(9－29)分别对分权度 θ_f、θ_s、θ_l 一阶求导可得：

$$\frac{\mathrm{d}\eta_1}{\mathrm{d}\theta_f}=\frac{1}{\delta}(1-\tau)\tau^{\frac{1-\alpha}{\alpha}}\beta\cdot\theta_f^{\frac{\beta}{\alpha}-1}\cdot\theta_s^{\frac{\gamma}{\alpha}}\cdot\theta_l^{\frac{\omega}{\alpha}} \tag{9-30}$$

$$\frac{\mathrm{d}\eta_1}{\mathrm{d}\theta_s}=\frac{1}{\delta}(1-\tau)\tau^{\frac{1-\alpha}{\alpha}}\gamma\cdot\theta_f^{\frac{\beta}{\alpha}}\cdot\theta_s^{\frac{\gamma}{\alpha}-1}\cdot\theta_l^{\frac{\omega}{\alpha}} \tag{9-31}$$

$$\frac{\mathrm{d}\eta_1}{\mathrm{d}\theta_l}=\frac{1}{\delta}(1-\tau)\tau^{\frac{1-\alpha}{\alpha}}\omega\cdot\theta_f^{\frac{\beta}{\alpha}}\cdot\theta_s^{\frac{\gamma}{\alpha}}\cdot\theta_l^{\frac{\omega}{\alpha}-1} \tag{9-32}$$

由式(9－14) $\theta_f+\theta_s+\theta_l=1$ 可知：各级政府的支出是相互制约、此消彼长的关系。又由于平衡增长路径上增长最大化的经济增长率是唯一的，从而分权情况下各级政府最优的公共支出水平满足如下条件：

$$\frac{\mathrm{d}\eta_1}{\mathrm{d}\theta_f}=\frac{\mathrm{d}\eta_1}{\mathrm{d}\theta_s}=\frac{\mathrm{d}\eta_1}{\mathrm{d}\theta_l} \tag{9-33}$$

由此可得：$\beta\cdot\theta_f^{-1}=\gamma\cdot\theta_s^{-1}=\omega\cdot\theta_l^{-1}$ (9－34)

在上式中将 θ_s、θ_l 分别以 θ_f 来表示并代入到总量约束方程式(9－14)$\theta_f+\theta_s+\theta_l=1$ 可得增长最大化下的联邦(中央)政府的最优分权水平 θ_f^*。

$$\theta_f^*=\frac{\beta}{\beta+\gamma+\omega} \tag{9-35}$$

同理可得州(省级)政府和第三级政府(可以为县级政府)的最优分权水平：

$$\theta_s^*=\frac{\gamma}{\beta+\gamma+\omega} \tag{9-36}$$

$$\theta_l^*=\frac{\omega}{\beta+\gamma+\omega} \tag{9-37}$$

此外，还可以根据平衡增长路径求出增长最大化下的最优税率。对此，将式(9－29)对税率 τ 求导可得：

$$\frac{\mathrm{d}\eta_1}{\mathrm{d}\tau}=\frac{1}{\delta}\cdot\alpha\cdot\theta_f^{\frac{\beta}{\alpha}}\cdot\theta_s^{\frac{\gamma}{\alpha}}\cdot\theta_l^{\frac{\omega}{\alpha}}\cdot\tau^{\frac{1}{\alpha}-1}\cdot\left[\left(\frac{1}{\alpha}-1\right)\tau^{-1}-\frac{1}{\alpha}\right]=0$$

则最优的税收为 $\tau=1-\alpha=\beta+\gamma+\omega$。这一结论类似于最优公共支出规模中的次优税收。

(2)CES生产函数下的最优分权水平

在柯布—道格拉斯生产函数的基础上，Davoodi 和 Zou(1998)进行了"部分国家分权与经济增长关系"的实证研究。随后，Xie、Zou 和 Davoodi(1999)又构建了一个不同生产函数的理论模型分析了美国的最优分权情况，并通过实证研究得出了"分权与经济增长"的关系。在此，虽然生产函数不同，但是增长最大化的最优分权水平与前面的研究类似。然而最优税收的形式却不相同，后者无显示解。在此，本章将这一前沿理论的基本模型进行详细的介绍。在 Xie、Zou 和 Davoodi(1999)的分析中，同样定义经济中代表性消费者的效用函数如下：

$$U(C_t)=\frac{C_t^{1-\delta}-1}{1-\delta} \tag{9-38}$$

其中 C_t 是代表性消费者的消费，δ 是代表性消费者的风险厌恶系数。代表性消费者建立在人均消费水平 C_t 上的优化问题为：

$$\max\int_0^{\infty}\frac{C_t^{1-\delta}-1}{1-\delta}\cdot e^{-\rho\cdot t}\mathrm{d}t \tag{9-39}$$

其中，ρ 是正的时间贴现率。整个社会的支出仍分为联邦(中央)政府的支出 f，州(省级)政府的公共支出 s，第三级政府(可以为县级政府)的支出 l。三级政府支出的总和为全社会的公共支出 g。亦即三级支出满足以下的总量约束条件：

$$f+s+l=g \tag{9-40}$$

并且假定各类支出占总支出的比重为 θ_f、θ_s、θ_l。亦即三级支出与总支出的关系如下：

$$f=\theta_f\cdot g,s=\theta_s\cdot g,l=\theta_l\cdot g \tag{9-41}$$

明显的，$\theta_f+\theta_s+\theta_l=l$ (9—42)

假设采用经典的 CES 生产函数(Constant Elasticity of Substitution Production Function)如下：

$$y=f(k,f,s,l)=[\alpha\cdot k^{\phi}+\beta\cdot f^{\phi}+\gamma\cdot s^{\phi}+\omega\cdot l^{\phi}]^{\frac{1}{\phi}} \tag{9-43}$$

其中 $\alpha+\beta+\gamma+\omega=1$，$k$ 代表经济中的资本存量。公共支出与人均产出之间的关系是通过平滑收入税 τ 建立的。

$$g=\tau\cdot y=\tau[\alpha\cdot k^{\phi}+\beta\cdot f^{\phi}+\gamma\cdot s^{\phi}+\omega\cdot l^{\phi}]^{\frac{1}{\phi}} \tag{9-44}$$

整个社会中代表性消费者的动态预算约束方程为：

$$\frac{\mathrm{d}k}{\mathrm{d}t}=(1-\tau)y-C_t=(1-\tau)[\alpha\cdot k^{\phi}+\beta\cdot f^{\phi}+\gamma\cdot s^{\phi}+\omega\cdot l^{\phi}]^{\frac{1}{\phi}}-C_t \tag{9-45}$$

对此，在初始资本水平 k_0 确定的情况下，代表性消费者的问题就是在式(9—43)、(9—44)、(9—45)约束条件下实现消费水平的最大化。求解这一经济系统中消费者的优化问题，定义汉密尔顿方程如下：

$$H_2=U(C_t)+\mu\{(1-\tau)[\alpha\cdot k^{\phi}+\beta\cdot f^{\phi}+\gamma\cdot s^{\phi}+\omega\cdot l^{\phi}]^{\frac{1}{\phi}}-C_t\} \tag{9-46}$$

其中 k_t 为控制变量，C_t 为状态变量。最优化的一阶条件如下：

由$\frac{\partial H_2}{\partial C_t}=0$，可得 $U_c=C_t^{-\delta}=\mu$ (9－47)

由欧拉方程可得：

$$\frac{d\mu}{dt}=\rho\mu-\frac{\partial H_2}{\partial k}$$

$$=\rho\mu-\mu\cdot(1-\tau)\cdot[\alpha\cdot k^{\phi}+\beta\cdot f^{\phi}+\gamma\cdot s^{\phi}+\omega\cdot l^{\phi}]^{\frac{1}{\phi}-1}\alpha\cdot k^{\phi-1} \tag{9-48}$$

将式(9－47)的两边对时间 t 求导可得：

$$-\delta\cdot C_t^{-\delta-1}\frac{dC_t}{dt}=\frac{d\mu}{dt} \tag{9-49}$$

将求导后的上述结果与式(9－47)一起代入到式(9－48)可得：

$$-\delta C_t^{-\delta-1}\frac{dC_t}{dt}=C_t^{-\delta}\{\rho-(1-\tau)\cdot[\alpha\cdot k^{\phi}+\beta\cdot f^{\phi}+\gamma\cdot s^{\phi}+\omega\cdot l^{\phi}]^{\frac{1}{\phi}-1}\alpha\cdot k^{\phi-1}\} \tag{9-50}$$

亦即：

$$\frac{\frac{dC_t}{dt}}{C_t}=\frac{1}{\delta}\{(1-\tau)\cdot[\alpha\cdot k^{\phi}+\beta\cdot f^{\phi}+\gamma\cdot s^{\phi}+\omega\cdot l^{\phi}]^{\frac{1}{\phi}-1}\alpha\cdot k^{\phi-1}-\rho\} \tag{9-51}$$

将式(9－41)中各类支出以总支出的形式代入式(9－51)可得：

$$\frac{\frac{dC_t}{dt}}{C_t}=\frac{1}{\delta}\{(1-\tau)\cdot[\alpha\cdot k^{\phi}+\beta\cdot(\theta_f\cdot g)^{\phi}+\gamma\cdot(\theta_s\cdot g)^{\phi}+\omega\cdot(\theta_l\cdot g)^{\phi}]^{\frac{1}{\phi}-1}\alpha\cdot k^{\phi-1}-\rho\}$$

$$=\frac{1}{\delta}\left\{(1-\tau)\cdot\left[\alpha\cdot\left(\frac{g}{k}\right)^{-\phi}+\beta\cdot\theta_f^{\phi}+\gamma\cdot\theta_s^{\phi}+\omega\cdot\theta_l^{\phi}\right]^{\frac{1}{\phi}-1}\cdot g^{1-\phi}\cdot\alpha\cdot k^{\phi-1}-\rho\right\}$$

$$=\frac{1}{\delta}\left\{(1-\tau)\cdot\left[\alpha\cdot\left(\frac{g}{k}\right)^{-\phi}+\beta\cdot\theta_f^{\phi}+\gamma\cdot\theta_s^{\phi}+\omega\cdot\theta_l^{\phi}\right]^{\frac{1}{\phi}-1}\cdot\alpha\cdot\left(\frac{g}{k}\right)^{1-\phi}-\rho\right\} \tag{9-52}$$

而将式(9－41)中各类支出以总支出的形式代入到式(9－44)可知：

$$g=\tau\cdot y=\tau[\alpha\cdot k^{\phi}+\beta\cdot(\theta_f\cdot g)^{\phi}+\gamma\cdot(\theta_s\cdot g)^{\phi}+\omega\cdot(\theta_l\cdot g)^{\phi}]^{\frac{1}{\phi}} \tag{9-53}$$

式(9－53)两边同乘以 ϕ 次幂可得：

$$g^{\phi}=\tau^{\phi}\cdot[\alpha\cdot k^{\phi}+\beta\cdot(\theta_f\cdot g)^{\phi}+\gamma\cdot(\theta_s\cdot g)^{\phi}+\omega\cdot(\theta_l\cdot g)^{\phi}] \tag{9-54}$$

然后将式(9－54)两边同除以 g^{ϕ} 整理可得政府支出与资本存量之间的关系：

$$\frac{g}{k}=\alpha^{\frac{1}{\phi}}\cdot(\tau^{-\phi}-\beta\cdot\theta_s^{\phi}-\gamma\cdot\theta_s^{\phi}-\omega\cdot\theta_l^{\phi})^{-\frac{1}{\phi}} \tag{9-55}$$

将政府支出与资本存量之间的关系式(9－55)代入到式(9－52)可得平衡增长路径上的经济增长率 η_2 为：

$$\eta_2=\frac{\frac{\mathrm{d}C_t}{\mathrm{d}t}}{C_t}=\frac{1}{\delta}\{\alpha^{\frac{1}{\phi}}\cdot(1-\tau)\cdot\tau^{\phi-1}\cdot[\tau^{-\phi}-\beta\cdot\theta_f^{\phi}-\gamma\cdot\theta_s^{\phi}-\omega\cdot\theta_l^{\phi}]^{\frac{\phi-1}{\phi}}-\rho\} \tag{9-56}$$

在平衡增长路径上,可以形成经济增长最大化下的最优分权水平。将式(9－56)分别对分权度 θ_f、θ_s、θ_l 求导可得：

$$\frac{\mathrm{d}\eta_2}{\mathrm{d}\theta_f}=\frac{1}{\delta}\alpha^{\frac{1}{\phi}}(1-\tau)\tau^{\phi-1}\frac{\phi-1}{\phi}[\tau^{-\phi}-\beta\cdot\theta_f^{\phi}-\gamma\cdot\theta_s^{\phi}-\omega\cdot\theta_l^{\phi}]^{-\frac{1}{\phi}}(-\beta)\phi\theta_f^{\phi-1} \tag{9-57}$$

$$\frac{\mathrm{d}\eta_2}{\mathrm{d}\theta_s}=\frac{1}{\delta}\alpha^{\frac{1}{\phi}}(1-\tau)\tau^{\phi-1}\frac{\phi-1}{\phi}[\tau^{-\phi}-\beta\cdot\theta_f^{\phi}-\gamma\cdot\theta_s^{\phi}-\omega\cdot\theta_l^{\phi}]^{-\frac{1}{\phi}}(-\gamma)\phi\theta_s^{\phi-1} \tag{9-58}$$

$$\frac{\mathrm{d}\eta_2}{\mathrm{d}\theta_l}=\frac{1}{\delta}\alpha^{\frac{1}{\phi}}(1-\tau)\tau^{\phi-1}\frac{\phi-1}{\phi}[\tau^{-\phi}-\beta\cdot\theta_f^{\phi}-\gamma\cdot\theta_s^{\phi}-\omega\cdot\theta_l^{\phi}]^{-\frac{1}{\phi}}(-\omega)\phi\theta_l^{\phi-1} \tag{9-59}$$

由式(9－42)$\theta_f+\theta_s+\theta_l=1$ 可知,各级政府支出是相互制约、此消彼长的关系。又由于平衡增长路径上“增长最大化“的经济增长率是唯一的,从而分权情况下各级政府最优的公共支出水平满足如下条件：

$$\frac{\mathrm{d}\eta_2}{\mathrm{d}\theta_f}=\frac{\mathrm{d}\eta_2}{\mathrm{d}\theta_s}=\frac{\mathrm{d}\eta_2}{\mathrm{d}\theta_l} \tag{9-60}$$

由此可得：$\beta\cdot\theta_f^{\phi-1}=\gamma\cdot\theta_s^{\phi-1}=\omega\cdot\theta_l^{\phi-1}$　(9－61)

在式(9－61)中将 θ_s、θ_l 分别以 θ_f 来表示如下：

$$\theta_s=\left(\frac{\beta}{\gamma}\right)^{\frac{1}{\phi-1}}\cdot\theta_f,\theta_l=\left(\frac{\beta}{\omega}\right)^{\frac{1}{\phi-1}}\cdot\theta_f \tag{9-62}$$

将式(9－62)代入到总量约束方程式(9－42)$\theta_f+\theta_s+\theta_l=1$ 可得增长最大化下的联邦(中央)政府的最优分权水平 θ_f^*。

$$\theta_f^*=\frac{1}{1+\left(\frac{\beta}{\gamma}\right)^{\frac{1}{\phi-1}}+\left(\frac{\beta}{\omega}\right)^{\frac{1}{\phi-1}}} \tag{9-63}$$

整理后即为 $\theta_f^*=\frac{\beta^{\frac{1}{1-\phi}}}{\beta^{\frac{1}{1-\phi}}+\gamma^{\frac{1}{1-\phi}}+\omega^{\frac{1}{1-\phi}}}$　(9－64)

同理可得州(省级)政府和第三级政府(可以为县级政府)的最优分权水平：

$$\theta_s^*=\frac{\gamma^{\frac{1}{1-\phi}}}{\beta^{\frac{1}{1-\phi}}+\gamma^{\frac{1}{1-\phi}}+\omega^{\frac{1}{1-\phi}}} \tag{9-65}$$

$$\theta_l^*=\frac{\omega^{\frac{1}{1-\phi}}}{\beta^{\frac{1}{1-\phi}}+\gamma^{\frac{1}{1-\phi}}+\omega^{\frac{1}{1-\phi}}} \tag{9-66}$$

同样，可以根据平衡增长路径求得增长最大化的最优税率。对此，将式(9—56)对税率求导并令其等于零可得：

$$\frac{d\eta_2}{d\tau}=\frac{1}{\delta}\alpha^{\frac{1}{\phi}}\{\cdot[(\phi-1)\tau^{\phi-2}-\phi\tau^{\phi-1}]\cdot[\tau^{-\phi}-\beta\cdot\theta_f^{\phi}-\gamma\cdot\theta_s^{\phi}-\omega\cdot\theta_l^{\phi}]^{1-\frac{1}{\phi}}$$
$$+(\tau^{\phi-1}-\tau^{\phi})\cdot(1-\frac{1}{\phi})[\tau^{-\phi}-\beta\cdot\theta_f^{\phi}-\gamma\cdot\theta_s^{\phi}-\omega\cdot\theta_l^{\phi}]^{-\frac{1}{\phi}}\cdot(-\phi)\tau^{-\phi-1}\}=0 \tag{9-67}$$

由上式可得：

$$[(\phi-1)\tau^{\phi-2}-\phi\tau^{\phi-1}]\cdot[\tau^{-\phi}-\beta\cdot\theta_f^{\phi}-\gamma\cdot\theta_s^{\phi}-\omega\cdot\theta_l^{\phi}]^{1-\frac{1}{\phi}}$$
$$=(\tau^{\phi-1}-\tau^{\phi})\cdot(\phi-1)[\tau^{-\phi}-\beta\cdot\theta_f^{\phi}-\gamma\cdot\theta_s^{\phi}-\omega\cdot\theta_l^{\phi}]^{-\frac{1}{\phi}}\cdot\tau^{-\phi-1} \tag{9-68}$$

将上式两边约去同类项并进行化简可得：

$$(\phi-1-\phi\tau)\cdot[\tau^{-\phi}-\beta\cdot\theta_f^{\phi}-\gamma\cdot\theta_s^{\phi}-\omega\cdot\theta_l^{\phi}]=(1-\tau)(\phi-1)\cdot\tau^{-\phi} \tag{9-69}$$

进一步整理可得：

$$\beta\cdot\theta_f^{\phi}+\gamma\cdot\theta_s^{\phi}+\omega\cdot\theta_l^{\phi}=\tau^{-\phi}-\frac{(1-\tau)(\phi-1)\cdot\tau^{-\phi}}{\phi-1-\phi\tau} \tag{9-70}$$

对于等式(9—70)的左边(left hand side, LHS)，将平衡增长路径上的最优分权水平 θ_f^*、θ_s^*、θ_l^* 代入后即为：

$$LHS=\beta\cdot\left(\frac{\beta^{\frac{1}{1-\phi}}}{\beta^{\frac{1}{1-\phi}}+\gamma^{\frac{1}{1-\phi}}+\omega^{\frac{1}{1-\phi}}}\right)^{\phi}+\gamma\cdot\left(\frac{\gamma^{\frac{1}{1-\phi}}}{\beta^{\frac{1}{1-\phi}}+\gamma^{\frac{1}{1-\phi}}+\omega^{\frac{1}{1-\phi}}}\right)^{\phi}$$
$$+\omega\cdot\left(\frac{\omega^{\frac{1}{1-\phi}}}{\beta^{\frac{1}{1-\phi}}+\gamma^{\frac{1}{1-\phi}}+\omega^{\frac{1}{1-\phi}}}\right)^{\phi} \tag{9-71}$$

亦即：

$$LHS=\frac{\beta^{\frac{1}{1-\phi}}+\gamma^{\frac{1}{1-\phi}}+\omega^{\frac{1}{1-\phi}}}{(\beta^{\frac{1}{1-\phi}}+\gamma^{\frac{1}{1-\phi}}+\omega^{\frac{1}{1-\phi}})^{\phi}}=(\beta^{\frac{1}{1-\phi}}+\gamma^{\frac{1}{1-\phi}}+\omega^{\frac{1}{1-\phi}})^{1-\phi} \tag{9-72}$$

将等式(9—70)的右边(right hand side, RHS)通分整理后即为

$$RHS=\frac{\tau^{1-\phi}}{\phi\tau+1-\phi} \tag{9-73}$$

通过将等式(9—70)两边进行化简可知，实现经济增长最大化的税收满足以下条件：

$$\frac{\tau^{1-\phi}}{\phi\tau+1-\phi}=(\beta^{\frac{1}{1-\phi}}+\gamma^{\frac{1}{1-\phi}}+\omega^{\frac{1}{1-\phi}})^{1-\phi}$$

3. 分权的危害

以上动态理论模型介绍了分权与经济增长之间的理论关系。对此，一些实证

研究的结果表明"分权有利于经济增长"。但是也有一些研究表明"分权与经济增长不相关",或"分权不利于经济增长"。除此之外,从综合的政治经济社会关系来看,分权也有不利之处,譬如:(1)在公共产品提供的过程中,分权不利于公共产品供给中规模效应的发挥(Myles,2006);(2)过度分权将会导致政治分离主义倾向的出现,或国家的分离。布坎南和费思(1987)基于分权的危害提出了一个关于国家分裂的内部分离模型。(3)在联邦制之下,分权不利于区域之间进行更多领域的风险共担和共同问题的协商,例如边界污染治理。

(二)分权的实践

对于分权,国内外学者基于各国的政策实践和比较研究得出了一些具体的分权框架。而对于分权的实践,首先需要了解以下两种国家类型——"单一制"与"联邦制"。所谓"单一制"是由无独立主权的行政单位组成国家的制度;联邦制是由两个或两个以上的政治实体(共和国、州、邦)结合而成的一种国家结构形式。这些政治实体虽然不再有完全独立的主权,但在联邦宪法规定的范围内其主权仍受到法律的保护,联邦成员拥有自身的宪法和法律。联邦制国家的中央政府一般称为联邦政府。对于各国分权的实践,具体如下:

1. 收入的划分

关于收入划分的一种参考,如表9—1所示。

表9—1　　联邦制国家税收划分的一般特点

税　收	归　属	原　因
个人所得税	中央和州	中央政府通过该税发挥调节收入分配的功能;州个人所得税对本地居民征收
公司所得税	中央	由州来征收面临管理和协调成本问题;公司所得税税基具有流动性;州公司税率的差异会对投资项目和地点产生不良影响
工薪税	中央和州	二者均可,特别是福利项目
财富/继承/遗产税	中央	中央政府通过该税发挥调节收入分配的功能;由州政府征收会带来过度税收竞争问题
财产税	中央、州、地方政府	可由各级政府征收;由于土地的不可流动性,使其成为地方税的主体税种
消费税/零售税	中央和州	中央政府通过该税发挥对特定商品消费的调节;地方政府征收的不同零售税税率会导致跨边界的购买行为
增值税	中央	由中央政府统一征收,能够规范区域间进项税额的抵扣
营业税	中央和州	用于全国或地方公共服务

续表

税　收	归　属	原　因
关税	中央	不应由州政府征收，避免对区域间贸易产生不良影响
自然资源税	中央	防止地方政府征收带来资源分配的不均，防止资源的配置不当
使用费(包括环境税)	中央、州、地方政府	对各级政府都适用

资料来源：Bev Dahlby“税收选择：联邦制下的税收分配问题”，Anwar Shah 和沈春丽编著：《财政联邦制与财政管理》，中信出版社，2005 年版，第 33～34 页。

除了上述的分类之外，中国财政部“财政制度国际比较课题组(1998)”分析了部分国家的收入划分。简要结论如表 9－2 所示。

表 9－2　　部分国家中央与地方税种的划分

税种	美国	加拿大	德国	日本
关税	联邦	联邦	联邦	中央
公司所得税	联邦、州	联邦、省	联邦、州	中央、地方
个人所得税	联邦、州、地方	联邦、省	各级	中央、地方
增值税	—	联邦	联邦、州	中央
销售税	州	省	—	中央、地方
财产税	地方	地方	州、地方	地方
对用户收费	各级	各级	地方	各级

资料来源：财政部财政制度国际比较课题组编著：《美国财政制度》，中国财政经济出版社 1998 年版，第 62 页。

总体上，政府间的税收划分遵循一定的基本原则，其依据主要是各级政府对各税种的征收能力及效率。一般而言：(1)具有流动性的税基应该归中央政府所有，不具有流动性的税基应该归地方政府所有。譬如企业所得税应该归中央政府所有，以避免地方政府间的税收差异带来税基的非正常流动，导致“恶性”税收竞争。此外，地方政府争夺税基的结果，易压低大部分地区的平均税率，在支出刚性的情况下产生财政赤字或债务危机。(2)再分配可以看作是中央政府的重要职能，从而具有这一性质、以支付能力为基础的税种应该归中央政府所有。对该类税种在辖区间的差别化处理，将出现居民的“用脚投票”行为，形成居住地选择的扭曲。这使得政府的再分配政策难以发挥应有的效应。而由较高级次的政府在大范围内统一征收具有较强的分配功能。(3)缴税能力在辖区间不平衡的税种(这是一个财政资源地理分布的概念)，譬如矿产资源税，应该归中央政府所有。如果这类税收由地方政府征收，则可能引起地方政府间的较大差异。资源丰富的地区税收收入多，资源欠缺的地区税收收入少。财政资源地理分布的不均，不符合财政均等化的理念，也容易导致政治分离倾向的出现。对此，这类税收应该由中央政府征收，并通过再分配努力平衡地方政府间的财政能力。

2. 支出的划分

对于多级财政下的公共支出划分，一种参考如表 9—3 所示。

表 9—3　　联邦和地方支出责任划分的基本框架

责任主体	公共职责	解　释
联　邦	主权政治、法律、宗教等事务	代表国家整体性的统一性事务及地方争议政策的终裁
	国防与外交	主权政治下的考虑
	对内经济政策与对外贸易政策	全国统一经济、贸易政策的制定
	全国性通讯、交通等	全国性路道、卫星、铁轨等的建设与维护
	国家主导的科技、文化事业	基础科学投入与社会文化事业投入
	国家安全与公共卫生事业	反恐、反分裂与疾控、生化问题的处置
	区域间公共服务均等化	平衡区域间的人均公共服务水平
联邦与地方	环境污染治理	跨区污染的治理与多方责任共担
	市场经济中的产权保护	多方参与下的产权保护
	区域间利益协调	辖区间利益冲突与责任共担时的政治协调
	应急事务管理	针对突发自然灾害和公共安全事务的责任共担
	针对家庭的收入分配计划	中央利用地方的信息优势调节收入分配
	公民权利与义务教育、道德素质教育	国家向心力与国民素质教育需求
地　方	地方法律/行政法规与经济政策	辖区法律法规、经济政策的制定与实施
	公共住宅、交通、水利等市政建设	地方基础公共设施的建设与维护
	教育/医疗/社会保障/公共娱乐设施等	地方公共福利产品的建设与维护
	警察、消防、疾控等市政安全	地方公共安全服务的投入
	自然资源管理与生态安全	辖区环境污染治理/生态环境建设
	公共事务外包与合同管理	公共服务社会化的管理要求

对于公共支出的划分，同样也遵循一些基本原则，譬如对于纯公共产品，应该完全由中央政府提供。而介于私人产品和纯公共产品之间的混合产品，一般应由地方政府进行提供。譬如，上述划分中就将公共住宅、公园、娱乐设施交由地方政府来提供。

最后在通过分权优化公共产品供给的过程中，各级政府的“收入”与“支出”一般很难实现平衡。并且，考虑到对特殊人群、特殊经济社会活动进行照顾或专项调节，一般而言，上级政府对下级政府还常常进行政府间的"转移支付"。

转移支付是政府无偿地将一部分资金的使用权转让给受助方所形成的支出。从转移支付方向来考虑，政府间财政转移支付有两种模式：一种是上下级政府间的资金转移，即纵向转移支付；另一种是同级政府间的资金转移，即横向转移支付，表现为财力富裕地区向财力不足地区转移资金，这在德国较为常见。

对于各个国家而言，除了纵向的转移支付之外，横向的转移支付将会有所增加。特别地，出于全社会可持续发展和协调辖区间经济发展的目的，促进经济与生态相结合的"生态转移支付"将会越来越多。我国主体功能区建设规划（将中国国土空间划分为优化开发、重点开发、限制开发和禁止开发四类主体功能区，分别采取不同的经济政策）就是一个突出的表现，规划的实现绕不开"生态转移支付"问题。

第二节　财政竞争

由地方政府供给公共产品，必然带来区域之间的供给差异（优质义务教育资源的需求竞争是供给差异的突出表现）。而这些供给差异及其差异的缩小就是"财政竞争"的内容。当前，财政竞争（Fiscal Competition）研究文献非常丰富，内容较多，但绝大多数的研究是关于税收的。Oates（1988）将税收竞争与环境质量联系在一起进行了分析；Mintz and Tulkens（1986）、Wildasin（1988）等基于博弈论进行了异质地区的税收竞争分析。他们认为：资本在地区间的配置不仅取决于本地税率，还会受到周边其他地区税收政策的影响，即地区间会在税收市场上进行博弈。这不仅对资本、劳动力等经济要素的区域配置产生影响，而且会使不同地区经济发展潜力产生差异，从而引起宏观经济的波动。Gordon 与 Wilson（2001）对财政竞争的研究进行了全面的专项分析，集中研究了税率高低、人员资源流动对公共产品供给效率的影响。对于这些分析，从形式上可以将财政竞争分为"税收竞争"和"财政支出竞争"。

一、税收竞争

1. 基本问题

（1）基本概念

由于辖区间税基的流动，使得各级地方政府之间出现了相互的反应，这种反应在公共财政方面就是"税收竞争"。从本质上看，税收竞争的原因是由于相对独立的各个辖区的公共财政支出依赖于流动的税基。

总体上，在多级财政体制下政府间税收竞争是指在实行财政分权的多级政府体系中，相对独立且具有一定竞争性的政府以促进本地区经济增长，增进辖区福利，实现自身利益最大化为主要目的，采取多样化的税收政策手段争夺经济资源及税收资源的政府自利行为。

(2)经济效应

对于税收竞争，既有积极的效应，又有消极效应。在积极效应方面：(1)税收竞争有利于减轻税收对经济活动的扭曲，有利于"税收中性"原则的体现；(2)税收竞争有利于促进要素的流动，促使地方政府提高公共产品或服务的供给水平；(3)税收竞争有利于促进地方经济资源的积聚，促进产业集中度的提高等等。消极的效应主要有以下几个方面：(1)税收竞争容易侵蚀税基，减少公共服务的资金来源，从而降低公共产品的供给水平；(2)税收竞争会扭曲税收分配的负担水平，税收"公平原则"会被违背；(3)税收竞争会导致税制复杂化，加大税收征管的成本；(4)税收竞争可能会加剧区域经济发展的非均衡状态，导致经济发展的差异过大；(5)税收竞争可能会使地方政府忽视企业生产中的负外部效应，也会出现"重商轻民"的现象。

(3)实现方式

对于税收竞争，一般有以下实现方式：(1)通过提供优惠税率或定期减免税进行税收竞争；(2)通过提供"税收先征后返或财政返还"的政策进行税收竞争；(3)通过政治家与企业家的关系进行"人情引税"；(4)企业家通过游说向政治家寻租，使得税款在"政治买卖"中流失；(5)地方财税部门税收自由裁量权的使用形成税收竞争。

而针对税收竞争的实现方式和消极效应，各级政府在推进和规范税收竞争应该注意到：一方面，应按照市场经济体制的要求进行合理的财政分权；另一方面，应通过强化法制，通过民主财政建设和加强财政预算监督积极促使各级政府决策的经济结果内部化。

最后，与政府间税收竞争相关的一个概念是"国际税收竞争"。所谓"国际税收竞争"是指在国际社会层面上，辖区政府或通过税收支出吸收其他辖区资源的流入而扩张税基进而增加政府收入，或通过输出税负尽可能地从其他辖区获取收入的做法。简单地说，国际税收竞争就是为了把国际间的流动性资本或经营活动吸引到本国，各国均对这种资本或经营活动实施减税措施，由此而引发的减税竞争。随着经济全球化的不断深入，主权国家之间的国际税收竞争(Internatoinal Tax Competition)正成为国际社会日益关注的问题，尤其是在发达国家。国际税收竞争不属于多级财政下的公共经济问题，但却是一个与税收竞争非常相近的问题。更多的了解参见国际税收课程中的相关分析。

2.税收竞争的理论分析

在税收的消极效应中，本章提到：税收竞争可能会使地方政府忽视企业生产中的负外部效应。也就是说，地方政府在税收竞争的过程中，可能会对环境质量降低要求。在此，本章基于 Oates(1988) 税收竞争与环境质量的关系，进行了如下的理论分析。在地方政府发展经济的过程中，n 个相互竞争的辖区政府为了吸引税源，对环境质量的要求会有所差异。从而可以假设如下的生产函数考虑到这一差异。

$$Q=F(K,L,E)=Lf(k,a) \tag{9-74}$$

其中，Q 为社会生产的私人产品的数量，K 为资本存量，L 为劳动量，E 为社会中的污染排放。将生产函数换为人均形式 $Q=Lf(k,a)$，其中 k 为人均资本存量，a 为人均排放数量。假定人均形式的生产函数满足如下条件：

$$f_{kk}<0,f_{aa}<0,f_{ka}>0 \tag{9-75}$$

在厂商均衡的情况下，资本回报率 r 为资本的边际价值减去税率。即：

$$f_k-t\equiv r$$

整个社会总的税收为 $T=t\cdot k$ (9−76)

定义代表性消费者的效用函数为：

$$U=U(C,a) \tag{9-77}$$

(1)情形 1——任意情形

代表性消费者的消费 C 来自于外在固定的收入 y，工资收入 w 和政府征收的资本收入税 T(平均分配给每个人的福利收入)。或将 T 看作是代表性消费者享受政府提供公共产品后的变相收入。在厂商均衡的情况下，消费者的工资 $w=f-k\cdot f_k$，从而消费者的消费 C 为：

$$C=y+w+T=y+(f-k\cdot f_k)+t\cdot k \tag{9-78}$$

代表性消费者的问题便是约束条件式(9−78)之下最大化式(9−77)。求解这一经济系统问题，定义拉格朗日方程如下：

$$L_1=U(C,a)+\lambda_1[y+(f-kf_k)+tk-C]+\lambda_2(f_k-t-r) \tag{9-79}$$

其中 λ_1,λ_2 为拉格朗日乘子。分别对变量 C、a、k、t 求一阶条件。

$$\frac{\partial L_1}{\partial C}=U_C{}'-\lambda_1=0,\text{即 } U_C{}'=\lambda_1 \tag{9-80}$$

$$\frac{\partial L_1}{\partial a}=U_a{}'+\lambda_1\cdot(f_a{}'-k\cdot f_{ka})+\lambda_2\cdot f_{ka}=0 \tag{9-81}$$

$$\frac{\partial L_1}{\partial k}=\lambda_1\cdot(f_k-f_k-k\cdot f_{kk}+t)+\lambda_2\cdot f_{kk}=0 \tag{9-82}$$

$$\frac{\partial L_1}{\partial t}=\lambda_1\cdot k-\lambda_2=0,\text{即 } \lambda_2=\lambda_1\cdot k \tag{9-83}$$

将式(9−83)代入到式(9−82)可得：

$$\lambda_1\cdot t=0,\text{则 } t=0 \tag{9-84}$$

将式(9−83)代入到式(9−81)整理可得：

$$-U_a{}'=\lambda_1\cdot(f_a{}'-k\cdot f_{ka})+\lambda_1\cdot k\cdot f_{ka}=\lambda_1\cdot f_a{}' \tag{9-85}$$

式(9−85)除以式(9−80) 可得：

$$-\frac{U_a{}'}{U_{C'}}=\frac{\lambda_1 \cdot f_a{}'}{\lambda_1}=f_a{}' \tag{9-86}$$

据此由式(9—84)可知：这一情形下的税收竞争要求地方政府间资本税的税率 t 为零；由式(9—86)可知：代表性消费者关于环境标准和消费的边际收益替代率等于环境的人均边际产出效率。

(2)情形 2——税率 t 给定

假定各个地方政府为了形成自身的财政收入来源，设定一个正的税率 t，则与上述的问题是同样的，只是这一经济系统一阶求解的结果不同。定义同样的拉格朗日方程：

$$L_2=U(C,a)+\gamma_1[y+(f-kf_k)+t \cdot k-C]+\gamma_2(f_k-t-r) \tag{9-87}$$

其中 γ_1，γ_2 为拉格朗日乘子。则分别对变量 C、a、k 求一阶条件。

$$\frac{\partial L_2}{\partial C}=U_C{}'-\gamma_1=0\text{，即 }U_C{}'=\gamma_1 \tag{9-88}$$

$$\frac{\partial L_2}{\partial a}=U_a{}'+\gamma_1 \cdot (f_a{}'-k \cdot f_{ka})+\gamma_2 \cdot f_{ka}=0 \tag{9-89}$$

$$\frac{\partial L_2}{\partial k}=\gamma_1 \cdot (f_k-f_k-k \cdot f_{kk}+t)+\gamma_2 \cdot f_{kk}=0 \tag{9-90}$$

由式(9—90)可知：

$$\gamma_2=\gamma_1 \cdot (k \cdot f_{kk}-t)/f_{kk} \tag{9-91}$$

将式(9—91)代入到式(9—89)可得：

$$U_a{}'+\gamma_1 \cdot (f_a{}'-k \cdot f_{ka})+\frac{\gamma_1 \cdot (k \cdot f_{kk}-t)}{f_{kk}} \cdot f_{ka}=0 \tag{9-92}$$

$$\text{亦即}-U_a{}'=\gamma_1 \cdot f_a{}'-\gamma_1 \cdot t \cdot \frac{f_{ka}}{f_{kk}} \tag{9-93}$$

式(9—93)除以式(9—88)可得：

$$-\frac{U_a{}'}{U_C{}'}=\frac{\gamma_1 \cdot f_a{}'-\gamma_1 \cdot t \cdot f_{ka}/f_{kk}}{\gamma_1}=f_a{}'-t \cdot \frac{f_{ka}}{f_{kk}} \tag{9-94}$$

$$-\frac{U_a{}'}{U_C{}'}=f_a{}'-t\frac{f_{ka}}{f_{kk}} \tag{9-95}$$

从而在存在正的资本税时，由 $f_{kk}<0$、$f_{ka}>0$ 可知 $-\frac{U_a{}'}{U_C{}'}>f_a{}'$。这就是说，代表性消费者关于环境标准和消费的边际收益替代率大于环境的边际收益 $f_a{}'$。从而环境标准设定在一个较低的排放量水平上。此时的排放量 a 虽然减少了，但却是经济低效率的。

(3)情形 3——工作需求者为多数

假定经济中有两类消费者，一类为“工作需求者”，其获得的收益与情形 1 中的收益一样，但是其人数占所有劳动者的比重为 θ；另一类为非工作者，但是可以获得地方政府征收资本税的支出福利。如果经济中工作需求者占的比重为多数的(假定经济决策是少数服从多数的,此处$\frac{1}{2}<\theta<1$),则这一地方政府将是吸引投资的,工作需求者的消费支出C为:

$$C=y^{l}+w+T=y^{l}+(f-k\cdot f_{k})+\theta\cdot t\cdot k \tag{9-96}$$

求解这一经济系统的优化问题,定义拉格朗日方程如下:

$$L_{3}=U(C,a)+\mu_{1}[y^{l}+(f-k\cdot f_{k})+\theta\cdot t\cdot k-C]+\mu_{2}(f_{k}-t-r) \tag{9-97}$$

μ_1,μ_2为拉格朗日乘子。分别对变量C,a,k,t求导如下:

$$\frac{\partial L_{3}}{\partial C}=U_{C}'-\mu_{1}=0,\text{即 } U_{C}'=\mu_{1} \tag{9-98}$$

$$\frac{\partial L_{3}}{\partial a}=U_{a}'+\mu_{1}(f_{a}'-k\cdot f_{ka})+\mu_{2}\cdot f_{ka}=0 \tag{9-99}$$

$$\frac{\partial L_{3}}{\partial k}=\mu_{1}(f_{k}-f_{k}-k\cdot f_{kk}+\theta\cdot t)+\mu_{2}\cdot f_{kk}=0 \tag{9-100}$$

$$\frac{\partial L_{3}}{\partial t}=\mu_{1}\cdot\theta\cdot k-\mu_{2}=0,\text{即 } \mu_{2}=\mu_{1}\cdot\theta\cdot k \tag{9-101}$$

将式(9—101)代入到式(9—100)可得:

$\mu_{1}(-k\cdot f_{kk}+\theta\cdot t)+\mu_{1}\cdot\theta\cdot k\cdot f_{kk}=0$。则资本税税率$t$为:

$$t=\frac{1-\theta}{\theta}k\cdot f_{kk} \tag{9-102}$$

由$f_{kk}<0$,其他参数大于零可知$t<0$。

将式(9—101)代入到式(9—99)可得:

$$U_{a}'+\mu_{1}(f'_{a}-k\cdot f_{ka})+\mu_{1}\cdot\theta\cdot k\cdot f_{ka}=0$$

亦即:

$$-U_{a}'=\mu_{1}[f_{a}'-(1-\theta)k\cdot f_{ka}] \tag{9-103}$$

式(9—103)除以式(9—98)可得:

$$-\frac{U_{a}'}{U_{C}'}=\frac{\mu_{1}[f_{a}'-(1-\theta)kf_{ka}]}{\mu_{1}}=f_{a}'-(1-\theta)k\cdot f_{ka} \tag{9-104}$$

而由$t=\frac{1-\theta}{\theta}k\cdot f_{kk}$可知:$(1-\theta)k=t\cdot\theta\cdot\frac{1}{f_{kk}}$ (9—105)

将上式(9—105)代入到式(9—104)可得:

$$-\frac{U_{a}'}{U_{C}'}=f_{a}'-t\cdot\theta\cdot\frac{f_{ka}}{f_{kk}} \tag{9-106}$$

由$f_{ka}>0$、$f_{kk}<0$,$t<0$可知$-\frac{U_{a}'}{U_{C}'}<f_{a}'$。这就是说,代表性消费者关于环境标准和消费的边际收益替代率$-\frac{U_{a}'}{U_{C}'}$大于环境的边际收益f_{a}'。从而环境标准设

定在一个较高排放量水平上。此时为了吸引投资，各个地区对环境的要求降低了，排放量 a 增加了。这同样是经济低效率的。而当 $\theta=1$ 时，即经济中所有的人为需要劳动工作者时，情形 3 回到了情形 2 的结果 $-\frac{U_a'}{U_C'}=f_a'-t\cdot\frac{f_{ka}}{f_{kk}}$。

(4)情形 4——纯福利享受者为多数

假定经济中的代表性消费者为“非工作需求者”，其获得的收益为地方政府征税形成的福利支出，但是没有工资收入。如果这类消费者在经济中所占比重为多数的($0<\theta<\frac{1}{2}$)，则这些“非工作需求者”的消费支出 C 为：

$$C=y^n+\theta\cdot t\cdot k \tag{9-107}$$

求解这一经济系统，定义拉格朗日方程如下：

$$L_4=U(C,a)+\eta_1(y^n+\theta\cdot t\cdot k-C)+\eta_2(f_k-t-r) \tag{9-108}$$

η_1、η_2 为拉格朗日乘子。分别对变量 C、a、k、t 求一阶条件。

$$\frac{\partial L_4}{\partial C}=U_C'-\eta_1=0,\text{即 } U_C'=\eta_1 \tag{9-109}$$

$$\frac{\partial L_4}{\partial a}=U_a'+\eta_2\cdot f_{ka}=0 \tag{9-110}$$

$$\frac{\partial L_4}{\partial k}=\eta_1\cdot\theta\cdot t+\eta_2\cdot f_{kk}=0 \tag{9-111}$$

$$\frac{\partial L_4}{\partial t}=\eta_1\cdot\theta\cdot k-\eta_2=0,\text{即 } \eta_2=\eta_1\cdot\theta\cdot k \tag{9-112}$$

将式(9－112)代入到式(9－111)可得：$\frac{\partial L_4}{\partial k}=\eta_1\cdot\theta\cdot t+\eta_1\cdot\theta\cdot k\cdot f_{kk}=0$

则：$t=-k\cdot f_{kk}>0$　　(9－113)

将式(9－112)代入到式(9－110)可得：$U_a'+\eta_1\cdot\theta\cdot k\cdot f_{ka}=0$。亦即：

$$-U_a'=\eta_1\cdot\theta\cdot k\cdot f_{ka} \tag{9-114}$$

式(9－114)除以式(9－109)可得：$-\frac{U_a'}{U_C'}=\frac{\eta_1\cdot\theta\cdot k\cdot f_{ka}}{\eta_1}=\theta\cdot k\cdot f_{ka}$

(9－115)

而由 $t=-k\cdot f_{kk}$ 可知：$k=-t\cdot\frac{1}{f_{kk}}$　　(9－116)

将式(9－116)代入到式(9－115)可得：$-\frac{U_a'}{U_C'}=-t\cdot\theta\cdot\frac{f_{ka}}{f_{kk}}$　　(9－117)

此处，在“非工作需求者”占多数的经济中，资本税是正的($t>0$)；而代表性消费者的边际收益替代率 $-\frac{U_a'}{U_C'}$ 等于征税资本后的人均边际财政收益 $-t\cdot\theta\cdot\frac{f_{ka}}{f_{kk}}$。

(5)情形 5——部分民主的情形

假定居民消费自主权也是有效用的，定义自主权为 δ，经济中的效用函数假设为：

$$U=U(C,a,\delta) \tag{9-118}$$

定义这样的效用函数是因为：发展中国家的居民在消费公共产品时，并不是完全自愿的，有时是被动的，譬如对部分公共交通设施的消费。在此，本节将定义的消费自主权 δ 作为“民主财政”的指标。明显地，$U_\delta{}'=U_\delta{}'(C,a,\delta)>0$ 而 $U''_{\delta\delta}=U_{\delta\delta}''(C,a,\delta)<0$。$U_\delta{}'(C,a,\delta)>0$ 表示居民对民主权利的效用是边际递增的，而 $U_{\delta\delta}''(C,a,\delta)<0$ 则意味着“民主过多”的低效率，即极端民主化下的机会成本过高、决策成本过高等问题。

假定居民劳动收入 w 中比重为 δ 的部分用于自主消费，$1-\delta$ 部分被政府征税后形成公共产品消费的等价收入。但是政府征税后并不是全部用于公共产品的供给，毕竟公共产品的供给和政府机构的运转需要成本。假定征税后比例为 m 的税收被用于提供公共产品。则居民的消费支出 C 为：

$$C_3=e+\delta(f-k\cdot f_k)+t\cdot k+m(1-\delta)(f-k\cdot f_k) \tag{9-119}$$

则居民的问题便是式(9－119)、$f_k-t\equiv r$ 约束条件下最大化效用函数 $U(C,a,\delta)$。同样地，求解这一经济系统，定义拉格朗日方程如下：

$$L_5=U(C,a,\delta)+\gamma_1[e+\delta(f-k\cdot f_k)+t\cdot k+m(1-\delta)(f-k\cdot f_k)-C]+\gamma_2(f_k-t-r) \tag{9-120}$$

其中 γ_1、γ_2 为拉格朗日乘子。分别对变量 C,a,δ,k,t 求导如下：

$$\frac{\partial L_5}{\partial C}=U_C{}'-\gamma_1=0,\text{即 } U_C{}'=\gamma_1 \tag{9-121}$$

$$\frac{\partial L_5}{\partial a}=U_a{}'+\gamma_1[\delta+m(1-\delta)](f_a{}'-k\cdot f_{ka})+\gamma_2\cdot f_{ka}=0 \tag{9-122}$$

$$\frac{\partial L_5}{\partial \delta}=U_\delta{}'+\gamma_1(1-m)(f-k\cdot f_k)=0 \tag{9-123}$$

$$\frac{\partial L_5}{\partial k}=\gamma_1\{[\delta+m(1-\delta)](f_k-f_k-kf_{kk})+t\}+\gamma_2 f_{kk}=0 \tag{9-124}$$

$$\frac{\partial L_5}{\partial t}=\gamma_1\cdot k-\gamma_2=0 \tag{9-125}$$

整理后，上述一阶条件即为：

$$U'_C=\gamma_1 \tag{9-126}$$

$$-U'_a=\gamma_1[\delta+m(1-\delta)](f_a{}'-k\cdot f_{ka})+\gamma_2\cdot f_{ka} \tag{9-127}$$

$$U_\delta{}'=-\gamma_1(1-m)(f-k\cdot f_k) \tag{9-128}$$

$$\gamma_1\{[\delta+m(1-\delta)](f_k-f_k-kf_{kk})+t\}=-\gamma_2 f_{kk} \tag{9-129}$$

$$\gamma_2=\gamma_1\cdot k \tag{9-130}$$

由式(9－129)与式(9－130)可得：$t=[\delta+m(1-\delta)-1]kf_{kk}$ (9－131)

由式(9－126)、式(9－127)与式(9－130) 可得：

$$-\frac{U_a'}{U_C'}=[\delta+m(1-\delta)]f_a'-t\frac{f_{ka}}{f_{kk}} \tag{9－132}$$

由式(9－126)与式(9－128)可得：

$$U_\delta'/U_C'=(m-1)(f-kf_k)=(m-1)w \tag{9－133}$$

由式(9－127)与式(9－128)可得：

$$-\frac{U_\delta'}{U_a'}=\frac{(m-1)w}{[\delta+m(1-\delta)]f_a'-t\cdot f_{ka}/f_{kk}} \tag{9－134}$$

由式(9－131)可知：在非独裁和非极端民主化的情况下(即在 $0<\delta<1,0<m<1$ 的情况下)，$\delta+m(1-\delta)<1$。从而结合 $f_{kk}<0$ 可知 $t>0$；由式(9－133)可知：当政府提高财政支出的份额 m 以提高居民消费的自主权时，竞争过程中民主财政给居民带来的效用是不断增加的(这是因为 $\mathrm{d}(U_\delta'/U_C')/\mathrm{d}m>0$)；根据 $m>m(1-\delta)$并结合式(9－134)可知：当政府提高财政支出的份额 m 以变相提高居民消费的自主权时，居民民主权利效用与环境效用的边际替代率是增加的。可见，民主程度提高，政府努力按照居民意愿提供公共服务时，有利于提高经济的产出效率。在均衡状态下，居民关于环境和消费的边际收益高于边际成本($-U_a'/U_C'>f_a'$)，公共支出竞争的结果使环境标准 a 设定在一个较低排放水平上，这比情形 1 中"支出完全由政府配置"的环境污染标准要低。

总体上，上述税收竞争中税率、污染排放及经济效率的关系如表 9－4 所示。

表 9－4　　以上五种情形的总结

情　形	税　收	税收替代率
$\theta=1$	$t=0$	$-\frac{U_a'}{U_C'}=\frac{\lambda_1\cdot f_a'}{\lambda_1}=f_a'$
税率给定	$t>0$	$-\frac{U_a'}{U_C'}=f_a'-t\frac{f_{ka}}{f_{kk}}>f_a'$
工作需求者为多数 $\frac{1}{2}<\theta<1$	$t=\frac{1-\theta}{\theta}k\cdot f_{kk}<0$	$-\frac{U_a'}{U_C'}=f_a'-t\cdot\theta\cdot\frac{f_{ka}}{f_{kk}}<f_a'$
纯福利享受者为多数 $0<\theta<\frac{1}{2}$	$t=-k\cdot f_{kk}>0$	$-\frac{U_a'}{U_C'}=-t\cdot\theta\cdot\frac{f_{ka}}{f_{kk}}$
部分民主	$t=[\delta+m(1-\delta)-1]kf_{kk}>0$	$-\frac{U_a'}{U_C'}=[\delta+m(1-\theta)]f_a'-t\frac{f_{ka}}{f_{kk}}>f_a'$

二、财政支出竞争

Wildasin(2003)认为，财政竞争不仅仅是地方政府吸引企业资本流入的税收竞争，财政竞争的范围包括税收政策和支出政策。他们研究了财政支出竞争中公民居住地选择问题、财政转移支付促进经济均衡发展问题等。从而，在财政竞争中，除了税收竞争之外，另外一个重要的概念便是“财政支出竞争”。对于法治国家，在分权明晰、责任明确、执政者对选民负责、公众监督意识强的情况下，一般没有随意扩张公共支出的规模竞争。但是在这些国家，各级地方政府之间公共支出具有空间溢出效应，或是公共支出的互动效应。这可以说是公共支出竞争的重要表现。在此，本章只介绍财政支出竞争的基本问题，有关公共支出竞争的“空间溢出效应模型”将在实证公共财政部分进行介绍。

对于“财政支出竞争”可以概括为：出于体现集体行动下政治利益、体现辖区领导者政治业绩的需要，地方政府通过扩大财政支出促进辖区政治、经济、社会事务发展的竞争行为。其中，支出内容会偏好于经济建设方面。因为 GDP 是支出过程中最为显性、最为直接、最为迅速、最具可比性的反映指标。

“财政支出竞争”的基本理论依据或原因则是 $dy/dg>0$ 的考察，主要是以公共支出对私人支出的互补效应来考虑的。对此 Devarajan，Swaroop 和 Heng－fu Zou (1996)分析了不同类型公共支出对经济增长的影响。对于财政支出竞争，这在中国较为明显。在中国，出于晋升显性标志的 GDP 竞争带来了公共支出的竞争。财政支出作为财政政策的重要组成部分，在各级政府发展经济的过程中发挥着重要的作用。因为随着税收优惠政策的日益规范，地方政府将税收优惠政策作为手段做大经济蛋糕的空间日益减小，从而各级政府逐渐转向了财政支出方面的竞争。当然，财政支出竞争带来了经济增长和具有明显标志特征的公共产品供给增加，但也带来了一系列的问题。这些方面的问题包括以下几个方面：

首先地方政府财政支出规模过大，财政支出占 GDP 的比重过大，监督不力。

改革开放以来，中国地方政府的公共支出规模呈现了不断增大的态势。以省级政府为例，各地区公共支出占 GDP 的比重、增速及其与 GDP 增速的关系如表 9－5所示。

表 9－5　　　　省级政府公共支出规模及其比较

年份	公共支出占 GDP 比重			公共支出平均增速	与 GDP 增速比较
	最大	最小	平均		
1995	19.48%	4.92%	10.12%	22.29%	27
1996	18.13%	5.15%	10.27%	19.30%	28
1997	19.05%	5.36%	10.51%	14.10%	24
1998	20.02%	5.75%	11.23%	17.19%	30
1999	23.37%	5.60%	12.26%	17.64%	30
2000	25.90%	6.89%	13.11%	16.88%	29

续表

年份	公共支出占 GDP 比重			公共支出平均增速	与 GDP 增速比较
	最大	最小	平均		
2001	33.65%	7.67%	15.33%	29.24%	31
2002	34.81%	8.09%	16.21%	17.00%	26
2003	31.28%	8.13%	15.66%	11.61%	17
2004	29.49%	7.68%	15.68%	18.76%	28
2005	31.24%	7.92%	15.51%	22.15%	29
2006	33.57%	8.30%	16.26%	21.79%	27
2007	36.01%	8.71%	17.25%	27.13%	31
2008	37.81%	8.70%	18.40%	30.65%	31
2009	36.79%	9.64%	20.58%	25.87%	31

数据来源:根据历年《中国统计年鉴》和各省级政府统计年鉴中的数据整理形成。其中地方公共支出为一般预算支出,未包括西藏地区。1997 年以前的数据分析未包括重庆和四川。

由表 9—5 可知:分税制改革以来,我国省级政府的公共支出占 GDP 比重呈现了逐渐增加的态势。其中:

①省级政府间公共支出占 GDP 比重的最高数呈现了逐年增加的态势,截至到 2009 年某一省份公共支出占 GDP 比重高达 36.79%;而从公共支出水平的最低值来看,各个地区公共支出占 GDP 水平从 20 世纪 90 年代的 4%～6%增加到本世纪初期的 7%～10%;这也反映了各个地区公共支出水平的增加。从平均量上来看,地方政府公共支出水平除 2003、2005 年有所下降外,总体上呈现了逐年增加的态势。

②其次,从公共支出的平均增速来看,2004 年以来连续 5 年都在 20%以上,而以前年度大多在 20%以下。

③最后,与 GDP 增速的比较来看,全国大部分地区公共支出的增速高于 GDP 的增速。除 2003 年之外,超过 GDP 增速的地区绝对数都在 24 个以上。这也反映了近年来地方政府支出规模的扩张,并且绝大部分地区的扩张速度高于本地 GDP 的增长速度。

其次,地方政府的或有负债和潜在负债越积越大,财政运行的潜在风险越来越大(朱军,2007);再次,过度的财政支出竞争会导致地区间公共产品供给水平的较大差异;最后,偏好不同的支出倾向使得政府支出结构不合理,导致支出结构扭曲等。

第十章　随机最优财政政策

本章学习的阅读文献

1. Eaton J. Fiscal Policy，Inflation and the Accumulation of Risky Capital[J]. *Review of Economic Studies*，1981，41(3)：435—445.

2. Ott I. & Susanne Soretz. Fiscal Policy in a Stochastic Model of Endogenous Growth with Congestion [R]. Computing in Economics and Finance，2002.

3. Xiaodong Zhu. Optimal Fiscal Policy in a Stochastic Growth Model[J]. *Journal of Economic Theory*，1992，(58)：250—289.

文献导读： 在宏观经济学中，经济的运行常常具有不确定性的特征。不确定性对公共财政政策的形成与实施必定带来影响。实际上，带有随机过程的宏观财政经济问题是更加贴近现实的问题，可以说是未来研究的重点和方向。本章介绍了这一方面的两个经典文献，并介绍了这一研究框架的基本内容。

第一节　基本方法

对于随机状态下的财政经济问题，连续经济问题的求解依赖于汉密尔顿—雅各布—贝尔曼方法，离散时间的经济问题依赖于贝尔曼方程的求解及其结果的线性化处理。这两种方法都是动态规划的方法。本章探讨随机经济问题中的最优财政政策时，主要分析连续时间的经济问题。离散时间经济问题的基本方法在本书第六章第三节进行了分析，第十一章将应用这一方法分析经济系统中含有随机过程的具体处理方法及其基本模拟程序。

对于连续时间的经济问题，确定性状态下的经济问题可以通过汉密尔顿方法进行处理，然后进行实证分析或数值模拟研究。确定性状态下的经济问题也可以通过汉密尔顿—雅各布—贝尔曼方法进行处理，求出显示解进行政策分析，或进行无显示解时的数值模拟分析；对于带有随机过程中的不确定性状态下的经济问题，只能通过汉密尔顿—雅各布—贝尔曼方法进行处理，在处理的过程中应用到随机过程中的伊藤公式(Itô 公式)。

首先介绍伊藤公式的基本原理。假定变量 A 为非随机变量，B 为服从某一分布(通常为威纳过程 Wiener Process)的随机变量，则两者的微分形式符合表 10－1 所示的乘法关系。

表 10－1　　非随机变量与随机变量的乘法关系

	dA(或 ΔA)	dB(或 ΔB)
dA(或 ΔA)	0，亦即 $(dA)^2=0$ 或 $(\Delta A)^2=0$	0，亦即 $dA\cdot dB=0$ 或 $\Delta A\cdot\Delta B=0$
dB (或 ΔB)	0，亦即 $dA\cdot dB=0$ 或 $\Delta A\cdot\Delta B=0$	dA，亦即 $(dB)^2=dA$ 或 $(\Delta B)^2=\Delta A$

对于带有随机过程的连续时间经济问题，假定经济的目标为：

$$\max E_t\cdot\int_0^\infty f(t,X,U)\mathrm{d}t \tag{10－1}$$

满足的约束条件为：

$$\mathrm{d}X=g(t,X,U)\mathrm{d}t+\sigma(z,X,U)\mathrm{d}z \tag{10－2}$$

其中 X 为控制变量，U 为状态变量，两者均为时间 t 的函数。式(10－2)反映了控制变量和状态变量之间的关系，$f(t,X,U)$为目标函数，z 代表随机过程，控制变量 X 中含有的随机过程通过函数 $\sigma(z,X,U)$来体现。

通过汉密尔顿－雅各布－贝尔曼方法求解这一经济系统。首先定义值函数为：

$$J(s,X_s)=E_t\cdot\int_s^T f(t,X,U)\mathrm{d}t \tag{10－3}$$

$s\in(0,T)$属于时间变量。满足的约束条件为：

$$\mathrm{d}X=g(t,X,U)\mathrm{d}t+\sigma(z,X,U)\mathrm{d}z,X(s)=X_s \tag{10－4}$$

根据值函数可以得到如下的期间函数：

$$J(s+\Delta s,X_{s+\Delta s})\equiv\max E_t\cdot\int_{s+\Delta s}^T f(t,X,U)\mathrm{d}t \tag{10－5}$$

$$\mathrm{d}X=g(t,X,U)\mathrm{d}t+\sigma(z,X,U)\mathrm{d}z \tag{10－6}$$

$$X(s+\Delta s)=X_s+\Delta X_s \tag{10－7}$$

则式(10－3)即为

$$J(s,X_s)=\max_{u(t),s\leqslant t\leqslant T}E_t\cdot\left[\int_s^{s+\Delta s}f(t,X,U)\mathrm{d}t+\cdot\int_{s+\Delta s}^T f(t,X,U)\mathrm{d}t\right]$$

$$=\max E_t\cdot\int_s^{s+\Delta s}f(t,X,U)\mathrm{d}t+\max E_t\cdot\int_{s+\Delta s}^T f(t,X,U)\mathrm{d}t \tag{10－8}$$

将定义的函数式(10－5)代入到式(10－8)可得：

$$J(s,X_s)=\max E_t\cdot\left[\int_s^{s+\Delta s}f(t,X,U)\mathrm{d}t+J(s+\Delta s,X_{s+\Delta s})\right] \tag{10－9}$$

而定义的式(10—5)进行一阶泰勒展开可得：

$$J(s+\Delta s,X_{s+\Delta s})=J(s,X_s)+J_s(s,X_s)\cdot\Delta s+J_X(s,X_s)\cdot\Delta X_s+\frac{1}{2}J_{ss}(s,X_s)$$

$$(\Delta s)^2+\frac{1}{2}J_{XX}(s,X_s)(\Delta X)^2+J_{X_s}(s,X_s)\cdot\Delta s\Delta X_s \qquad (10-10)$$

由约束条件式(10—2)可知：

$$\begin{aligned}(\mathrm{d}X)^2&=[g(t,X,U)\mathrm{d}t+\sigma(z,X,U)\mathrm{d}z]^2\\&=g^2(t,X,U)(\mathrm{d}t)^2+\sigma^2(z,X,U)(\mathrm{d}z)^2+2g(t,X,U)\cdot\sigma(z,X,U)\cdot\mathrm{d}t\cdot\mathrm{d}z\end{aligned}$$

由伊藤公式可知：$(\mathrm{d}t)^2=0,(\mathrm{d}z)^2=\mathrm{d}t,\mathrm{d}t\cdot\mathrm{d}z=0$ 从而上式即为：

$$(\mathrm{d}X)^2=\sigma^2(z,X,U)\cdot\mathrm{d}$$

将$(\mathrm{d}X)^2=\sigma^2(z,X,U)\cdot\mathrm{d}z$ 表示为增量的形式(考虑以时间 s 代替时间 t)即为：

$$(\Delta X)^2=\sigma^2(z,X,U)\cdot\Delta s \qquad (10-11)$$

将式(10—11)代入到式(10—10)，并在式(10—10)中应用伊藤公式可得：

$$J(s+\Delta s,X_{s+\Delta s})=J(s,X_s)+J_s(s,X_s)\cdot\Delta s+J_X(s,X_s)\cdot\Delta X_s$$

$$+\frac{1}{2}J_{ss}(s,X_s)\cdot 0+\frac{1}{2}J_{XX}(s,X_s)\cdot\sigma^2(z,X,U)\cdot\Delta s+J_{Xs}(s,X_s)\cdot 0\text{，亦即：}$$

$$J(s+\Delta s,X_{s+\Delta s})=J(s,X_s)+J_s(s,X_s)\cdot\Delta s+J_X(s,X_s)\cdot\Delta X_s+\frac{1}{2}J_{XX}(s,X_s)$$

$$\cdot\sigma^2(z,X,U)\cdot\Delta s \qquad (10-12)$$

将式(10—5)展开后的结果式(10—12)代入到式(10—9)可得：

$$J(s,X_s)=\max E_t\cdot\left[\int_s^{s+\Delta s}f(t,X,U)\mathrm{d}t+J(s,X_s)+J_s(s,X_s)\cdot\Delta s\right.$$

$$\left.+J_X(s,X_s)\cdot\Delta X_s+\frac{1}{2}J_{XX}(s,X_s)\cdot\sigma^2(z,X,U)\cdot\Delta s\right]$$

由于 $J(s,X_s)$是取期望后的确定性结果，上式两边消去 $J(s,X_s)$后即为：

$$\max E_t\cdot\left[\int_s^{s+\Delta s}f(t,X,U)\mathrm{d}t+J_s(s,X_s)\cdot\Delta s+J_X(s,X_s)\cdot\Delta X_s\right.$$

$$\left.+\frac{1}{2}J_{XX}(s,X_s)\cdot\sigma^2(z,X,U)\cdot\Delta s\right]=0 \qquad (10-13)$$

将等式(10—13)右边第一项应用中值定理可得：

$$\max E_t\cdot\left[f(s,X,U)\Delta s+J_s(s,X_s)\cdot\Delta s+J_X(s,X_s)\cdot\Delta X_s+\frac{1}{2}J_{XX}(s,X_s)\right.$$

$$\left.\cdot\sigma^2(z,X,U)\cdot\Delta s\right]=0 \qquad (10-14)$$

对于式(10—4)，将其两边以时间 s 代替时间 t、以差分形式代替微分形式可得：

$$\Delta X_s=g(s,X,U)\Delta s+\sigma(z,X,U)\Delta z \qquad (10-15)$$

将式(10－15)代入到式(10－14)可得：

$$\max E_t \cdot \{f(s,X,U)\Delta s + J_s(s,X_s)\cdot\Delta s + J_X(s,X_s)[g(s,X,U)\Delta s + \sigma(z,X,U)\Delta z] + \frac{1}{2}J_{XX}(s,X_s)\sigma^2(z,X,U)\Delta s\} = 0$$

上式两边同除以时间增量 Δs 可得：

$$\max E_t \cdot \left\{f(s,X,U) + J_s(s,X_s) + J_X(s,X_s)\left[g(s,X,U) + \sigma(z,X,U)\frac{\Delta z}{\Delta s}\right] + \frac{1}{2}J_{XX}(s,X_s)\sigma^2(z,X,U)\right\} = 0$$

由于 Δz 是 Δs 的高阶无穷小量，$\frac{\Delta z}{\Delta s}\to 0$；从而上式成为静态经济状态下无不确定性的优化问题：

$$\max[f(s,X,U) + J_s(s,X_s) + J_X(s,X_s)\cdot g(s,X,U) + \frac{1}{2}J_{XX}(s,X_s)\cdot\sigma^2(z,X,U)] = 0 \quad (10-16)$$

为了获得上式最大化问题的解，对状态变量 U 求一阶条件可得：

$$f_U'(s,X,U) + J_X(s,X_s)g_U'(s,X,U) + J_{XX}(s,X_s)\sigma(z,X,U)\frac{\partial\sigma}{\partial U} = 0 \quad (10-17)$$

根据一阶条件式(10－17)中得出的结果 U'，将其回代到式(10－16)，求解出控制变量 X 的解形式(龚六堂，2002)。一般而言，控制变量 X 较少具有显示解，多数情况下需要通过数值模拟的方法处理无显示解的情形。本章第二节将介绍控制变量具有显示解的理论模型，其中伊顿(Eaton)的模型是较早研究随机最优财政政策的模型。

总体上，对于带有随机过程的连续时间经济问题，其求解过程如下：

1. 定义值函数 $J(s,X_s)$；

2. 写出递归或迭代方程；

$$\max[f(s,X,U) + J_s(s,X_s) + J_X(s,X_s)\cdot g(s,X,U) + \frac{1}{2}J_{XX}(s,X_s)\cdot\sigma^2(z,X,U)] \quad (10-16)$$

3. 通过递归或迭代方程式(10－16)对状态变量 U 求一阶条件，求解出状态变量的表达式 U'(一般为值函数 $J(s,X_s)$ 相关表达式的函数)，即：

$$f_U'(s,X,U) + J_X(s,X_s)g_U'(s,X,U) + J_{XX}(s,X_s)\sigma(z,X,U)\frac{\partial\sigma}{\partial U} = 0 \quad (10-17)$$

4. 将状态变量 U' 回代到原递归方程式(10－16)，求出值函数 $J(s,X_s)$ 的表达式(对少数特殊的目标函数，可以通过猜解进行处理)；

5. 将已求解出的值函数的相关表达式代入到 U' 中，得到控制变量表达式 U' 的具体形式；

6. 回到约束方程式(10－4)，代入控制变量 U' 的表达式：

$$dX=g[t,X,U'(X)]dt+\sigma[z,X,U'(X)]dz \tag{10－18}$$

求解微分方程，得到控制变量 X 的解形式：

$$X(t)=X(0)\cdot e^{\left\{g[t,X,U'(X)]-\frac{\sigma^2[z,X,U'(X)]}{2}\cdot t\right\}+\sigma[z,X,U'(X)]\cdot z} \tag{10－19}$$

但如上所述，一般在第 5 步就会出现难以处理的情形——求不出值函数。这就需要通过"解所需满足的条件"进行数值模拟，分析状态变量在动态经济路径上表现出来的特征，或是政策响应情况。对于数值模拟的处理，基本思路和方法在下一章第二小节进行简要的介绍，更详细的综合分析参见贾德等在数值经济学中的专题研究和分析。

第二节　随机最优财政政策分析

一、伊顿的显示解情形

(一)假设条件

基于上述连续时间中不确定性经济问题的分析方法，Eaton(1981)最早进行了随机经济系统的财政政策分析，得出了控制变量的显示解。该经济的目标函数如下：

$$E_t\cdot\int_0^{\infty}\frac{1}{\gamma}C_t^{\gamma}\cdot e^{-\delta\cdot t}\cdot dt \tag{10－20}$$

其中 C_t 是代表性消费者的消费，δ 是消费的贴现率，$\frac{1}{\gamma}C_t^{\gamma}$ 是消费者的效用函数。消费者的财富积累方程如下：

$$dW_t=\{[r_B\cdot b_t+r_K\cdot(1-b_t)]\cdot W_t-C_t\}dt \tag{10－21}$$

其中 b_t 表示政府债券占消费者总财富的比重，r_B 表示政府债券的利率，r_K 表示资本回报率。假定经济中的产出函数为：

$$Y_t=\alpha\cdot K_t dt+\sigma\cdot K_t\cdot dz \tag{10－22}$$

该生产函数为单个部门的生产函数，确定性状态下的产出为 $\alpha\cdot K_t$，随机状态下的产出为 $\sigma\cdot K_t$，其中 z 是服从威纳随机过程①的，并且 $\alpha,\sigma>0$。

政府基于经济产出征收线性税，对确定性状态下的产出 $\alpha\cdot K_t$ 征收税率为 t_K 的税收，对不确定性状态下的产出 $\sigma\cdot K_t$ 征收税率为 t' 的税收，则政府总税收收入为：

① 威纳过程是指一个随机过程 Z 在时点 t 的改变 dZ_t，符合以下两个条件：条件一：$dZ_t\sim N(0,dt)$；条件二：$E(dZ_t,dZ_s)=0,t\neq s$。

$$T=t_K\cdot\alpha\cdot K_t\cdot \mathrm{d}t+t'\cdot\sigma\cdot K_t\cdot \mathrm{d}z \quad (10-23)$$

而政府支出同样由确定性状态和不确定性状态两种类型构成，亦即：

$$G=g\cdot\alpha\cdot K_t\cdot \mathrm{d}t+g'\cdot\sigma\cdot K_t\cdot \mathrm{d}z \quad (10-24)$$

其中 g 为确定性状态下的份额，g' 为不确定性状态下的份额。在出现财政赤字的情况下，政府发行债券。政府每发行 B 单位的债券都要有 u 个单位的支出，并且增发的债券具有单位为 p 的价值。则政府的预算平衡为：

$$p\cdot \mathrm{d}B=u\cdot B+G-T \quad (10-25)$$

整个社会资本积累的方程为：

$\mathrm{d}K=Y-C_t\cdot \mathrm{d}t-G$，代入式(10－22)中 Y、式(10－24) 中 G 的表达式后可得：

$$\mathrm{d}K_t=\alpha\cdot K_t\mathrm{d}t+\sigma\cdot K_t\cdot \mathrm{d}z-C_t\cdot \mathrm{d}t-g\cdot\alpha\cdot K_t\cdot \mathrm{d}t-g'\cdot\sigma\cdot K_t\cdot \mathrm{d}z$$
$$=[(1-g)\alpha\cdot K_t-C_t]\mathrm{d}t+\sigma(1-g')K_t\cdot \mathrm{d}z \quad (10-26)$$

则：$$\frac{\mathrm{d}K_t}{K_t}=\left[(1-g)\alpha-\frac{C_t}{K_t}\right]\mathrm{d}t+\sigma(1-g')\mathrm{d}z \quad (10-27)$$

由式(10－27)可知：在 C_t/K_t 为常数的情况下，资本积累的增长率与税收 t_K、t'不相关。

定义经济中实际需要的国债 B 为资本存量 K 的 H 倍，则政府债券与资本存量的关系为：

$$HK\equiv p\cdot B，调节\ p\ 使得\ p=HK/B \quad (10-28)$$

税后的资本回报率为：

$$r_K=(1-t_K)\alpha\cdot \mathrm{d}t+(1-t')\sigma\cdot \mathrm{d}z \quad (10-29)$$

假定政府债券回报率也是一个带有随机过程的变量，即：

$$r_B=\alpha_B\cdot \mathrm{d}t+\sigma_B\cdot \mathrm{d}z \quad (10-30)$$

消费者的财富(包括资本与债券)分为确定性的和不确定性的两部分如表10－2所示。

表 10－2　　消费者财富的构成

		确定性的部分(安全资产)	不确定的部分(不安全资产)
来自资本	所占比重	$1-b$	$1-b$
	回报率	$(1-t_K)\alpha$	$(1-t')\sigma$
来自债券	所占比重	b	b
	回报率	α_B	σ_B

基于表 10－2，经济中的财富积累为：

$$\mathrm{d}W_t=\{[(1-b)(1-t_K)\alpha+b\cdot\alpha_B]W_t-C_t\}\mathrm{d}t+[(1-b)(1-t')\sigma+b\sigma_B]W_t\mathrm{d}z \quad (10-31)$$

整个财富中包括的资本为 K，包括的国债为 HK（根据前面的假设），整个社会财富为 $K+HK$。因此国债所占的比重为：

$$b=\frac{HK}{K+HK}=\frac{H}{1+H} \tag{10-32}$$

从而资本存量 $K_t=(1-b)W_t$，两边微分后可得：

$$\mathrm{d}K_t=(1-b)\mathrm{d}W_t \tag{10-33}$$

则将式(10—26)、式(10—31)代入到式(10—33)可得：

$$[(1-g)\alpha\cdot K_t-C_t]\mathrm{d}t+\sigma(1-g')K_t\cdot \mathrm{d}z=(1-b)\cdot\{[(1-b)(1-t_K)\alpha+b\cdot\alpha_B]W_t-C_t\}\mathrm{d}t+(1-b)\cdot[(1-b)(1-t')\sigma+b\sigma_B]W_t\mathrm{d}z \tag{10-34}$$

从而得到如下等式：

$$(1-g)\alpha\cdot K_t-C_t=(1-b)\{[(1-b)(1-t_K)\alpha+b\cdot\alpha_B]W_t-C_t\} \tag{10-35}$$

$$\sigma(1-g')K_t=(1-b)\cdot[(1-b)(1-t')\sigma+b\sigma_B]W_t \tag{10-36}$$

式(10—35)中代入 $K_t=(1-b)W_t$ 后可得：

$(1-g)\alpha\cdot K_t-C_t=[(1-b)(1-t_K)\alpha+b\cdot\alpha_B]K_t-(1-b)C_t$，同除以 K_t 整理可得：

$$b\alpha_B=[(1-g)\alpha-(1-b)(1-t_K)\alpha]-b\frac{C_t}{K_t}$$

$$\alpha_B=\frac{[(1-g)\alpha-(1-b)(1-t_K)\alpha]}{b}-\frac{C_t}{K_t}$$

$$\alpha_B=\left[(1-t_K)\alpha+\frac{(t_K-g)\alpha}{b}\right]-\frac{C_t}{K_t} \tag{10-37}$$

式(10—36)中代入 $K_t=(1-b)W_t$ 后可得：

$\sigma(1-g')K_t=[(1-b)(1-t')\sigma+b\sigma_B]K_t$，亦即：

$$\sigma_B=\frac{\sigma(1-g')-(1-b)(1-t')\sigma}{b}=\left[(1-t')+\frac{(t'-g')}{b}\right]\sigma \tag{10-38}$$

（二）基本问题

代表性消费者的经济问题为：

$$\max E_t\int_0^{\infty}\frac{1}{\gamma}C_t^{\gamma}\cdot e^{-\delta\cdot t}\cdot \mathrm{d}t \tag{10-39}$$

满足的资源约束条件为：

$$\mathrm{d}W_t=\{[r_B\cdot b_t+r_K\cdot(1-b_t)]\cdot W_t-C_t\}\mathrm{d}t \tag{10-40}$$

假定可用的资产包括风险资产 K_t、比重为 $\bar{b}$ 的安全资产 B_t、比重为 $1-\bar{b}$ 的安全资产 K_t。资产持有结构与原有资产持有结构的关系如下：

$$\bar{b}=\frac{b(1-t')}{g'-t'} \tag{10-41}$$

综上所述，代表性消费者各类资产的回报率如表 10—3 所示。

表 10－3 资产组成与利率

		确定的部分(安全资产)	不确定的部分(不安全资产)
来自资本	比重	$1-\bar{b}$	$1-\bar{b}$
	利率	$(1-t_K)\alpha$	$(1-t')\sigma$
来自债券	比重	$\bar{b}$	$\bar{b}$
	利率	$\alpha_B=\left[(1-t_K)\alpha+\frac{(t_K-g)\alpha}{b}\right]-\frac{C_t}{K_t}$	$\sigma_B=\left[(1-t')+\frac{(t'-g')}{b}\right]\sigma$

根据假定和表 10－3 第三列的结果，综合的安全资产回报率 r_s 为：

$$r_s=(1-\bar{b})\cdot(1-t_K)\alpha+\bar{b}\cdot\left\{\left[(1-t_K)\alpha+\frac{(t_K-g)\alpha}{b}\right]-\frac{C_t}{K_t}\right\}$$

$$=(1-\bar{b})\cdot(1-t_K)\alpha+\bar{b}\cdot(1-t_K)\alpha+\bar{b}\cdot\left[\frac{(t_K-g)\alpha}{b}-\frac{C_t}{K_t}\right]$$

代入 $\bar{b}=\frac{b(1-t')}{g'-t'}$ 的关系式可得：

$$r_s=(1-t_K)\alpha+\frac{b(1-t')}{g'-t'}\left[\frac{(t_K-g)\alpha}{b}-\frac{C_t}{K_t}\right]$$

$$=(1-t_K)\alpha+\frac{(1-t')}{g'-t'}\left[(t_K-g)\alpha-b\frac{C_t}{K_t}\right] \qquad (10-42)$$

定义 ω 为经济中风险资产的份额，则代表性消费者面临的约束条件式(10－21)可以改写为：

$$dW_t=\{[r_s+\omega\cdot(\alpha(1-t_K)-r_s)]\cdot W_t-C_t\}dt+\omega(1-t')\sigma W_t dz$$

(三)分散经济问题

通过汉密尔顿－雅各布－贝尔曼方法处理这一经济问题，定义值函数为：

$J(\cdot)=e^{-\delta\cdot t}J(W_t)$，应用公式

$$\max\left[f(s,X,U)+J_s(s,X_s)+J_X(s,X_s)g(s,X,U)+\frac{1}{2}J_{XX}(s,X_s)\sigma^2(z,X,U)\right]=0$$

这一经济问题的递归方程如下：

$$\frac{1}{\gamma}C_t^{\gamma}\cdot e^{-\delta\cdot t}-\delta\cdot e^{-\delta\cdot t}J(W_t)+e^{-\delta\cdot t}J_W(W_t)\{[r_s+\omega\cdot(\alpha(1-t_K)-r_s)]W_t-C_t\}+e^{-\delta\cdot t}\cdot\frac{1}{2}J_{WW}(W_t)\cdot\omega^2(1-t')^2\sigma^2W_t^2=0 \qquad (10-43)$$

亦即：

$$\frac{1}{\gamma}C_t^{\gamma}-\delta\cdot J(W_t)+J_W(W_t)\cdot\{[r_s+\omega\cdot(\alpha(1-t_K)-r_s)]\cdot W_t-C_t\}+\frac{1}{2}J_{WW}(W_t)\cdot\omega^2(1-t')^2\sigma^2W_t^2=0 \qquad (10-44)$$

将式(10－44)分别对消费 C_t、资产 W_t、资本结构 ω^* 求一阶条件可得：

$$C_t^{\gamma-1}-J_W(W_t)=0 \tag{10-45}$$

$$-\delta\cdot J_W(W_t)+J_{WW}(W_t)\cdot\{[r_s+\omega\cdot(\alpha(1-t_K)-r_s)]\cdot W_t-C_t\}+J_W(W_t)\cdot[r_s+\omega\cdot(\alpha(1-t_K)-r_s)]+\frac{1}{2}J_{WWW}(W_t)\cdot\omega^2(1-t')^2\sigma^2W_t^2+\frac{1}{2}J_{WW}(W_t)\cdot\omega^2(1-t')^2\sigma^2 2W_t=0 \tag{10-46}$$

$$J_W(W_t)\cdot[\alpha(1-t_K)-r_s]W_t+\frac{1}{2}J_{WW}(W_t)\cdot 2\omega(1-t')^2\sigma^2W_t^2=0 \tag{10-47}$$

由式(10－45)可知 $J_W(W_t)=C_t^{\gamma-1}$。假定在平衡经济状态下消费 C_t 为资产 W_t 的常数倍，亦即 $C_t=c\cdot W_t$。则根据 $J_W(W_t)=C_t^{\gamma-1}$ 可知：

$$J_W(W_t)=c^{\gamma-1}\cdot W_t^{\gamma-1} \tag{10-48}$$

分别对式(10－48)两边对 W_t 求导一次、二次可得：

$$J_{WW}(W_t)=(\gamma-1)c^{\gamma-1}\cdot W_t^{\gamma-2} \tag{10-49}$$

$$J_{WWW}(W_t)=(\gamma-1)(\gamma-2)c^{\gamma-1}\cdot W_t^{\gamma-3} \tag{10-50}$$

将上述结果式(10－48)、式(10－49)、式(10－50)代入到式(10－47)可得：

$$c^{\gamma-1}W_t^{\gamma-1}[\alpha(1-t_K)-r_s]W_t+\frac{1}{2}(\gamma-1)c^{\gamma-1}W_t^{\gamma-2}2\omega(1-t')^2\sigma^2W_t^2=0$$

亦即 $[\alpha(1-t_K)-r_s]+(\gamma-1)\omega(1-t')^2\sigma^2=0$，从而最优的财富结构 ω^* 为：

$$\omega^*=\frac{\alpha(1-t_K)-r_s}{(1-\gamma)(1-t')^2\sigma^2} \tag{10-51}$$

将上述结果式(10－48)、式(10－49)、式(10－50)以及 $C_t=c\cdot W_t$ 代入到式(10－46)可得：

$$-\delta\cdot c^{\gamma-1}\cdot W_t^{\gamma-1}+(\gamma-1)c^{\gamma-1}\cdot W_t^{\gamma-2}\cdot\{[r_s+\omega\cdot(\alpha(1-t_K)-r_s)]\cdot W_t-cW_t\}+c^{\gamma-1}W_t^{\gamma-1}[r_s+\omega(\alpha(1-t_K)-r_s)]+\frac{1}{2}(\gamma-1)(\gamma-2)c^{\gamma-1}W_t^{\gamma-3}\omega^2(1-t')^2\sigma^2W_t^2+\frac{1}{2}(\gamma-1)c^{\gamma-1}\cdot W_t^{\gamma-2}\cdot\omega^2(1-t')^2\sigma^2 2W_t=0$$

等式两边消去同类项可得：

$$-\delta+(\gamma-1)\{[r_s+\omega\cdot(\alpha(1-t_K)-r_s)]-c\}+[r_s+\omega\cdot(\alpha(1-t_K)-r_s)]+\frac{1}{2}(\gamma-1)(\gamma-2)\omega^2(1-t')^2\sigma^2+(\gamma-1)\omega^2(1-t')^2\sigma^2=0$$

上式合并整理后亦即：

$$-\delta+\gamma[r_s+\omega\cdot(\alpha(1-t_K)-r_s)]-(\gamma-1)c+\frac{1}{2}\gamma(\gamma-1)\omega^2(1-t')^2\sigma^2=0 \tag{10-52}$$

由式(10－51)可得：

$\omega^*(1-\gamma)(1-t')^2\sigma^2=\alpha(1-t_K)-r_s$，将其代入到式(10－52)，并考虑 $\omega=$

ω^* 可得：

$$-\delta+\gamma[r_s+\omega^*(\alpha(1-t_K)-r_s)]-(\gamma-1)c-\frac{1}{2}\gamma\omega^*[\alpha(1-t_K)-r_s]=0$$

$$(\gamma-1)c=-\delta+\gamma\left\{r_s+\frac{1}{2}\omega^*[\alpha(1-t_K)-r_s]\right\}$$

$c=\dfrac{\delta-\gamma\left\{r_s+\frac{1}{2}\omega^*[\alpha(1-t_K)-r_s]\right\}}{1-\gamma}$，再将 $\omega^*=\dfrac{\alpha(1-t_K)-r_s}{(1-\gamma)(1-t')^2\sigma^2}$ 代入后可得：

$$c=\frac{\delta-\gamma\left\{r_s+\frac{[\alpha(1-t_K)-r_s]^2}{2(1-\gamma)(1-t')^2\sigma^2}\right\}}{1-\gamma} \tag{10-53}$$

根据求解出的 c 以及其他已知条件 $\left(C_t=c\cdot W_t=c\cdot\dfrac{K_t}{1-b}\right)$ 可以得到平衡经济增长路径上的经济增长率 ϕ。由经济中资本积累的等式(10—27)可知：

$$\phi=\frac{\mathrm{d}K_t}{K_t}=[(1-g)\alpha-\frac{C_t}{K_t}]\mathrm{d}t+\sigma(1-g')\mathrm{d}z$$

$$=\left[(1-g)\alpha-\frac{1}{1-b}\frac{\delta-\gamma\left\{r_s+\frac{[\alpha(1-t_K)-r_s]^2}{2(1-\gamma)(1-t')^2\sigma^2}\right\}}{1-\gamma}\right]\mathrm{d}t+\sigma(1-g')\mathrm{d}z$$

$$\phi=\left\{\frac{\alpha(1-t_K)-\delta}{1-\gamma}-(1-g')\sigma^2\left[(g'-t')+\frac{\gamma(1-g')}{2}\right]\right\}\mathrm{d}t+\sigma(1-g')\mathrm{d}z$$

从而在平衡经济状态下期望经济增长率 $E\phi$ 为

$$E\phi=\frac{\alpha(1-t_K)-\delta}{1-\gamma}-(1-g')\sigma^2\left[(g'-t')+\frac{\gamma(1-g')}{2}\right] \tag{10-54}$$

据此，根据这一结果分析含随机过程的经济问题。可以得到如下结论：

1. $\dfrac{\partial(E\phi)}{\partial G}=0$。在平衡经济状态下，期望经济增长率与政府公共支出 G 不相关。亦即，政府公共支出不影响经济增长，可能不具有“挤出效应”。

2. $\dfrac{\partial(E\phi)}{\partial t_K}=-\dfrac{\alpha}{1-\gamma}<0$。这意味着，确定性状态下的税收 t_K 与平衡经济状态下的期望经济增长率呈负相关关系。也就是说，增加这一方面的政府税收不利于经济增长。

3. $\dfrac{\partial(E\phi)}{\partial t'}=(1-g')\sigma^2>0$。这意味着，平衡经济状态下的期望经济增长率与不确定性状态下的税收 t' 呈正相关关系。提高税率 t' 时，政府增加了对不确定性资本的风险承担。此时经济中风险资本减少，政府对国债的供给增加，国债价格下降，消费减少，投资增加，经济增长率提高。

4. $\frac{\partial(E\phi)}{\partial\sigma}=-2(1-g')\sigma\left[(g'-t')+\frac{\gamma(1-g')}{2}\right]>0$ 或 <0。这意味着，平衡经济状态下的期望经济增长率与不确定性状态下税前回报 σ 的关系不明显。这一关系依赖于 $(g'-t')+\frac{\gamma(1-g')}{2}$ 的大小关系，亦即 γ 与 $\frac{2(t'-g')}{1-g'}$ 之间的大小关系。

二、奥特和索里兹的显示解情形

（一）基本模型

Ott & Soretz (2002)构建了一个公共产品具有拥挤效应的内生增长模型。假定一个带有随机问题经济系统的目标为：

$$\max E_t \cdot \int_0^{\infty} \frac{C_t^{1-\rho}}{1-\rho} \cdot e^{-\beta \cdot t} \cdot \mathrm{d}t \tag{10-55}$$

满足的约束条件为：

$$\mathrm{d}k=[(1-\tau)\alpha k-(1+\omega)C_t]\mathrm{d}t+(1-\tau')\alpha k\sigma \mathrm{d}z \tag{10-56}$$

其中 C_t 是代表人均消费，ρ 是相对风险厌恶系数，β 是消费效用的贴现率。k 代表人均资本存量，τ 代表确定性状态下的税收，τ' 代表不确定性状态下的税收，ω 代表商品税。厂商的生产函数为：

$$y=\alpha(\cdot)\cdot k(\mathrm{d}t+\sigma \mathrm{d}z)=\alpha\left(\frac{g}{k}\right)\cdot k(\mathrm{d}t+\sigma \mathrm{d}z)=\alpha\left(\frac{g}{k}\right)k\,\mathrm{d}t+\alpha\left(\frac{g}{k}\right)k\sigma\,\mathrm{d}z \tag{10-57}$$

其中 y 代表人均产出，$\alpha(\cdot)$ 代表生产函数，$\alpha'(\cdot)>0$，$\alpha''(\cdot)<0$。$\mathrm{d}z$ 是一个服从 $N(0,\mathrm{d}t)$ 分布的威纳过程。g 代表人均政府公共支出，并假定经济中无资本折旧。假定人均政府公共支出具有拥挤效应，函数形式为：

$$g=G\cdot\left(\frac{k}{K}\right)^{1-\varepsilon}=\begin{cases} G\cdot k/K & \varepsilon=0 \\ G\cdot k^{1-\varepsilon}K^{\varepsilon-1} & \varepsilon\in(0,1) \\ G & \varepsilon=1 \end{cases} \tag{10-58}$$

其中 g 代表消费者享受的公共支出福利，K 代表全社会总资本存量，G 代表政府总公共支出。当 $\varepsilon=0$ 时，公共支出具有完全挤出效应，每个代表性消费者享受的公共支出福利为总公共支出的一个比例，这一比例是其资本存量占全社会资本存量的份额；当 $\varepsilon=1$ 时，公共支出完全没有挤出效应，每个代表性消费者享受的公共支出福利即为政府总公共支出。

经济中代表性消费者有 N 个时，每个消费者的资本存量占全社会资本存量的比例即为 $1/N$。则当 $\varepsilon=0$ 时，$g=G\cdot k/K=G/N$。

（二）值函数

通过汉密尔顿－雅各布－贝尔曼方法求解这一经济系统。首先定义值函数为：

$$e^{-\beta\cdot t}J(k) \quad (10-59)$$

利用通常意义上的递归公式：

$$0=\max\left[f(s,X,U)+J_s(s,X_s)+J_X(s,X_s)\cdot g(s,X,U)+\frac{1}{2}J_{XX}(s,X_s)\cdot\sigma^2(z,X,U)\right]$$

即为（以下时间变量用通常意义上的 t）：

$$0=\max\left\{\frac{C_t^{1-\rho}}{1-\rho}+(-\beta)\cdot\int_t^{\infty}\frac{C_t^{1-\rho}}{1-\rho}e^{-\beta\cdot t}\mathrm{d}t+J_K(k)[(1-\tau)\alpha k-(1+\omega)C_t]\right.$$
$$\left.+\frac{1}{2}J_{KK}(k)\cdot\sigma^2(z,C_t,k)\right\} \quad (10-60)$$

亦即：

$$0=\max\left\{\frac{C_t^{1-\rho}}{1-\rho}-\beta\cdot J(k)+J_K(k)[(1-\tau)\alpha k-(1+\omega)C_t]\right.$$
$$\left.+\frac{1}{2}J_{KK}(k)\sigma^2(z,C_t,k)\right\} \quad (10-61)$$

将等式(10－61)两边对状态变量——消费 C_t 求一阶条件可得：

$$0=C_t^{-\rho}-(1+\omega)J_K(k)=0 \quad (10-62)$$

将等式(10－61)两边对控制变量——资本 K_t 求一阶条件可得：

$$0=0-\beta J_K(k)+J_{KK}(k)[(1-\tau)\alpha k-(1+\omega)C_t]+J_K(k)\frac{\mathrm{d}[(1-\tau)\alpha k]}{\mathrm{d}k}+\frac{1}{2}$$
$$J_{KKK}(k)\sigma^2(z,C_t,k)+\frac{1}{2}J_{KK}(k)\frac{\mathrm{d}\sigma^2(z,C_t,k)}{\mathrm{d}k} \quad (10-63)$$

（三）分散经济问题

对于生产函数 $y=\alpha\left(\frac{g}{k}\right)\cdot k=\alpha\left(\frac{Gk^{1-\varepsilon}K^{\varepsilon-1}}{k}\right)\cdot k=\alpha(Gk^{-\varepsilon}K^{\varepsilon-1})\cdot k$ 对 k 取一阶条件可得：

$$\frac{\mathrm{d}y}{\mathrm{d}k}=\alpha'(Gk^{-\varepsilon}K^{\varepsilon-1})G(-\varepsilon)k^{-\varepsilon-1}K^{\varepsilon-1}\cdot k+\alpha(Gk^{-\varepsilon}K^{\varepsilon-1})$$
$$=(-\varepsilon)\alpha' Gk^{-\varepsilon}K^{\varepsilon-1}+\alpha=(-\varepsilon)\alpha'\frac{Gk^{1-\varepsilon}K^{\varepsilon-1}}{k}+\alpha$$
$$=(-\varepsilon)\alpha'\frac{g}{k}+\alpha=\alpha\left[1-\varepsilon\frac{\alpha'}{\alpha}\frac{g}{k}\right] \quad (10-64)$$

定义政府公共支出的偏弹性为 η，即：

$\eta=\frac{\partial\alpha}{\partial G}\frac{G}{\alpha}=\frac{\partial\alpha}{\partial(G/N)}\frac{G/N}{\alpha}=\frac{\partial\alpha}{\partial g}\frac{g}{\alpha}=\alpha'\cdot\frac{1}{k}\cdot\frac{g}{\alpha}=\frac{\alpha'}{\alpha}\cdot\frac{g}{k}$，代入到式(10－64)可得：

$$\frac{\mathrm{d}y}{\mathrm{d}k}=\frac{\mathrm{d}(\alpha k)}{\mathrm{d}k}=\alpha\left[1-\varepsilon\frac{\alpha'}{\alpha}\frac{g}{k}\right]=\alpha(1-\varepsilon\eta) \quad (10-65)$$

$\sigma=(1-\tau')\alpha k\sigma$，$\sigma^2=(1-\tau')^2\sigma^2(\alpha k)^2$，对 k 求一阶条件并代入式(10－65)可

得：

$$\frac{d\sigma^2}{dk}=(1-\tau')^2\sigma^2 2\alpha k\frac{d(\alpha k)}{dk}=(1-\tau')^2\sigma^2 2\alpha^2 k(1-\varepsilon\eta) \quad (10-66)$$

将式(10－65)、式(10－66)的结果代入到式(10－63)可得：

$$0=-\beta J_K(k)+J_{KK}(k)[(1-\tau)\alpha k-(1+\omega)C]+J_K(k)(1-\tau)\alpha(1-\varepsilon\eta)+\frac{1}{2}J_{KKK}(k)\sigma^2(z,C,k)+\frac{1}{2}J_{KK}(k)(1-\tau')^2\sigma^2 2\alpha^2 k(1-\varepsilon\eta)$$

亦即：

$$0=[(1-\tau)\alpha(1-\varepsilon\eta)-\beta]J_K(k)+J_{KK}(k)[(1-\tau)\alpha k-(1+\omega)C]+\frac{1}{2}J_{KKK}(k)\sigma^2(z,C,k)+\frac{1}{2}J_{KK}(k)(1-\tau')^2\sigma^2 2\alpha^2 k(1-\varepsilon\eta) \quad (10-67)$$

由于目标函数为CRRA形式的，相对风险厌恶系数为ρ，并且相关参数为时间不变的，从而可以猜解C_t、k是增长率相同的。并且假定消费C_t为资本k的常数倍：

$$C_t=\mu\cdot k \quad (10-68)$$

则由式(10－62)可知：

$$J_K(k)=\frac{\mu^{-\rho}k^{-\rho}}{1+\omega},J_{KK}(k)=\frac{-\rho\mu^{-\rho}k^{-\rho-1}}{1+\omega},J_{KKK}(k)=\frac{\rho(\rho+1)\mu^{-\rho}k^{-\rho-2}}{1+\omega}$$

将值函数的上述形式及$\sigma^2=(1-\tau')^2\sigma^2(\alpha k)^2$、$C_t=\mu k$一起代入到式(10－67)可得：

$$0=[(1-\tau)\alpha(1-\varepsilon\eta)-\beta]\frac{\mu^{-\rho}k^{-\rho}}{1+\omega}+[(1-\tau)\alpha k-(1+\omega)\mu k]\frac{-\rho\mu^{-\rho}k^{-\rho-1}}{1+\omega}+\frac{1}{2}\frac{\rho(\rho+1)\mu^{-\rho}k^{-\rho-2}}{1+\omega}(1-\tau')^2\sigma^2(\alpha k)^2+\frac{1}{2}\frac{-\rho\mu^{-\rho}k^{-\rho-1}}{1+\omega}(1-\tau')^2\sigma^2 2\alpha^2 k(1-\varepsilon\eta)$$

上述等式两边同除以$\frac{\mu^{-\rho}k^{-\rho}}{1+\omega}$可得：

$$0=(1-\tau)\alpha(1-\varepsilon\eta)-\beta-\rho[(1-\tau)\alpha-(1+\omega)\mu]+\frac{1}{2}\rho(\rho+1)(1-\tau')^2\sigma^2\alpha^2-\rho(1-\tau')^2\sigma^2\alpha^2(1-\varepsilon\eta)$$

亦即：

$$-(1+\omega)\mu=\frac{1}{\rho}[(1-\tau)\alpha(1-\varepsilon\eta)-\beta]-(1-\tau)\alpha+(1-\tau')^2\sigma^2\alpha^2\left[\frac{\rho+1}{2}-(1-\varepsilon\eta)\right] \quad (10-69)$$

将$C_t=\mu\cdot k$代入到资本积累方程式(10－56)可得：

$$dk=[(1-\tau)\alpha k-(1+\omega)\mu k]dt+(1-\tau')\alpha k\sigma dz$$

$$\frac{\mathrm{d}k}{\mathrm{d}t}/k=(1-\tau)\alpha-(1+\omega)\mu+(1-\tau')\alpha\sigma\frac{\mathrm{d}z}{\mathrm{d}t}=(1-\tau)\alpha-(1+\omega)\mu \tag{10-70}$$

将$(1+\omega)\mu$的表达式式(10－69)代入到式(10－70)得到分散经济的经济增长率φ_1为：

$$\varphi_1=(1-\tau)\alpha-(1+\omega)\mu=(1-\tau)\alpha-\frac{1}{\rho}[\beta-(1-\tau)\alpha(1-\varepsilon\eta)]-(1-\tau)\alpha-(1-\tau')^2\sigma^2\alpha^2\left(\frac{1-\rho}{2}-\varepsilon\eta\right)$$

$$\varphi_1=\frac{1}{\rho}[(1-\tau)\alpha(1-\varepsilon\eta)-\beta]+(1-\tau')^2\sigma^2\alpha^2\left(\varepsilon\eta-\frac{1-\rho}{2}\right) \tag{10-71}$$

（四）中央计划者经济问题

在中央计划者经济下，假定人均资本存量与总资本存量的关系为$kN=K$，则：

$$g=G\cdot\left(\frac{k}{K}\right)^{1-\varepsilon}=GN^{\varepsilon-1} \tag{10-72}$$

选择政府最优公共支出后得到如下条件：

$$\alpha'\left(\frac{g}{k}\right)^*=\frac{N^{-\varepsilon}}{1-\rho\alpha\sigma^2} \tag{10-73}$$

由平衡经济状态下产出函数$\bar{y}=\alpha\bar{k}$可知：$\bar{k}=\bar{y}/\alpha$ (10－74)

此时在中央计划者经济下政府公共支出的偏弹性η^*为：

$\eta^*=\frac{\alpha'}{\alpha}\cdot\frac{g}{k}$，代入式(10－72)、式(10－73)、式(10－74)可得：

$$\eta^*=\frac{\alpha'}{\alpha}\cdot\frac{g}{k}=\frac{\frac{N^{-\varepsilon}}{1-\rho\alpha\sigma^2}}{\alpha}\cdot\frac{GN^{\varepsilon-1}}{\bar{y}/\alpha}=\frac{G}{(1-\rho\alpha\sigma^2)N\bar{y}} \tag{10-75}$$

在中央计划者经济下，政府可以消除公共产品消费的拥挤性($\varepsilon=1$)，并且经济中无税收($\tau=0$、$\tau'=0$)，则由分散经济下的经济增长率式(10－71)可知当$\tau=0$、$\tau'=0$、$\varepsilon=1$、$\eta=\eta^*$时式(10－71)即为：

$$\varphi_2=\frac{1}{\rho}[\alpha(1-\eta^*)-\beta]+\sigma^2\alpha^2\left(\eta^*-\frac{1-\rho}{2}\right) \tag{10-76}$$

（五）政策分析

1. 次优财政政策

在分散经济下，次优的随机财政政策分析如下。首先将式(10－71)对确定性状态的税收τ求一阶条件可得：

$$\frac{\partial\varphi_1}{\partial\tau}=-\frac{1}{\rho}\alpha(1-\varepsilon\eta)<0 \tag{10-77}$$

由各个参数大于零，$0<\varepsilon,\eta<1$可知：次优情形下确定性状态的税收不利于经济增长。

将式(10－71)对不确定性状态的税收τ'求一阶条件可得：

$$\frac{\partial \varphi_1}{\partial \tau'}=-2(1-\tau')\sigma^2\alpha^2\left(\varepsilon\eta-\frac{1-\rho}{2}\right) \tag{10-78}$$

此时在次优情形下，不确定性状态的税收 τ' 与经济增长的关系不明显，依赖于 $\varepsilon\eta$ 与 $\frac{1-\rho}{2}$ 之间的大小关系（或 ρ 与 $1-2\varepsilon\eta$ 之间的大小关系）。因为式（10－78）中其他参数项均大为零。

2. 最优财政政策

将分散经济下的增长率式（10－71）与中央计划者经济下的增长率式（10－76）相等，并使 $\eta=\eta^*$ 可得随机最优的财政政策。

$$\varphi_1=\frac{1}{\rho}[(1-\tau)\alpha(1-\varepsilon\eta^*)-\beta]+(1-\tau')^2\sigma^2\alpha^2\left(\varepsilon\eta^*-\frac{1-\rho}{2}\right)$$

$$=\frac{1}{\rho}[\alpha(1-\eta^*)-\beta]+\sigma^2\alpha^2\left(\eta^*-\frac{1-\rho}{2}\right)=\varphi_2$$

整理可得：

$$\frac{\alpha}{\rho}(1-\tau)(1-\varepsilon\eta^*)=\frac{\alpha}{\rho}(1-\eta^*)-(1-\tau')^2\sigma^2\alpha^2\left(\varepsilon\eta^*-\frac{1-\rho}{2}\right)+\sigma^2\alpha^2\left(\eta^*-\frac{1-\rho}{2}\right)$$

$$(1-\tau)(1-\varepsilon\eta^*)=(1-\tau')^2\rho\sigma^2\alpha\left[\frac{1-\rho}{2}-\varepsilon\eta^*\right]+(1-\eta^*)-\rho\sigma^2\alpha\left[\frac{1-\rho}{2}-\eta^*\right] \tag{10-79}$$

从而得到确定性状态下税收 τ 和不确定性状态下税收 τ' 的函数关系式（10－79）。在式（10－79）中将税收 τ 对税收 τ' 求一阶条件可得：

$$\frac{d\tau}{d\tau'}=\frac{2(1-\tau')\rho\sigma^2\alpha\left(\frac{1-\rho}{2}-\varepsilon\eta^*\right)}{1-\varepsilon\eta^*} \tag{10-80}$$

同样地，税收 τ 和税收 τ' 之间的关系依赖于 $\frac{1-\rho}{2}$ 与 $\varepsilon\eta^*$ 之间的大小关系（或 ρ 与 $1-2\varepsilon\eta^*$ 之间的大小关系）。

对于式（10－79），当经济中公共支出拥有完全挤出效应时（将 $\varepsilon=0$ 代入式（10－79）），税收 τ 和税收 τ' 之间的关系为：

$$1-\tau=(1-\tau')^2\rho\sigma^2\alpha\,\frac{1-\rho}{2}+1-\eta^*-\rho\sigma^2\alpha\left[\frac{1-\rho}{2}-\eta^*\right]$$

$$\tau=-(1+\tau'^2-2\tau')\rho\sigma^2\alpha\,\frac{1-\rho}{2}+\eta^*+\rho\sigma^2\alpha\left[\frac{1-\rho}{2}-\eta^*\right]$$

$$\tau=\tau'(2-\tau')\rho\sigma^2\alpha\,\frac{1-\rho}{2}+(1-\rho\sigma^2\alpha)\eta^* \tag{10-81}$$

对于式（10－79），当经济中公共支出完全无挤出效应时（将 $\varepsilon=1$ 代入式（10－

79)),税收 τ 和税收 τ' 之间的关系为:

$$(1-\tau)(1-\eta^*)=(1-\tau')^2\rho\sigma^2\alpha\left[\frac{1-\rho}{2}-\eta^*\right]+(1-\eta^*)-\rho\sigma^2\alpha\left[\frac{1-\rho}{2}-\eta^*\right]$$

$$(1-\tau)(1-\eta^*)=(\tau'^2-2\tau')\rho\sigma^2\alpha\left[\frac{1-\rho}{2}-\eta^*\right]+1-\eta^*$$

$$\tau(1-\eta^*)=\tau'(2-\tau')\rho\sigma^2\alpha\left(\frac{1-\rho}{2}-\eta^*\right) \tag{10-82}$$

据此,根据估算出来的相关参数值(Calibration)进行数值模拟分析。特别是对需要比较相关参数大小才能决定的变量关系,数值分析必不可少。对此下一章进行简要分析。

第十一章　数值经济学在公共财政中的应用

本章学习的阅读文献

1. Hansen G. Indivisible Labor and the Business Cycle[J]. *Journal of Monetary Economics*, 1985, 16(3): 309－327.

2. Harald Uhlig. *A Toolkit for Analyzing Nonlinear Dynamic Stochastic Models Easily* [C], in Ramon Marimon and Andrew Scott, eds, Computational Methods for the Study of Dynamic Economics, Oxford University Press, 1999:30－61.

3. McCandless G. The ABCs of RBCs: An Introduction to Dynamic Macroeconomic Models , 2008.

4. Judd K L. *Numerical Methods in Economics*, The MIT Press, 1998.

文献导读： 数值经济学近年来逐渐从动态宏观经济理论中独立出来，表现为高度的专业性、系统性和逻辑性。本章提供了经典的方法论文献和简单数值程序，以期为动态研究方法在公共财政领域的应用提供方法引导。

第一节　基本分析范式

关于数值经济学在公共财政中应用，最早源于真实经济周期(Real Business Cycle,RBC)模型的数值经济分析。本节介绍了宏观经济动态问题中无显示解时的经典处理方式——汉森(Hansen,1985)的分析框架、处理方式和乌利希(Uhlig,1999)的分析框架、处理方式。对于这一分析框架，麦坎德利斯(McCandless)在 *The ABCs of RBCs* 的方法论专著中(2008)也进行了经典的专题分析。

实际上，数值经济学在公共财政中的应用不仅仅包括动态(财政)经济问题中随机最优财政政策的处理，还包括动态(财政)经济问题中无显示解问题时的处理和数值估算方面问题的解决，也包括利用数值经济程序进行实证分析。

一、汉森的处理方式

(一)基本模型

假定经济中中央计划者的目标为:

$$\max E_t\left[\sum_{t=1}^{\infty}\beta^{t-1}\cdot U(C_t,1-H_t)\right] \tag{11-1}$$

其中 C_t 是代表性消费者的消费,H_t 是代表性消费者的劳动,$1-H_t$ 是代表性消费者的闲暇。消费者的闲暇进入效用函数,消费者的效用为 $U(C_t,1-H_t)$。β 为消费者未来效用的贴现因子。$E_t(\cdot)$代表对未来效用取期望。

整个经济需要满足的约束方程包括:

$$C_t+I_t=Z_t\cdot F(K_t,H_t)\equiv Y_t \tag{11-2}$$

$$K_{t+1}=K_t(1-\delta)+I_t \tag{11-3}$$

$$Z_{t+1}=Z_t^{\rho}\cdot\varepsilon_{t+1} \tag{11-4}$$

其中式(11-2)为资源的约束条件,I_t 是经济中的投资。生产函数 Y_t 中含技术进步 Z_t,定义的生产函数为 $Z_t\cdot F(K_t,H_t)$。式(11-3)是指经济中资本存量采取永续盘存法,资本具有使用的折旧率 δ,初始资本存量 K_1 为给定的。式(11-4)表示技术进步 Z_t 含有随机过程,ρ 代表技术进步的自相关系数。技术进步 Z_t 受到 ε_{t+1} 的不确定性冲击——亦即技术创新。ε_{t+1} 服从 $N(1,\sigma_\varepsilon)$ 的正态分布。这一冲击的大小是通过经济中的索洛(Solow)剩余形成的,后面将进行介绍。

通过动态规划方法——贝尔曼方程求解这一经济系统问题。定义值函数如下:

$$V(K_t,Z_t)=\max_{C_t,K_{t+1},H_t}\{U(C_t,1-H_t)+\beta\cdot E_t\cdot V(K_{t+1},Z_{t+1})\} \tag{11-5}$$

合并条件,将式(11-3)代入式(11-2),使整个经济需要满足的约束方程包括:

$$C_t+K_{t+1}=Z_t\cdot F(K_t,H_t)+K_t(1-\delta) \tag{11-6}$$

$$Z_{t+1}=Z_t^{\rho}\cdot\varepsilon_{t+1} \tag{11-7}$$

定义拉格朗日方程如下:

$$L=U(C_t,1-H_t)+\beta\cdot E_t\cdot V(K_{t+1},Z_{t+1})+\lambda_t\cdot[Z_t\cdot F(K_t,H_t)+K_t(1-\delta)-C_t-K_{t+1}] \tag{11-8}$$

其中 λ_t 为乘子。分别对消费 C_t、K_{t+1}、H_t 求一阶条件可得:

$$\frac{\partial L}{\partial C_t}=U_1{}'(C_t,1-H_t)-\lambda_t=0 \tag{11-9}$$

$$\frac{\partial L}{\partial K_{t+1}}=\beta\cdot E_t\cdot V_1{}'(K_{t+1},Z_{t+1})-\lambda_t=0 \tag{11-10}$$

$$\frac{\partial L}{\partial H_t}=-U_2{}'(C_t,1-H_t)+\lambda_t\cdot Z_t\cdot F_2{}'(K_t,H_t)=0 \tag{11-11}$$

对资本存量 K_t 求一阶条件可得：

$$V_1'(K_t,Z_t)=\frac{\partial L}{\partial K_t}=\lambda_t\cdot[Z_t\cdot F_1'(K_t,H_t)+1-\delta] \tag{11-12}$$

将式(11－12)滞后一期可得：

$$V_1'(K_{t+1},Z_{t+1})=\lambda_{t+1}\cdot[Z_{t+1}\cdot F_1'(K_{t+1},H_{t+1})+1-\delta] \tag{11-13}$$

将式(11－9)滞后一期可得：

$$U_1'(C_{t+1},1-H_{t+1})=\lambda_{t+1} \tag{11-14}$$

由式(11－9)与式(11－10)合并可得：

$$U_1'(C_t,1-H_t)=\beta\cdot E_t\cdot V_1'(K_{t+1},Z_{t+1}) \tag{11-15}$$

将式(11－14)代入式(11－13)，得到的结果代入到式(11－15)可得：

$$U_1'(C_t,1-H_t)=\beta\cdot E_t\{U_1'(C_{t+1},1-H_{t+1})[Z_{t+1}\cdot F_1'(K_{t+1},H_{t+1})+1-\delta]\} \tag{11-16}$$

将式(11－9)代入到式(11－11)可得：

$$U_2'(C_t,1-H_t)=U'_1(C_t,1-H_t)\cdot Z_t\cdot F_2'(K_t,H_t) \tag{11-17}$$

从而这一经济系统的优化问题转变为两个约束条件式(11－16)、式(11－17)和一个原始的资源约束条件式(11－6)。为简化分析，假定如下简化形式的效用函数和无随机过程的生产函数为 $F(K_t,H_t)$。

$$U(C_t,1-H_t)=\mathrm{Log}(C_t)+A(1-H_t) \tag{11-18}$$

$$F(K_t,H_t)=K_t^{\alpha}H_t^{1-\alpha} \tag{11-19}$$

则相关一阶条件为：

$$U_1'(C_t,1-H_t)=\frac{1}{C_t},U_2'(C_t,1-H_t)=-A,$$

$$F_1'(K_t,H_t)=\alpha K_t^{\alpha-1}H_t^{1-\alpha},F_2'(K_t,H_t)=(1-\alpha)K_t^{\alpha}H_t^{-\alpha}$$

将具体函数形式及其一阶条件(含滞后式)代入到式(11－16)、式(11－17)、式(11－6)后可得：

$$\frac{1}{C_t}=\beta\cdot E_t\left\{\frac{1}{C_{t+1}}[Z_{t+1}\cdot\alpha K_{t+1}^{\alpha-1}H_{t+1}^{1-\alpha}+1-\delta]\right\}-A \tag{11-20}$$

$$=\frac{1}{C_t}\cdot Z_t\cdot(1-\alpha)K_t^{\alpha}H_t^{-\alpha} \tag{11-21}$$

$$K_{t+1}=Z_t\cdot K_t^{\alpha}H_t^{1-\alpha}+K_t(1-\delta)-C_t \tag{11-22}$$

在稳态或平衡经济状态下，各经济变量均为常数。亦即：$C_t=\overline{C}$，$K_t=K_{t+1}=\overline{K}$，$H_t=H_{t+1}=\overline{H}$，$Y=Z_tF(\overline{K},\overline{H})=Z_t\overline{K}^{\alpha}\cdot\overline{H}^{1-\alpha}$。并且在平衡经济状态下无技术冲击，技术进步 $Z_t=Z_{t+1}=1$。从而式(11－20)、式(11－21)、式(11－22)在平衡经济状态即为：

$$\beta^{-1}-1+\delta=\alpha\overline{K}^{\alpha-1}\overline{H}^{1-\alpha}=\alpha\cdot\left(\frac{\overline{Y}}{\overline{K}}\right) \tag{11-23}$$

$$\overline{C}=-\frac{1}{A}\cdot(1-\alpha)\overline{K}^{\alpha}\overline{H}^{-\alpha} \tag{11-24}$$

$$\overline{K}=\overline{K}^{\alpha}\overline{H}^{1-\alpha}+\overline{K}(1-\delta)-\overline{C}\text{，即 }\delta\overline{K}=\overline{Y}-\overline{C} \tag{11-25}$$

结合参数$\{\alpha,\beta,\delta,A\}$，通过以上三元方程可以估计出平衡经济状态下的解$\{\overline{C},\overline{K},\overline{H},\overline{Y}\}$。

（二）线性化处理过程

对于随机冲击的影响，可以通过非平衡状态下偏离平衡经济状态的状况进行研究。基于经济运行需要满足的条件式(11－20)、式(11－21)、式(11－22)，通过对非平衡状态的线性化处理可以得到经济系统受到随机技术冲击 ε_t 的影响。在线性化处理过程中不同方法可以形成不同的分析范式，目前经典分析范式有汉森方法(Hansem，1985)和乌利希方法(Uhlig，1999)。

汉森的线性化方法是对经济运行优化时所需满足条件式(11－20)、式(11－21)、式(11－22)进行微分处理，并且定义微分值为非平衡状态值对平衡经济状态值的偏离。亦即：$\mathrm{d}C_t=C_t-\overline{C}$，$\mathrm{d}K_t=K_t-\overline{K}$，$\mathrm{d}H_t=H_t-\overline{H}$，$\mathrm{d}Z_t=Z_t-\overline{Z}$，相关滞后变量的处理方式相同。定义各经济变量偏离平衡状态的波动程度为：

$$\overline{\overline{C}}=\frac{\mathrm{d}C_t}{\overline{C}}=\frac{C_t-\overline{C}}{\overline{C}},\overline{\overline{K}}=\frac{\mathrm{d}K_t}{\overline{K}}=\frac{K_t-\overline{K}}{\overline{K}}$$

$$\overline{\overline{H}}=\frac{\mathrm{d}H_t}{\overline{H}}=\frac{H_t-\overline{H}}{\overline{H}},\overline{\overline{Z}}=\frac{\mathrm{d}Z_t}{\overline{Z}}=\frac{Z_t-\overline{Z}}{\overline{Z}} \tag{11-26}$$

线性化处理过程如下。

1. 期间优化条件的线性化处理

对于期间优化条件式(11－20)，求微分并代入平衡经济状态下的估计值$\{\overline{C},\overline{K},\overline{H},\overline{Y},\overline{Z}=1\}$可得：

$$-\frac{\mathrm{d}C_t}{C_t^2}=-\beta(\alpha\,\overline{K}^{\alpha-1}\,\overline{H}^{1-\alpha}+1-\delta)E_t\left(\frac{\mathrm{d}C_{t+1}}{C_{t+1}^2}\right)+\beta\,\frac{1}{\overline{C}}\alpha\,\overline{K}^{\alpha-1}\,\overline{H}^{1-\alpha}E_t\left(\frac{\mathrm{d}Z_{t+1}}{\overline{Z}}\right)+$$

$$\beta\,\frac{1}{\overline{C}}\alpha(\alpha-1)\overline{K}^{\alpha-1}\,\overline{H}^{1-\alpha}E_t\left(\frac{\mathrm{d}K_{t+1}}{K_{t+1}}\right)+\beta\,\frac{1}{\overline{C}}\alpha\,\overline{K}^{\alpha-1}(1-\alpha)\overline{H}^{1-\alpha}E_t\left(\frac{\mathrm{d}H_{t+1}}{H_{t+1}}\right)$$

即

$$-\frac{\mathrm{d}C_t}{\overline{C}^2}=-\beta(\alpha\,\overline{K}^{\alpha-1}\,\overline{H}^{1-\alpha}+1-\delta)E_t\left(\frac{\mathrm{d}C_{t+1}}{\overline{C}^2}\right)+\beta\,\frac{1}{\overline{C}}\alpha\,\overline{K}^{\alpha-1}\,\overline{H}^{1-\alpha}E_t\left(\frac{\mathrm{d}Z_{t+1}}{\overline{Z}}\right)+$$

$$\beta\,\frac{1}{\overline{C}}\alpha(\alpha-1)\overline{K}^{\alpha-1}\,\overline{H}^{1-\alpha}E_t\left(\frac{\mathrm{d}K_{t+1}}{\overline{K}}\right)+\beta\,\frac{1}{\overline{C}}\alpha\,\overline{K}^{\alpha-1}(1-\alpha)\overline{H}^{1-\alpha}E_t\left(\frac{\mathrm{d}H_{t+1}}{\overline{H}}\right) \tag{11-27}$$

由平衡经济状态下的等式(11－23)可知：$\beta^{-1}-1+\delta=\alpha\,\overline{K}^{\alpha-1}\,\overline{H}^{1-\alpha}$，将其代入等式(11－27)并在等式两边同乘以 $\overline{C}$ 可得：

$$-\frac{\mathrm{d}C_t}{\overline{C}}=-E_t\left(\frac{\mathrm{d}C_{t+1}}{\overline{C}}\right)+\beta\alpha\,\overline{K}^{\alpha-1}\,\overline{H}^{1-\alpha}E_t(\mathrm{d}Z_{t+1})+\beta\alpha(\alpha-1)\overline{K}^{\alpha-1}\,\overline{H}^{1-\alpha}E_t$$

$$\left(\frac{\mathrm{d}K_{t+1}}{\overline{K}}\right)+\beta\alpha(1-\alpha)\overline{K}^{\alpha-1}\overline{H}^{1-\alpha}E_t\left(\frac{\mathrm{d}H_{t+1}}{\overline{H}}\right) \tag{11-28}$$

将表达式(11－26)中定义的等式代入到式(11－28)可得：

$$-\overline{\overline{C}}_t=-E_t(\overline{\overline{C_{t+1}}})+\beta\alpha\overline{K}^{\alpha-1}\overline{H}^{1-\alpha}E_t(\overline{\overline{Z_{t+1}}})+\beta\alpha(\alpha-1)\overline{K}^{\alpha-1}\overline{H}^{1-\alpha}E_t(\overline{\overline{K_{t+1}}})+\beta\alpha(1-\alpha)\overline{K}^{\alpha-1}\overline{H}^{1-\alpha}E_t(\overline{\overline{H_{t+1}}}) \tag{11-29}$$

在此得到了期间优化条件线性化之后的表达式(11－29)。

2. 同期优化条件的线性化处理

对于同期优化条件式(11－21)，即为：

$-C_t=\frac{1}{A}\cdot Z_t\cdot(1-\alpha)K_t^{\alpha}H_t^{-\alpha}$。对其求微分并代入平衡经济状态下的估计值 $\{\overline{C},\overline{K},\overline{H},\overline{Y},\overline{Z}=1\}$ 可得：

$$-\mathrm{d}C_t=\frac{1}{A}(1-\alpha)\overline{K}^{\alpha}\overline{H}^{-\alpha}\frac{\mathrm{d}Z_t}{\overline{Z}}+\frac{1}{A}(1-\alpha)\alpha\overline{K}^{\alpha}\overline{H}^{-\alpha}\frac{\mathrm{d}K_t}{\overline{K}}-\frac{1}{A}(1-\alpha)\alpha\overline{K}^{\alpha}\overline{H}^{-\alpha}\frac{\mathrm{d}H_t}{\overline{H}} \tag{11-30}$$

将平衡经济状态下的等式(11－24)除以式(11－30)可得：

$$-\frac{\mathrm{d}C_t}{\overline{C}}=-\frac{\mathrm{d}Z_t}{\overline{Z}}-\alpha\frac{\mathrm{d}K_t}{\overline{K}}+\alpha\frac{\mathrm{d}H_t}{\overline{H}} \tag{11-31}$$

将表达式(11－26)中定义的等式代入到式(11－31)可得：

$$\overline{\overline{C}}_t=\overline{\overline{Z}}_t+\alpha\overline{\overline{K}}_t-\alpha\overline{\overline{H}}_t \tag{11-32}$$

在此得到了同期优化条件线性化之后的表达式(11－32)。

3. 资源约束条件的线性化处理

将资源约束条件式(11－22)求微分并代入平衡经济状态下的估计值 $\{\overline{C},\overline{K},\overline{H},\overline{Y},\overline{Z}=1\}$ 可得：

$$\mathrm{d}K_{t+1}=\overline{K}^{\alpha}\overline{H}^{1-\alpha}\frac{\mathrm{d}Z_t}{\overline{Z}}+\alpha\overline{K}^{\alpha}\overline{H}^{1-\alpha}\frac{\mathrm{d}K_t}{\overline{K}}+(1-\alpha)\overline{K}^{\alpha}\overline{H}^{1-\alpha}\frac{\mathrm{d}H_t}{\overline{H}}+(1-\delta)\mathrm{d}K_t-\mathrm{d}C_t$$

亦即：

$$\mathrm{d}K_{t+1}=\overline{K}^{\alpha}\overline{H}^{1-\alpha}\frac{\mathrm{d}Z_t}{\overline{Z}}+\alpha\overline{K}^{\alpha}\overline{H}^{1-\alpha}\frac{\mathrm{d}K_t}{\overline{K}}+(1-\alpha)\overline{K}^{\alpha}\overline{H}^{1-\alpha}\frac{\mathrm{d}H_t}{\overline{H}}+(1-\delta)\overline{K}\frac{\mathrm{d}K_t}{\overline{K}}-\overline{C}\frac{\mathrm{d}C_t}{\overline{C}} \tag{11-33}$$

将式(11－33)两边同除以 $\overline{K}$ 可得：

$$\frac{\mathrm{d}K_{t+1}}{\overline{K}}=\overline{K}^{\alpha-1}\overline{H}^{1-\alpha}\frac{\mathrm{d}Z_t}{\overline{Z}}+\alpha\overline{K}^{\alpha-1}\overline{H}^{1-\alpha}\frac{\mathrm{d}K_t}{\overline{K}}+(1-\alpha)\overline{K}^{\alpha-1}\overline{H}^{1-\alpha}\frac{\mathrm{d}H_t}{\overline{H}}+(1-\delta)\frac{\mathrm{d}K_t}{\overline{K}}-\frac{\overline{C}}{\overline{K}}\frac{\mathrm{d}C_t}{\overline{C}} \tag{11-34}$$

将表达式(11－26)中定义的等式一起代入到式(11－34)可得：

$$\overline{\overline{K_{t+1}}}=\overline{K}^{\alpha-1}\overline{H}^{1-\alpha}\overline{\overline{Z}}_t+\alpha\overline{K}^{\alpha-1}\overline{H}^{1-\alpha}\overline{\overline{K}}_t+(1-\alpha)\overline{K}^{\alpha-1}\overline{H}^{1-\alpha}\overline{\overline{H}}_t+(1-\delta)\overline{\overline{K}}-\frac{\overline{C}}{\overline{K}}\overline{\overline{C}}_t$$

整理后即为：

$$\overline{\overline{K_{t+1}}}=\overline{K}^{\alpha-1}\overline{H}^{1-\alpha}\overline{\overline{Z}}_t+[\alpha\overline{K}^{\alpha-1}\overline{H}^{1-\alpha}+(1-\delta)]\overline{\overline{K}}_t+(1-\alpha)\overline{K}^{\alpha-1}\overline{H}^{1-\alpha}\overline{\overline{H}}_t-\frac{\overline{C}}{\overline{K}}\overline{\overline{C}}_t \qquad (11-35)$$

在此得到了资源约束条件线性化之后的表达式(11－35)。

4. 技术进步的线性化处理

对技术进步方程式(11－4)进行对数化后可得：

$$\mathrm{Log}(Z_{t+1})=\rho\cdot\mathrm{Log}(Z_t)+\mathrm{Log}(\varepsilon_{t+1}) \qquad (11-36)$$

对式(11－36)求一阶条件可得：

$$\frac{\mathrm{d}Z_{t+1}}{Z_{t+1}}=\rho\cdot\frac{\mathrm{d}Z_t}{Z_t}+\frac{\mathrm{d}\varepsilon_{t+1}}{\varepsilon_{t+1}} \qquad (11-37)$$

式(11－37)中代入平衡状态下的值 $\overline{Z}$ 之后，再代入表达式(11－26)中定义的等式 $\overline{\overline{Z}}=\frac{\mathrm{d}Z_t}{\overline{Z}}=\frac{Z_t-\overline{Z}}{\overline{Z}}$ 可得：

$\overline{\overline{Z_{t+1}}}=\rho\cdot\overline{\overline{Z}}_t+\overline{\overline{\varepsilon_{t+1}}}$，两边取期望后可得：

$$E_t\,\overline{\overline{Z_{t+1}}}=\rho\cdot\overline{\overline{Z}}_t \qquad (11-38)$$

在此得到了技术进步条件线性化之后的表达式(11－38)。

(三)数值分析思路

在此根据式(11－29)、式(11－32)、式(11－35)、式(11－38)可得该不确定性经济系统优化时所需满足的条件。

$$-\overline{\overline{C}}_t=-E_t(\overline{\overline{C_{t+1}}})+\beta\alpha\overline{K}^{\alpha-1}\overline{H}^{1-\alpha}E_t(\overline{\overline{Z_{t+1}}})+\beta\alpha(\alpha-1)\overline{K}^{\alpha-1}\overline{H}^{1-\alpha}E_t(\overline{\overline{K_{t+1}}})+\beta\alpha(1-\alpha)\overline{K}^{\alpha-1}\overline{H}^{1-\alpha}E_t(\overline{\overline{H_{t+1}}}) \qquad (11-39)$$

$$\overline{\overline{C}}_t=\overline{\overline{Z}}_t+\alpha\overline{\overline{K}}_t-\alpha\overline{\overline{H}}_t \qquad (11-40)$$

$$\overline{\overline{K_{t+1}}}=\overline{K}^{\alpha-1}\overline{H}^{1-\alpha}\overline{\overline{Z}}_t+[\alpha\overline{K}^{\alpha-1}\overline{H}^{1-\alpha}+(1-\delta)]\overline{\overline{K}}_t+(1-\alpha)\overline{K}^{\alpha-1}\overline{H}^{1-\alpha}\overline{\overline{H}}_t-\frac{\overline{C}}{\overline{K}}\overline{\overline{C}}_t \qquad (11-41)$$

$$E_t\,\overline{\overline{Z_{t+1}}}=\rho\cdot\overline{\overline{Z}}_t \qquad (11-42)$$

式(11－42)中涉及到技术变量 Z_t 的序列值。该序列值可以通过 Solow 剩余进行计算。亦即基于生产函数 $Y=Z_tF(K_t,H_t)=Z_tK_t^{\alpha}\cdot H_t^{1-\alpha}$ 可得：

$\mathrm{Log}(Z_t)=\mathrm{Log}(Y_t)-\alpha\cdot\mathrm{Log}(K_t)-(1-\alpha)\cdot\mathrm{Log}(H_t)$，据此计算技术变化和技术冲击的经济特征。

定义矩阵 $M_t=\begin{bmatrix}\overline{\overline{C_t}}\\ \overline{\overline{K_t}}\\ \overline{\overline{H_t}}\\ \overline{\overline{Z_t}}\end{bmatrix}$,则 $E_t(M_{t+1})=E_t\begin{bmatrix}\overline{\overline{C_{t+1}}}\\ \overline{\overline{K_{t+1}}}\\ \overline{\overline{H_{t+1}}}\\ \overline{\overline{Z_{t+1}}}\end{bmatrix}$。将上述四式通过矩阵形式 $A\cdot M_t=B\cdot E_t(M_{t+1})$ 进行表达,其中矩阵 A 即为:

$$A=\begin{bmatrix}-1 & 0 & 0 & 0\\ 1 & -\alpha & \alpha & -1\\ -\dfrac{\overline{C}}{\overline{K}} & \alpha\,\overline{K}^{\alpha-1}\,\overline{H}^{1-\alpha}+(1-\delta) & (1-\alpha)\overline{K}^{\alpha-1}\,\overline{H}^{1-\alpha} & \overline{K}^{\alpha-1}\,\overline{H}^{1-\alpha}\\ 0 & 0 & 0 & \rho\end{bmatrix}$$

矩阵 B 即为:

$$B=\begin{bmatrix}-1 & \beta\alpha(\alpha-1)\overline{K}^{\alpha-1}\,\overline{H}^{1-\alpha} & \beta\alpha(1-\alpha)\overline{K}^{\alpha-1}\,\overline{H}^{1-\alpha} & \beta\alpha\,\overline{K}^{\alpha-1}\,\overline{H}^{1-\alpha}\\ 0 & 0 & 0 & 0\\ 0 & 1 & 0 & 0\\ 0 & 0 & 0 & 1\end{bmatrix}$$

基于上述矩阵,可以进行线性化求解。由 $A\cdot M_t=B\cdot E_t(M_{t+1})$ 可知:

$$M_t=A^{-1}\cdot B\cdot E_t(M_{t+1}) \tag{11-43}$$

将矩阵 $A^{-1}\cdot B$ 表示成含特征根矩阵的形式 $A^{-1}\cdot B=P^{-1}\cdot\Lambda\cdot P$,则式(11－43)即为:

$$M_t=P^{-1}\cdot\Lambda\cdot P\cdot E_t(M_{t+1})\text{ 即 }P\cdot M_t=\Lambda\cdot P\cdot E_t(M_{t+1})$$

当特征矩阵 Λ 中的某一个特征根 $\Lambda_i<1$ 时,则 $E_t(M_{t+1})$ 中的某一行是收敛的。从而 $P\cdot M_t=\Lambda\cdot P\cdot E_t(M_{t+1})$ 等式左边相乘的某一行(该特征根对应的行)等于零。据此可以得到收敛的求解结果。Hansen(1985)的例子中,线性化处理后求解得到了

$\overline{\overline{C_t}}=f_1(\overline{\overline{K_t}},\overline{\overline{H_t}},\overline{\overline{Z_t}})$ 的线性函数表达式。将这一表达式代入到式(11－40)、式(11－41)可得 $\overline{\overline{K_{t+1}}}=f_2(\overline{\overline{C_t}},\overline{\overline{K_t}},\overline{\overline{H_t}},\overline{\overline{Z_t}})$、$\overline{\overline{H_t}}=f_3(\overline{\overline{C_t}},\overline{\overline{K_t}},\overline{\overline{Z_t}})$ 的线性函数表达式。

将生产函数 $Y_t=Z_tK_t^{\alpha}\cdot H_t^{1-\alpha}$ 进行对数化处理可得:

$$\mathrm{Log}(Y_t)=\mathrm{Log}(Z_t)+\alpha\cdot\mathrm{Log}(K_t)+(1-\alpha)\cdot\mathrm{Log}(H_t) \tag{11-44}$$

对式(11－44)求一阶条件并代入平衡状态下的值可得:

$$\frac{\mathrm{d}Y_t}{\overline{Y}}=\frac{\mathrm{d}Z_t}{\overline{Z}}+\alpha\cdot\frac{\mathrm{d}K_t}{\overline{K}}+(1-\alpha)\cdot\frac{\mathrm{d}H_t}{\overline{H}} \tag{11-45}$$

代入表达式(11－26)中定义的等式可得:

$$\overline{\overline{Y_t}}=\overline{\overline{Z_t}}+\alpha\cdot\overline{\overline{K_t}}+(1-\alpha)\cdot\overline{\overline{H_t}} \tag{11-46}$$

对于式(11－2)$C_t+I_t=Y_t$ 采取同样的方法进行处理。微分后整理可得:

$\frac{\mathrm{d}I_t}{\overline{I}}=\frac{\mathrm{d}Y_t}{\overline{I}}-\frac{\mathrm{d}C_t}{\overline{I}}$，亦即$\frac{\mathrm{d}I_t}{\overline{I}}=\frac{\overline{Y}}{\overline{I}}\frac{\mathrm{d}Y_t}{\overline{Y}}-\frac{\overline{C}}{\overline{I}}\frac{\mathrm{d}C_t}{\overline{C}}$，代入类似表达式(11－26)中定义的等式可得：

$$\overline{\overline{I_t}}=\frac{\overline{Y}}{\overline{I}}\overline{\overline{Y_t}}-\frac{\overline{C}}{\overline{I}}\overline{\overline{C_t}} \tag{11-47}$$

从而可以得到：$\overline{\overline{C_t}}$、$\overline{\overline{K_{t+1}}}$、$\overline{\overline{H_t}}$、$\overline{\overline{Y_t}}$、$\overline{\overline{I_t}}$、$\overline{\overline{Z_t}}$的线性表达式。基于这些线性表达式以及相关参数可以进行数值模拟分析，研究冲击之下消费变动、投资波动和国民产值波动的影响。具体的数值程序在下一节进行简单介绍。相应的，在相关函数变量中引入政府支出、税收即可以分析技术冲击对财政政策变动的影响，或是财政政策变动对其他经济变量的影响。

二、乌利希的处理方式

(一)基本模型

对于随机过程的处理，乌利希(Uhlig)采取了不同的方法(待定系数法)并公开提供了相关数值模拟程序供全球研究人员参考(详见其个人主页)。对于这一代表性的处理方式，具体过程如下。

1. 中央计划者经济

首先假定经济中中央计划者的经济目标为：

$$\max E_t\left[\sum_{t=0}^{\infty}\beta^t\cdot\frac{C_t^{1-\eta}-1}{1-\eta}\right] \tag{11-48}$$

其中 C_t 是代表性消费者的消费，η 是消费者的相对风险厌恶系数，β 为消费者未来期效用的贴现因子。$E_t(\cdot)$代表对未来效用取期望。

柯布一道格拉斯生产函数之下的资源约束条件如下：

$$C_t+K_{t+1}=Z_t\cdot K_t^{\rho}N_t^{1-\rho}+(1-\delta)K_t \tag{11-49}$$

其中 K_t、K_{t+1}代表资本存量。N_t 代表经济中的劳动投入量。生产函数 Y_t 中含技术进步 Z_t，定义的生产函数为 $Z_t\cdot F(K_t,N_t)$。式(11－49)是指经济中资本存量采取永续盘存法，资本具有使用的折旧率 δ，初始资本存量 K_1 为给定的。

外生的技术进步 Z_t 含有随机过程，其演化过程如下：

$$\mathrm{Log}(Z_{t+1})=(1-\psi)\mathrm{Log}(\overline{Z})+\psi\cdot\mathrm{Log}(Z_t)+\varepsilon_t \tag{11-50}$$

其中，$0<\psi<1$，$\overline{Z}$ 为参数，初始技术水平 Z_0 给定。技术进步 Z_t 受到 ε_t 的不确定性冲击——亦即技术创新。ε_t 服从 $N(0,\sigma^2)$的正态分布。

通过动态规划方法——贝尔曼方程求解这一经济系统问题。定义值函数如下：

$$V(K_t,Z_t)=\max_{C_t,K_{t+1},N_t}\left[\frac{C_t^{1-\eta}-1}{1-\eta}+\beta\cdot E_t\cdot V(K_{t+1},Z_{t+1})\right]$$

整个经济系统需要满足的约束方程包括：

$$C_t+K_{t+1}=Z_t\cdot K_t^{\rho}N_t^{1-\rho}+(1-\delta)K_t$$

$$\mathrm{Log}(Z_{t+1})=(1-\psi)\mathrm{Log}(\overline{Z})+\psi\cdot\mathrm{Log}(Z_t)+\varepsilon_t$$

定义拉格朗日方程如下：

$$L=\frac{C_t^{1-\eta}-1}{1-\eta}+\beta\cdot E_t\cdot V(K_{t+1},Z_{t+1})+\theta_t\cdot[Z_t\cdot K_t^{\rho}N_t^{1-\rho}+(1-\delta)K_t-C_t-K_{t+1}] \tag{11-51}$$

其中 θ_t 为乘子。分别对 C_t、K_{t+1}、θ_t 求一阶条件可得：

$$\frac{\partial L}{\partial C_t}=C_t^{-\eta}-\theta_t=0 \tag{11-52}$$

$$\frac{\partial L}{\partial K_{t+1}}=\beta\cdot E_t\cdot V_1{}'(K_{t+1},Z_{t+1})-\theta_t=0 \tag{11-53}$$

$$\frac{\partial L}{\partial \theta_t}=Z_t\cdot K_t^{\rho}N_t^{1-\rho}+(1-\delta)K_t-C_t-K_{t+1}=0 \tag{11-54}$$

对资本存量 K_t 求一阶条件可得：

$$V_1{}'(K_t,Z_t)=\frac{\partial L}{\partial K_t}=\theta_t\cdot[Z_t\cdot\rho\cdot K_t^{\rho-1}N_t^{1-\rho}+(1-\delta)] \tag{11-55}$$

将式(11－55)滞后一期可得：

$$V_1{}'(K_{t+1},Z_{t+1})=\theta_{t+1}\cdot[Z_{t+1}\cdot\rho\cdot K_{t+1}^{\rho-1}N_{t+1}^{1-\rho}+(1-\delta)] \tag{11-56}$$

将式(11－52)滞后一期可得：

$$\theta_{t+1}=C_{t+1}^{-\eta} \tag{11-57}$$

将式(11－52)、式(11－56)、式(11－57)代入到式(11－53)可得：

$$C_t^{-\eta}=\beta\cdot E_t\cdot\{C_{t+1}^{-\eta}\cdot[Z_{t+1}\cdot\rho\cdot K_{t+1}^{\rho-1}N_{t+1}^{1-\rho}+(1-\delta)]\} \tag{11-58}$$

从而这一经济系统的动态有效条件为式(11－54)、式(11－58)、式(11－50)以及无套利条件。即：

$$C_t=Z_t\cdot K_t^{\rho}N_t^{1-\rho}+(1-\delta)K_t-K_{t+1} \tag{11-59}$$

$$C_t^{-\eta}=\beta\cdot E_t\cdot\{C_{t+1}^{-\eta}\cdot[Z_{t+1}\cdot\rho\cdot K_{t+1}^{\rho-1}N_{t+1}^{1-\rho}+(1-\delta)]\} \tag{11-60}$$

$$\mathrm{Log}(Z_{t+1})=(1-\psi)\mathrm{Log}(\overline{Z})+\psi\cdot\mathrm{Log}(Z_t)+\varepsilon_t \tag{11-61}$$

对于平衡经济状态下的无套利方程(定义利率为 R_t-1)。将式(11－49)$K_{t+1}=Z_t\cdot K_t^{\rho}N_t^{1-\rho}+(1-\delta)K_t-C_t$ 对资本存量求导可得：

$$R_t=\frac{\mathrm{d}K_{t+1}}{\mathrm{d}K_t}=\rho\cdot Z_tK_t^{\rho-1}N_t^{1-\rho}+(1-\delta) \tag{11-62}$$

2. 分散经济

在分散经济中，代表性消费者的问题是实现自身效用的最大化。经济系统的目标函数为：

$$\max E_t\left[\sum_{t=0}^{\infty}\beta^t\cdot\frac{C_t^{1-\eta}-1}{1-\eta}\right] \tag{11-63}$$

相关符号变量的经济学意义同上。消费者的约束条件为：

$$C_t + K_{t+1} = W_t \cdot N_t + R_t \cdot K_t \quad (11-64)$$

以及消费者资本投资总量约束的非蓬奇博弈条件(no-Ponzi-game condition)，即消费者既不能对外借资源，也没有用不完的资源。

代表性厂商的问题是实现自身利润的最大化。

$$\max_{K_t, Z_t} \; Z_t K_t^{\rho} N_t^{1-\rho} + (1-\delta)K_t - W_t \cdot N_t - R_t \cdot K_t \quad (11-65)$$

其中厂商生产函数为 $Z_t K_t^{\rho} N_t^{1-\rho}$，$W_t$ 为单位劳动报酬，R_t 为资本的回报。外生技术进步 Z_t 含有随机过程，其演化过程如下：

$$\mathrm{Log}(Z_{t+1}) = (1-\psi)\mathrm{Log}(\overline{Z}) + \psi \cdot \mathrm{Log}(Z_t) + \varepsilon_t \quad (11-66)$$

市场出清的条件下消费者劳动供给量等于厂商的劳动需求量，消费者资本供给量等于厂商的资本投入量，并且市场中资源使用实现平衡。即：

$$C_t + K_{t+1} = Z_t \cdot K_t^{\rho} + (1-\delta)K_t \quad (11-67)$$

对于厂商而言，首先求解其实现利润最大化的条件。定义拉格朗日方程如下：

$$L_1 = Z_t K_t^{\rho} N_t^{1-\rho} + (1-\delta)K_t - W_t \cdot N_t - R_t \cdot K_t \quad (11-68)$$

分别对 N_t、K_t 求一阶条件可得：

$$\frac{\partial L_1}{\partial N_t} = (1-\rho) Z_t K_t^{\rho} N_t^{-\rho} - W_t = 0 \quad (11-69)$$

$$\frac{\partial L_1}{\partial K_t} = \rho \cdot Z_t K_t^{\rho-1} N_t^{1-\rho} + (1-\delta) - R_t = 0 \quad (11-70)$$

将厂商均衡的条件——上述式(11－69)、式(11－70)的结论整理后可得(给定每期的劳动量 $N_t=1$)：

$$\begin{aligned} W_t + R_t K_t &= (1-\rho) Z_t K_t^{\rho} N_t^{-\rho} + \rho \cdot Z_t K_t^{\rho} N_t^{1-\rho} + (1-\delta)K_t \\ &= Z_t K_t^{\rho} + (1-\delta)K_t \end{aligned} \quad (11-71)$$

将式(11－71)代入到式(11－67)可得消费者市场和厂商市场同时均衡的条件。

$$C_t + K_{t+1} = W_t + R_t K_t \quad (11-72)$$

据此通过动态规划方法——贝尔曼方程求解这一经济问题。定义值函数如下：

$$V(K_t, Z_t) = \max_{C_t, K_{t+1}} \left[\frac{C_t^{1-\eta} - 1}{1-\eta} + \beta \cdot E_t \cdot V(K_{t+1}, Z_{t+1}) \right] \quad (11-73)$$

整个经济系统需要满足的约束条件包括：

$$C_t + K_{t+1} = W_t + R_t K_t \quad (11-74)$$

$$\mathrm{Ln}(Z_{t+1}) = (1-\psi)\mathrm{Ln}(\overline{Z}) + \psi \cdot \mathrm{Ln}(Z_t) + \varepsilon_t \quad (11-75)$$

定义拉格朗日方程如下：

$$L_2 = \frac{C_t^{1-\eta} - 1}{1-\eta} + \beta \cdot E_t \cdot V(K_{t+1}, Z_{t+1}) + \gamma_t \cdot (W_t + R_t K_t - C_t - K_{t+1}) \quad (11-76)$$

其中 γ_t 为乘子。分别对 C_t、K_{t+1} 求一阶条件可得：

$$\frac{\partial L_2}{\partial C_t}=C_t^{-\eta}-\gamma_t=0 \tag{11-77}$$

$$\frac{\partial L_2}{\partial K_{t+1}}=\beta\cdot E_t\cdot V_1{}'(K_{t+1},Z_{t+1})-\gamma_t=0 \tag{11-78}$$

$$\frac{\partial L_2}{\partial \gamma_t}=W_t+R_tK_t-C_t-K_{t+1}=0 \tag{11-79}$$

对资本存量 K_t 求一阶条件可得：$V_1{}'(K_t,Z_t)=\frac{\partial L_2}{\partial K_t}=\gamma_t\cdot R_t$ （11－80）

将式（11－80）滞后一期可得：$V_1{}'(K_{t+1},Z_{t+1})=\frac{\partial L_2}{\partial K_{t+1}}=\gamma_{t+1}\cdot R_{t+1}$ （11－81）

将式（11－77）滞后一期可得：$\gamma_{t+1}=C_{t+1}^{-\eta}$ （11－82）

将式（11－77）、式（11－81）、式（11－82）代入到式（11－78）可得：

$$C_t^{-\eta}=\beta\cdot E_t\cdot(C_{t+1}^{-\eta}\cdot R_{t+1}) \tag{11-83}$$

由厂商的均衡条件式（11－70）可知：$R_t=\rho\cdot Z_tK_t^{\rho-1}+(1-\delta)$ （11－84）

从而这一经济系统的动态有效条件为式（11－66）、原始资源约束条件式（11－67）、式（11－83）、式（11－84）。即：

$$C_t+K_{t+1}=Z_t\cdot K_t^{\rho}+(1-\delta)K_t \tag{11-85}$$

$$C_t^{-\eta}=\beta\cdot E_t\cdot(C_{t+1}^{-\eta}\cdot R_{t+1}) \tag{11-86}$$

$$R_t=\rho\cdot Z_tK_t^{\rho-1}+(1-\delta) \tag{11-87}$$

$$\mathrm{Log}(Z_{t+1})=(1-\psi)\mathrm{Log}(\overline{Z})+\psi\cdot\mathrm{Log}(Z_t)+\varepsilon_t \tag{11-88}$$

可见在分散经济与中央计划者经济下，满足相关约束条件后两者是等价的，求解经济问题时采用其中的一个类型即可。

而在平衡经济状态下，各经济变量均为常数，$C_t=\overline{C}$，$K_t=K_{t+1}=\overline{K}$，$R_t=R_{t+1}=\overline{R}$，$Z_t=\overline{Z}_{t+1}$。基于上述三个有效条件可以得到平衡经济状态下的解。

$$\overline{C}+\overline{K}=\overline{Z}\cdot\overline{K}^{\rho}+(1-\delta)\overline{K}\text{，即 }\overline{C}=\overline{Z}\cdot\overline{K}^{\rho}-\delta\overline{K} \tag{11-89}$$

$$\overline{C}^{-\eta}=\beta\cdot E_t\cdot(\overline{C}^{-\eta}\cdot\overline{R})\text{，即 }\beta\cdot\overline{R}=1 \tag{11-90}$$

$$\overline{R}=\rho\cdot\overline{Z}\cdot\overline{K}^{\rho-1}+(1-\delta) \tag{11-91}$$

$$Z_{t+1}=Z_t=\overline{Z} \tag{11-92}$$

（二）线性化处理过程

基于平衡经济状态下的估计值$\{\overline{C},\overline{K},\overline{R},\overline{Z}\}$，对等式（11－85）、等式（11－86）、等式（11－87）、等式（11－88）分别进行线性化处理。Uhlig（1999）的框架之所以成为经典的分析范式，不仅仅包括下述的待定系数法，还包括此处的线性化处理方法。譬如对于变量 A_t，定义对数化的偏离水平为 A^*，平衡经济状态下的水平为 $\overline{A}$，则：

$$A^* = \ln(A_t) - \ln(\overline{A}) \tag{11-93}$$

$$A_t = \overline{A} \cdot e^{A^*} \approx \overline{A}(1+A^*)，\text{其中 } e^{A^*} \approx (1+A^*) \tag{11-94}$$

在多个变量相乘的情况下，指数计算优先，乘积次之，最后是加法。譬如对于 AB^m，线性化处理如下：

$$\begin{aligned} AB^m &= \overline{A} \cdot e^{A^*} \cdot (\overline{B} \cdot e^{B^*})^m = \overline{A} \cdot e^{A^*} \cdot \overline{B}^m \cdot e^{mB^*} = \overline{A} \cdot \overline{B}^m (1+A^*)(1+m \cdot B^*) \\ &= \overline{A} \cdot \overline{B}^m (1+m \cdot B^* + A^* + m \cdot A^* B^*) \approx \overline{A} \cdot \overline{B}^m (1+m \cdot B^* + A^*) \end{aligned} \tag{11-95}$$

其中 $X \cdot A^* \cdot B^*$ 是两次对数化偏离水平（百分比）之积，数值较小，可以忽略不计。或通过指数形式首次乘积，然后消去。

$$AB^m = \overline{A} \cdot e^{A^*} \cdot \overline{B}^m \cdot e^{mB^*} = \overline{A} \cdot \overline{B}^m e^{A^* + mB^*} = \overline{A} \cdot \overline{B}^m (1+m \cdot B^* + A^*)$$

1. 资源约束条件的线性化处理

对于式(11－85)采取对数化处理可得：

$$\overline{C} \cdot e^{C_t^*} + \overline{K} e^{K_{t+1}^*} = \overline{Z} e^{Z_t^*} \cdot (\overline{K} e^{K_t^*})^\rho + (1-\delta) \overline{K} e^{K_t^*}$$

$$\overline{C} \cdot (1+C_t^*) + \overline{K}(1+K_{t+1}^*) = \overline{Z}(1+Z_t^*) \cdot \overline{K}^\rho \cdot e^{\rho \cdot K_t^*} + (1-\delta)\overline{K}(1+K_t^*)$$

$$\overline{C} \cdot (1+C_t^*) + \overline{K}(1+K_{t+1}^*) = \overline{Z}(1+Z_t^*) \cdot \overline{K}^\rho \cdot (1+\rho \cdot K_t^*) + (1-\delta)\overline{K}(1+K_t^*)$$

$$\overline{C} \cdot (1+C_t^*) + \overline{K}(1+K_{t+1}^*) \approx \overline{Z} \cdot \overline{K}^\rho (1+\rho \cdot K_t^* + Z_t^*) + (1-\delta)\overline{K}(1+K_t^*)$$

$$\overline{C} + \overline{C} \cdot \overline{C}_t^* + \overline{K} + \overline{K} K_{t+1}^* \approx \overline{Z} \cdot \overline{K}^\rho + \overline{Z} \cdot \overline{K}^\rho (\rho \cdot K_t^* + Z_t^*) + (1-\delta)\overline{K} + (1-\delta)\overline{K} \cdot K_t^*)$$

上式同时减去式(11－89) 的平衡状态值可得：

$$\overline{C} C_t^* + \overline{K} K_{t+1}^* \approx \overline{Z} \cdot \overline{K}^\rho (\rho \cdot K_t^* + Z_t^*) + (1-\delta)\overline{K} \cdot K_t^*$$

亦即：

$$C_t^* \approx \frac{\overline{Z} \cdot \overline{K}^\rho}{\overline{C}} (\rho \cdot K_t^* + Z_t^*) + (1-\delta) \frac{\overline{K}}{\overline{C}} \cdot K_t^* - \frac{\overline{K}}{\overline{C}} K_{t+1}^*$$

$$C_t^* \approx \frac{\overline{Z} \cdot \overline{K}^\rho}{\overline{C}} Z_t^* + \frac{\overline{K}}{\overline{C}} [\rho \cdot \overline{Z} \cdot \overline{K}^{\rho-1} + (1-\delta)] K_t^* - \frac{\overline{K}}{\overline{C}} K_{t+1}^*$$

由式(11－91)以及平衡状态下的生产函数 $\overline{Y} = \overline{Z} \cdot \overline{K}^\rho$ 可知上式即为：

$$C_t^* \approx \frac{\overline{Y}}{\overline{C}} \cdot Z_t^* + \frac{\overline{K}}{\overline{C}} \overline{R} \cdot K_t^* - \frac{\overline{K}}{\overline{C}} \cdot K_{t+1}^* \tag{11-96}$$

2. 期间优化条件的线性化处理

对于式(11－86)采取对数化处理可得：

$$(\overline{C} \cdot e^{C_t^*})^{-\eta} = \beta \cdot E_t \cdot [(\overline{C} \cdot e^{C_{t+1}^*})^{-\eta} \cdot \overline{R} \cdot e^{R_{t+1}^*}]$$

代入平衡经济状态下的条件 $\beta \cdot \overline{R} = 1$ 进一步线性化可得：

$$1 = E_t \cdot \left[\left(\frac{e^{C_{t+1}^*}}{e^{C_t^*}} \right)^{-\eta} \cdot e^{R_{t+1}^*} \right] = E_t \cdot [e^{-\eta \cdot (C_{t+1}^* - C_t^*)} \cdot e^{R_{t+1}^*}]$$

$=E_t\cdot[e^{\eta\cdot(C_t^*-C_{t+1}^*)+R_{t+1}^*}]=E_t\cdot[1+\eta\cdot(C_t^*-C_{t+1}^*)+R_{t+1}^*]$，亦即：

$$E_t\cdot[\eta\cdot(C_t^*-C_{t+1}^*)+R_{t+1}^*]=0 \tag{11－97}$$

3. 利率的线性化处理

对于式(11－87)采取对数化处理方法可得：

$\overline{R}e^{R_t^*}=\rho\cdot\overline{Z}e^{Z_t^*}(\overline{K}e^{K^*})^{\rho-1}+1-\delta$，即 $\overline{R}e^{R_t^*}=\rho\cdot\overline{Z}\cdot\overline{K}^{\rho-1}\cdot e^{Z_t^*+(\rho-1)\cdot K^*}+1-\delta$

$\overline{R}(1+R_t^*)\approx\rho\cdot\overline{Z}\cdot\overline{K}^{\rho-1}[1+Z_t^*+(\rho-1)\cdot K_t^*]+1-\delta$

$$\overline{R}+\overline{R}\cdot R_t^*\approx\rho\overline{Z}\cdot\overline{K}^{\rho-1}+\rho\overline{Z}\cdot\overline{K}^{\rho-1}[Z_t^*+(\rho-1)\cdot K_t^*]+1-\delta \tag{11－98}$$

将式(11－98)减去平衡经济状态下的等式 $\overline{R}=\rho\cdot\overline{Z}\cdot\overline{K}^{\rho-1}+(1-\delta)$ 可得：

$$\overline{R}\cdot R_t^*\approx\rho\overline{Z}\cdot\overline{K}^{\rho-1}[Z_t^*+(\rho-1)\cdot K_t^*] \tag{11－99}$$

由平衡经济状态下的式(11－90)、式(11－91)可知：

$\rho\cdot\overline{Z}\cdot\overline{K}^{\rho-1}=\dfrac{1}{\beta}-(1-\delta)$，将该式与式(11－90)、式(11－91)一起代入到式(11－99)可得：

$\dfrac{1}{\beta}\cdot R_t^*\approx\left[\dfrac{1}{\beta}-(1-\delta)\right]\cdot[Z_t^*+(\rho-1)\cdot K_t^*]$，亦即：

$$R_t^*\approx[1-\beta(1-\delta)]\cdot[Z_t^*+(\rho-1)\cdot K_t^*] \tag{11－100}$$

4. 技术进步的处理

对于技术进步方程式(11－88)进行对数化后可得：

$\mathrm{Log}(\overline{Z}\cdot e^{Z_{t+1}^*})=(1-\psi)\mathrm{Log}(\overline{Z})+\psi\cdot\mathrm{Log}(\overline{Z}\cdot e^{Z_t^*})+\varepsilon_t$

$Z_{t+1}^*+\mathrm{Log}(\overline{Z})=(1-\psi)\mathrm{Log}(\overline{Z})+\psi Z_t^*+\psi\mathrm{Log}(\overline{Z})+\varepsilon_t$

$$Z_{t+1}^*=\psi\cdot Z_t^*+\varepsilon_t \tag{11－101}$$

(三)数值分析思路——待定系数法

1. 待定系数的定义

上述四个等式条件式(11－85)、式(11－86)、式(11－87)、式(11－88)线性化处理后的结果为：

$$C_t^*=\frac{\overline{Y}}{\overline{C}}\cdot Z_t^*+\frac{\overline{K}}{\overline{C}}\overline{R}\cdot K_t^*-\frac{\overline{K}}{\overline{C}}\cdot K_{t+1}^* \tag{11－102}$$

$$E_t\cdot[\eta\cdot(C_t^*-C_{t+1}^*)+R_{t+1}^*]=0 \tag{11－103}$$

$$R_t^*=[1-\beta(1-\delta)]\cdot[Z_t^*+(\rho-1)\cdot K_t^*] \tag{11－104}$$

$$Z_{t+1}^*=\psi\cdot Z_t^*+\varepsilon_t \tag{11－105}$$

Uhlig 通过状态变量 K_t、Z_t 求得控制变量 C_t、R_t、K_{t+1} 的表达式。具体其定义的待定系数方程如下：

$$K_{t+1}^*=V_{KK}\cdot K_t^*+V_{KZ}\cdot Z_t^* \tag{11－106}$$

$$R_t^*=V_{RK}\cdot K_t^*+V_{RZ}\cdot Z_t^* \tag{11－107}$$

$$C_t^*=V_{CK}\cdot K_t^*+V_{CZ}\cdot Z_t^* \tag{11－108}$$

2. 代入线性化方程

(1)处理一

考虑平衡经济状态下的生产函数 $\overline{Y}=\overline{Z}\cdot\overline{K}^{\rho}$ 与式(11—89)$\overline{C}=\overline{Z}\cdot\overline{K}^{\rho}-\delta\overline{K}$ 可得：

$$\frac{\overline{Y}}{\overline{C}}=\frac{\overline{C}+\delta\cdot\overline{K}}{\overline{C}}=1+\frac{\delta\cdot\overline{K}}{\overline{C}} \tag{11—109}$$

将定义的待定系数等式与等式(11—109)、式(11—90)$\beta\cdot\overline{R}=1$ 一起代入到式(11—102)可得：

$$V_{CK}K_t^*+V_{CZ}Z_t^*=(1+\frac{\delta\cdot\overline{K}}{\overline{C}})Z_t^*+\frac{1}{\beta}\frac{\overline{K}}{\overline{C}}K_t^*-\frac{\overline{K}}{\overline{C}}(V_{KK}K_t^*+V_{KZ}Z_t^*)$$

$(V_{CK}-\frac{1}{\beta}\frac{\overline{K}}{\overline{C}}+\frac{\overline{K}}{\overline{C}}V_{KK})K_t^*+(V_{CZ}-1-\frac{\delta\cdot\overline{K}}{\overline{C}}+\frac{\overline{K}}{\overline{C}}V_{KZ})Z_t^*=0$，从而：

$V_{CK}-\frac{\overline{K}}{\overline{C}}\frac{1}{\beta}+\frac{\overline{K}}{\overline{C}}V_{KK}=0$，$V_{CZ}-1-\frac{\delta\cdot\overline{K}}{\overline{C}}+\frac{\overline{K}}{\overline{C}}V_{KZ}=0$，亦即：

$$V_{CK}=(\frac{1}{\beta}-V_{KK})\frac{\overline{K}}{\overline{C}} \tag{11—110}$$

$$V_{CZ}=1+\frac{\delta\cdot\overline{K}}{\overline{C}}-\frac{\overline{K}}{\overline{C}}V_{KZ}=\frac{\overline{Y}}{\overline{C}}-\frac{\overline{K}}{\overline{C}}V_{KZ} \tag{11—111}$$

(2)处理二

将定义的待定系数等式一起代入到式(11—103)可得：

$$E_t\{\eta[V_{CK}K_t^*+V_{CZ}Z_t^*-(V_{CK}K_{t+1}^*+V_{CZ}Z_{t+1}^*)]+V_{RK}K_{t+1}^*+V_{RZ}Z_{t+1}^*\}=0$$

$$E_t[\eta\cdot V_{CK}\cdot K_t^*+\eta C_{CZ}\cdot Z_t^*+(V_{RK}-\eta\cdot V_{CK})K_{t+1}^*+(V_{RZ}-\eta V_{CZ})Z_{t+1}^*]=0$$

再次代入待定系数等式，以及由式(11—105)$Z_{t+1}^*=\psi\cdot Z_t^*+\varepsilon_t$ 得到的 $E_tZ_{t+1}^*=\psi E_t\cdot Z_t^*=\psi\cdot Z_t^*$ 可得：

$$\eta\cdot V_{CK}\cdot K_t^*+\eta V_{CZ}\cdot Z_t^*+(V_{RK}-\eta\cdot V_{CK})(V_{KK}\cdot K_t^*+V_{KZ}\cdot Z_t^*)+(V_{RZ}-\eta V_{CZ})\psi\cdot Z_t^*=0 \tag{11—112}$$

亦即：

$$[\eta V_{CK}+(V_{RK}-\eta V_{CK})V_{KK}]K_t^*+[\eta V_{CZ}+(V_{RK}-\eta V_{CK})V_{KZ}+(V_{RZ}-\eta V_{CZ})\psi]Z_t^*=0 \tag{11—113}$$

从而：

$$\eta\cdot V_{CK}+(V_{RK}-\eta\cdot V_{CK})V_{KK}=0 \tag{11—114}$$

$$\eta V_{CZ}+(V_{RK}-\eta\cdot V_{CK})V_{KZ}+(V_{RZ}-\eta V_{CZ})\psi=0 \tag{11—115}$$

(3)处理三

将定义的待定系数等式一起代入到式(11—104)可得：

$$V_{RK}\cdot K_t^*+V_{RZ}\cdot Z_t^*=[1-\beta(1-\delta)]\cdot[Z_t^*+(\rho-1)\cdot K_t^*]$$

$$\{V_{RK}-[1-\beta(1-\delta)](\rho-1)\}\cdot K_t^*+\{V_{RZ}-[1-\beta(1-\delta)]\}Z_t^*=0$$

从而 $V_{RK}-[1-\beta(1-\delta)](\rho-1)=0, V_{RZ}-[1-\beta(1-\delta)]=0$

亦即：

$$V_{RK}=[1-\beta(1-\delta)](\rho-1) \tag{11-116}$$

$$V_{RZ}=1-\beta(1-\delta) \tag{11-117}$$

3. 对 K_t^* 所有系数的确定

由式(11－110)、式(11－116)可以得到式(11－114)的更为简单的表达式。将式(11－110)与式(11－116)的表达式代入到式(11－114)可得：

$$\eta\cdot\left(\frac{1}{\beta}-V_{KK}\right)\frac{\overline{K}}{\overline{C}}+\left\{[1-\beta(1-\delta)](\rho-1)-\eta\cdot\left(\frac{1}{\beta}-V_{KK}\right)\frac{\overline{K}}{\overline{C}}\right\}V_{KK}=0$$

$$\eta\frac{\overline{K}}{\overline{C}}\cdot V_{KK}^2+\left\{[1-\beta(1-\delta)](\rho-1)-\left(1+\frac{1}{\beta}\right)\eta\frac{\overline{K}}{\overline{C}}\right\}\cdot V_{KK}+\frac{\eta}{\beta}\cdot\frac{\overline{K}}{\overline{C}}=0$$

两边同除以 $\eta\overline{K}/\overline{C}$ 可得：

$$V_{KK}^2+\left\{[1-\beta(1-\delta)](\rho-1)\frac{\overline{C}}{\eta\overline{K}}-1-\frac{1}{\beta}\right\}\cdot V_{KK}+\frac{1}{\beta}=0 \tag{11-118}$$

定义 $\Delta=[1-\beta(1-\delta)](\rho-1)\frac{\overline{C}}{\eta\overline{K}}-1-\frac{1}{\beta}$，明显的，$\Delta<0$。这是因为各参数 $0<\delta<1$、$0<\beta<1$、$0<\rho<1$。从而式(11－118)即为：

$V_{KK}^2+\Delta\cdot V_{KK}+\frac{1}{\beta}=0$，由一元二次函数求根公式又可得：

$$V_{KK}=\frac{-\Delta\pm\sqrt{\Delta^2-\frac{4}{\beta}}}{2}=-\frac{\Delta}{2}\pm\sqrt{\left(\frac{\Delta}{2}\right)^2-\frac{1}{\beta}} \tag{11-119}$$

考虑到系数需要体现的收敛性、根的性质以及 $\Delta<0$，取根的绝对值小于 1 的解。则：

$$V_{KK}=-\frac{\Delta}{2}-\sqrt{\left(\frac{\Delta}{2}\right)^2-\frac{1}{\beta}} \tag{11-120}$$

从而可以得到关于资本存量 K_t^* 的所有系数表达式，即：

$$V_{KK}=-\frac{\Delta}{2}-\sqrt{\left(\frac{\Delta}{2}\right)^2-\frac{1}{\beta}}$$

$$V_{RK}=[1-\beta(1-\delta)](\rho-1)$$

$$V_{CK}=\left(\frac{1}{\beta}-V_{KK}\right)\frac{\overline{K}}{\overline{C}} \tag{11-121}$$

4. Z_t^* 所有待定系数的确定

将式(11－111)、式(11－117)代入到式(11－115)可以得到 V_{KZ} 的表达式：

$\eta\left(\frac{\overline{Y}}{\overline{C}}-\frac{\overline{K}}{\overline{C}}V_{KZ}\right)+[V_{RK}-\eta\cdot V_{CK}]V_{KZ}+\left[V_{RZ}-\eta\left(\frac{\overline{Y}}{\overline{C}}-\frac{\overline{K}}{\overline{C}}V_{KZ}\right)\right]\psi=0$（部分代

入)

$$\left[V_{RK}-\eta\cdot V_{CK}+(\psi-1)\eta\frac{\overline{K}}{\overline{C}}\right]V_{KZ}+\eta(1-\psi)\frac{\overline{Y}}{\overline{C}}+\psi V_{RZ}=0$$

$$V_{KZ}=\frac{\eta(1-\psi)\frac{\overline{Y}}{\overline{C}}+\psi\cdot V_{RZ}}{-V_{RK}+\eta\cdot V_{CK}+(1-\psi)\eta\frac{\overline{K}}{\overline{C}}} \tag{11-122}$$

从而可以得到关于技术进步 Z_t^* 所有待定系数,即:

$$V_{CZ}=1+\frac{\delta\cdot\overline{K}}{\overline{C}}-\frac{\overline{K}}{\overline{C}}V_{KZ}=\frac{\overline{Y}}{\overline{C}}-\frac{\overline{K}}{\overline{C}}V_{KZ}$$

$$V_{RZ}=1-\beta(1-\delta)$$

$$V_{KZ}=\frac{\eta(1-\psi)\frac{\overline{Y}}{\overline{C}}+\psi\cdot V_{RZ}}{-V_{RK}+\eta\cdot V_{CK}+(1-\psi)\eta\frac{\overline{K}}{\overline{C}}} \tag{11-123}$$

根据各参数的估计值可对每个变量进行数值模拟分析,分析含待定系数方程(11－106)、(11－107)、(11－108)的经济演化路径。

以上是动态宏观经济理论的基本分析方法。实际上,如果在经济系统中加入税收 τ 或政府支出 g 就可以通过数值方法分析其受到冲击后的影响,或是分析政策改变后的经济效应。

第二节 数值模拟基本程序

对于数值模拟基本程序的编写,常用的软件包括 Matlab 软件、Mathematics 软件和 AMPL 软件。而由于 Matlab 软件的易获得性使其成为应用较多的软件。对此本节的简单程序介绍就基于 Matlab 软件,通过 Matlab 程序的介绍对无显示解和不确定性状态下的优化问题进行数值模拟分析。

一、常用 Matlab 函数

(一)特征根和特征向量

>> a=[1 4 6;3 7 9;5 9 3];[V E]=eig(a)－－－－－－－－ 在 Matlab 主窗口输入

其中假定 a 为一个 3×3 的矩阵,V 代表特征向量组,E 代表特征根矩阵。结果为:

V =

−0.4064 −0.8386 −0.4474
−0.6874 0.5233 −0.4560
−0.6019 −0.1515 0.7694

E =

16.6540 0 0
0 −0.4124 0
0 0 −5.2416

(二)Riccati 方程求解

对于 Riccati 方程：

$-A^TP-PA+PBR^{-1}B^TP-Q=0$

的解矩阵 P 可以直接由函数 $are[A,E,Q]$ 给出，其中 $E=BR^{-1}B^T$。

譬如对于 Riccati 方程中矩阵为：

$A=\begin{bmatrix}1 & 1\\0 & 3\end{bmatrix}$，$B=\begin{bmatrix}2\\1\end{bmatrix}$，$Q=\begin{bmatrix}1 & 4\\1 & 3\end{bmatrix}$，$R=[1]$的求解问题，直接由函数 $are[A,E,Q]$给出 Riccati 方程的解 P。Matlab 程序如下：

```
A=[1 1;0 3];
B=[2;1];
Q=[1 4;1 3];
R=[1];
E=B* inv(R) * B';
 are(A,E,Q)
```

结果为：

```
ans =
     12.7294   −30.3785
    −30.8370    82.0562
```

或者直接通过如下程序给出：

```
>> A=[1 1;0 3];
B=[2;1];
Q=[1 4;1 3];
R=[1];
are(A, B* inv(R) * B',Q)
```

结果同上。此处 inv( )表示对矩阵求逆。

(三)常线性二次型问题

对于以下优化问题：$J(U)=\frac{1}{2}\int_0^{\infty}[X^TQX+U^TRU]\mathrm{d}t$，满足条件

$\frac{dX}{dt}=AX+BU, X_{(t_0)}=X_0$ 时的最优解 $U(t)$ 为：

$U^*(t)=-R^{-1}B^T\overline{P}X_{(t)}=-KX_{(t)}$。

该最优解函数的输出 K 是解式中的反馈矩阵，输出 P 是代数 Riccati 方程 $-\overline{P}A-A^T\overline{P}+\overline{P}BR^{-1}B^T\overline{P}-Q=0$ 的对称正定解。

输出 E 是应用以上解式得到的闭循环系统

$\frac{dX}{dt}=(A-BR^{-1}B^TP)X, X_{(t_0)}=X_0$ 的特征值。

K、P、E 的求解函数如下：$[K,P,E]=lqr(A,B,Q,R)$

二、动态规划基本程序

假定一个离散系统的经济目标为：$\text{Max}\sum_{0}^{\infty}\beta^t\text{Log}(C_t)$，其中 C_t 为消费，效用函数为 $\text{Log}(C_t)$，效用的贴现率为 β。

经济中资源使用的约束方程为：$K_{t+1}+C_t=AK_t^\alpha$

这一经济系统中相关参数为：$\beta=0.58, A=18, \alpha=0.35, K=\{2,4,6,\cdots,20\}$。则可以定义如下的值函数求解这一离散经济系统。

$V_{n+1}(K_t)=\text{Log}(AK_t^\alpha-K_{t+1})+\beta\cdot V_n(K_{t+1})$，代入具体数值后即为：

$V_{n+1}(K_t)=\text{Log}(18K_t^{0.35}-K_{t+1})+0.58V_n(K_{t+1})$

求解终值和值函数，动态规划的基本程序如下：

```
alpha=0.35;beta=0.58;A=18;
K=[2:2:20]';
F=zeros(10,1)
for i=1:10
  F(i)=A*(K(i)^alpha);
end
V=zeros(10,1);
tol=0.000001;
diff=tol+1;
VF=ones(10,1)*(-inf);
TV=V;
C_optimal=zeros(10,1);
V_save=zeros(10,100);
for loop=1:100
    V=TV;
```

```
V_save(1:end,loop)=V;
for i=1:10
    for j=1:10
        if F(i)-K(j)<0
            VF(j)=-inf
        else
            VF(j)=log(F(i)-K(j))+beta * V(j)
        end
    end
    [Vmax,K_op_index]=max(VF);
    TV(i)=Vmax
    C_optimal(i)=F(i)-K(K_op_index);
end
diff=max(abs(TV-V))
if diff<=tol
    display('Total Number of Interations'); display(loop);
    break
end
disp('K F C K″ V″   ')
display([K     F     C_optimal     F-C_optimal     V])
end
if loop==100
    display('Danger! The Convergence Condition is not Achieved')
end
display('The Final Value and the Policy Functions')
display('* * * * * * * * * * * * * * * * * * * * * * * * * * * * * * * * * * * * * * * * *')
disp('     K       F     C          K″          V″      ')
display([K     F     C_optimal     F-C_optimal     TV])
```

三、Hansen 模型的基本程序

```
% this program finds the solution to the linear quaratic optimal regular problem and also calculates the resulting the policy function.
theta=0.36;
beta=0.99;
```

```
delta=0.025;
A=1.72;
kbar=12.6695;
hbar=0.3335;
ybar=kbar^theta*hbar^(1-theta);
cbar=ybar-delta*kbar;
aa=(theta*ybar/kbar+1-delta);
a(1,1)=-1/(2*cbar*cbar)*aa*aa-1/(2*cbar)*theta*(1-theta)*
ybar/(kbar*kbar);
a(1,2)=1/(2*cbar*cbar)*aa;
a(2,1)=1/(2*cbar*cbar)*aa;
a(1,3)=-1/(2*cbar*cbar)*aa*(1-theta)*ybar/hbar;
a(1,3)=a(1,3)+1/(2*cbar)*theta*(1-theta)*ybar/(kbar*hbar);
a(3,1)=a(1,3);
a(2,2)=-1/(2*cbar*cbar);
a(2,3)=1/(2*cbar*cbar)*(1-theta)*ybar/hbar;
a(3,2)=a(2,3);
a(3,3)=-1/(2*cbar*cbar)*(1-theta)*ybar/hbar*(1-theta)*ybar/
hbar;
a(3,3)=a(3,3)-1/(2*cbar)*theta*(1-theta)*ybar/(hbar*hbar);
a(3,3)=a(3,3)-A/(2*(1-hbar)*(1-hbar));
x=[kbar kbar hbar]';
m(1,1)=log(kbar*theta*hbar^(1-theta)-delta*kbar)+A*log(1-hbar);
mm1=1/cbar*(theta*ybar/kbar+1-delta);
mm2=(1-delta)*ybar/(cbar*hbar)-A*(1-hbar);
m(1,1)=m(1,1)-mm1*kbar+kbar/cbar-mm2*hbar;
m(1,1)=m(1,1)+(x')*a*x;
m(1,2)=mm1/2-1*a(1:3,1)'*x;
m(2,1)=m(1,2);
m(1,3)=-1/(2*cbar)-1*a(1:3,2)'*x;
m(3,1)=m(1,3);
m(1,4)=mm2/2-1*a(1:3,1)'*x;
m(4,1)=m(1,4);
m(2:4,2:4)=a;
        AA=[1 0
```

```
        0 0];
    B=[0 0
        1 0];
    R=m(1:2,1:2);
    Q=m(3:4,3:4);
    W=m(1:2,3:4)';
    P=[1 0
        0 1];
% iteration the Ricotti equation
    for i=1:1000
        zinv=inv(Q+beta*B'*P*B);
        z2=beta*AA'*P*B+W';
        P=R+beta*AA'*P*AA-z2*zinv*z2'
    end
% find the policy function
F=-zinv*(W+beta*B'*P*AA)①
```

① 借鉴自 McCandless G(2008)出版的 The ABCs of RBCs:An Introduction to Dynamic Macroeconomic Models 一书,第 178～179 页。由于能力限制和时间关系,作者未能够编写出针对某一随机财政政策的分析程序,有待后续研究和后来者在这一方面进行完善。

第十二章　公共财政政策的福利分析

本章学习的阅读文献

1. Aaron H，Martin McGuire. Public Goods and Income Distribution[J]. *Econometrica*，1970，38(6)：907—920.

2. Parsons D O. Imperfect 'Tagging' in Social Insurance Programs[J]. *Journal of Public Economics*. 1996，62(10)：183—207.

3. Leach J. *A Course to Public Economics*[M]. Cambridge University Press，2004：380—387.

4. Besley T & S. Coate. Workfare versus Welfare：Incentive Arguments for Work Requirements in Poverty-Alleviation Programs[J]. *American Economic Review*，1992，82(1)：249—261.

文献导读： 公共财政政策无法回避调节收入分配、提高社会福利的功能。在此，本章提供了微观财政政策中"公共产品、标签、定向、付劳收益"的经典文献（限于篇幅，本章未对实物补助(In-kind Transfer)等更多内容进行介绍）。当然，关于公共财政政策的福利分析，属于政策应用的范畴，涉及到公共财政工作的机制设计问题。

第一节　公共产品的内在分配效应

在第二章市场失灵部分曾指出，市场经济运行的不平等结果需要政府公共政策进行调节，这些政策则是公众对"公共产品"的需求。这类公共产品，即使对于高收入者而言也是需要的。因为没有这一公共产品会带来社会的不稳定，给高收入者的福利带来潜在的威胁。而除了这样的公平和稳定因素之外，公共产品在供给和消费的过程中自身也会对社会福利产生影响。对此，Aaron 和 McGuire(1970)、Thurow(1971)、Kaplow（2006）对这一问题进行了探讨。本章以 Aaron 和 McGuire(1970)的分析为基础介绍公共产品供给和消费过程中的分配效应。

假定经济中代表性消费者 i 对公共产品和私人产品消费的边际替代率是已知

的，效用函数是相同的，并且公共产品的消费进入代表性消费者的效用函数。并且假定公共产品的消费与私人产品的消费是相互独立的，从而消费者的效用函数可以表达为分离形式的效用函数。定义如表 12－1 所示的符号变量。

表 12－1　　　　定义的变量

符号	经济意义
Y_T^i	代表性消费者的总收入
Y_D^i	代表性消费者的可支配收入
Y_S^i	用于私人产品消费的支出
Y_P^i	用于公共产品消费的支出
Y_M^i	消费者税前的收入
T_A^i	实际缴纳的税收
T_P^i	为提供公共产品政府征的税
T_S^i	消费者享受私人产品时交的税
T_{RE}^i	外在直接转移支付——实际转移支付
T_{RI}^i	内在的转移支付，可能为正，也可能为负(税收)
Y_{PG}	用于纯公共产品的总支出

根据上述定义，消费者的总收入 Y_T^i 分为三个部分，即：

$$Y_T^i \equiv Y_D^i + Y_S^i + Y_P^i \tag{12-1}$$

消费者缴纳的税收 T_M^i 分为两个部分，即：

$$T_M^i \equiv T_S^i + T_P^i \tag{12-2}$$

对于消费者的可支配收入 Y_D^i 是由税前收入 Y_M^i 扣除总税收 T_A^i，再加上获得的转移支付 T_{RE}^i 形成的，即

$$Y_D^i \equiv Y_M^i - T_A^i + T_{RE}^i \tag{12-3}$$

消费者用于公共产品和私人产品的支出就是其缴纳的税收，即：

$$Y_S^i \equiv T_S^i \tag{12-4}$$

$$Y_P^i \equiv T_P^i \tag{12-5}$$

对于消费的各类消费支出 Y_S^i、Y_P^i 加上实际获得的政府转移支付 T_{RE}^i，应该等于政府征收的税收。内在转移支付 $T_{RI}^i>0$ 时，可将其看作是政府征收的税收，而当内在转移支付 $T_{RI}^i<0$ 时，可将其看作是政府为消费者提供的转移支付。在此：

$$T_A^i + T_{RI}^i = T_{RE}^i + Y_S^i + Y_P^i \tag{12-6}$$

根据上式可得：$(T_A^i - T_{RE}^i) - (Y_S^i + Y_P^i) + T_{RI}^i = 0$　　(12—7)

在预算平衡之时，政府总的内在转移支付 $\sum_i T_{RI}^i = 0$。而对于整个社会，用于公共产品的总支出为：

$$Y_P = \sum_i Y_P^i \tag{12-8}$$

定义代表性消费者的效用函数为：

$$U^i = U^i[Y_D^i + Y_S^i, Q] = V^i[Y_D^i + Y_S^i] + W^i(Q) \tag{12-9}$$

其中 $Y_D^i + Y_S^i$ 代表消费者对私人产品的消费，Q 代表消费者对公共产品的消费量。由于假定代表消费者对私人产品和公共产品的消费是不相关的，从而效用函数可以写成分离的形式，其中 $V^i(\cdot)$ 代表消费者享受私人产品的效用函数，$W^i(\cdot)$ 代表消费者享受公共产品的效用函数。对于不同的消费者 i 和 j，各自对公共产品消费的边际收益替代率为：

$$MRS^i = \frac{\partial U^i}{\partial Q} / \frac{\partial U^i}{\partial Y} = \frac{\partial W^i(Q)}{\partial Q} / \frac{\partial V^i[Y_D^i + Y_S^i]}{\partial Y} \tag{12-10}$$

$$MRS^j = \frac{\partial U^j}{\partial Q} / \frac{\partial U^j}{\partial Y} = \frac{\partial W^j(Q)}{\partial Q} / \frac{\partial V^j[Y_D^i + Y_S^i]}{\partial Y} \tag{12-11}$$

式(12—10)除以式(12—11)可得：

$$\frac{MRS^i}{MRS^j} = \frac{\dfrac{\partial W^i(Q)}{\partial Q} / \dfrac{\partial V^i[Y_D^i + Y_S^i]}{\partial Y}}{\dfrac{\partial W^j(Q)}{\partial Q} / \dfrac{\partial V^j[Y_D^i + Y_S^i]}{\partial Y}} \tag{12-12}$$

由于假定所有消费者的效用函数是相同的，则 $\frac{\partial W^i(Q)}{\partial Q} = \frac{\partial W^j(Q)}{\partial Q}$。将其代入到上式可知：$\frac{MRS^i}{MRS^j} = \frac{\partial V^j[Y_D^i + Y_S^i]}{\partial Y} / \frac{\partial V^i[Y_D^i + Y_S^i]}{\partial Y}$　　(12—13)

定义 $V^i = \frac{\partial V^i[Y_D^i + Y_S^i]}{\partial Y}$，$V^j = \frac{\partial V^j[Y_D^i + Y_S^i]}{\partial Y}$　　(12—14)

则 $MRS^i \cdot V^i = MRS^j \cdot V^j = \cdots = C$，定义 C 为常数　　(12—15)

则对于每个消费者缴纳的税收而言，对于数量为 Q^* 的公共产品每个消费者分担的税收为 t^i，每个消费者的贡献额为 t^iQ^*，这应与消费者在公共产品上的支出相同（$T_P^i = t^iQ^*$）。所需的总税收为 t，而用于公共产品的税收 tQ^* 等于公共产品的政府总支出额 Y_P（$tQ^* = Y_P$）。根据公共产品供给的林达尔均衡条件，$t^i = MRS^i$，对整个社会应用公共产品供给的萨缪尔森条件可知 $t = \sum_i MRS^i$。由整体和部分的比例关系可知：

$$t^i = t\frac{MRS^i}{\sum_i MRS^i} \tag{12-16}$$

而根据定义的式(12－5)，每个代表性消费者的名义平衡为 $Y_P^i \equiv T_P^i$。将其代入式(12－15)、式(12－16)的结果可得：

$$T_P^i \equiv Y_P^i = t^i Q^* = t\frac{MRS^i}{\sum_i MRS^i}Q^* = tQ^*\frac{C/V^i}{\sum_i C/V^i} = Y_P \cdot \frac{1/V^i}{\sum_i 1/V^i} \tag{12-17}$$

对于 $\sum_i 1/V^i$ 可以看作是所有私人产品消费边际价值的总和，可以将其分子分母进行标准化处理，将 $\sum_i 1/V^i$ 标准化为1，则式(12－17)即为：

$$T_P^i \equiv Y_P^i = Y_P \cdot 1/V^i \tag{12-18}$$

对此，根据 T_P^i 与 $Y_P \cdot 1/V^i$ 的大小比较不同收入阶层消费者享受公共产品的福利效应。一般而言，当 $T_P^i > Y_P \cdot 1/V^i$ 时，则消费者的贡献大于其实际收益额，属于高收入层次的人群；而当 $T_P^i < Y_P \cdot \frac{1}{V^i}$ 时，则消费者的贡献小于其实际收益额，享受公共产品的福利分配效应，属于低收入人群。实际上，基于这样的分析框架，Aaron 和 McGuire(1970)基于美国的数据对不同层次消费者享受公共产品的情况进行了实证验证。而 Kaplow (2006) 进行的研究认为：不同公共产品供给模式的福利分配影响也是不同的，其分配程度也受到供给模式和公共产品类型的影响。

第二节　标签与福利分配

在收入分配的过程中，对特定人群进行划分，从而进行收入分配的调整日益受到关注。这其中标签(Tagging)与定向(Targeting)成为两个非常重要的人群划分方式。基于消费者的收入将其分为不同收入的群体，这是定向方式进行收入分配的重要方式；而在分类的过程中，部分群体并没有纳入到政府调节收入分配、提供补助的群体。譬如，残疾人、有遗传疾病的人，他们参加工作获得一定的收入——超过政府补助的标准，但是他们却付出了较常人更大的代价。对此，将这类消费者从社会群体中识别出来进行标签，然后在此基础上进行收入分配的调节也非常重要。以下本章基于 Parsons(1996)的框架介绍信息不对称中标签的收入分配内涵。下一小节将进行定向的分析，通过分别介绍可以比较两者的不同点。

假定经济中有两类代表性消费者，一类为能够工作的 A，另一类为不能够工作的 D(譬如残疾人)，将人口标准化为1。其中，定义消费者 A 的比例为 θ，则消费者

D的比例为$1-\theta$，假定两类消费者的效用为：

$$U^A=U(C^A)-b \tag{12—19}$$

$$U^D=U(C^D) \tag{12—20}$$

其中C^A和C^D分别是两者的消费，$U(\cdot)$为效用函数，属于常规的效用函数，$U'(\cdot)>0$，$U''(\cdot)<0$。b表示消费者A获得消费所需要付出的工作；而对于消费者D而言太累或太难（需要付出较常人更大的代价），从而不愿意付出劳动工作。然而他们还是需要消费的，消费来自政府的收入调节。假定A的产出效率为1，则基于劳动人口的概率获知人均产出为θ（所有有劳动能力的A都工作）。A的产出用于自身的消费C^A和经过转移支付后消费者D获得的消费C^D。尽管每个家庭的特征为消费者的私有信息，但是对于政府而言，均为明显可观察的信号。譬如身体残疾、性别差异。这些可观察的信号就成为政府制定财政政策时的信号——即将部分消费者标签为需要调节的对象。能够进行标签意味着政府不仅仅能够从收入上发现消费者的福利差异，而且还能够从其他特征上发现人们的福利差异。基于社会公平，政府希望为D类消费者提供转移支付，以实现社会公平。在收入预算约束下，政府可以进行收入分配的调节。假定政府的转移支付是一次总和性的转移支付。在以下几种情形下进行福利分析。

一、自由市场经济的结果——情形1

在没有政府干预的自由市场经济（laissez faire）中，每个消费者只管自身的消费而不考虑他人，从而消费者A和消费者D的效用为：

$$U^A=U(1)-b \tag{12—21}$$

$$U^D=U(0) \tag{12—22}$$

明显的，生产者A的效用应该大于不生产者D的效用，$U^A>U^D$。由于$U''(\cdot)<0$，$C_A=1>C_D=0$，从而$U_C^A<U_C^D$。在此可见，由于不生产者D无消费，从而其消费的边际效用必定高于消费者A。

二、完全信息下功利主义的要求——情形2

功利主义（Utilitarianism）哲学要求使整个社会的总福利最大化，即$\theta U^A+(1-\theta)U^D$。对于政府而言，这可通过一次总和的收入分配进行调节，以使消费者A和消费者D的边际效用$U_C^A=U_C^D$时整个社会的福利最大化。由于消费者A和消费者D的效用函数是一样的，从而在$U_C^A=U_C^D$之下各自的消费为$C^A=C^D=\overline{C}$。据此，消费者A和消费者D的效用为：

$$U^A=U(\overline{C})-b,U^D=U(\overline{C})\text{，明显的，}U^A<U^D \tag{12—23}$$

在消费为$C^A=C^D=\overline{C}$的情况下，这是满足资源约束条件的。

$\theta=\theta(\overline{C})+(1-\theta)(\overline{C})=\overline{C}$。对于具体的资源配置情况如表12—2所示。

表 12－2　　功利主义下的产出与消费

消费者类型	消费者 A	消费者 D
人口数量	θ	$1-\theta$
人均消费	$C^A=\overline{C}$	$C^D=\overline{C}$
总消费	$\theta\overline{C}$	$(1-\theta)\overline{C}$
总产出	θ	0
政府对个人调节	对 A 征一次总和税 $1-\overline{C}$ A 剩余 $1-(1-\overline{C})=\overline{C}$	为 D 提供转移支付$\overline{C}$

三、不完全信息下无识别错误的调节——情形 3

假定在不完全信息之下，政府只能观察到哪些人在工作，哪些人不在工作。政府对工作的消费者和不工作的消费者选择的消费量分别为$\overline{C_W}$，$\overline{C_N}$。为了满足激励相容条件，政府选$\overline{C_W}$，$\overline{C_N}$的消费量促进能够工作的消费者参加工作，即：

$$U^A=U(\overline{C_W})-b\geqslant U(\overline{C_N})=U^D \tag{12－24}$$

如果政府认为不工作为合理的，则政府调节后两类消费者的效用为：

$$U(\overline{C_W})-b=U(\overline{C_N}) \tag{12－25}$$

所需满足的资源约束条件为：

$$\theta=\theta(\overline{C_W})+(1-\theta)(\overline{C_N}) \tag{12－26}$$

由式(12－25)效用相等和效用函数 $U(\cdot)$ 相同可知：要使等式相等必须要求$\overline{C_W}>\overline{C_N}$。结合功利主义下的平衡消费 $\overline{C}$ 可知：

$$\overline{C_W}>\overline{C}>\overline{C_N} \tag{12－27}$$

从而由效用函数的性质 $U'(\cdot)>0$，$U''(\cdot)<0$ 可知 $U_C^A<U_C^D$。该情形下福利分配的结果如表 12－3 所示。

表 12－3　　非标签方式的调节

消费者类型	消费者 A	消费者 D
人口数量	θ	$1-\theta$
人均消费	$C^A=\overline{C_W}$	$C^D=\overline{C_N}$
总消费	$\theta\cdot\overline{C_W}$	$(1-\theta)\cdot\overline{C_N}$
总产出	θ	0
政府对个人的调节	对 A 征一次总和税 $1-\overline{C_W}$ A 剩余 $1-(1-\overline{C_W})=\overline{C_W}$	为 D 提供转移支付$\overline{C_N}$

四、不完全信息下的标签方式调节——情形 4

由于有些残疾不是明显可识别的，在信息不对称的情况下政府标签时可能存在错误。对于消费者 A，政府将其错误标签为残疾的概率为 β^-（误将 A 标签为残疾人），则正确标签的概率为 $1-\beta^-$。对于消费者 D，政府将其正确标签为残疾的概率为 β^+，则错误标签的概率为 $1-\beta^+$（将 D 中部分消费者错误标签，未将其纳入残疾人行列）。在此，标签能够使政府将消费者 A 和消费者 D 划分为四类人群，包括标签的消费者 A、未标签的消费者 A、标签的消费者 D、未标签的消费者 D。在此，可以包括两个维度的收入分配——标签的与未标签的。

(一)未完全识别残疾人的情形

假定政府对于消费者 A 的识别是完全正确的($\beta^-=0$)，但是对于消费者 D 的识别是不完全的，亦即只有部分的残疾人被识别出来，其余部分人则被认定为正常人，从而消费者 A 和 D 的消费分别为：

定义：(1)标签人群(Tagged Group)。消费者 D 中不工作但被政府标签的消费量 C_N^T。(2)未标签人群(Untagged Group)。消费者 D 中不工作、未被正确标签者的消费量为 C_N，参加工作的消费者 A 的消费为 C_W(假定所有的 A 均参加工作)。则所需要满足的资源约束条件为：

$$\theta=\theta(C_W)+(1-\theta)[\beta^+\cdot C_N^T+(1-\beta^+)\cdot C_N] \tag{12-28}$$

鼓励未标签的人参加工作的激励相容条件如下：

$$U^A=U(C_W)-b\geqslant U(C_N)=U^D \tag{12-29}$$

在每个代表性消费者外在一致的情况下，根据功利主义哲学，政府的目标是实现福利条件的最大化。整个社会的社会福利如下：

$$EU=\theta\cdot[U(C_W)-b]+(1-\theta)[\beta^+\cdot U(C_N^T)+(1-\beta^+)\cdot U(C_N)] \tag{12-30}$$

对此可以得到如下结论：

1. 在对消费者 D 部分正确识别的情况下，政府发挥调节作用并考虑到不工作为合理的，其可以使激励相容条件式(12-29)成立。

2. 由总量约束条件可知：为了使消费者 D 中识别出来的部分人的消费 C_N^T 得以提高，参加工作的消费者 A 的消费为 C_W 与消费者 D 中未被正确标签者的人的消费量 C_N 都应该下降。从而：$C_W>C_N^T>C_N$。而在总社会福利不变的情况下，政府收入调节的结果要求：$U'(C_N^T)$ 等于 $U'(C_W)$ 与 $U'(C_N)$ 的加权平均之和。

3. 由情形 3 可知：$\overline{C_W}>\overline{C}>\overline{C_N}$；而由情形 4——"未完全识别残疾人"的情形可知：$C_W>C_N^T>C_N$。而情形 4 中消费量 C_W 是在消费量 $\overline{C_W}$ 基础上的减少，消费量 C_N 是在消费量 $\overline{C_N}$ 基础上的减少，从而得到如下结论：

$\overline{C_W}>C_W>C_N^T>\overline{C_N}>C_N$。而 $\overline{C}$ 是功利主义哲学下完全信息的调节结果。在不

完全信息之下，残疾人消费的调节结果必定小于 $\overline{C}$。并且考虑到激励相容条件：无论如何，消费者 A 的消费应该高于消费者 D，否则会出现"伪装"问题。从而可知：

$$\overline{C_W}>C_W>\overline{C}>C_N^T>\overline{C_N}>C_N \tag{12-31}$$

4. 直观的分析可知，如果将消费者 D 未完全识别出的错误概率是不断减小的 $(1-\beta^+\to 0)$。即 D 中被识别出的消费者的消费 C_N^T 将与消费者 A 的消费 C_W 不断趋近。而相应的，消费者 D 中未被识别出的消费者数量不断减少，C_N 也会不断减少。即：

$$\mathrm{Lim}_{1-\beta^+\to 0}(C_W-C_N^T)=0 \tag{12-32}$$

（二）未完全识别所有人的情形

假定政府对不同类的人群均不能准确识别，基于前面的假设，消费者 A 和消费者 D 各自标签的概率如表 12－4 所示。

表 12－4　　正确与错误标签的人群

消费者类型	消费者 A	消费者 D
人口数量	θ	$1-\theta$
正确的标签概率	$1-\beta^-$（消费 C_W）	β^+（消费 C_N^T）
错误的标签概率	β^-（消费 C_W^T）	$1-\beta^+$（消费 C_N）

表 12－4 中，定义消费者 A 中被错误识别为残疾人的消费为 C_W^T，未被识别为残疾人的消费为 C_W。消费者 D 中被正确识别为残疾人的消费为 C_N^T，未被识别为残疾人的消费为 C_N，整个社会的福利函数如下：

$$EU=\theta\cdot\{(1-\beta^-)[U(C_W)-b]+\beta^-\cdot[U(C_W^T)-b]\}+(1-\theta)\cdot[\beta^+\cdot U(C_N^T)+(1-\beta^+)\cdot U(C_N)] \tag{12-33}$$

整个社会的资源约束条件为：

$$\theta=\theta\cdot[(1-\beta^-)C_W+\beta^- C_W^T]+(1-\theta)\cdot[\beta^+ C_N^T+(1-\beta^+)C_N] \tag{12-34}$$

对于未被标签的人群而言，鼓励能够工作的人参加工作的激励相容条件（参加工作人员的效用应不低于未参加工作人员的效用）如下：

$$U(C_W)-b\geqslant U(C_N) \tag{12-35}$$

对于被标签的人群而言，鼓励能够工作的人参加工作的激励相容条件（参加工作人员的效用应不低于未参加工作人员的效用）如下：

$$U(C_W^T)-b\geqslant U(C_N^T) \tag{12-36}$$

对此可以得到如下结论：

1. 在激励相容条件式（12－35）、式（12－36）成立的情况下，根据效用函数的特点可知：在未被标签的人群中，参加工作人员的消费 C_W 应高于未参加工作人员的消费 C_N，即 $C_W>C_N$；在被标签的人群中，参加工作人员的消费 C_W^T 应高于未参加工作人员的消费C_N^T，即$C_W^T > C_N^T$。

2. 而由情形 3 可知：$\overline{C_W} > \overline{C_N}$。从而对于$C_W^T$与$\overline{C_W}$而言，$C_W^T > \overline{C_W}$，这也是因为政府错误地给予补偿；对于$C_N^T$、$\overline{C_N}$而言，$C_N^T > \overline{C_N}$，这也是因为政府错误地给予了额外的补偿。同时，考虑到激励相容条件：无论如何，消费者A的消费应该高于消费者D，否则会出现"伪装"问题。而由"未完全识别残疾人"的结论$\overline{C_W} > C_W > \overline{C} > C_N^T > \overline{C_N} > C_N$可知：

$$C_W^T > \overline{C_W} > C_W > C_N^T > \overline{C_N} > C_N \tag{12-37}$$

3. 当$\beta^+ > \beta^-$时，残疾人在标签人群中的概率应高于未标签人群中的概率。根据既定的假设，正确与错误标签的人群如表 12－5 所示。

表 12－5　　正确与错误标签的人群

消费者类型	消费者A	消费者D
人口数量	θ	$1-\theta$
标签的	$\theta \cdot \beta^-$	$(1-\theta) \cdot \beta^+$
未标签的	$\theta \cdot (1-\beta^-)$	$(1-\theta) \cdot (1-\beta^+)$

则在标签的人群中，定义LHS为消费者人群中残疾人所占的比重，则：

$$LHS = \frac{(1-\theta) \cdot \beta^+}{\theta \cdot \beta^- + (1-\theta) \cdot \beta^+} \tag{12-38}$$

在未标签的人群中，定义RHS为消费者人群中残疾人所占的比重，则：

$$RHS = \frac{(1-\theta) \cdot (1-\beta^+)}{\theta \cdot (1-\beta^-) + (1-\theta) \cdot (1-\beta^+)} \tag{12-39}$$

当$LHS > RHS$时，简单的计算可得：$\beta^+ > \beta^-$。为此，为了发挥更大的福利调节作用，政府应将消费者D中标签为残疾人的正确概率β^+高于将消费者A中错误标签为残疾人的概率β^-。

4. 由$C_W^T > \overline{C_W} > C_W > C_N^T > \overline{C_N} > C_N$可知，政府如果想从消费者$A$中尽可能多地拨付资源给消费者$D$，则应将未被标签者的资源尽可能多地拨付给被标签者。因为根据$C_W^T > \overline{C_W} > C_W$可知：在信息不对称条件下，消费者$A$中被标签者的消费$C_W^T$高于未标签者$C_W$；根据$C_N^T > \overline{C_N} > C_N$可知：在信息不对称下，消费者$D$中被标签者的消费$C_N^T$高于未被标签者$C_N$。

第三节　定向与福利分配

一、基于收入差距的调节

定义经济中有两个代表性消费者，一个为高收入者 H，一个为低收入者 L，各自的效用函数如下：

$$U_i=C_i-\left(\frac{h_i}{4}\right)^2, i=H,L \tag{12-40}$$

其中 C_i 是消费者的消费，h_i 是消费者的劳动投入，每个代表性消费者的产出 Y_i 转化为其消费 C_i，消费者单位劳动的报酬为 W_i。假定高收入者 H 的单位工资 W_H 高于低收入者的工资 W_L。在此：

$$Y_i=C_i=h_i \cdot W_i, i=H,L \tag{12-41}$$

假设消费者的劳动投入 h_i 为工资的三倍，即 $h_i=3W_i$，则每个代表性消费者的收入和消费为：

$$Y_i=C_i=3W_i \cdot W_i=3W_i^2, i=H,L \tag{12-42}$$

每个代表性消费者的效用为：

$$U_i=C_i-\left(\frac{h_i}{4}\right)^2=3W_i^2-\left(\frac{3W_i}{4}\right)^2=\frac{39}{16}W_i^2, i=H,L \tag{12-43}$$

由于 $W_H>W_L$，则高收入者的效用必定高于低收入者的效用 $U_H>U_L$。为调节贫富差距，政府通过对高收入者征收 τ 的税收，然后转移支付给低收入者，以弥补两者的效用差距，力图实现社会公平。即：

$$U_H^*=\frac{39}{16}W_H^2-\tau \tag{12-44}$$

$$U_L^*=\frac{39}{16}W_L^2+\tau \tag{12-45}$$

由 $U_H^*=U_L^*$ 可知最优的补贴额 τ_1 为：

$$\tau_1=\frac{1}{2}\left(\frac{39}{16}W_H^2-\frac{39}{16}W_L^2\right) \tag{12-46}$$

但是由于政府不可能获知每个人的收入和工资率，从而只能通过设定一个收入门槛 $\bar{y}(\bar{y}<y_H)$，对低于这一收入的消费者进行补贴。假定一个高收入者伪装成一个低收入者，则其伪装后获得的收益为：

$$\bar{U}=C'+\tau-\left(\frac{h'}{4}\right)^2$$

由于 $C'=\bar{y}=h' \cdot W_H$，可得伪装后的效用为：

$$\bar{U}=\bar{y}+\tau-\left(\frac{\bar{y}}{4W_H}\right)^2 \tag{12-47}$$

基于政府设置的门槛，应使高收入者伪装后的效用不会高于伪装前的效用，即 $\bar{U}\leqslant U_H$。而两者的差距就是政府的转移支付额 τ。由于高收入者伪装后的效用 $\bar{U}$ 必须要高于低收入者 U_L，从而高收入者的效用 U_H 降得再低也不会等于低收入者的 U_L。

假定政府设置的低收入门槛为 $\bar{y}=Y_L$，则高收入者不会伪装的条件是：

$$\overline{U}=Y_L+\tau-\left(\frac{Y_L}{4W_H}\right)^2=U_H^*=\frac{39}{16}W_H^2-\tau \qquad (12-48)$$

将式(12－42)代入到式(12－48)可得：

$$3W_L^2+\tau-\left(\frac{3W_L^2}{4W_H}\right)^2=\frac{39}{16}W_H^2-\tau$$

求解可得最优的补贴额 τ_2 为：

$$\tau_2=\frac{1}{2}\left(\frac{39}{16}W_H^2+\frac{9}{16}\frac{W_L^4}{W_H^2}-3W_L^2\right) \qquad (12-49)$$

对比式(12－46)与式(12－49)，要使 $\tau_2<\tau_1$，则括号内应有 $\frac{9}{16}\frac{W_L^4}{W_H^2}-3W_L^2<-\frac{39}{16}W_L^2$，亦即有 $\frac{9}{16}\frac{W_L^2}{W_H^2}<\frac{9}{16}$。而这是显然的，因为 $W_L<W_H$。

从而将式(12－49)与式(12－46)上下相除可得：

$$\frac{\tau_2}{\tau_1}<1，亦即\ \tau_2<\tau_1 \qquad (12-50)$$

这就意味着：存在伪装情况下，政府补贴 τ_2 低于效用相等时的最优补贴水平 τ_1。而定向的再分配方式表明：政府设定的收入门槛 $\overline{y}$ 越低，则低收入者获得的补贴越多。但是不能低得太多，否则低收入者会依赖于补贴，从而减少自己的劳动。因此，在利用定向方式进行再分配的过程中，必须对消费者的收入采取一定的管理措施，譬如透明化等等，以有利于这一财政政策效应的发挥。

二、基于消费异同的调节

在市场经济中，有时消费者消费项目的不同会成为划分高收入者与低收入者的重要依据。恩格尔系数就是这一方面的一个重要反映。在此，根据消费内容的不同可以将代表性消费者分为高收入者 H 与低收入者 L，各自的情况如表 12－6 所示。

表 12－6　　　　消费异同下的假设

消费者类型	高收入者 H	低收入者 L
单位工资	W	W
劳动投入	$h_H=3W$	$h_L=W$
产出	$Y_H=C_H=h_HW=3W^2$	$Y_L=h_LW=W^2, C_L=S=\frac{W^2}{3}$
效用函数	$U_H=C_H-\left(\frac{h_H}{4}\right)^2=3W^2-\left(\frac{3W}{4}\right)^2=\frac{39}{16}W^2$	$U_L=C_L^{\frac{1}{2}}S^{\frac{1}{2}}-\left(\frac{h_L}{4}\right)^2=\left(\frac{W^2}{3}\right)^{\frac{1}{2}}\cdot\left(\frac{W^2}{3}\right)^{\frac{1}{2}}-\left(\frac{W}{4}\right)^2=\frac{13}{48}W^2$

相关变量的经济学涵义与前一小节类似。$C_i(i=H,L)$是两个代表性消费者的消费，h_i 是消费者的劳动收入，产出为 Y_i（转化为消费者的消费 C_i），消费者单位劳动的报酬 W 相同。假定 $W_H>W_L$。与上文不同的是，每个代表性消费者的效用不同，一个是：$U=C-\left(\frac{h}{4}\right)^2$；另一个则通过对特殊商品的消费量 S，譬如医疗、教育的消费体现了自身的不同。而能够划分人群的消费则可以称之为"指标消费"。含特殊消费的效用函数为 $U=C^{\frac{1}{2}}S^{\frac{1}{2}}-\left(\frac{h}{4}\right)^2$。从表 12－6 中可知，两者的效用是不同的。明显的，高收入者的效用 $\frac{39}{16}W^2$ 高于低收入者的效用 $\frac{13}{48}W^2$。

为了实现社会公平，政府通过对高收入者征收 τ 的税收，用来调节两者的效用差距。但在实现社会平衡的过程中，政府转移支付给低收入者的数量是不完全的，以防止转移得过多导致高收入者"伪装"成低收入者。假定转移的数量仅为税收 τ 的一半，政府以 W^2 的效用作为调节的门槛（对高于这一门槛的消费者征 τ 的税，对低于这一门槛的消费者补贴 $\frac{\tau}{2}$）。则转移支付之后两者的效用为：

$$U_H^*=\frac{39}{16}W^2-\tau \qquad (12-51)$$

$$U_L^*=\frac{13}{48}W^2+\frac{\tau}{2} \qquad (12-52)$$

类似于上述的分析，假定一个高收入者伪装成一个低收入者，其获得的收益为：

$$\overline{\overline{U}}=C''-\left(\frac{h''}{4}\right)^2+\tau$$

由于 $C''=\overline{\overline{y}}=h''\cdot W$，高收入者伪装后的效用为：

$$\overline{\overline{U}}=\overline{\overline{y}}+\tau-\left(\frac{\overline{\overline{y}}}{4W}\right)^2 \qquad (12-53)$$

假定高收入者伪装后的收入降低到低收入者的收入 Y_L，则将 $Y_L=W^2$ 代入到式(12－53)可得：

$$\overline{\overline{U}}=W^2+\tau-\left(\frac{W^2}{4W}\right)^2=\frac{15W^2}{16}+\tau \qquad (12-54)$$

基于政府设置的门槛，高收入者伪装后的效用不会高于伪装前的效用，即 $\overline{\overline{U}}\leqslant U_H$。而两者的差距就是政府的转移支付额 τ。由于高收入者不会"伪装"的条件是伪装前后的效用相等，从而：

$$\overline{\overline{U}}=\frac{15W^2}{16}+\tau=U_H=\frac{39}{16}W^2-\tau$$

求解可得最优的补贴额 τ_3 为：

$$\tau_3 = \frac{3W^2}{4} \tag{12-55}$$

则将最优的补贴额 τ_3 代入到式(12—51)和式(12—52)可知，高收入者的效用约为低收入者的 2.61 倍。政府收入调节的结果如表 12—7 所示。

表 12—7　　政府收入调节的效果对比

	高收入者 H	低收入者 L	U_H/U_L
调节前	$U_H=\frac{39}{16}W^2$	$U_L=\frac{13}{48}W^2$	9
调节后	$U_H^*=\frac{39}{16}W^2-\tau_3=\frac{39}{16}W^2-\frac{3W^2}{4}=\frac{27W^2}{16}$	$U_L^*=\frac{13W^2}{48}+\frac{\tau_3}{2}=\frac{31W^2}{48}$	2.61

对比上表 12—7 中的收入调节的结果可知：政府收入调节前高收入者的效用是低收入者的 9 倍；而实施收入调节之后，高收入者的效用是低收入者的 2.61 倍。可见实施收入调节之后，两者的差距明显减小。

第四节　付劳收益的政策效应

对于第一节中公共产品的分配功能，其对于社会福利分配的效应是隐含的。第二节标签和第三节定向的分配效应则体现了政府的直接分配职能。政府的这一政策行为可以看作是一个特殊的“公共产品”。特别是在政府标签和定向的分配功能下，低收入者直接获得了补助。

但对于这些受助对象而言，常常是一种侮辱或人格尊严的伤害。对此，许多人同意 Samuel Johnson 的观点：对于穷人的体面扶持是对一个社会文明程度的检验。而“体面”在政府公共政策设定中可以看作是：要求受助对象付出一定的劳动(可以是生产性的，也可以是非生产性的，譬如参与政府部门的工作、参加社区活动)才可以获得补助，降低受助者受歧视的心理压力。

这种收入分配的机制就是付劳收益(Workfare)，或称“工作福利制”。虽然“付劳收益”在我国还没有出现，但是这一政策措施无论是在发达国家，还是在发展中国家都得到了应用，譬如在美国、新加坡、智利和印度。在此，本章基于 Besley 和 Coate(1992)的框架分析了“付劳收益”的政策效应。

一、模型设定

一般而言，“付劳收益”具有两个方面的政策功能，一是信号识别功能——对需补助的劳动者提出必要的劳动要求，以排斥厌恶劳动的高收入者；二是抑制功能——激励需补助的劳动者增加对私人劳动的投入，防止对政府补助的依赖。本节简要介绍了这两方面的功能。

假定经济中有两个代表性消费者，一个为高收入者 H，一个为低收入者 L，各自的单位工资水平是不同的，分别为 a_H、a_L，各自在经济中所占的比重分别为 $1-\gamma$、γ。每个代表性消费者的效用为：

$$U_i=y_i-h(l),i=H,L \tag{12-56}$$

其中 y_i 是消费者的私人劳动收入，$y_i=a_i\cdot l$，l 为消费者的私人劳动供给量。$h(l)$ 为消费者劳动的效用，定义劳动的效用函数 $h(l)$ 为严格递增的凸函数。定义 $\{b_i,c_i\},i=H,L$ 是政府为社会成员提供的"付劳收益"政策选择集。对于政府而言，其目标是要实现总的转移支付数额的最小化。若经济中有 n 个代表性消费者，则：

$$\mathrm{Min}\{n\cdot[\gamma\cdot b_L+(1-\gamma)\cdot b_H]\} \tag{12-57}$$

在无政府补助时，消费者的效用函数为：

$$U_i=a_i\cdot l-h(l),i=H,L \tag{12-58}$$

对劳动一阶求导可得：$\partial U_i/\partial l=a_i-h'(l)=0,i=H,L$ (12－59)

定义无政府补助时消费者效用最大化下的劳动供给量为 $l^*(a_i),i=H,L$。根据式(12－59)这一劳动量要求满足条件 $h'[l^*(a_i)]=a_i,i=H,L$。从而在存在政府补助时消费者的私人劳动投入 l 为：

$$l(b,c,a_i)=\begin{cases}l^*(a_i)-c & c\leqslant l^*(a_i)\\ 0 & \text{其他}\end{cases} \tag{12-60}$$

上式中当 $c\leqslant l^*(a_i)$ 时，消费者在"付劳收益"后才能将劳动投入到私人劳动市场；而当 $c>l^*(a_i)$ 时，消费者没有劳动投入到私人劳动市场。从而在具有补助的情况下，消费者的劳动收入 $y(c,a_i)$ 为：

$$y(c,a_i)=\begin{cases}a_i\cdot[l^*(a_i)-c] & c<l^*(a_i)\\ 0 & \text{其他}\end{cases} \tag{12-61}$$

进一步地，消费者获得补助后的效用 V 为：

$$V(b,c,a_i)\equiv b+y(c,a_i)-h[l(c,a_i)+c] \tag{12-62}$$

$h[l(c,a_i)+c]$ 是消费者付出的劳动，其中 $l(c,a_i)$ 是消费者获得私人消费所需付出的劳动，c 是消费者为获得补助而必须付出的非生产性的政府劳动。对于政府提供的政策组合 $\{b_i,c_i\}i=H,L$ 而言，要使人们响应"付劳收益"计划则要求：$V(b_i,c_i,a_i)\geqslant V(0,0,a_i)$。政府定义 Z 的收入水平进行收入再分配，则根据前面的假设，明显的，不参加计划时高劳动能力消费者的收益高于低劳动能力消费者的收益。

$$y(0,a_H)>Z>y(0,a_L) \tag{12-63}$$

这就是经济系统中消费者在收入水平上的不公平。

在完全信息之下，政府对每个消费者的能力和收入都是可知的。从而，政府对低能力消费者可以提供 $Z-y(0,a_L)$ 的补贴。由于高收入者的信息被政府掌握，因而不存在高收入者"伪装"成低收入者的问题。这一分配也不需要"付劳收益"政策。

二、不完全信息下的信号功能

(一)无劳动参与的政策结果

而在不完全信息之下,假定消费者的能力 a_i 和私有收入 y_i 对于政府而言都是不可观察到的,则"各消费者不会伪装成对方"的激励相容条件如下:

$$V(b_H,c_H,a_H)\geqslant V(b_L,c_L,a_H) \tag{12-64}$$

$$V(b_L,c_L,a_L)\geqslant V(b_H,c_H,a_L) \tag{12-65}$$

在不完全信息之下,假定政府对劳动是不作要求的($c_i=0$),则上述的激励相容条件变为:

$$V(b_H,0,a_H)\geqslant V(b_L,0,a_H) \tag{12-66}$$

$$V(b_L,0,a_L)\geqslant V(b_H,0,a_L) \tag{12-67}$$

则式(12—66)与式(12—67)的等式条件下,即在激励相容的等式条件下可知:$b_L=b_H$。从而,不能够将两者进行区分。在政府要求提供劳动 c 的情况下,由于高收入者对"付劳收益"的劳动是厌恶的,从而可以将两者分开。

(二)"付劳收益"的政策结果

假定政府选择$\{b'_L,c'_L\}$的政策组合调节社会分配,以提高低收入者的福利使其达到 Z。则调节后的结果如图 12—1 所示。

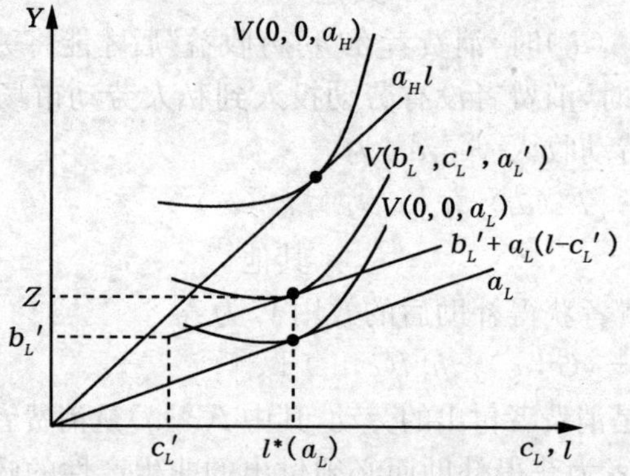

图 12—1 无劳动要求的收入分配

基于图 12—1 可知:对于政府提供的"付劳收益"政策,当低收入者提供 c'_L 的劳动获得政府 b'_L 的转移支付时,其恰好达到政府的最低收入门槛 Z;而对于高收入者而言,其伪装成低收入后的收益无论如何都在原效用函数 $V(0,0,a_H)$之下。从而对于低收入者和高收入而言,$\{b'_L,c'_L\}$,$\{0,0\}$是政府的政策选择。

(三)平衡政策实施成本的结果

但是在实现上述政策的过程中,低收入者要求付出劳动获得转移支付。这相应地减少了从事私人劳动获得的收益。对此,低收入者要求获得较高的转移支付;

从而需要平衡如下的额外成本——低收入者要求较高转移支付带来的成本增加，对高收入者提供较低转移支付带来的成本节省。定义 c_L^S 平衡好上述的成本，在这一劳动供给下，低收入者达到收入水平 Z，高收入者参与“付劳收益”政策时不会获得更大的收益。则：

$$V(0,0,a_H)=V[Z-y(c_L^S,a_L),c_L^S,a_H] \tag{12-68}$$

c_L^S 是消费者参与“付劳收益”政策所需要付出的劳动，$Z-y(c_L^S,a_L)$ 是政府对劳动 c_L^S 给予的转移支付。由几何图像可知，高收入者的不参加付劳收益的预算线和以 c_L^S 劳动参加付劳收益的预算线有一个交点，从而存在一个正的唯一的付劳收益劳动量。

（四）有效付劳收益政策的条件

在消费者收入 y_i 和劳动能力 a_i 均为政府不可观察的情况下，正常福利性的收入分配是——政府通过对所有人提供 $Z-y(0,a_L)$ 的补贴让低收入者摆脱贫困。尽管高收入者也获得了补贴。

在“付劳收益”的福利政策下，对于高收入者（出现的概率为 $1-\gamma$）应该不提供补贴，对于低收入者（出现的概率为 γ）应该提供 $Z-y(c_L^S,a_L)$ 的补贴。这样的政策考虑是平衡如下额外成本——低收入者要求较高转移支付带来的成本增加，对高收入者提供较低转移支付带来的成本节省——的最优考虑。在此，低收入者要求较高转移支付带来的成本增加为零，因为提供的数量为 $Z-y(c_L^S,a_L)$，这是以 c_L^S 劳动“恰好分离高收入者和低收入者的劳动量”形成的转移支付；对高收入者提供较低转移支付带来的成本节省也为零，因为没有提供转移支付。

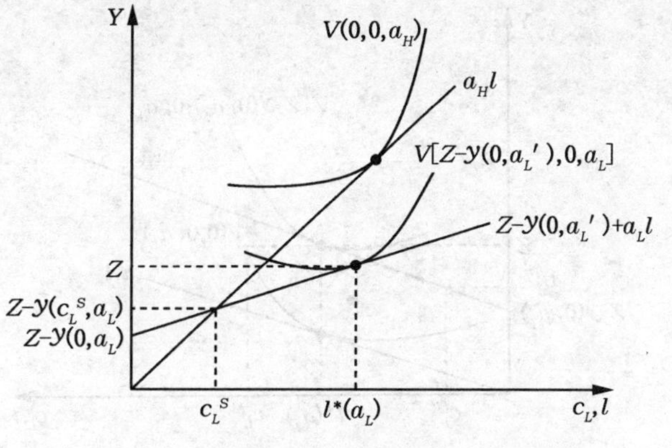

图 12－2　付劳收益下的最优收入分配

这样在该不对称信息之下，“付劳收益”的福利政策优于“无劳动福利政策”的条件（前者的转移支付金额小于后者）如下：

$$\gamma[Z-y(c_L^S,a_L)]+(1-\gamma)\cdot 0<Z-y(0,a_L) \tag{12-69}$$

而根据图 12－2 可知：

$$Z-y(c_L^S,a_L)=a_H\cdot c_L^S \tag{12-70}$$

$$Z-y(0,a_L)=a_H c_L^S-a_L c_L^S \tag{12-71}$$

将式(12－70)、式(12－71)代入到式(12－69)可知：

$$\gamma\cdot a_H\cdot c_L^S<a_H c_L^S-a_L c_L^S\text{，即 }a_L<(1-\gamma)\cdot a_H \tag{12-72}$$

这样在不对称信息之下就得到了有效“付劳收益”政策的实施条件——$a_L<(1-\gamma)\cdot a_H$。在这样的政策之下，“付劳收益”政策是有效的，是能够通过低收入者的必要劳动 c_L^S 将低收入者与高收入者分离开来的政策。

三、不完全信息下的抑制偷懒功能

对于低收入者而言，政府为其提供转移支付以提高其福利。但是这样的政策措施会导致：低收入消费者不断减少私人市场的劳动投入，提高“为获得转移支付收益的付劳收益劳动”。从而，私人市场的劳动不断减少，非生产性的付劳收益劳动不断增加。这一问题就需要在实施“付劳收益”政策时形成有效的机制设计，以抑制消费者的变相偷懒行为。

假定消费者的收入 y_i 和劳动能力 a_i 均是政府可观察的，但是消费者的收入和劳动能力在一定程度上是由其早期生活决定的。为了减少贫困，政府可以为低收入者提供 $Z-y(0,a_L)$ 的补贴，让其摆脱贫困；或者直接提供 Z 的补贴，但要求低收入者在“付劳收益”中提供的最大劳动供给量为 c_L^M。而对于后者可以通过图 12－3进行分析。

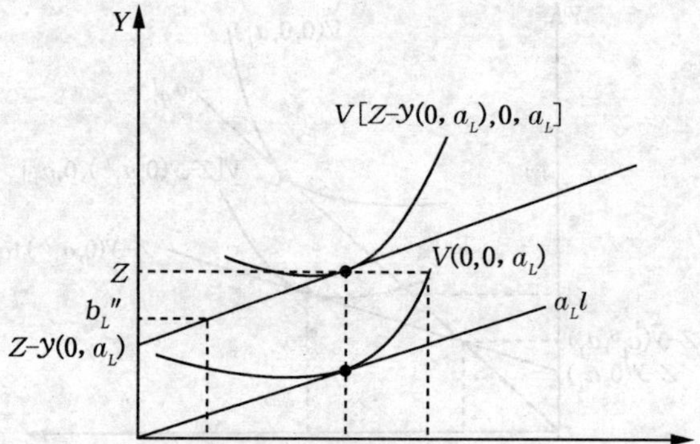

图 12－3　付劳收益下的最优收入分配

图 12－3 中，为了使政策实施过程中的额外成本最小，最优的减贫计划可以在消费者私人最大劳动量创造的收益之外，直接对低收入者进行补偿 $Z-y(0,a_L)$。因为对于政府而言，低收入者是可识别的，而这一情形下的额外成本均为零；而在

消费者不提供私人劳动、只提供“付劳收益”政策所需劳动的情况下（劳动供给在区间$[l^*(a_L), c_L^M]$之上），劳动者的私人劳动收益为0。

为了达到减贫标准，政府必须给予Z补贴使其摆脱贫困。而c_L^M是消费者的最大劳动供给量。由于政府给予的补贴Z是固定的，从而超出这一劳动供给量将会给消费者带来负效用，消费者会退出“付劳收益”项目。

可见，实施“付劳收益”政策后，在区间$[0, l^*(a_L)]$上消费者减少私人劳动、增加政府劳动的额外成本（低收入者要求较高转移支付带来的成本增加）在增加；在$[l^*(a_L), c_L^M]$上，消费者减少私人劳动、增加政府劳动的额外成本在减少，位于c_L^M时这一额外成本达到最低。从而最优的“付劳收益”政策可以是：直接提供Z的补贴，但要求低收入者在“付劳收益”中提供的最大劳动供给量为c_L^M。

此外，对于“付劳收益”，Besley和Coate(1995)认为生产性的劳动是将所需补助者从所有人群中识别出来的有效政策工具。而Beaudry和Blackorby(1997)认为只有当“付劳收益”中的劳动比私人市场的劳动更加具有产出效率时，“付劳收益”才能是一项有效的信息识别工具；而对于非生产性的“付劳收益”劳动，只有当消费者的偏好不同时才能是有效的信息识别工具；Cuff(1995)将低收入消费者的劳动偏好进行了差异化处理，也认为非生产性的劳动可以看作是一项有效的政策工具。

第十三章　实证公共财政专题

本章学习的阅读文献

1. Feldstein M. The Transformation of Public Economics Research：1970－2000[J]. *Journal of Public Economics*，2002，86(3)：319－326.

2. Ott A F & R. J. Cebula. *The Elgar Companion to Public Economics*：*Empirical Public Economics*[M]. Edward Elgar Publishing，2006.

3. Boadway R & B. Raj. Contemporary Issues in Empirical Public Finance[J]. *Empirical Economics*，1999，24(4)：563－569.

文献导读： 为了使更多的学者了解公共财政中的实证研究内容，避免主观分析下的“伪回归”问题，本章特别介绍了实证公共财政方面的专业论文集。此外，本章还提供了有关研究方法转变的两篇文献。

第一节　概　述

一、实证公共财政

实证公共财政是伴随着现代计算机和计量理论、经济理论的快速发展而逐步独立出来的。对于实证公共财政，具有综合规范性、代表性的文献汇编便是 Attiat F. Ott 和 Richard J. Cebula 主编的 The Elgar Companion Public Economics：Empirical Public Economics(2006)。在这一专题中，瓦格纳法则、地方公共支出溢出效应的空间分析、财政军事支出与经济增长、民主和集权政体的财政支出差距及 Tiebout Exit、财政理性投票模型、Line item veto(意指总统直接否决某项议案而不需要经过议会否决的政治决策程序①)等问题，都由长期研究这些专题的杰出学者进行了经典文献综述。

---

① 其中某些专题研究在中国还没有，鲜有文献对这些内容进行翻译。

在此值得一提的是，由于政策实践的本土性，财政理性投票模型、Line Item Veto、补贴与国家整合度等专题在我国还处于空白。这其中既可能是财政体制的不同造成的，又可能与中国缺乏相关问题的研究数据相关。

二、其他方面

此外，Martin Feldstein 在 2002 年的 The Transformation of Public Economics Research：1970－2000 一文中介绍了实证公共财政研究的一些重要问题。Boadway & Raj(1999)总结了微观经济理论中对策论、信息经济学在公共财政机制设计方面的实证应用。

第二节　专题介绍

在公共经济学的研究中，实证分析的模型很多。在此，本章选取在各个专题具有代表意义、影响较大并且对我国经济社会发展有借鉴意义的实证模型进行简要介绍。本节的实证模型，如未介绍出处，均来自 Ott & Cebula 主编的 Empirical Public Economics(2006)一书。

模型 1　瓦格纳法则的检验

瓦格纳法则是指工业化经济的发展伴随着公共部门特别是国家活动的不断扩张。或者说，随着人均收入的增加，公共部门的相对重要性相应增加，公共产品的人均真实产出会比人均真实收入以更快的速度增加。对于这一结论我们可以通过表 13－1 的实证模型进行检验。

表 13－1　　瓦格纳法则的实证检验

模型	基本内容	检验假设
Peacock-Wiseman 模型	$\ln G_t=\ln\alpha+\beta\ln Y_i+\varepsilon_t$	$\beta>1$
Peacock-Wiseman-Share 模型	$\ln\left(\frac{G}{Y}\right)_t=\ln\alpha+\upsilon\ln Y_t+\varepsilon_t$	$\upsilon>0$
Musgrave 模型	$\ln\left(\frac{G}{Y}\right)_t=\ln\alpha+\delta\ln\left(\frac{Y}{P}\right)_t+\varepsilon_t$	$\delta>0$
Gupta 模型	$\ln\left(\frac{G}{P}\right)_t=\ln\alpha+\lambda\ln\left(\frac{Y}{P}\right)_t+\varepsilon_t$	$\lambda>1$
Goffman 模型	$\ln G_t=\ln\alpha+\gamma\ln\left(\frac{Y}{P}\right)_t+\varepsilon_t$	$\gamma>1$

表 13－1 中，Y 表示一国的国内生产总值，G 代表一国的政府支出，P 代表一国在当前的物价指数。ε_t 为误差项，其他为参数。如果回归结果满足最后一列的

情况，则验证了瓦格纳法则。

模型 2　信息不对称与私人保险

为了检验医疗保险市场是存在“逆向选择”问题还是存在“正向选择”问题，Fang，Keane and Silverman(2007)构建了一个政府公共支出对医疗保险参与影响的实证模型。基本模型如下：

$$T=C+a_1\cdot Medigap+a_2\cdot female+a_3\cdot age65+a_4\cdot age65^2+a_5\cdot age65^3+a_6\cdot X+\varepsilon_t$$

其中 T 为总的医疗支出，C 代表回归常数项，Medigap 是私人提供的弥补公共医疗服务不足的保险指标，*female* 代表是否为女性，*age*65 代表年龄在 65 岁以上的人口，X 代表年份哑变量及其他控制变量。如果回归参数 a_3 为负，则在私人保险市场中出现了“正向选择”。

模型 3　公共产品的自愿供给

对于公共产品的自愿供给问题，许多学者通过实验经济学或实证分析进行探讨。在实证研究方面，Randolph(1995)研究了消费者变化的动态收入、税收负担对慈善捐赠这一公共产品供给的影响。Randolph 通过理论模型的推演之后，构建了如下的实证方程。

$$w_{it}=a_1\cdot(\ln P_{it}-\ln P_{it}^*)+a_2\cdot\ln P_{it}^*+a_3\cdot(\ln Y_{it}-\ln Y_{it}^*)+a_4\cdot\ln Y_{it}^*+a_5\cdot X_{it}+a_6\cdot D_{it}+\varepsilon_{it}$$

其中 w_{it} 为代表性消费者收入中用于慈善捐赠的份额；P_{it} 为代表性消费者捐款额的边际税收价值，P_{it}^* 为税率调整后的指标；Y_{it} 为代表性消费者的税收收入，Y_{it}^* 为税率调整后的指标；X_{it} 代表影响捐赠的其他因素，譬如年龄、婚姻状况等；D_{it} 代表时期虚拟变量。Randolph(1995)研究认为：消费者会根据收入的情况调整捐赠额，并且也会根据捐款额边际税收价值的变化重新规划捐款数量——即公共产品的供给数量。

模型 4　地方支出的空间战略互动

分权财政体制下，一个地区的公共支出会给另一个地区的财政支出产生影响，亦即“溢出效应”。对于这一溢出效应，可以通过实证分析衡量这一效应。对此的基本模型构建如下：

$$Z_i=\beta X_i+\rho\sum_{j=1}^{n}W_{ij}Z_j+\mu_i$$

其中 Z_i 代表某个地区的人均公共支出，X_i 代表影响某个地区人均公共支出的其他相关因素(譬如人口数量)，Z_j 代表“相邻”地区的人均公共支出。ρ 是响应系数，衡量了某个地区人均公共支出 Z_i 受到相邻地区支出 Z_j 的影响程度。W_{ij} 表示相邻地区的权重关系。这一模型的实证分析需要应用空间计量经济学中的内容，其中“相邻”的涵义包括地理相邻、区域相邻、性质相同等内容。根据其具体涵义，标准化到各相邻地区的权重 W_{ij}。

模型 5　开放与政府规模

一个国家在开放的过程中，可能会带来政府规模的不断扩张。这一扩张在一个小国家体现为政府公共部门支出份额占 GDP 的较大比重，或表现为更为开放的国际贸易。而对外开放的政府规模扩张，也可能是国家形成或灭亡的原因。对此 Alesina 和 Wacziarg (1997)进行了实证分析。基本模型如下：

$$GG=C+\beta_1\log PL+\beta_2 OP+\beta_3\log IM+\beta_4 PD+\beta_5 DI+\beta_6 X+\varepsilon$$

其中 GG 代表政府规模的变量，可定义为政府消费性支出占 GDP 的比重，国防、教育支出或两者合计数占 GDP 的比重，或公共投资占 GDP 的比重。$\log PL$ 为某一年份人口的对数——代指国家规模，OP 代表一个国家的开放程度，$\log IM$ 代表一国居民的收入对数，PD 代表一个国家的人口密度，DI 代表一个国家的民主程度，向量 X 代表国家类型的哑变量及其他控制变量。通过实证分析，Alesina 和 Wacziazg 认为：控制了人口因素之后，开放并不一定带来公共支出水平的提高。

除了分析对外开放之外，Alesina，Spolaore 和 Wacziarg(2002)等还分析了市场规模、经济增长对国家规模的影响，分析了影响国家规模的内生决定因素。构建的基本模型如下：

$$\log\frac{y_{it}}{y_{it-T}}=C+\beta_1\cdot\log y_{it-T}+\beta_2\cdot\log S_{it}+\beta_3\cdot O_{it}+\beta_4\cdot(O_{it}\cdot\log S_{it})+\beta_5\cdot Z_{it}+\varepsilon_{it}$$

y_{it} 代表某一国家某一年份的人均收入，S_{it} 是衡量国家规模的变量，O_{it} 代表一个国家的开放程度，向量 Z_{it} 代表其他控制变量。通过实证分析，Alesina 等认为：国家规模是内生决定的，依赖于经济因素，譬如对外贸易、公共产品的供给等。

模型 6　社会保障与劳动供给

为了分析残疾保障与劳动力供给的影响，Parson(1980)构建了一个政府公共支出对医疗保险参与影响的实证模型，基本模型如下：

$$LP=C+a_1\cdot A+a_2\cdot A\cdot DI+a_3\cdot B+a_4\cdot B\cdot DI+a_5\cdot UR+a_6\cdot Age+a_7\cdot DI+\varepsilon_t$$

其中 LP 为检验期间固定年龄段的劳动参与，A 代表潜在社会保障收益与小时工资的比例，B 代表潜在地方社会保障收益与小时工资的比例，UR 代表失业率，Age 代表某一固定时间点的年龄，DI 代表残疾后的再工作率。如果回归参数 a_7 为负，则残疾保障对劳动力供给具有抑制效应。

模型 7　教育财政问题

随着对公共财政专题研究的深入，教育财政、医疗财政的专题研究越来越多。以教育财政为例，研究不同层次的教育公平、财政投入与回报、教育财政与人力资本增加、教育财政与经济发展等范围很宽，对此的文献也较多。在此本节以教育公平的有效性为例介绍教育财政中的实证模型。Hoxby(2001)通过理论和实证分析探究了财政教育公平的实际平衡效果,具体模型如下:

$$\ln(E_{ijt})=\varepsilon_{ij}+\varepsilon_{ijt}+\beta_1 IT_{ijt}+\beta_2 SOR_{ijt}+\beta_3(E_{ijt}\cdot SOR_{ijt})+\beta_4 X_{ijt}+\beta_5 D_{ijt}+\beta_6 Y_{ijt}$$

其中:t 代表年份,i 代表某个州政府,j 代表州政府下的某个地区,E_{ijt} 代表某地区的人均教育支出,IT_{ijt} 代表区域中倒算出来的税收负担,SOR_{ijt} 代表资本化过程中用于地方政府支出的收入,X_{ijt} 代表区域中关于教育机构的地理变量,D_{ijt} 代表区域指标,是地理属性的"哑变量",Y_{ijt} 代表年度向量指标。通过实证分析,Hoxby(2001)认为:出于教育公平目的的财政支出有自身的特点,但并不是令人满意的。对于收入相同的人而言,在教育公平的财政计划下,具有较多教育需求的消费者得不到激励。

模型 8　预算约束问题

1. 预算软约束与国有资产效率

构建如下的回归模型:

$$Y_{it+1}=C+\alpha\cdot SBC_{it}+\beta_1\cdot X_{it}+\beta_2\cdot X_{it}\cdot(1-SBC_{it})+\varepsilon_{it}$$

其中 Y_{it+1} 为某个地区第 $t+1$ 年政府财务发生困难的 GDP 增长率;SBC_{it} 为二值变量,$SBC_{it}=1$ 表示在破产年份企业性质变量为 1。X_{it} 代表其他影响政府财务状况的变量。在预算软约束下,参数 α 和 β_i 应为正值;在预算硬软约束下 α 和 β_i 应为负的。

2. 联邦财政援助(federal-states bailouts)

构建如下的回归模型:

$$\frac{G}{GDP}=a_0+a_1\cdot DECEN+a_2\cdot GDPP+\varepsilon$$

其中 G 代表政府的总支出,$GDPP$ 代表人均国内生产总值,$DECEN$ 代表地方政府支出占政府总支出的比重(T/G),由于分子 T 代表了地方预算下的地方政府决策,从而假定以 $DECEN$ 来描述预算约束。回归参数在 $a_1<0$,$a_2>0$ 的情况下表示预算软约束。

3. 财政分权与预算软约束

构建如下的回归模型:$grtsp_{it}=\alpha+\beta\cdot X_{it}+u_i+\varepsilon$

其中 $grtsp_{it}$ 表示预算软约束,X_{it} 代表影响预算约束的相关解释变量,i 代表某个国家,t 代表年份,u_i 是面板数据中的截面量。在此基础上,关于财政分权与预算软约束的实证模型如下:

$$\log(GS_{it})=C+a_1\cdot grtsp_{it}+a_2\cdot\log(gacp_{it})+a_3\cdot\log(popn_{it})+a_4\cdot\log(gu_{it})+u_i+\varepsilon$$

其中 GS_{it} 表示政府规模,$gacp_{it}$ 代表影响预算约束的相关解释变量,$popn_{it}$ 代表各个地区的人口数，$\log(gu_{it})$表示对地方政府数量取对数，这是一个代表财政分权的指标。当$\log(gu_{it})$的系数a_4为正时，这意味着分权导致政府规模的扩张。

模型 9　最优公共支出分析

1. 单一类型的最优公共支出

回顾第四章的最优公共支出理论，得到如下模型：

$$\frac{\Delta Y}{Y}=C+\alpha\left(\frac{\Delta L}{L}\right)+MPK\left(\frac{\Delta K}{Y}\right)+MPG\left[\left(\frac{\Delta g}{g}\right)\left(\frac{G}{Y}\right)\right]+\varepsilon \tag{13-1}$$

其中：$\frac{\Delta Y}{Y}$代表 GDP 增长率，$\frac{\Delta K}{Y}$代表新增资本存量占 GDP 的比重，$\frac{\Delta g}{g}$代表人均公共支出增加速度，G 代表政府的总公共支出，Y 代表各个地区的 GDP 总量，C 代表回归常数项，ε 代表误差项。当回归参数 $MPG=0$ 时，政府支出与经济增长不相关；当回归参数 $MPG>0$，说明公共支出是有效率的，政府支出有利于经济增长；当回归参数 $MPG<0$，说明公共支出是无效率的，政府支出不利于经济增长。

对于上述的回归结果，当 $MPG>0$ 时：如果 $MPG=1$ 则公共支出是有效率的；如果 $0<MPG<1$ 则公共支出为过度供给；如果 $MPG>1$ 则公共支出是供给不足的。

对于这一静态模型，应用巴罗法则之后得到：

$$\frac{\Delta Y}{Y}=C+MPK\left(\frac{\Delta K}{Y}\right)+\alpha\left(\frac{\Delta L}{L}\right)+\gamma\left(\frac{\Delta g}{g}\right)+\varepsilon \tag{13-2}$$

其中，衡量政府公共支出最优水平的参数为 γ。回归的结果就是最优公共支出水平 γ^* 的结果。

此外，对于公共支出最优水平 γ 还可以通过假设 $MPG=a+b\cdot s$ 进行计算，其中 a,b 为参数，s 为政府支出水平 G/Y，即 $s=G/Y$。则在最优的水平之下，$MPG=1=a+b\cdot s$，最优的水平为 $s=\frac{1-a}{b}$。而对于参数 a、b 的估计可将 $MPG=a+b\cdot s$、$s=G/Y$ 代入到式(13－1)得到：

$$\frac{\Delta Y}{Y}=C+\alpha\left(\frac{\Delta L}{L}\right)+MPK\left(\frac{\Delta K}{Y}\right)+a\left[\left(\frac{\Delta g}{g}\right)\left(\frac{G}{Y}\right)\right]+b\left[\left(\frac{\Delta g}{g}\right)\left(\frac{G}{Y}\right)^2\right]+\varepsilon \tag{13-3}$$

2. 多类型的最优公共支出

对于多个支出类型检验支出效率的回归模型如下：

$$\frac{\Delta Y}{Y}=C+\alpha\left(\frac{\Delta L}{L}\right)+MPK\left(\frac{\Delta K}{Y}\right)+MPGH\left[\left(\frac{\Delta gh}{gh}\right)\left(\frac{GH}{Y}\right)\right]+MPGE\left[\left(\frac{\Delta ge}{ge}\right)\left(\frac{GE}{Y}\right)\right]+MPGWS\left[\left(\frac{\Delta gws}{gws}\right)\left(\frac{GWS}{Y}\right)\right]+MPGD\left[\left(\frac{\Delta gd}{gd}\right)\left(\frac{GD}{Y}\right)\right]+\varepsilon \tag{13-4}$$

其中 GH、GE、GWS、GD 分别代表政府支出的各个组成部分：健康支出、教育支出、工资薪金支出和国防支出。对应的 gh、ge、gws、gd 代表上述各类支出的人均量。

在各类支出均具有正的产出效率的情况下，衡量最优各类支出的水平 γ_1、γ_2、γ_3、γ_4 分别可以通过下式回归模型得到：

$$\frac{\Delta Y}{Y}=C+\alpha\left(\frac{\Delta L}{L}\right)+MPK\left(\frac{\Delta K}{Y}\right)+\gamma_1\left(\frac{\Delta gh}{gh}\right)+\gamma_2\left(\frac{\Delta ge}{ge}\right)+\gamma_3\left(\frac{\Delta gws}{gws}\right)+\gamma_4\left(\frac{\Delta gd}{gd}\right)+\varepsilon \quad (13-5)$$

同样的，在多种支出存在的情况下，定义各类支出的边际产出 $1=m_i+n_i\cdot s_i$（i 代表各类支出），各类支出的最优的水平为 $s_i=\frac{1-m_i}{n_i}$。而对于参数 m_i，n_i 的估计同样可以通过式(13－4)可得：

$$\frac{\Delta Y}{Y}=C+\alpha\left(\frac{\Delta L}{L}\right)+MPK\left(\frac{\Delta K}{Y}\right)+m_1\left(\frac{\Delta gh}{gh}\right)\left(\frac{GH}{Y}\right)+n_1\left(\frac{\Delta gh}{gh}\right)\left(\frac{GH}{Y}\right)^2+m_2\left(\frac{\Delta ge}{ge}\right)\left(\frac{GE}{Y}\right)+n_2\left(\frac{\Delta ge}{ge}\right)\left(\frac{GE}{Y}\right)^2+m_3\left(\frac{\Delta gws}{gws}\right)\left(\frac{GWS}{Y}\right)+n_3\left(\frac{\Delta gws}{gws}\right)\left(\frac{GWS}{Y}\right)^2+m_4\left(\frac{\Delta gd}{gd}\right)\left(\frac{GD}{Y}\right)+n_4\left(\frac{\Delta gd}{gd}\right)\left(\frac{GD}{Y}\right)^2+\varepsilon \quad (13-6)$$

模型 10　国防支出与经济增长

$$GY_{it}=C+\alpha_1\cdot GL_{it}+\alpha_2\cdot IY_{it}+\alpha_3\cdot GMMY_{it}+\alpha_4\cdot DC_i+\alpha_5\cdot TRAN_{it}+\alpha_6\cdot OIL_{it}+u_{it} \quad (13-7)$$

其中 GY 代表实际国内生产总值的增长率，GL 代表劳动的增长率，IY 代表现值的资本形成与实际国内生产总值的比例。MY 代表国防支出占 GDP 的比重，GM 代表国防支出的增长率，$GMMY$ 是在前面两者的基础上生成的，代表国防支出比重的增长率。

而 DC、$TRAN$、OIL 是“0－1 整数”形式的哑变量，分别表示对象 i 是否为发达国家、转型国家、石油输出国家。如果是则 DC、$TRAN$、OIL 取 1，否则为 0。

分别以 GM 或 MY 代替 GMMY 得到另外两个模型。

$$GY_{it}=\alpha_{01}+\alpha_{11}\cdot GL_{it}+\alpha_{21}\cdot IY_{it}+\alpha_{31}\cdot GM_{it}+\alpha_{41}\cdot DC_{it}+\alpha_{51}\cdot TRAN_{it}+\alpha_{61}\cdot OIL_{it}+u_{it} \quad (13-8)$$

$$GY_{it}=\alpha_{01}+\alpha_{11}\cdot GL_{it}+\alpha_{21}\cdot IY_{it}+\alpha_{31}\cdot MY_{it}+\alpha_{41}\cdot DC_{it}+\alpha_{51}\cdot TRAN_{it}+\alpha_{61}\cdot OIL_{it}+u_{it} \quad (13-9)$$

以上述三个模型为基础，可以分析不同类型国家国防支出与经济增长的关系。

模型 11　国防支出决定模型

上述分析介绍了国防支出与经济增长之间的关系，而国防支出的增长受到哪些因素的影响呢？哪些因素更为重要呢？对此可通过如下模型进行分析。

$LMB_{it}=\beta_0+\beta_1\cdot LY_{it}+\beta_2\cdot LPOP_{it}+\beta_3\cdot LT_{it}+\beta_4\cdot LS_{it}+\beta_5\cdot LTB_{it}+\beta_6\cdot EW_{it}+\beta_7\cdot CW_{it}+\beta_8\cdot DEW_{it}+\varepsilon_{it}$

$LMG_{it}=\beta_0+\beta_1\cdot LY_{it}+\beta_2\cdot LPOP_{it}+\beta_3\cdot LT_{it}+\beta_4\cdot LS_{it}+\beta_5\cdot LTB_{it}+\beta_6\cdot EW_{it}+\beta_7\cdot CW_{it}+\beta_8\cdot DEW_{it}+\varepsilon_{it}$

其中：LMB_{it}代表国防支出占 GNP 比重的对数形式，LMG_{it}代表国防支出占政府总支出比重的对数形式，LY_{it}是当年 GNP 的对数形式，$LPOP_{it}$代表人口的对数形式，LT_{it}代表敌方军事支出的对数形式，LS_{it}代表盟友军事支出的对数形式，LTB 代表贸易盈余的对数形式，EW 代表某年是否有外部战争的哑变量，CW 代表某年是否有内部战争的哑变量，DEW 代表民主程度的指标。在具体分析的过程中，可以针对各个国家的具体情况选择适当的变量。

模型 12　债务积累的政治经济学

Alesina and Tabellini(1990)通过实证研究认为：预计在下一期竞争中失败的当届政府将会发行更多的债务，引发财政赤字。其构建的基本模型如下：

$$B=C+a_1\cdot P+a_2X+\mu \qquad (13-10)$$

其中：B 是预算赤字占 GDP 的比重，P 是预计在下一期竞争中失败的概率，X 是其他影响财政赤字的因素，μ 是误差项，C 是回归常数项。在基本模型的基础上可以对模型(13－10)进行衍生。

$$B=C_j+\beta_{1j}\cdot P+\beta_{2j}X+\mu,j\in[PR,PA] \qquad (13-11)$$

其中 PR 是总统主导政治决策的体制，PA 代表议会主导政治决策的体制。定义 $R1$ 为哑变量，以 1 代表总统主导政治决策的体制，0 代表议会主导政治决策的体制。模型(13－11)即为：

$$B=C+\theta_1\cdot R1+\theta_2\cdot R1\cdot P+\theta_3\cdot X\cdot\gamma_j+\theta_4\cdot X\cdot\gamma_j\cdot R1+\mu \qquad (13-12)$$

哑变量 $R1$ 的使用将会出现不同的截距项和系数项，充分体现了不同政治体制下的经济特征。

模型 13　财政分权与经济增长

在多级财政体制中，Davoodi and Zou(1998)除了进行分权与经济增长关系的理论分析之外，还通过以下的实证模型进行了验证。

$Y=C+a_1\cdot T+a_2\cdot DECN+a_3\cdot X+a_4\cdot L+a_5\cdot K_0+a_6\cdot PY+a_7\cdot(I/Y)+\varepsilon_t$

其中 Y 为检验期间的经济增长率，T 代表一国的平均税率，$DECN$ 代表分权的程度，X 代表年度哑变量，L 代表一国的人口增长率，K_0 代表一国的初始资本存量。PY 代表一国的人均 GDP，I/Y 代表一国投资占 GDP 的比重。如果回归参数 a_2 为负，则分权不利于经济增长；如果回归参数 a_2 为正，则分权有利于经济增长。

模型 14　"用脚投票"的检验

Tiebout(1956)的"用脚投票"模型在刚开始并没有引起学者的广泛关注。但是在 1969 年 Oates 通过一个简单的实证模型进行经验分析之后，"用脚投票"问题引起了广泛的关注。这一模型的具体情况如下：

$$V=C+a_1\cdot\log(T)+a_2\cdot\log(E)+a_3\cdot\log(M)+a_4\cdot R+a_5\cdot N+a_6\cdot Y+a_7\cdot P+\varepsilon$$

其中 V 为一个中心城市各个地区某一年的平均住房价值，T 代表一段时期的实际税率，E 代表当年各个地区针对学生的政府平均支出，M 代表某地区离该地区中心城区的距离，R 代表房主亲自居住的平均房间数，N 代表一段时期内修建的平均房间数，Y 代表平均的家庭收入，P 代表社区中年收入低于某一门槛的家庭所占的百分比。如果回归结果 a_1 为负，说明一个社区增加税负负担，则导致该社区的平均住房价值减少，或者说形成了"用脚投票"；a_2 为正，说明政府增加公共教育支出会带来社会价值的增加，具有吸引投票者的功能。在美国，由于财产税是地方税的主体税种，从而 Oates 的模型是以"财产价值的增减"作为衡量"用脚投票"的指标。

模型 15　多级财政中的内部分离模型

在多级财政体制一章中，本书提到财政分权有益处也有问题。对于这些问题，政治的分离或国家的分裂是其中最大的危害。对此 Buchanan 和 Faith(1987)基于分权的危害提出了一个内部分离模型。内部分离理论假定：收入越高的地区将从中央政府得到更多的财政转移资金，从而一个地区收入的增加将导致财政转移支付的增加。

$$[GT]_{it}=\alpha\cdot[IP]_{it}+\beta\cdot[VS]_{it}+\chi\cdot[TD]_{it}+\theta\cdot[PO]_{it}+\varphi\cdot[RE]_i+\gamma\cdot[YD]_t+\varepsilon_{it}$$

其中 $[GT]_{it}$ 代表中央政府法定的转移支付额，$[IP]_{it}$ 是收入的代理变量，$[VS]_{it}$ 是地区对中央政府政策的投票支持变量，$[TD]_{it}$ 代表中央政府与地方政府是否有协议的哑变量，$[PO]_{it}$ 代表不同地区的人口数量，$[RE]_i$ 代表不同地区，$[YD]_t$ 代表年度哑变量。回归参数 α 显示了地区收入对政府转移的影响，$\alpha<0$ 则反映了一个国家的中央政府对不同地区收入的平衡作用，$\alpha>0$ 则验证了布坎南和费思的内部分离模型。

模型 16　"官僚政府"扩张模型

Niskanen 官僚型政府假定了政府是扩张的，其构建了如下的实证分析模型进行检验。

$$\ln(G_t)=C+\beta_1\cdot\ln(EG_t)+\beta\cdot\ln(G_{t-1}/TG_{t-1})+\beta_2\cdot\ln(X_t)+\varepsilon_t$$

其中 G_t 代表第 t 年政府某一类公共支出，EG_t 是第 t 年预计的该类政府公共支出，G_{t-1} 代表第 $t-1$ 年的该类公共支出，TG_{t-1} 代表第 $t-1$ 年政府全部的公共支出，X_t 代表第 t 年影响政府该类公共支出的其他因素。Niskanen 根据实证分析得出：第 t 年影响政府公共支出的其他因素对于政府规模的扩张具有明显的效应。

第十四章　公共财政的政治经济学

本章学习的阅读文献

1. Gruber J. Public Finance and Public Policy. Worth Publishers[M]. 2005：220—236.

2. Niskanen W A. Bureaucracy and Representative Government[M]. Regnery Publishing，1995.

3. Brennan G，J. M. Buchanan. The Reason of Rules：Constitutional Political Economy [M]. Cambridge University Press. 1985.

文献导读： 公共财政政策的制定是一个公共选择的过程，跳出公共财政的框架将其放入到更宽领域的政治经济范畴中进行研究是一个现实的考虑。而一个政府是“仁慈的政府”还是“魔鬼的政府”，公共财政的运行是其最为直接的反映。对此，本章介绍了公共财政的政治经济学问题。

第一节　投票选择与偏好显示机制

公共部门运行的过程中，除了自身承担的公共职能外，公众广泛关注的内容则是其政策制定中的决策机制（政策的公共选择问题）和机制运行的规范性（政府预算的严格执行和公共管理下的“寻租”问题）。其中在公共产品供给决策方面出现了众多规范的理论成果，对此的相关分析如下。

在公共财政的政治经济学中，公共选择理论是这一方面的重要成果。这一理论中的一个重要方面便是“阿罗不可能定理”的形成。这一定理是指：在非独裁或不约束偏好的情况下，不可能达到个人效应加总之后满足多数人偏好的一致结果。这一定理的简要分析如下。

一、投票选择与偏好选择

假设某项公共产品的供给有 H（High Type）、M（Middle Type）和 L（Low

Type)三种类型，假定这类公共产品是未成年人受益的公共产品。并且假定有三类居民，第一类居民有后代(Type Ⅰ)，第二类居民无后代负担(Type Ⅱ)，第三类居民为年轻人，有未来的后代负担(Type Ⅲ)。在理性条件、满足帕累托原则的选择结果下，这三类居民对三类公共产品的偏好选择如表 14－1 所示。

表 14－1　　投票选择与偏好显示

偏好次序	Type Ⅰ	Type Ⅱ	Type Ⅲ
1	H	L	M
2	M	M	L
3	L	H	H

解释：对于第一类居民(Type I)而言，其拥有自己的后代，因此对该类公共产品的需求较为强烈，对其的偏好分别为 H、M、L；对于第二类居民(Type Ⅱ)而言，其没有后代或后代已经成年，因此对该类公共产品的需求最弱，对其的偏好分别为 L、M、H；对于第三类居民(Type Ⅲ)而言，其后代尚未出生，因此对该类公共产品的需求也较弱，对这类公共产品的提供也不关心，第三类居民对其的偏好分别为 M、L、H。

比较 H 类型公共产品与 L 类型公共产品的选择结果，第一类人选择 H，第二类人选择 L，第三类人选择 L。则整个社会选择的结果是 L (L≻H)(表 14－1 第 2、3、4 列分别进行纵向比较)。

比较 M 类型公共产品与 L 类型公共产品的选择结果，第一类人选择 M，第二类人选择 L，第三类人选择 M。则整个社会选择的结果是 M (M≻L)(表 14－1 第 2、3、4 列分别进行纵向比较)。

比较 H 类型公共产品与 M 类型公共产品的选择结果，第一类人选择 H，第二类人选择 M，第三类人选择 M。则整个社会选择的结果是 M (M≻H)(表 14－1 第 2、3、4 列分别进行纵向比较)。

总体上，上述结果的比较分析如表 14－2 所示。

表 14－2　　投票选择结果

比较对象	Type Ⅰ	Type Ⅱ	Type Ⅲ	比例	选择结果
H VS L	H	L	L	1∶2	L≻H
M VS L	M	L	M	2∶1	M≻L
H VS M	H	M	M	1∶2	M≻H

根据表 14－2 最后一列的选择结果，整个社会的选择结果则是(M≻L≻H)。这里没有阿罗不可能定理的结果。因为无论如何，M 政策是一个经济体系统中加总后满足大多数人要求的选择结果。

二、阿罗不可能定理

基本假设如上，但是假定第二类居民为“有后代并且偏好私人产品替代公共产品”的类型(Type Ⅱ′)。在理性条件满足帕累托原则的选择结果下，这三类居民对三类公共产品的偏好结果见表14－3。

表14－3　投票选择与偏好显示

偏好次序	Type Ⅰ	Type Ⅱ′	Type Ⅲ
1	H	L	M
2	M	H	L
3	L	M	H

解释：对于第一类居民(Type I)、第三类居民(Type Ⅲ)而言，偏好选择同上。但是对于第二类居民(Type Ⅱ′)而言，由于其偏好私人产品，使其对公共产品的需求最弱，但是在H与M类型之间，还是偏好H类型的。这一选择可以解释为：要么就不需要公共产品，由私人来满足；要么就要有较好公共产品，形成与私人产品之间的替代选择。

比较H类型公共产品与L类型公共产品的选择结果：第一类人选择H，第二类人选择L，第三类人选择L。则整个社会选择的结果是L (L≻H) (表14－3第2、3、4列分别进行纵向比较)。

比较M类型公共产品与L类型公共产品的选择结果：第一类人选择M，第二类人选择L，第三类人选择M。则整个社会选择的结果是M (M≻L) (表14－3第2、3、4列分别进行纵向比较)。

比较H类型公共产品与M类型公共产品的选择结果：第一类人选择H，第二类人选择H，第三类人选择M。则整个社会选择的结果是H (H≻M) (表14－3第2、3、4列分别进行纵向比较)。

总体上，上述结果的比较分析结果如表14－4所示。

表14－4　投票选择结果

比较对象	Type Ⅰ	Type Ⅱ′	Type Ⅲ	比例	选择结果
H VS L	H	L	L	1∶2	L≻H
M VS L	M	L	M	2∶1	M≻L
H VS M	H	H	M	2∶1	H≻M

根据表14－4的选择结果，整个社会的选择结果则是(L≻H≻M≻L…)。这里就出现了“投票悖论”，也就是阿罗不可能定理。而与第一种情形相比，之所以出现不同，是由于每个个体在理性选择的过程中偏好没有得到约束。或者而言，如果

由一个人代替所有人形成唯一的决策——假设存在一个"独裁者",则阿罗不可能定理不会出现。

三、小结

对于这一定理,解决悖论的重要方面则是将个体选择的偏好进行约束,或是实现独裁以达到一致的结果。对于前者而言,假定个体选择是单峰偏好的(Single-Peaked),则能够达到多数人选择的一致,打破"阿罗不可能定理"。

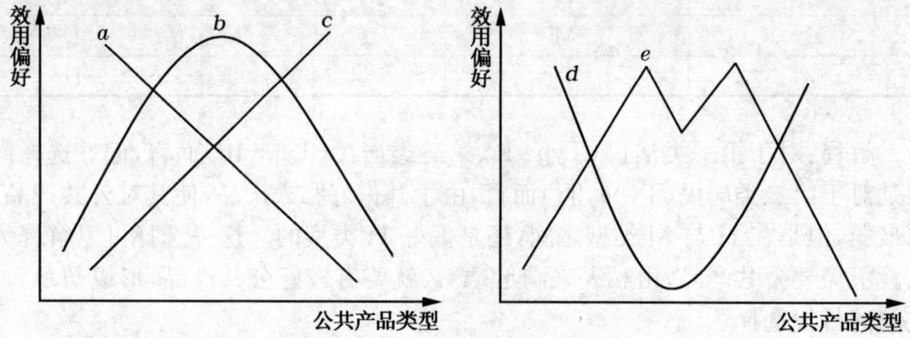

图 14-1　单峰偏好和双峰偏好

图 14-1 中,图左 a、b、c 为单峰偏好的选择,图右 d、e 为双峰偏好的选择。在单峰偏好下,能够达到集体一致的选择。在双峰偏好下,不能够达到集体一致的选择,亦即满足"阿罗不可能定理"。对此,我们可以通过对上述公共产品的选择进行检验。对于集体选择得到结果的第一种类型,三类居民的偏好选择结果(基于表 14-1 制图)见图 14-2。

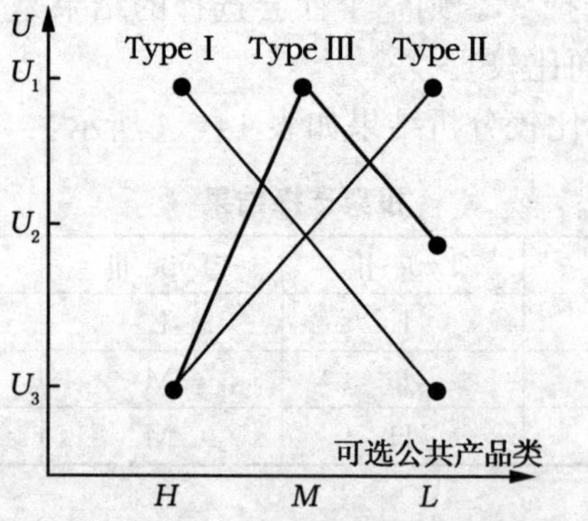

图 14-2　单峰偏好与集体选择

图 14-2 中,三个类型居民的选择都是单峰偏好的,从而都达到满足多数人要

求的一致结果。U_1、U_2、U_3 分别代表公共产品选择的偏好次序 1、2、3。

在第二种情况下——第二类居民为“有后代并且偏好私人产品替代公共产品”，其偏好发生了改变，改变后的结果见图 14—3(基于表 14—3 制图)。

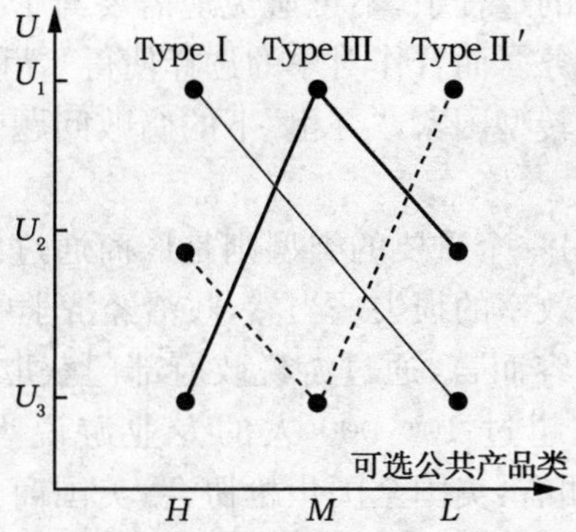

图 14—3　多峰偏好与“阿罗不可能定理”

图 14—3 中，第二类居民的选择都是多峰偏好的，从而不能够达到满足多数人要求的一致结果。而在假设偏好为“单峰偏好”解决阿罗不可能定理的情况下，中间投票人——投票者对公共产品类型的偏好处于中间的类型(Median Voter)，将会决定投票的结果。这就是中间投票人定理(Median Voter Theorem)。

虽然将所有投票人的选择进行罗列，找出中间投票人的偏好是较为简易的决策方法，但是中间投票人下的选择并不一定是最优或最有效率的，因为中间投票人未能够反映偏好的强度。对于偏好显示强度及其机制设计，进一步的分析参见 Malinvaud、Dreze、Poussin 对偏好显示的分析，机制设计参见 Vickrey(1961)、Clark(1971,1972)、Groves(1973,1977)、Ledyard(1977)。

而对于独裁的做法，阿罗并不否认民主过程有可能有效。阿罗指出，如果投票能够在真诚的基础上进行，如果人们对社会事件所持观点的分布是均匀的，如果社会事件的空间维数大大小于个人的个数，那么多数表达机制就是有效的[①]。另有观点认为，善意的独裁也是可以的。由于考虑到传统投票机制无法避免个人采取策略行为，所以在善意独裁者的假设下提出一些新的偏好显示机制，这些机制具有激励相容效应从而拥有有效解(刘宇飞，2000)。而本书认为：对于转型国家，“善意的独裁”有时是有效率的。因为对于整个社会而言，“善意的独裁”有时是促进进步的，尽管对于个人决策而言是不公平的。当然，无论是“善意的独裁”或是“偏好显示”，都超出了公共经济研究的单一范畴，是一个更为宽泛的政治经济学问题。

---

① 黄有光，《福利经济学》，中国友谊出版社 1991 年版，第 156 页。

第二节　公共服务与“寻租”

政府提供公共服务的过程中，不可避免地需要与个人、非政府机构进行合作，购买其提供的产品或服务。而合作对象的选择使得“寻租”得以出现。这类现象在各个国家都有。但是在转型国家，“寻租”下的腐败问题带来的社会影响和负面效应让人印象深刻。

对于“寻租”而言，另一个重要的类型则是厂商通过维持国内外某项产品或服务的垄断地位形成社会效率的损失。当然，政治经济学中的“寻租”范畴还有很多，就涉及公共经济学的内容而言，通过游说政府部门获取收益是本章研究的对象。以美国为例，据统计有超过 100 000 人的专业游说人士（Hindriks & Myles，2006）。著名的游说集团有：美国全国步枪协会、美国商会、西爱拉俱乐部，著名公关公司波德斯塔集团、卡西迪公司、格拉芙·帕克集团、美国以色列公关事务委员会等。

对于寻租及其带来的效率损失，可以通过下述的简单模型深入观察（Hindriks & Myles，2006）。假定一个小国经济中，代表性消费者的劳动 L 分为三个部分 L_1、L_2、L_3，分别生产两个产品 Y_1、Y_2（投入劳动 L_1、L_2）以及从事游说活动（游说劳动为 L_3），这三类活动的投入成本即为劳动投入。假定第一个产品的生产成本为 $L_1=C(Y_1)=\frac{1}{4}Y_1^2$，第二个产品为常规模报酬的产品（并假定一个投入带来一个产出），即生产成本为 $C(Y_2)=L_2$。此处还假定第一个产品 Y_1 为国内生产的出口品，政府对其征收的关税为 τ。这一关税 τ 为游说劳动 L_3 与政府协商形成的。对于各个厂商而言，其利润函数见表 14－5。

表 14－5　　不同产品的利润

产品	生产成本 $C(Y)$	利润函数 π	利润最大下的产出	劳动投入 L_i	最大利润
1	$\frac{1}{4}Y_1^2$	$Y_1(1+\tau)-\frac{1}{4}Y_1^2$	$Y_1^*=2(1+\tau)$	$L_1=(1+\tau)^2$	$\pi=(1+\tau)^2$
2	L_2	Y_2-L_2	$Y_2^*=L_2$	$L_2=Y_2$	0

对于产品 1 而言，$\frac{d\pi}{dY_i}=1+\tau-\frac{1}{2}Y_1=0$，从而利润最大下的产出 $Y_1^*=2(1+\tau)$，同理可得最大利润 π_1。

$$\pi_1=Y_1^*(1+\tau)-\frac{1}{4}Y_1^{*2}=2(1+\tau)(1+\tau)-\frac{1}{4}[2(1+\tau)]^2=(1+\tau)^2 \quad (14-1)$$

对于产品 2 而言，由于是常规模报酬的（一个投入形成一个产出 $Y_2=L_2$），从而其利润始终为零。

如果不存在游说，则通过式(14－1)可知代表性消费者的收益为：

$$\pi_1\bigg|_{\tau=0}=(1+\tau)^2\bigg|_{\tau=0}=1 \tag{14－2}$$

对比式(14－1)与式(14－2)可得游说的劳动价值 L_3（假设游说的资源达到如下状态——游说获得的额外收益等于耗用的游说资源 L_3——完全消散定理 Complete Dissipation Theorem, Hindriks & Myles, 2006）。

$$L_3=\pi_1-\pi_1\bigg|_{\tau=0}=(1+\tau)^2-1=(2\tau+\tau^2) \tag{14－3}$$

由于 $L=L_1+L_2+L_3$，从而国内产品 Y_2 为：

$$Y_2=L_2=L-L_1-L_3=L-(1+\tau)^2-(2\tau+\tau^2)=L-(1+4\tau+2\tau^2) \tag{14－4}$$

国内两种产品的产量为：

$$Y_1+Y_2=2(1+\tau)+[L-(1+4\tau+2\tau^2)]=L-(2\tau^2+2\tau-1) \tag{14－5}$$

基于上述结论可以分析游说之下征收出口关税的结果。

$$\frac{dL_3}{d\tau}=2+2\tau>0 \tag{14－6}$$

$$\frac{dY_2}{d\tau}=-(4+4\tau)<0 \tag{14－7}$$

$$\frac{d(Y_1+Y_2)}{d\tau}=-(4\tau+2)<0 \tag{14－8}$$

从上述的一阶条件可知：如果通过游说征收出口关税，由式(14－6)可知：关税越高，游说就会越积极($\frac{dL_3}{d\tau}>0$)；如果通过游说征收出口关税，由式(14－7)可知：关税越高，国内产品的生产就会减少($\frac{dY_2}{d\tau}<0$)；如果通过游说征收出口关税，由式(14－8)可知：关税越高，游说将带来这一小国经济的总产出减少[$\frac{d(Y_1+Y_2)}{d\tau}<0$]。游说为何带来小国经济的产出减少呢？另一方面来看，虽然征税增加了 Y_1 产品的产出，但是 Y_2 产品的减少更快，$\Delta Y_1<\Delta Y_2$，从而整个社会的产出减少了。

上述分析介绍了某一类型“寻租”的危害，那么何处可以“寻租”呢？实际上，市场经济下政府调节、管制、服务功能的发挥就是“寻租”出现的前提。就财政政策而言，合格公共服务供应商资格认证、财政补贴对象的甄别，税收优惠政策供给等具有“自由裁量权”与“行政审批”性质的政府职能的履行，都可能出现部门或个人的“寻租”。而政府部门为什么要“寻租”呢？如何解决呢？对此下一节进行了简要的分析。

第三节　政府的定位

总体上，上述“寻租”的存在使得政府不再是友好的，甚至可能成为一个“魔鬼的政府”。对此，合理约束政府的各项职责就成为经济学中的一个重要问题，也逐渐发展成为宪政经济学。就其与公共财政的关系而言，关键在于强调政策法规的法律性、规范性和层次性。在公共财政方面，有些学者称之为“宪政治税”、“宪政财政”。当然，“宪政财政”的内涵不仅仅在于此，还有强化政府政策法定性、防止“人治”下的主观、人为干预的意味。

一、“国家悖论”与政府规模

新制度学派基于国家本质的“经济人”特性提出了“国家悖论”，即“国家的存在是经济增长的关键，然而国家又是人为经济衰退的根源”。这种理论在本质上反映了国家行为的内在矛盾。在市场经济条件下，“国家悖论”的存在有其必然性。

而关于“国家悖论”与公共财政的关系，从理论上可以来说与布伦南和布坎南于1977年发展的一个模型比较类似。这个模型假定政府机构是利维坦式（Leviathan）的政府，有巨大的自主权并且有着与纳税人利益相冲突的自身利益。一个主要的表现就是它以自身的预算收入最大化为目标而不遗余力。对此，本书通过图14－4阐述“国家悖论”与公共财政之间的关系。

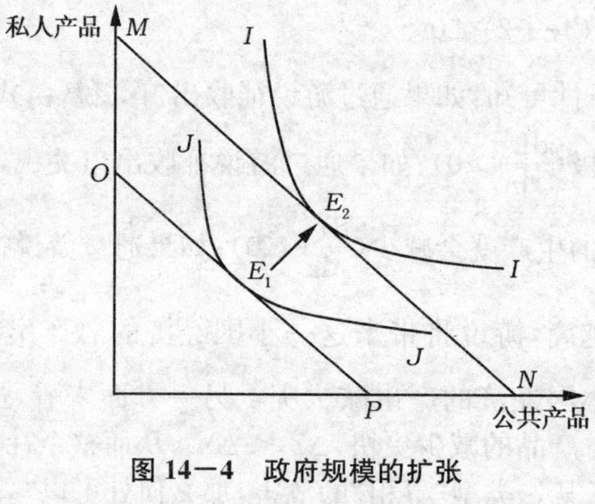

图14－4　政府规模的扩张

在图14－4中，MN、OP曲线是政府预算规模的约束线，曲线II、JJ是既定的政府规模下社会福利最大化的无差异曲线。市场经济的发展需要在曲线II、JJ实现政府的最优规模。在曲线JJ上，如果政府规模低于预算曲线OP的规模，则由于公共服务提供不足约束市场经济的发展，使得社会福利不能实现最优。假设此时政府的效用为U_1；而在曲线JJ上，如果政府规模高于预算曲线的规模OP，则政府提供的公共服务能够满足市场经济的要求，但是此时的政府不是“廉价”的政府。假设此时政府的效用为U_2。显而易见的是，政府的效用$U_2>U_1$。如果政府行为得不到约束，则政府会不断提高其规模，即曲线OP会向曲线MN移动，使得社会福利不能够实现优化。此外，如果政府通过税收过度地抽取经济发展的资源，则将影响市场经济的发展，成为市场经济发展的桎梏。这也就是说"国家又是人为经济衰退的根源"。

在"国家悖论"下，收入导向的政府效用最大化使得政府不能够实现行政优化。在既定的成本下，政府规模的变动对市场活动产生了额外的负担。此外，在政府规模不是最优的情况下，过多的财政收入使得政府形成了不必要的行政成本。而对此的约束就成为完善政府治理、提高政府行政效率的重要问题。对此布伦南和布坎南于 1977 年在《宪政经济学》中就提出了纳税人可以主动地通过立宪过程对根本的财政制度加以选择，从而对官方机构可能从事损害其利益的活动施加限制①。

二、Niskanen 官僚型政府

基于微观经济学的分析，Niskanen 最早将微观经济理论中厂商"成本—收益"分析用于政府机构的运转。他假定一个政府的目标是实现预算最大化——向选民征收尽可能多的税收，努力达到成本最小化——公共产品供给或公共服务提供的最小化(Niskanen，1971)。基于 Niskanen 官僚型政府模型，可以更好地理解"魔鬼的政府"。Niskanen 官僚型政府模型假设政府的总预算收入为：

$$B=aQ-bQ^2, 0\leqslant Q\leqslant \frac{b}{2a} \tag{14-9}$$

其中 Q 为公共产品的供给量。预算内政府的供给总成本为：

$$TC=cQ+dQ^2, Q\geqslant 0 \tag{14-10}$$

政府不考虑公共服务供给的总成本，单纯考虑总预算的最大化。则对式(14—9)中公共服务供给量 Q 一阶求导可得：

$$\frac{\partial B}{\partial Q}=a-2bQ=0, Q_1^*=\frac{a}{2b} \tag{14-11}$$

而政府在预算收入与公共服务供给成本相等时(也就是在政府无利可图时)即 $B=TC$，公共服务供给量为：

$$aQ-bQ^2=cQ+dQ^2, \text{则 } Q_2^*=\frac{a-c}{b+d} \tag{14-12}$$

则当 $Q_1^*=Q_2^*$ 时，即 $\frac{a}{2b}=\frac{a-c}{b+d}$ 时存在：

$$a=\frac{2bc}{b-d} \tag{14-13}$$

而 $a=\frac{2bc}{b-d}$ 就是政府提供的供给量 Q 在"无利可图"和"收益最大化"的分界

---

① Brennan 和 Buchanan 著，秋风、王代等译：《宪政经济学》，中国社会科学出版社 2004 年版，第 152～168 页。

点。也就是说，当 a 与 $\frac{2bc}{b-d}$ 不相等时，政府出于成本最小化考虑（选择最小的 Q）的公共产品供给量为：

$$Q^*=\begin{cases}\frac{a-c}{b+d} & a<\frac{2bc}{b-d}\\ \frac{a}{2b} & a\geqslant\frac{2bc}{b-d}\end{cases} \tag{14—14}$$

这样"官僚型政府"要么是无利可图的，要么是受益最大化的。对于这一关系可用图 14—5 来表现。

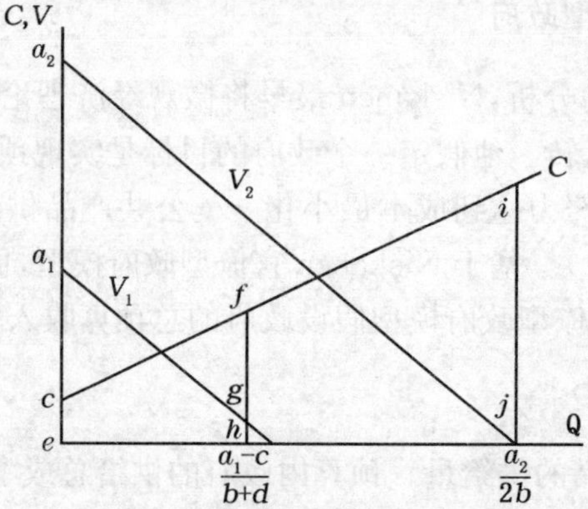

图 14—5　官僚机构的均衡产出

图 14—5 中当"官僚型政府"的边际收益曲线为 V_1 时，实现总收益与总成本相等的公共产品供给量为 $Q^*=\frac{a_1-c}{b+d}$。其中"官僚型政府"预算收入为梯形 $ecfh$ 的面积，"官僚型政府"公共服务的支出为梯形 a_1ehg 的面积。假定边际收益曲线 V_1 与公共服务供给成本线的交点位于$[e,h]$的中点，则由简单的几何知识可知边际收益与边际成本是相等的。

而在"官僚型政府"的边际收益曲线为 V_2 时，单纯考虑总预算最大化时的公共产品供给量为 $Q^*=\frac{a_2}{2b}$。此时，对于一个"官僚型政府"而言，其最大化的预算收益为$\triangle eja_2$ 的面积，其提供公共服务的供给总成本为梯形 $ecij$ 的面积。由简单的几何知识可知，图中预算总收益大于总成本，此时的政府就是一个"官僚型政府"，是一个寻租的政府。

上述的分析是一个关于"官僚型政府"的经典模型，而在 20 世纪 70 年代末 80 年代初出于提高政府效率、降低政府运行成本的"新公共管理运动"恰恰是"官僚型政府"模型的相反内容。"新公共管理运动"的实质是要求实现政府预算收入与运行成本的最小化，要求提供公共服务的最大化。“新公共管理运动”的“新”表现在以下几个方面：政府角色的重新定位、提倡行政的专业化管理、引入企业管理方法、采取“成本收益”考量的绩效管理、引入竞争、以公众这一顾客为中心。此处，可以将“官僚型政府”的预算收益看作是“新公共管理运动”中的政府运行成本，“官僚型政府”提供的公共服务可以看作是公民对公共服务的需求，分析的框架应该是相似的。

三、小结

现实中，任何一个国家的公民不可能对政府的政策完全满意，他们也有强烈的愿望了解、监督政府的工作，需要知道引导社会进步的政府是“仁慈的政府——实现社会的福利最大化”还是一个“魔鬼的政府——实现政府收益的最大化”？或者说，民主国家的选民们急切地希望将“魔鬼的政府”转化为一个“仁慈的政府”，或要求通过自身的监督让“仁慈的政府”做得最好。

而在达到这一目标、约束“魔鬼政府”行为方面，除了布伦南和布坎南的宪政思维之外，奥尔森提出的“约束公权、保护私权”也许是提高市场经济中政府服务水平的重要原则。在这一原则下，Olson（1997）提出了一个“强化市场型”政府的概念——要求政府能够有足够的权力创造和保护私权，并能够强制执行各种契约；与此同时政府还应受到约束，不能剥夺或侵犯私人产权。而这在公共财政方面就要求：公共财政政策制定时应加强与选民的对话，要求政府预算的透明化，要求选民通过预算监督约束政府的“寻租”行为，提高政府的效率。

过犹不及！这在政府公共财政职能定位上也是一样的。在“魔鬼的政府”与“仁慈的政府”之间，选民会偏向“仁慈的政府”。但是“仁慈的政府”，或者说“过度”仁慈的政府一定是好的吗？

对此，关于政府财政职能，公共财政学界的马斯格雷夫与布坎南在1998年进行了激烈的学术观点论战。在《公共财政与公共选择——两种相反的观点》（*Public Finance and Public Choice：Two Contrasting Visions of the State*）的观点论战集中，马斯格雷夫可以说是信任政治家的，认为政府是一个仁慈的政府，并且应该是一个“仁慈的政府”（作者认为：犹太民族颠沛流离的生活使得他们对组织的需求——国家和政府的有力领导——高于其他民族，而作为犹太人后裔的马斯格雷夫倾向于对组织的需求）。从而政府为选民提供各项社会福利，乃至带来公共支出的较快增长也不为过——只要政府的支出是有业绩（效率）的。在此，可以说马斯格雷夫具有怜悯主义情怀。布坎南可以说是不信任政治家的，他认为社会的自由应该是有限的自由，政府是一个“魔鬼的政府”或者说有成为“魔鬼的政府”的机会与可能（布坎南出生于声望显赫但家道贫寒的田纳西家族，祖父当过田纳西州州长。虽然布坎南勉强依赖家庭的资助完成学业，但却是自由市场经济的支持者。

而且作者认为1781年美国独立战争胜利后国家政治的长期稳定及其施政过程中出现的种种问题，使得布坎南等本土美国人对组织应该是持有不信任态度的）。从而，布坎南认为应通过法律约束政府的行为，防止带来公共支出的过度扩张，避免为社会提供过多的社会福利导致懒惰行为下的劳动供给不足。因此，布坎南可以说是认同“莫斯科不相信眼泪”、“市场是无情的”这些观点的。

而本书认为：无论是马斯格雷夫还是布坎南，他们关于政府的观点都具有时间和空间的适应性。对于极端“魔鬼的政府”，无论如何都是不可取的，这与市场经济发展、社会法治化进程不相适应；同样的，对于公共福利最大化的极端“仁慈政府”——全人类共同期待的愿景或目标，也是不可取的。这可以从中国计划经济时代集体工作中“磨洋工”、“搭便车”带来的经济崩溃感知到；而在市场经济时代，过度“仁慈的政府”将表现出布坎南所谓的懒惰行为，带来劳动力或有效劳动的供给不足。对此一些欧洲国家的实践表明：福利最大化（“仁慈政府”的过度福利支出）将拖垮一些国家的财政，甚至带来国家的破产。2010年3月6美国《国际日报》刊文指出：希腊“破产”危机是一个信号，它表明了福利资本主义的破产。西方的选举制度，使政治人物为讨好选民不断开竞选支票，国家福利只增不减。但如果选民不是刻苦工作的话，就可能造成国家财政收支的不平衡，最终落入“破产”危机。

另一方面，过度“仁慈的政府”也使得一些发达国家出现“城市问题”，特别是中产阶级税负过重、劳动力供给不足的“城市空洞化”问题。这可能也是中国未来发展道路上绕不开的话题。一般认为，随着高房价和产业转移，许多中产阶级将会逃离中心城市，一些大型城市会出现“城市空洞化”。然而“城市空洞化”问题不仅仅是高房价问题，还与政治人物讨好多数族裔或下层社会人员、过度增加社会平均税收和社会福利有关。因为过于仁慈的政府会使全社会的福利支出过多，而民主权力的泛滥又使得政府福利支出具有“刚性”①。从而，依赖公共支出福利的劳动者也会越来越懒散，使整个社会中的劳动投入不足、国民产出减少；与此同时，全社会福利支出“能增不能降”使得政府收入必须依赖于中产阶级的税收，从而使中产阶级的经济状况陷入困境，最后不得不逃离大城市。现实中，一些发达国家大城市的中产阶级不断“用脚投票”到郊外或农村（乃至羡慕自给自足的生活。《上帝也疯狂》是对城市繁忙生活的一种反思，暗含原始人的幸福感高于现代文明人），而城市越来越依赖于社会福利，最终跌入贫穷和萧条的深渊。

对于以上两个方面的问题，中国部分地区有朝着这两个方面去的动向。2009年陕西省神木县人民政府发布了《神木县全民免费医疗实施办法（试行）》的通知，

① 希腊危机的背景之下，2010年5月1日希腊数万民众集会，抗议政府削减工资、增加税收、改革养老金制度以及其他更严厉的紧缩政策。可见，政府公共财政面临非常强的支出刚性。

提出了全民免费医疗的口号[①]；2010 年 5 月广东东莞石排镇提出了“推行高福利教育 幼儿园到博士全免费”的口号。而随着信息的交融，在攀比效应、示范效应和新闻效应之下，势必会有更多的地方政府试图扮演仁慈政府的角色[②]。这在迎合居民（选民）需要、个体情感认同方面是易被接受的，但是从公共财政的政治经济学角度考虑应慎重推行，特别是在财政不透明的运行机制下。保证财政的可持续性、控制财政风险是转型国家政治稳定的重要保障之一。此外，部分地区走向高福利之路，也无可避免地会出现布坎南提到的“养懒汉”问题，走发达国家曾经走过的老路。

总之，对于民主、法治健全的国家而言，政府定位为“仁慈的政府”、提供合理、财政可持续并体现国民待遇的福利是切实的选择。而对于民主法治建设不健全的大多数发展中国家而言，应认同布坎南对政治家的态度，应将政府看作是一个潜在的“魔鬼政府”，积极通过宪政框架下的预算公开、民众监督等措施“约束公权、保护私权”。也只有通过公共财政的健康运行，才能实现国家和社会转型中的政治稳定。因而可以说，无论是马斯格雷夫还是布坎南，他们关于“政府功能定位”的观点都没有对错之分。政府的职能定位、财政的功能发挥应与市场经济发展需求、社会法治化程度、政治家的需求、选民的意识等多个因素密切相关。

---

① 根据神政发〔2009〕3 号文件整理形成。

② 在中国目前的户籍制度下，推行这样的政策还将面临其他方面的众多问题。譬如神木或石排镇本地居民享受，那本地居民与非本地居民结合后，非本地居民及其后代能否享受。如能，则福利的基数将大大扩张；如不能，势必使本地居民在辖区内通婚，这是否与人口自由流动原则相违背？又该如何杜绝外地居民的流入？在一国内如何形成国民待遇？诸如此类的问题，可以说目前在这些区域还没有形成系统的思考。

附件　公共经济学经典文献

限于篇幅，并且避免与参考文献重复，本书不具体列出这些文献。仅提供电子版的链接路径，或参见这些学者的个人主页。

一、公共经济学经典文献

Reading List of Public Economics——From Professor Hanming Fang(Duke University)

这一文献应是针对本科生、高年级本科生的专题文献。

http://cema.cufe.edu.cn/downloads/Fang%20Hanming%20-%20Public_economics_syllabus_readinglist%20CEMA%20July%202007.pdf

二、社会保障问题经典文献

Reading List of Social Insurance——From Professor Hanming Fang(Duke University)

这一文献应是针对本科生、高年级本科生的专题文献。

http://econ.duke.edu/~hf14/teaching/socialinsurance/syllabus/socialinsurancesyllabus1-links.pdf

三、新税制理论经典文献

New Theory of Taxation——From Professor Mikhail Golosov(MIT)

这一文献应是针对博士研究生的公共财政专题文献，在高级课程中采用。

http://cema.cufe.edu.cn/downloads/Golosov%20Reading%20List%202007%20CEMA.pdf

参考文献

[1]Buchanan J. M,. & R. A. Musgrave. *Public Finance and Public Choice: Two Contrasting Visions of the State*[M]. The MIT Press. 1999.

[2]Brennan G,. & J. M. Buchanan. *The Reason of Rules: Constitutional Political Economy*[M]. Cambridge University Press. 1985.

[3]Gruber J,. *Public Finance and Public Policy*[M]. Worth Publishers, 2005.

[4]Hindriks J,. & G. D. Myles. *Intermediate Public Economics*[M]. The MIT Press, 2006.

[5]Judd K. L,. *Numerical Methods in Economics*[M]. The MIT Press, 1998.

[6]Leach J,. *A Course to Public Economics*[M]. Cambridge University Press, 2004.

[7]Musgrave R. A,. & P. B. Musgrave. *Public Finance in Theory and Practice*(5th Edition)[M]. Mcgraw-Hill College, 1989.

[8]Myles. G. D,. *Public Economics*[M]. Cambridge University Press, 1995.

[9]McCandless G,. *The ABCs of RBCs: An Introduction to Dynamic Macroeconomic Models*[M]. Harvard University Press, 2008.

[10]Niskanen W. A,. *Bureaucracy and Representative Government*[M]. Aldine Atherton, 1971.

[11]Ott A. F,. & R. J. Cebula. *The Elgar Companion to Public Economics: Empirical Public Economics*[M]. Edward Elgar Publishing, 2006.

[12]Olson M,. *Power and Prosperity: Outgrowing Communist and Capitalist Dictatorships*[M]. Oxford University Press, 2000.

[13]Oates W,. *Fiscal Federalism*[M]. New York: Harcourt Brace Jovanovic, 1972.

[14]Takayama A,. *Mathematical Economics*[M]. Cambridge University Press, 1985.

[15]Vickrey W,. *Public Economics*[M]. Cambridge University Press, 1993.

[16]Abel A. B,. Optimal Taxation When Consumers Have Endogenous Benchmark Levels of Consumption[J]. *The Review of Economic Studies*, 2005, 72(1):21—42.

[17]Auerbach A. J,. Capital Gains Taxation and Tax Reform[J]. *National Tax Journal*, 1989, 42(3):391—401.

[18]Aschauer D. A,. Is Public Expenditure Productive? [J]. *Journal of Monetary Economics*, 1989, 23(2): 177—200.

[19]Aschauer D. A,. Is Government Spending Stimulative? [J]. *Contemporary Policy Issues*, 1990, 8(4): 30—46.

[20]Albanesi S,. & C. Sleet. Dynamic Optimal Taxation with Private Information[J]. *The Review of Economic Studies*, 2006, 73(1):1—30.

[21]Aiyagari S. R,. Uninsured Idiosyncratic Income Risk and Aggregate Saving[J]. *Quarterly Journal of Economics*, 1994, 109(3):659—684.

[22]Aiyagari S. R,. & E. R. McGrattan. The Optimum Quantity of Debt[J]. *Journal of Monetary Economics*, 1998, 42(3):447—469.

[23]Aiyagari S. R,. Optimal Capital Income Taxation with Incomplete Markets, Borrowing Constraints, and Constant Discounting[J]. *Journal of Political Economy*, 1995, 103(6):1158—1175.

[24]Alexander W. R. J,. Growth: Some Combined Cross-Sectional and Time-Series Evidence from OECD Countries[J]. *Applied Economics*, 1990, 22(9): 1197—1204.

[25]Aly H,. & M. Strazicich. Is Government Size Optimal in the Gulf Countries of the Middle East? [J]. *International Review of Applied Economics*, 2000, 14(4): 475—483.

[26]Aly H. , M. Kandil & K. Elkhal. Government Size and Monetary Policy[J]. *Savings and Development*, 2006, 30(4): 381—413.

[27]Alleyne K. A. , D. L. Bynoe & W. Moore. An Assessment of the Growth[J]. *Applied Econometrics and International Development*, 2004, 4(3):77—95.

[28]Atkinson A. B,. & J. E. Stiglitz . The Design of Tax Structure: Indirect vs. Direct Taxation[J]. *Journal of Public Economics*, 1976, 6(1):55—75.

[29]Atkeson A. , V. V. Chari & P. J. Kehoe. Taxing Capital Income: A Bad Idea[J]. *Federal Reserve Bank of Minneapolis Quarterly Review*, 1999, 22(3):3—17.

[30]Andres E,. & V. Gustavo. On Inflation as a Regressive Consumption Tax[J]. *Journal of Monetary Economics*, 2002, 49(4):761—795.

[31]Buchanan J. M,. & R. L. Faith. Secession and the Limits of Taxation: Toward a Theory of Internal Exit[J]. *American Economic Review*, 1987, 77(5): 1023—1031.

[32]Barro R. J,. Government Spending in a Simple Model of Endogenous Growth[J]. *Journal of Political Economy*, 1990, 98(5): 103—122.

[33]Barro R. J,. Economic Growth in a Cross Section of Countries[J]. *Quarterly Journal of Economics*, 1991, 106(2): 407—443.

[34]Buiter W. H,. A Guide to Public Sector Debts and Deficits[J]. *Economic Policy: A European Forum*, 1985, 1(1): 13—79.

[35]Burman L. E,. & W. C. Randolph. Measuring Permanent Responses to Capital-Gains Tax Changes in Panel Data[J]. *The American Economic Review*, 1994, 84(4):794—809.

[36]Boadway R. , & B. Raj. Contemporary Issues in Empirical Public Finance[J]. *Empirical Economics*, 1999, 24(4):563—569.

[37]Besley, T,. & S. Coate. The Design of Income Maintenance Programs[J]. *Review of Economic Studies*, 1995, 62(2):187—221.

[38]Chamley C,. Optimal Taxation of Capital Income in General Equilibrium with Infinite

Lives[J]. *Econometrica*, 1986, 54(3):607—622.

[39]Cuff K,. Optimality of Workfare with Heterogeneous Preferences[J]. *The Canadian Journal of Economics*, 2000, 33(1): 149—174.

[40]Christiano L. , V. V. Chari & P. Kehoe. Optimal Fiscal Policy in a Business Cycle Model[J]. *Journal of Political Economy*, 1994, 102(4): 617—652.

[41]Chari V. V. , L. J. Christiano, P. J. Kehoe. Optimal Fiscal and Monetary Policy[J]. *Journal of Money, Credit and Banking*, 1991, 23(3):519—539.

[42]Chiappori P. A,. & B. Salani'e. Testing for Asymmetric Information in Insurance Markets." *Journal of Political Economy*, 2000, 108(1): 56—78.

[43]Costa C. d,. & I. Werning. On the Optimality of the Friedman Rule with Heterogeneous Agents and Nonlinear Income Taxation[J]. *Journal of Political Economy*, 2008, 116(1): 82—112.

[44]Diamond P. A,. & J. A. Mirrlees. Optimal Taxation and Public Production II: Tax Rules[J]. *American Economic Review*, 1971, 61(3):261—278.

[45]Diamond P. A,. & J. A. Mirrlees. A Model of Social Insurance with Variable Retirement[J]. *Journal of Public Economics*, 1978, 10(3):295—336.

[46]Diamond P. A,. & J. A. Mirrlees. Payroll-Tax Financed Social Insurance with Variable Retirement[J]. *Scandinavian Journal of Economics*, 1986, 88(1): 25—50.

[47]Dar A. A,. & S. A. Khalkhali. Government Size, Factor Accumulation, and Economic Growth[J]. *Journal of Policy Modeling*, 2002, 24(7—8): 679—692.

[48]Devarajan S. , V. Swaroop & Heng-fu Zou. The Composition of Public Expenditure and Economic Growth[J]. *Journal of Monetary Economics*, 1996, 37(2—3):313—344.

[49]Ebert U,. A Reexamination of the Optimal Nonlinear Income Income Tax[J]. *Journal of Public Economic*, 1992, 49(1):47—73.

[50]Eaton J,. Fiscal Policy, Inflation and the Accumulation of Risky Capital[J]. *Review of Economic Studies*, 1981, 41(3): 435—445.

[51]Easterly W,. & S. Rebelo. Fiscal Policy and Economic Growth: An Empirical Investigation[J]. *Journal of Monetary Economics*, 1993, 32(3): 417—458.

[52]Feldstein M,. The Optimal Level of Social Security Benefits[J]. *Quarterly Journal of Economics*, 1985, 100(2):303—320.

[53]Feldstein M,. The Transformation of Public Economics Research: 1970—2000[J]. *Journal of Public Economics*, 2002, 86(3):319—326.

[54]Foelster S,. & M. Henrekson. Growth Effects of Government Expenditure and Taxation in Rich Countries[J]. *European Economic Review*, 2001, 45(8): 1501—1520.

[55]Gordon R. H,. Can Capital Income Taxes Survive in Open Economies? [J]. *Journal of Finance*, 1992, 47(3):1159—1180.

[56]Guseh J. S,. Government Size and Economic Growth in Developing Countries[J]. *Journal of Macroeconomics*, 1997, 19(1): 175—192.

[57]Grier K. B,. & G. Tullock. An Empirical Analysis of Cross-National Economic Growth[J]. *Journal of Monetary Economics*, 1989, 24(2): 259—276.

[58]Gemmell N,. International Comparisons of the Effects of Nonmarket-Sector Growth [J]. *Journal of Comparative Economics*, 1983, 7(4): 368—381.

[59]Ghali K. H,. Government Size and Economic Growth: Evidence from a Multivariate Cointegration Analysis[J]. *Applied Economics*, 1998, 31(8): 975—987.

[60]Golosov M,. & A. Tsyvinski. Designing Optimal Disability Insurance[J]. *Journal of Political Economy*, 2006, 114(3): 257—279.

[61]Golosov M. , N. Kocherlakota & A. Tsyvinski. Optimal Indirect and Capital Taxation [J]. *The Review of Economic Studies*, 2003, 70(3):569—588.

[62]Holmes J. M,. & P. A. Hutton. On the Casual Relationship between Government Expenditures and National Income[J]. *Review of Economics and Statistics*, 1990, 72(1):87—95.

[63]Hall R. E,. & C. I. Jones. Why Do Some Countries Produce so much More Output per Worker than Others? [J]. *The Quarterly Journal of Economics*, 1999, 114(1): 83—116.

[64]Hoxby. All School Finance Equalizations are not Created Equal[J]. *Journal of Political Economy*, 2000, 116(4): 1189—1231.

[65]Judd K. L,. Redistributive Taxation in a Simple Perfect Foresight Model[J]. *Journal of Public Economics*, 1985, 28(1):59—83.

[66]Kocherlakota N,. Wedges and Taxes[J]. *The American Economic Review*, 2004, 94 (2):109—113.

[67]Kocherlakota N,. Zero Expected Wealth Taxes[J]. *Econometrica*, 2005a, 73(5):1587—1621.

[68]Karras G,. Employment and Output Effects of Government Spending[J]. *Economic Inquiry*, 1993, 31(3): 354—369.

[69]Karras G,. The Optimal Government Size: Further International Evidence on the Productivity of Government Services[J]. *Economic Inquiry*, 1996, 34(2): 193—203.

[70]Karras G,. On the Optimal Government Size in Europe[J]. *The Manchester School of Economic & Social Studies*, 1997, 65(3): 280—294.

[71]Kaplow L,. Public Goods and the Distribution of Income[J]. *European Economic Review*, 2006, 50(7): 1627—1660.

[72]Kormendi R. C,. & P. G. Meguire. Macroeconomic Determinants of Growth[J]. *Journal of Monetary Economics*, 1985, 16(2): 259—276.

[73]Lucas Jr. R. E,. On the Mechanics of Economic Development[J]. *Journal of Monetary Economics*, 1988, 22(1): 3—42.

[74]Lucas Jr. R. E,. Supply-Side Economics: An Analytical Review[J]. *Oxford Economic Papers*, 1990, (4):293—316.

[75]Landau D,. Government Expenditure and Economic Growth[J]. *Southern Economic*

Journal, 1983, 49(3): 783—792.

[76]Landau D,. Government and Economic Growth in the Less Developed Countries[J]. *Economic Development and Cultural Change*, 1986, 35(1): 35—75.

[77]Mirrlees J. A,. An Exploration in the Theory of Optimum Income Taxation[J]. *The Review of Economic Studies*, 1971, 38(2): 175—208.

[78]Mintz J,. & T. Henry. Commodity Tax Competition between Member States of a Federation: Equilibrium and Efficiency[J]. *Journal of Public Economics*, 1986, 29(2): 133—172.

[79]Oates W. E,. The Effects of Property Taxes and Local Public Spending on Property Values[J]. *Journal of Political Economy*, 1969, 77(11): 957—971.

[80]Oates W. E,. & Robert M. Schwab. Economic Competition among Jurisdictions: Efficiency Enhancing or Distortion Inducing? [J]. *Journal of Public Economics*, 1988, 35(3): 333—354.

[81]Perkins D. H,. Reforming China's Economic System[J]. *Journal of Economic Literature*, 1988, 16(2):601—645.

[82]Peden E. A,. Productivity in the United States and Its Relationship to Government Activity[J]. *Public Choice*, 1991, 69(2): 153—173.

[83]Pevcin P,. Economic Output and the Optimal Size of Government[J]. *Economic and Business Review*, 2004, (6): 213—227.

[84]Randolph. W. C,. Dynamic Income, Progressive Taxes, and the Timing of Charitable Contributions[J]. *Journal of Political Economy*, 1995, 103(4): 709—738.

[85]Ramsey F. P,. A Contribution to the Theory of Taxation[J]. *Economic Journal*, 1927, 145(37):47—61.

[86]Rubinson R,. Dependency Government Revenue and Economic Growth[J]. *Studies in Comparative International Development*, 1977, 12(2): 3—28.

[87]Ram R,. Government Size and Economic Growth[J]. *American Economic Review*, 1986, 76(1): 191—203.

[88]Romer P. M,. Increasing Returns and Long-run Growth[J]. *Journal of Political Economy*,1986, 94(5) : 1002—1037.

[89]Rogerson W. P,. Repeated Moral Hazard[J]. *Econometrica*, 1985, 53(1): 69—76.

[90]Rebelo S,. Long—Run Policy Analysis and Long—Run Growth[J]. *Journal of Political Economy*, 1991, 99(3): 500—521.

[91]Summers L. H,. Capital Taxation and Accumulation in a Life Cycle Growth Model [J]. *The American Economic Review*,1981, 71(4):533—544.

[92]Schelling T. C,. Dynamic Models of Segregation[J]. *Journal of Mathematical Sociology*, 1971,1(2):143—186.

[93]Stern N,. Towards a Dynamic Public Economics[J]. *Journal of Public Economics*, 2002, 86(2):335—339.

[94]Saunders P,. Public Expenditure and Economic Performance in OECD Countries[J]. *Journal of Public Policy*, 1985, (5):1—21.

[95]Saez E,. Using Elasticities to Derive Optimal Income Tax Rates[J]. *Review of Economic Studies*, 2001, 68(1):205—229.

[96]Sheshinski E,. The Optimal Linear Income-tax[J]. *The Review of Economic Studies*, 1972, 39(3): 297—302.

[97]Turnovsky S,. J. Optimal Tax, Debt, and Expenditure Policies in a Growing Economy [J]. *Journal of Public Economics*,1996, 60(1):21—44.

[98]Thurow L. C,. The Income Distribution as a Pure Public Good[J]. *Quarterly Journal of Economics*, 1971, 85(2): 327—336.

[99]Tanninen H,. Income Inequality, Government Expenditures and Growth[J]. *Applied Economics*, 1999, (31): 1109—1117.

[100]Wildasin D. E,. Nash Equilibria in Models of Fiscal Competition[J]. *Journal of Public Economics*, 1988, 35(2): 229—240.

[101]Wildasin D. E,. Fiscal Competition: An Introduction[J]. *Journal of Public Economic Theory*,2003,5(2):78—86.

[102]Werning I,. Optimal Fiscal Policy with Redistribution[J]. *Quarterly Journal of Economics*, 2007, 122(3):925—967.

[103]Xiaodong Zhu. Optimal Fiscal Policy in a Stochastic Growth Model[J]. *Journal of Economic Theory*, 1992, 58(2):250—289.

[104]Alesina A. , E. Spolaore & R. Wacziarg. Trade, Growth and the Size of Countries [R]. *Harvard Institute of Economic Research*, Discussion Paper Number 1995, 2002.

[105]Alesina A,. & R. Wacziarg. Trade, Openness, Country Size and the Government [R]. *NBER Working Papers*, No 6024, 1997.

[106]Abraham A,. & N. Pavoni. Efficient Allocations with Moral Hazard and Hidden Borrowing and Lending[R]. *Duke Economics Working Paper* No. 04—05, 2004.

[107]Alvarado C. D. , A. Izquierdo & U. Panizza. Fiscal Sustainability in Emerging Market Countries with an Application to Ecuador[R]. *Inter-American Development Bank*, Worlcing Paper 511, 2004.

[108]Birkeland. K,. & E. C. Prescott. On the Needed Quantity of Government Debt[R]. *Federal Reserve Bank of Minneapolis*, Working Paper 648, 2006.

[109]Blanchard O. J,. Suggestions for a New Set of Fiscal Indicators[R]. *OECD Department of Economics and Statistics*, Working Papers No 79, 1990.

[110]Barnhill T. M,. & G Kopits. Assessing Fiscal Sustainability Under Uncertainty[R]. IMF Worlcing Paper 03/79, 2003.

[111]Beaudry P,. & C. Blackorby. Taxes and Employment Subsidies in Optimal Redistribution Programs[R]. *University of British Columbia Discussion Paper* No. 97—21, 1997.

[112]Farhi E,. & I. Werning. Capital Taxation: Quantitative Explorations of the Inverse

Euler Equation[R]. *MIT Working Papers* No. 2006—15, 2006.

[113]Farhi E,. & I. Werning. Inequality, Social Discounting and Progressive Estate Taxation[R]. *NBER Working Papers* No. 11408, 2005.

[114]Falvey R,. & N. Gemmell. Government Size and Economic Growth[R]. *Australian National University Working Paper* No 193, 1988.

[115]Gordon R. H,. & J. D. Wilson. Expenditure Competition[R]. *NBER Working Paper* 8189,2001.

[116]Golosov M,. & A. T syvinski. Optimal Taxation with Endogenous Insurance Markets[R]. *NBER Working Papers* No. 11185, 2005.

[117]Kocherlakota N,. & C. Phelan. On the Robustness of Laissez-Faire[R]. *UCLA Department of Economics Working Paper* No. 843644000000000165, 2007.

[118]Kocherlakota N,. Advances in Dynamic Optimal Taxation[R]. *UCLA Department of Economics Working Paper* No. 784828000000000518, 2005b.

[119]Ott I. , & S. Soretz. Fiscal Policy in a Stochastic Model of Endogenous Growth with Congestion[R]. *Computing in Economics and Finance* 2002.

[120]Romer P. M,. Human Capital and Growth: Theory and Evidence[R]. *NBER Working Paper* No. 3173, 1989.

[121]Vedder R. K,. & L. E. Gallaway. Government Size and Economic Growth[R]. *Washington: Joint Economic Committee*, 1998.

[122]Werning I,. Tax Smoothing with Redistribution[R]. *Federal Reserve Bank of Minneapolis Staff Report* No. 365, 2005.

[123]Xiaoyong Cui, Yi Li & Liutang Gong. Optimal Tax Policy with Externality of Wealth [R]. *CIAS &CUFE Working Paper* No. 08008, 2007.

[124]Golosov M. , A. Tsyvinski & I. Werning. New Dynamic Public Finance: A User's Guide[A]. in D. Acemoglu, K. Rogoff & M. Woodford(Eds). NBER Macroeconomics Annual 2006[C]. *The MIT Press*, 2007:317—363.

[125]Uhlig H,. A Toolkit for Analyzing Nonlinear Dynamic Stochastic Models Easily[C], in R. Marimon & A. Scott(Eds). Computational Methods for the Study of Dynamic Economics, Oxford University Press, 1999:30—61.

[126]Inman R. P,. Markets Governments and the 'New' Political Economy[C], in A. Auerbach & M. Feldstein(Eds). Handbook of Public Economics Vol 2, Oxford University Press, 1999:30—61, 647—777.

[127]Werning I,. Optimal Dynamic Taxation[D]. PhD Dissertation, University of Chicago, 2002.

[128]Albanesi S,. Optimal Taxation of Entrepreneurial Capital with Private Information [Z]. *Mimeo, Columbia University*, 2006.

[129]Acemoglu D. , M. Golosov & A. Tsyvinski. Markets versus Governments: Political Economy of Mechanisms[Z]. *Mimeo, MIT*, 2006.

[130]Costa C. d,. Yet another Reason to Tax Goods[Z]. *Mimeo*, *Getulio Vargas Foundation*, 2005.

[131]Golosov M,. Lectures in New Theory of Taxation[Z]. *Central University of Finance and Economics and CEMA*, 2007, 2008.

[132]Hanming Fan. Lectures in Public Economics[Z]. *Central University of Finance and Economics and CEMA*, 2007.

[133]Hanming Fan. Lectures in Social Insurance[Z]. *Central University of Finance and Economics and CEMA*, 2008.

[134]Kocherlakota N,. Sixth Toulouse Lectures in Economics-The New Dynamic Public Finance[Z]. *University of Minnesota*, *FRB-Minneapolis*, and NBER, 2008.

[135]Mendoza E. G,. & P. M. Oviedo. Fiscal Solvency and Macroeconomic Uncertainty in Emerging Markets[Z]. *Manuscript*, *University of Maryland*, 2004.

[136]Shimer R,. & I. Werning. Liquidity and Insurance for the Unemployed[Z]. *Mimeo*, *MIT*, 2005.

[137]Song Zhen. Lectures in Public Economics[Z]. *Central University of Finance and Economics and CEMA*, 2008.

[138]Werning I. Optimal Unemployment Insurance with Hidden Savings[Z]. *Mimeo*, *University of Chicago*, 2001.

[139]Xu D,. & P. Ghezzi. From Fundamentals to Spreads: A Fair Spread Model for High Yield Emerging Markets Sovereigns[Z]. *Manuscript*, *Deutsche Bank*, 2003.

[140]龚六堂.动态经济学方法[M].北京:北京大学出版社,2002,436－450.

[141]龚六堂.公共财政理论[M].北京:北京大学出版社,2009,192－212.

[142]刘宇飞.当代西方财政学[M].北京:北京大学出版社,2000,42－43,387－390.

[143]刘怡.财政学[M].北京:北京大学出版社,2006,286－289.

[144]邹恒甫.财政、经济增长和动态经济分析[M].北京:北京大学出版社,2000,293－303.

[145]思源.中国财政支出结构的过去现在与未来[J].炎黄春秋,2008,(4):12－19.

[146]田国强.现代经济学的基本分析框架与研究方法[J].经济研究,2005,(2):113－120.

[147]朱军.我国地方政府间财政支出竞争的动因分析[J].中央财经大学学报,2007,(8):6－10.

[148]朱军.我国地方政府间财政支出竞争:研究文献综述[J].地方财政研究,2008,(7):55－59.

[149]朱军.新动态公共财政理论新进展[J].经济学动态,2010,(10):92－96.

[150]朱军等.中国地方政府公共支出的产出效率及其最优性研究[R].工作论文,2010.

[151]方汉明.美国经济学教育体系和对中国的启示,2005 年 8 月,http://bbs.cenet.org.cn/html/board30/topic77802.htm.